筑摩書房版

論理国語

教科書ガイド

協学出版

はじめに――この本の構成と使い方――

高等学校の「論理国語」は、「思考力・判断力・表現力等」の創造的・論理的思考の側面の力を育成する科目として，実社会において必要となる、論理的に書いたり批判的に読んだりする資質・能力の育成を重視して新設した選択科目である。この本は、こうした目標に沿って、みなさんが「論理国語」を学習するときの手助けになるよう、次のような構成・配慮のもとに編集した。

❖**学習の視点**　各教材の初めに、その教材の特色、位置づけ、学習の目標を示した。

❖**筆者解説**　筆者について、略歴・業績・著作物などを簡潔にまとめた。

❖**出典解説**　その教材の成立、発表について解説し、教材の原典を示した。

❖**語句・表現の解説**　教材について、あくまで文脈に沿って、重要語句や表現上注意すべき点を解説し、さらに語彙学習の充実のために［類］（類義語）［対］（対義語）［用例］（使い方）などを付け加えた。なお、教科書に注を付してある語句についても、必要と思われるものには解説を補った。

❖**発問の解説**　教科書脚注の問いについての（解答例）を示した。

❖**構成・要旨**　評論・論説などの段落構成を〈構成〉に示した。また、まとめた内容を〈要旨〉に示した。

❖**構成・読解・言語活動の解説**　教科書の「構成・読解・言語活動」については、すべてに（解答例）あるいは（解説）を示した。これによって、考えるための観点、留意点を確認し、あくまで自分でまとめていくようにしたい。

❖**参考**　学習を発展させて幅広い読書を促すために、関連のある文献・資料の抜粋やリストを示した。

目次

第二部

第一部

第1章　架橋することば

アイオワの玉葱《たまねぎ》

長《おさ》田《だ》　弘《ひろし》

❖学習の視点

1　言葉や母語とは、わたしたちにとってどのようなものであるか、筆者の考えを理解する。

2　英語を学んできて感じた日本語との違いやずれを通して、外国語を学ぶ意味を考える。

❖筆者解説

長田　弘（おさだ・ひろし）　詩人。一九三九（昭和一四）年、福島県生まれ。早稲田大学第一文学部卒業。一九六〇年、詩誌「鳥」を創刊。雑誌「現代詩」「詩と評論」「第七次早稲田文学」の編集に加わる。一九六三年詩集『われら新鮮な旅人』（みすず書房）でデビュー。詩人として活躍するとともに、評論・随筆・書評・絵本など幅広い著作活動を続けた。一九七一年から一九七二年までアイオワ大学国際創作プログラム客員教授を務めた。代表作は『深呼吸の必要』（晶文社）。他に詩集に『世界は一冊の本』（みすず書房）、著書に『本を愛しなさい』（みすず書房）『すべてきみに宛てた手紙』（晶文社）など。二〇一五年没。

❖出典解説

この文章は、『詩人であること』（一九九七年・同時代ライブラリー・岩波書店）に収められており、本文は同書によった。

❖語句・表現の解説

一二ページ

おもいもかけない　全く予想できない。全く意外である。類 思いも寄らない。

いやおうなく　いやと言おうがよいと言おうがそれとは関係なく。用例 あのときは、いやおうなく連れて行かれてしまったのです。

憂鬱　気分がすぐれず、暗い気持ちになる。

風俗　その時代や地域の特徴的な人々の暮らし方。

厄介　めんどうなこと。手数がかかる状況。

一三ページ

概念　複数の具体的なものから抜き出される共通の性質。

まがりなりにも　不十分ではあるが、どうにかこうにか。用例 まがりなりにも大学を卒業することができた。

一四ページ

現実にたいする一つの命名のしかた　例えば、「無線を用いた持ち運び可能な小型電話機」が「移動電話」と命名され、それがポケットサイズになると「携帯電話」、更に多機能化すると「ケイタイ」と呼ばれたように、言葉は、一つ一つの物事の現実のあり方に即して命名されるのである。

母語のちがいというものには…　例えば、「命名する」という言葉は、日本語の場合、「生まれた子に名をつけること」を意味するのが一般的である。一方、英語の場合、christen（洗礼を施して、名をつける）という言葉もある。そこには、日本語を母語とする人たちと英語を母語とする人たちとの宗教とのかかわり方の相違がある。

郊外　街に近接する、ビルなどが少ない地域。

勝手気まま　自分の思ったとおりに行動すること。

日本のそれとはだいぶ趣のちがう野菜をよって　日本の野菜とだいぶようすが違う野菜を選んで。

一五ページ

木瓜　作者の造語。日本のものよりも大きく、木の棒のような形をしたキュウリが想像できる。本来は「ぼけ」と読む。

もてあそぶ　手に持って遊ぶ。いじくる。用例 鉛筆をもてあそびながら話す。

一六ページ

鱗茎《りんけい》　地中の短い茎のまわりに、養分をたくわえて厚くなった葉がたくさんついて球状になっているもの。

辞書を繰る　辞書を引く。用例 私は毎晩父が辞書を繰る姿を見ていた。

味覚の特徴　ここでは、「pungent」（ぴりっとする。刺すような。）をさす。

それこそ　次に述べる事柄を強調して言う語。まさしく。用例 そんなことができたら、それこそ夢のようだ。

にもかかわらず　想定とはちがって。用例 弟は初めてサッカーをした。にもかかわらず、ゴールを決めてしまった。

比喩としてある文脈のなかにもちこまれたりしたら　玉葱の場合、英語では、「pungent」という「味覚の特徴」を生かした「辛《しん》辣《らつ》な」「痛烈な」という意味を持つ比喩表現になり、日本語では、その「形体の特徴」を生かした「玉葱のような髪形」などという表現になる。「比喩」は、たとえ。

一七ページ

そうしたものの総体がいやおうなしに関与してしまう　玉葱の場合、日本語ではその形体の特徴、英語では味覚の特徴というように、それぞれの母語が持つ生活や文化の全てが有無を言わせずに関係してしまうということ。「関与」は、関係する。

畢竟《ひっきょう》　結局。つまり。

限界の認識　「わたしの言葉は、他の誰にとっても絶対でない。そのように、他の誰の言葉もまた、わたしにとって絶対でない。」とはっきり理解すること。

自明　あらためて証明するまでもなくはじめからわかりきっていること。用例 そんなのは自明の理だ。

相対化されざるをえないというごく単純な事実　具体的には、「わたしの言葉は、他の誰にとっても絶対でない。そのように、他の誰の言葉もまた、わたしにとって絶対でない。」をさす。

一八ページ

しきりに　たびたび。続けざまに。類 しょっちゅう。繰り返し。
用例 妹はしきりに首をかしげていた。

❖発問の解説

（一二ページ）

1 どのように「二重」なのか。

解答例　一つ目は、母語である日本語とは違う英語を使って暮らさなければならないという困難、二つ目は、その英語こそが世界の共通語だと純粋に信じこんでいるアメリカ人を相手にしなければならないという困難、この二つの困難を二重と言った。

2 （一七ページ）

「こんなこと」とはどのようなことか。

解答例　一つの母語が、ある言葉を現実から切りぬくときの切りぬきかたには、そこで暮らす人々の生活や文化などの全てが関与してしまうということ。

❖構成・要旨

〈構成〉

異国で暮らした経験から、母語の限界、言葉のもつ本質的な力とは何かを述べている。（(1)と(3)をそれぞれ二つに分け、全体を五段落とすることもできる。）

(1)　（初め～一四・7）…異国での暮らし

異国で暮らして、わたしたちの言葉の概念は、母語によって作られていると痛感した。母語のちがいは、命名のしかたのちがいがふくみこまれているのだ。

(2)　（一四・8～一七・2）…玉葱とOnion

玉葱について、英語の辞書は味覚の特徴、日本語の辞書は形体の特徴を挙げている。一つの母語が現実から切り抜くときの切り抜きかたには、それぞれの生活や文化などの総体が関与してしまう。

(3)　（一七・3～終わり）…他者への想像力

わたしたちは、それぞれの母語の概念をたがいに押しつけあっていないだろうか。母語のちがいというものは、たがいの限界、ちがい、ずれ、隙間をとおして、他者をまっすぐにみとめることこそ言葉のもつ本質的な力なのだということを、わたしたちに語りかけているようにおもわれた。言葉は、他者への想像力によって、言葉なのだ。そこからしか、たがいの理解はすこしもはじまりやしない。

〈要旨〉

アイオワで暮らして、他の母語にであうとき、たがいの言葉を相対化せざるをえないという事実に気づかされた。言葉は、他者への想像力によって、言葉なのだ。そこからしか、たがいの理解はすこしもはじまりやしない。

❖構成・読解・言語活動の解説

〈構成〉

1 「玉葱」と「Onion」の例は、どのようなことを説明するために挙げられているか、説明しなさい。

解答例 まずアイオワで痛感した母語のちがいの具体例として挙げている。そして、その母語のちがいをしっかりと理解し、言葉は絶対ではないということを認識することの必要性を述べるために挙げられている。

2 「アイオワ」での体験から、筆者はことばについてどのようなことを考えたのか、まとめなさい。

解答例 ①アイオワで暮らしてから異国の友人と話し合う機会が増え、母語の違いには、現実を命名する命名の仕方のちがいやずれや隙間がふくみこまれている、と考える。②「玉葱」と「Onion」の相違を例に挙げ、母語の違いやずれは、生活や文化の総体が関与している、と考える。③母語のちがいは、たがいの限界やずれなどをとおして、他者をまっすぐにみとめることが、言葉のもつ本質の力であること、他者への想像力によってたがいの理解がはじまる、と結論づけている。

〈読解〉

1 「しんに厄介な困難」（一二・10）とはどのようなことか、説明しなさい。

解答例 食事をし、歩き、あそび、働き、眠るなどの基本的な生活で必要な言葉を身につけた先に見えてきた困難であり、それは、わたしたちのもっている言葉の概念やイメージやニュアンスが、それぞれの母語によってつくられていると感じたことである。

2 「わたしはおもわずかんがえこんでしまった」（一七・5）のはなぜか、説明しなさい。

解答例 異国のちいさな町で暮らして、「わたしの言葉は、他の誰にとっても絶対でない。」「他の誰の言葉もまた、わたしにとって絶対でない。」という事実に、あらためてきづかされたから。

3　「一つの母語とは一つの限界を、一つの限界の経験を引きうけた言葉であり」（一七・10）とあるが、それはどのようなことか、説明しなさい。

解答例　一つの母語は、その母語の概念によってつくられており、その概念は絶対ではなく、限界がある言葉なのだということ。

4　「言葉は、他者への想像力によって、言葉なのだ。」（一八・4）とはどのようなことか、説明しなさい。

解答例　たがいの限界やちがいやずれ、隙間をとおして、想像力を発揮し他者をまっすぐにみとめることこそが、言葉の本質的な力なのだということ。

〈言語活動〉

1　「玉葱は玉葱でもちがう玉葱」（一八・6）ということばには、言語と文化に関する筆者のどのような考えが表れているか、考えてみよう。

解答例　同じ「玉葱」でも、日本とアイオワの玉葱では大きく違う。それは見た目だけではなく、それを命名した「玉葱」「onion」という言葉の概念も異なる。英語の辞書は「Onion」の味覚の特徴を、国語の辞書は「玉葱」の形体の特徴を挙げている。「Onion」と「玉葱」のちがいには、それぞれを母語とする生活者の概念やイメージやニュアンスのちがいが見える。そのように一つの母語には、その国の文化や生活が大きく関係している、という筆者の考えが表れている。

2　日本語のことわざや慣用句と同じ意味を持つ表現をさまざまな言語から探し、表現の仕方の違いや、その印象について話し合ってみよう。

解説　英語で、よく知られたことわざはたくさんある。
・Time is money.（時は金なり）…ほぼ同じ。
・Failure teaches success.（失敗は成功のもと）…ほぼ同じ。
・When in Rome, do as the Romans do.（郷に入っては郷にしたがえ）…英語には、長く続いたローマ文化の影響が現れている。

英語以外のことわざや慣用句を調べてみると、それぞれの環境や歴史が反映されて、日本語とはまったく違う表現もある。調べてみよう。

一〇〇パーセントは正しくない科学

更《さら》科《しな》 功《いさお》

❖学習の視点

1 科学における推論とはどのようなもので、演繹と推測とは何が異なるのかを知る。

2 科学をめぐる論理の仕組みを身につける。

❖筆者解説

更科 功（さらしな・いさお） 生物学者。一九六一年、東京都生まれ。東京大学大学院博士課程修了。博士（理学）。武蔵野美術大学教授、東京大学非常勤講師。古代生物の遺伝子などを研究する分子古生物学を専門とし、研究テーマは、化石中に存在するタンパク質やＤＮＡの解析、および約五億年前のカンブリア紀における動物の多様化と硬組織の進化。生命進化の奥深さを解説する活動でも知られる。『化石の分子生物学』で、第二九回講談社科学出版賞を受賞。他の著書に『宇宙からいかにヒトは生まれたか――偶然と必然の１３８億年史』『進化論はいかに進化したか』、『絶滅の人類史――なぜ「私たち」が生き延びたのか』など。

❖出典解説

この文章は『若い読者に贈る美しい生物学講義』（二〇一九年・ダイヤモンド社）に収められている。

❖語句・表現の解説

二〇ページ

推論 ある事実をもとに、未知の事柄をおしはかり、論じること。根拠と結論を含む主張がつながったもの。

演繹《えんえき》 一つの事柄から他の事柄へ広げて述べること。与えられた命題から論理的形式に頼って推論を重ね、結論を出すこと。一般的な理論によって特殊なものを推論し、説明すること。

推測 ある事柄をもとに推量すること。

科学では推測が重要だ 「科学は、新しい情報を手に入れようとする行為」（二一・３）であり、「演繹では、新しい情報は手に入らない」（二一・３）が「推測を行えば知識は広がっていく」（二一・13）ので、科学では演繹ではなく推測が重要なのである。

二ページ

「結論（の情報）は、根拠（の情報）の中に含まれている。」　二〇ページの例では「コウイカの足は一〇本である」という結論は「イカは足が一〇本」「コウイカはイカ」という根拠をまとめたものにすぎず、新しい情報がない。

科学の話に進む前に、「逆・裏・対偶」の説明も簡単にしておこう　筆者はこの文章で、科学は、一〇〇パーセントは正しくはないことを説明しようとしている。その説明を理解するための前提として「逆・裏・対偶」の説明を先に行っている。科学が一〇〇パーセント正しくないことは「科学では、仮説による説明や予測を演繹にしなければならないので、仮説の正しさを保証する仮説形成や検証が、どうしても演繹の逆になってしまう」（二八・1）と説明している。「演繹の逆」が一〇〇パーセント正しくないことを先に知っておかないと、この説明が理解できないのである。

逆　さかさま。ここでは「AはBである」という主張に対して、AとBを逆にした「BならAである」という主張を指す。

裏　ここでは、論理学での「AならばBである」という主張に対し、仮定と結論をともに否定した「AでなければBではない」という形式の主張のこと。元の主張が真でも、裏の主張は必ず真とは限らない。

対偶　二つで対となっているもの。二つの組になっているもの。対句。論理学で、「AならばBである」という主張に対し、仮定（A）および結論（B）を否定し、同時にその二つを逆にした「BでなければAでない」という形の主張。元の主張が真ならば対偶も真になる。

二三ページ

推測の結論は一〇〇パーセント正しいとはいえない。しかし、結論は根拠の中に含まれていないので、推測を行えば知識は広がっていく　推測は根拠の中にないことを推量することで、根拠をもとに新しい情報を得ようとすることである。根拠の中にない情報を結論として導くので、一〇〇パーセント正しいとはいえないが、新しい情報を得る行為である。

「えっ、そうなの？　全然知らなかった。」　知らないことを知ろうとする、つまり新しい情報を得ようとすることが科学であり、推測によってできることなので、推測を行うと「知らなかった」ことを知ることができるようになるのだ。

仮説　ある現象について合理的に説明するために、仮に立てる説のこと。

検証　実際に物事に当たって調べ、仮説などの証明を行うこと。

たくさんの観察や実験によって、何度も何度も支持されてきた仮説は、とても良い仮説である。そういう仮説は、「理論」とか「法則」と呼ばれるようになる　何度も支持された「仮説」であっても、「仮説」の域を出ない。そのため、そこから生まれた

「理論」や「法則」は絶対のものだと思いがちだが、それも「とても良い仮説」でしかないことを述べている。

理論　個々の現象を法則的、統一的に説明できるよう、筋道を立てて組みたてられた知識の体系。また、実践に対する純粋な論理的知識。

法則　一定の条件の下での、事物の間に成立する普遍的、必然的関係。また、それを言い表したもの。守らなければならないきまり事。規則。

二四ページ

形成　一つのまとまったものとして作り上げること。

脊椎動物　左右対称の体で、脊椎という支持器官をもつ動物。脊椎とは、体幹の中軸の骨格である脊柱をなす骨のこと。背骨。魚類、両生類、爬虫類、鳥類。哺乳類が含まれ、現在の動物の中では最も複雑化した体制と分化した機能をもつ。

暗黙　口に出さず、黙っていること。

前提　ある物事が成立するための、前置きとなっている条件。論理学で、推論において結論が導き出されるための根拠となる判断。

二五ページ

あなたは、この仮説をどうやって立てたのかというと、証拠をうまく説明できるように仮説を立てたのだ　仮説を立てる、つまり仮説形成とは、仮説から証拠をうまく説明できるようにするものなのである。「うまく説明できる」というのは、一〇〇％正しいこととしていえるということで、それは『演繹する』ということ」（二五・8）なのである。仮説が正しければ、証拠も一〇〇パーセント正しくならなくては、仮説を立てたとはいえないのである。

仮説を検証するには、仮説から新しい事柄を予測しなければならない　仮説を検証するために、仮説が正しければ正しいといえる事柄を考えなければいけないのである。仮説が正しければ、何が正しいといえるかを考えることがここでの予測である。

予測　事の成り行きや結果を前もって見当をつけること。またその内容。

二六ページ

新しい事柄は、仮説から演繹されるものでなければならない　仮説が正しければ、予測された新しい事柄も正しいとならなければならず、これは仮説から演繹されるものでなければならない、ということになる。

さて、新しい事柄を予測したら、次は、新しい事柄が事実かどうかを確かめなくてはならない　科学の手順の「(二)仮説の検証」（二四・2）である。科学とは、仮説を立て、その仮説を「良い仮説」にしていく行為だといえる。

実証　確かな証拠。また、確かな証拠で証明すること。事実によって明らかにすること。

二七ページ

さて、科学の典型的な手順を説明してきたが、それは、科学がど

うしても一〇〇パーセントの正しさに到達できない理由を説明するためだった　科学の手順の説明に区切りが付いたところで、元の主題に戻っている。明確に述べることで、読者の意識も「科学がどうしても一〇〇パーセントの正しさに到達できない」のかを意識しながら読み進められるようになっている。

典型的　その種類の特徴をよく現しているさま。

到達　ある状態や目的にたどり着くこと。

右の図を見ると、仮説に向かう矢印は、仮説形成と検証だ　二七ページ2〜6行目の図のうち、「仮説」に向かっている矢印は、「証拠」からの「仮説形成」と、「新しい事柄」からの「検証」である。

仮説を支えているのは、つまり仮説の正しさを保証するのは、仮説形成と検証　仮説に向かっている「仮説形成」と「検証」の矢印が、仮説の正しさを保証するものなのである。

保証　間違いがない、大丈夫だと認め、責任をもつこと。

仮説形成も検証も、論理の向きが演繹とは反対になっている。つまり、演繹の「逆」になっている　仮説形成と検証から仮説に向かう矢印は、演繹の説明と予測の逆向きである。

二八ページ

新しい事柄を知るためには、一〇〇パーセントの正しさは諦めなくてはならない　科学の「仮説の形成」「仮説の検証」の手順で新しい事柄を見いだしたとしても、それは演繹の逆で保証されるので、一〇〇パーセント正しいものとはいえないからである。

真理　どんなときでも変わることのない正しい物事の筋道。真実の道理。

そこに迫ろうとして　真理に迫ろうとして、新しい事柄を知り、知識を広げてきた、ということ。

生物学も、そんな科学の一部であることを、いつも頭の片すみに置いておくことにしよう　筆者は生物学者なので、自分が研究している分野で、観察、実験の結果実証された仮説でも、一〇〇パーセント正しいとはいえないということを忘れずに研究を続けていこう、と筆者の研究者としての姿勢を表明したもの。

❖仮説と検証の解説

二九ページ

反証　相手の主張が誤りであることを証拠によって示すこと。またその証拠。ある推定をくつがえす事実を証明すること。

真偽　真実と偽り。

偽とはっきり分かる仮説も科学研究においては立派に意味がある　偽とはっきり分かる仮説を否定することで、その反対の内容の仮説の検証になるということ。

❖発問の解説

（二一ページ）

1　**「そうはいかない」とあるが、それはなぜか。**

解答例　科学は新しい情報を手に入れようとする行為だが、

演繹ではいくら繰り返していても、新しい情報は手に入らないから。

（解説）次の段落の冒頭で「から」に続くように理由が説明されている。

❖構成・要旨

〈構成〉

本文は一行空きによって、二段落に分けられる。

(1)（初め〜一二一・8）

科学で重要なことは推論を行うことだが、推論には演繹と推測の二種類がある。推測は一〇〇パーセント正しい結論は得られない。演繹は一〇〇パーセント正しい結論が得られるが、新しい情報は得られない。科学は新しい情報を手に入れようとする行為なので、演繹よりも推測のほうが重要だ。また、もとの主張が正しい場合、逆や裏が正しいとは限らないが、対偶は必ず正しい。

(2)（一二一・9〜終わり）

推測は一〇〇パーセント正しいとはいえないが、行えば知識は広がる。科学では必ず推測を使う。推測によって仮説を立て、観察や実験によって検証する。何度も観察や実験によって支持されてきた仮説が良い仮説で、それが理論や法則となる。しかし仮説によって説明されたり、予測されたりするものは演繹されなければならないので、仮説の正しさを保証する仮説形成や検証は、どうしても演繹の逆になってしまう。よって科学は一〇〇パーセントの正しさに到達できない。新しい事柄を知るには一〇〇パーセントの正しさは諦めなくてはならないが、真理に到達できなくとも、私たちはそこに迫ろうとして、知識を広げてきた。

また(2)を三つに分けて、四段落にすることもできる。

(1)（初め〜一二一・8）

科学で重要なことは推論を行うことだ。それには演繹と推測の二種類があるが、科学には新しい情報を手に入れられる推測のほうが重要だ。

(2)（一二一・9〜一二三・15）

推測によって仮説を立て、多くの観察や実験によって検証された仮説は「理論」とか「法則」とか呼ばれるようになるが、一〇〇パーセント正しいわけではない。

(3)（一二三・16〜一二七・6）

科学の手順は、仮説の形成という段階と、仮説の検証という段階の、二つの段階を踏む。

(4)（一二七・7〜終わり）

仮説の形成と仮説の検証は、論理の向きが演繹とは逆になっているので、仮説に対して一〇〇パーセントの正しさは保証できない。科学では、新しい事柄を知るための一〇〇パーセントの正しさは諦めなくてはならない。

〈要旨〉

科学で重要なことは推論を行うことだが、推論には演繹と推測の二種類がある。推測は一〇〇パーセント正しい結論は得られないが、知識は広がる。演繹は一〇〇パーセント正しい結論が得られるが、新しい情報は得られない。科学は新しい情報を手に入れようとする行為なので、演繹よりも推測のほうが重要だ。推測によって仮説を立て、観察や実験によって検証する。何度も観察や実験によって支持されてきた仮説が良い仮説で、それが理論や法則となる。しかし仮説によって説明されたり、予測されたりするものは仮説から演繹されなければならないので、仮説の正しさを保証する仮説形成や検証は、どうしても演繹の逆になってしまう。よって科学は一〇〇パーセントの正しさに到達できない。新しい事柄を知るには一〇〇パーセントの正しさは諦めなくてはならないが、真理に到達できなくとも、私たちはそこに迫ろうとして、知識を広げてきた。

❖構成・読解・言語活動の解説

〈構成〉

1　推論とは「根拠と結論を含む主張がつながったものである」（二〇・1）とあるが、二〇ページ4〜6行目の「根拠→根拠→結論」の形にならい、ある結論を導く演繹の例を書きなさい。

解答例　（根拠）水は無味無臭で透明で、常温では液体である。
（根拠）この液体は無味無臭で透明で、常温で液体である。
（結論）したがって、この液体は水である。

解説　根拠を二つ並べ、そこから結論が導き出せるものを考える。結論が導けなかったり、根拠が複雑になってしまったりしないように、なるべく単純なものを選ぼう。三段論法（二つの前提から一つの結論を導き出す論理的推論）ではないので注意する。教科書の例は「（根拠）AはBである。（根拠）CはAである。（結論）したがって、CはBである。」という構造になっているので、これにならって書く。

2　下の図の空欄①〜⑤に当てはまる語を次から選びなさい。また、その中で「A→B（AならばB）」が正しければ必ず正しいのはどれか、答えなさい。

・「逆」　・「裏」　・「対偶」

解答例

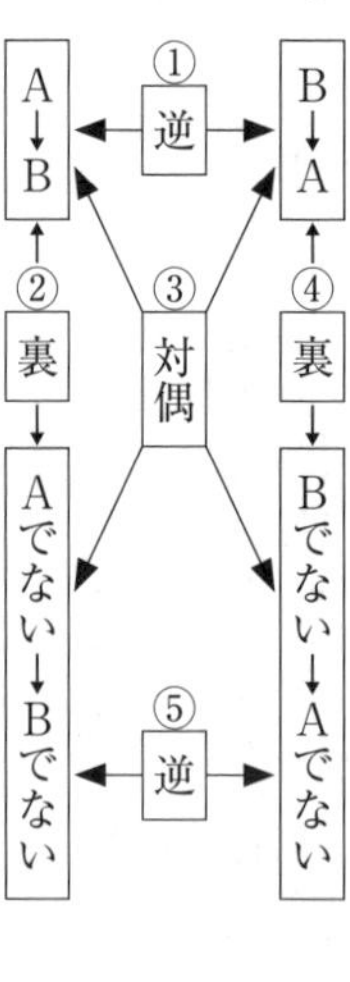

「A→B（AならばB）」が正しければ必ず正しいものは、対偶の「Bではない→Aではない」。

解説　二二ページ上の図と同じなので、同じように空欄に

「逆」「裏」「対偶」をあてはめる。また「元の主張が正しくても、逆や裏が正しいとは限らないが、対偶は必ず正しい」（二二・6）とある。「元の主張」とはここでは「A→B」のことである。

〈読解〉

1　「演繹」（二〇・7）と「推測」（同）の違いを説明しなさい。

解答例　「演繹」は一〇〇パーセント正しい結論が得られるが、新しい情報は得られない。「推測」は一〇〇パーセント正しい結論は得られないが、新しい情報が得られる。

解説　「演繹では一〇〇パーセント正しい結論が得られるが、推測では一〇〇パーセント正しい結論は得られない」（二〇・7）、「演繹では、新しい情報は手に入らない」（二一・3）、「推測を行えば知識は広がっていく」（二二・13）と説明があるので、これをまとめる。

2　「証拠をうまく説明できように仮説を立てた」（二五・1）とあるが、どのようにすれば「うまく説明できる」のか、説明しなさい。

解答例　立てた仮説を根拠にし、演繹によって証拠が導き出せるようにする。

解説　「『説明する』というのは『演繹する』ということだ」（二五・8）とある。

3　「仮説に対して一〇〇パーセントの正しさを保証できない」（二八・3）のはなぜか、筆者の議論を整理して説明しなさい。

解答例　科学は仮説の形成と仮説の検証を行って仮説を新しい知識として得るが、仮説を形成するための証拠や検証を行うための新しい事柄は、仮説による説明や予測を演繹にしなければならないので、仮説の正しさを保証する仮説形成や検証が演繹の逆になってしまう。演繹は一〇〇パーセント正しいが、その逆は一〇〇パーセント正しいとは限らないから。

解説　「仮説に対して一〇〇パーセントの正しさを保証できない」のは、その前に「科学では、仮説による説明や予測を演繹にしなければならないので、仮説の正しさを保証する仮説形成や検証が、どうしても演繹の逆になってしまう」と説明されている。この内容を「仮説」「説明」「予測」「仮説形成」「検証」の関係を明らかにしてまとめる。科学の手順は、ある証拠から「（一）仮説の形成／（二）仮説の検証」（二四・1）をすることである。そして仮説は「証拠をうまく説明できるように」（二五・1）立てられるもので、「『説明する』というのは『演繹する』ということ」（二五・8）である。また「仮説を検証するには、仮説から新しい事柄を予測しなければならない」（二五・15）、「新しい事柄は、仮説から演繹されるものでなければならない」（二六・3）とある。よって「科学は仮説の形成と仮説の検証を行って仮説を新しい知識として得る」が、そのための手順として行われることは、「仮説を形成するための証拠や検証を行うための新しい事柄」に対し「仮説による説明や予測を演繹に」することである。「元の主張が正しくても、逆や裏が正しいとは限らない」(二二・6)ので、「仮説の正しさを保証する仮説形成や検証が演繹の逆になってしまう」と、仮説に対して一〇〇パーセントの正しさを保証できないのである。この内容をなるべく簡潔にまとめる。

〈言語活動〉

1　身近な出来事から推論の例を考え、本文にならってその推論を図に書いて説明してみよう。

(解答例)

証拠　公園にカラスが集まる。

仮説形成↑↓説明(＝演繹)

仮説　公園のゴミ箱に食べ物を捨てる人がいる。

検証↓↑予測(＝演繹)

新しい事柄　公園に「食べ物を捨てないで」という張り紙をしたら、カラスが減った。

(解説)「推論の例を図に書いて説明してみよう」とあるので、二七ページ2~6行目の図にならって、自分の身近な推論の例をまとめる。「新しい事柄」への「予測」を演繹しなければならないので、「仮説」を保証する「証拠」のようなものが二つ挙げられる例を探す。

物語るという欲望

内《うち》田《だ》 樹《たつる》

❖学習の視点

1 映画や小説に観客・読者として「参加」するとはどういうことかを読み取ろう。

2 どのような場合に「物語」が発動するのか、また筆者が「何もない」と述べているのはどんな状態のことかを理解しよう。

❖筆者解説

内田 樹（うちだ・たつる） 一九五〇年（昭和二五）年、東京都生まれ。専門はフランス現代思想、映画論、武道論。著書に『ためらいの倫理学』（角川書店）、『「おじさん」的思考』（晶文社）、『私家版・ユダヤ文化論』（文藝春秋）、『先生はえらい』（筑摩書房）、『下流志向』（講談社）など。

❖出典解説

この文章は『映画の構造分析――ハリウッド映画で学べる現代思想』（二〇〇三年・晶文社）に収められており、本文は同書の文庫版によった。

❖語句・表現の解説

三〇ページ

批評家や観客の主体的な「読み込み」 映画を作った人自身も明確に意図しているのかいないのかわからないような、映画のディテールについて、批評家や観客がそこに何らかの「意味」を見つけ出そうとする行為。

その雄弁な例 そのことを実証する最もふさわしい例。「雄弁」は、本来は「力強く説得力のある弁舌」のことであるが、ここでは比喩的に、物事をはっきりと表すという意味で用いられる。

玩具 おもちゃ。

ほとんど表情を変えぬままに 直後に「実はこれは『同じカット』」であると種明かしされている。

絶賛 このうえないほどほめたたえること。〔類〕激賞。

参与 ある事に加わり、関係を持つこと。

映画を媒介としたコミュニケーションは成立している　映画を介しての作り手と観客との間のコミュニケーションが行われている。「媒介」は、双方の間に立って、その関係のなかだちをすること。またその働きをするもの。

ミニページ

一義的　一つの意味にしか解釈できないようす。対 多義的

頻度　同じことが繰り返し起こる度合い。

破裂音　両唇の間や、舌と歯ぐきの間などをいったん閉じて、呼気を止めてから急に発する音。カ・タ・パ・ガ・ダ・バ行の音。

喉に突き刺さった魚の小骨　決定的な影響やダメージを与えるものではないが、絶えず気にかかる存在を比喩的に表現した部分。

ミニページ

「解釈したい」　そこには何らかの意味があるはずなので、その意味を解き明かしたい、という欲求。

意味に敵対している　その映画本来の意図や主題などに対抗する。

バルトはこれを　「これ」は、「それが何を意味するのかよく分からないもの」をさし、「断片的事象」（三一・9）と同じ。

相殺相克《そうさいそうこく》の関係ではありません　「意味に敵対しているわけではありません」（3）と同意。「相殺」は差し引きして損得がないようにすること。「相克」は対立しているものが相手に勝とうとして、たがいに争うこと。「物語」と「反‐物語」のあいだには「相殺」の関係も「相克」の関係も存在しないということ。

物語を開放状態にとどめ置こうとする　物語を終息させずに、さらにさまざまな解釈を加えようとする。筆者はこれによって物語が深みを増すと考えている。

物語は「反‐物語」を滋養《じよう》にして　「物語」の語に「　」がある場合（5など）とない場合（10など）の使い分けに注意する。「　」がある場合は「反‐物語」の対照的な意味として用いられ、「　」がない場合は、一般的な意味として使われる。

遭遇　思いがけず、ある出来事に出会うこと。用例 ジャングルで昆虫採集をしていたところ毒へびに遭遇してしまった。

この逆説的な事況　本来、無意味なものは物語の展開上、不要なもの、むしろ阻害するものであるはずなのに、実際は無意味なものが物語に深みを加えるので、「逆説的」と述べている。

亀裂《きれつ》　ひびが生じること。用例 両国の友好関係に亀裂が生じる。

ミニページ

私たちはそこに「橋」を架けます　直後の「私たちは話の前後のつじつまを合わせようとします」と同じ意味。

暴力的なほど奔放な空想と思索　想像を超えるほどの自由で無秩序な考え。「奔放」は、慣習や常識にとらわれず、思うままにふるまうこと。

「物語発生装置」　文頭の「意味の亀裂」のこと。

弥縫《びほう》する　失敗や欠点などをとりつくろって、一時的に間に合わせる。

脈絡づける　物事に一貫したつながりをもたせる。筋道をつける。

つじつまが合わない　筋道がよく通らない。理屈が合わない。

［類］矛盾。［用例］君の話は、つじつまが合わないよ。

断絶　結びつきや関係がないこと。［類］隔絶。

動員　ある目的のために多くのものや人などを集めること。

要請　願い出て、その実現を求めること。［用例］協力を要請する。

三四ページ

脈絡がない　直接的なつながりがない。「脈絡」は、物事のつながりや筋道。

嚥下《えんげ》する　食べ物を飲み込む。

同語反復的な行為　「AをBする」などというとき、AとBに品詞は異なっても、ほぼ同じことを表現することばを使っていたり、同じような意味であること。「馬から落ちて落馬する」「返事を返す」「思いがけないハプニング」「一番最初」などがその例。トートロジーとも言われる。

解釈の必要を感じません　ことばとしては同語反復の違和感があるが、内容としては当然のことなので、そこに脈絡づけなければならない理由を感じないということ。

そうでないすべての行為　同語反復的とは言えないすべての行為。ここで取り上げられている「ご飯を食べながら、黙って新聞を読んでいた」（三三・14）がその例である。

論理の飛躍や、足元のあやうい推論　因果関係の説明が後述の「わけのわからない方向」（三五・6）に進んでいること。強引な論理や、思い込み・思いつきなど、明確な根拠のない推論。

三五ページ

沈思　深く物事を考えたり、思い悩んだりすること。「沈思黙考」の四字熟語で使うことが多い。

平たく言う　簡単に言う。［用例］平たく言うと、ぼくには理解できないということです。

離れている二つの出来事　ここでの例に即して言えば、「きれいな畳の上を歩くこと」と「足の指から出血すること」。論理的な脈絡がつけづらい。

発動する　動き始める。物語の読者が、自ら解釈をしたいという欲求にかられて、その作業や思考を始める。

「そこに穴がある」　ここでの穴は物理的なものではなく、物事の空白や不完全な部分のこと。

実定的な所与　すでにそこに物事が存在するという、与えられた感覚。「実定的」は、ここでは、たとえ「断片」であっても、それが存在することを表し、あとの「何もないところ」（＝穴）とは対照的。「何もない」という感覚は「実定的」に対して「欠性的」と表現されることもある。

❖発問の解説

1　「中立的な観客」とはどのようなことか。
（三二ページ）

［解答例］その映画に対して、主体的に参加をしない、つまり自ら進んで意味を書き加えることもしないが、一方でとくに批判をするわけでもない観客。

2 「奇妙な抵抗感」とはどのようなことか。

解答例 映画に登場する主題や作者の意図とは何の関係もない断片的事象のことが気になり、それらにはどんな意味があるのかと考えあぐねて消化しきれず、記憶の中にとどまったまま存在感を持ち続けている状況のこと。

解　説 この「抵抗感」を解消することが、解釈することにつながる。

（三三ページ）

3 「脈絡づけなければならない」とはどのようなことか。

解答例 具体的には、「ご飯を食べる」と「新聞を読む」との間の因果関係を推論しなければならない気持ちになるということ。一般的には、二つの行為が同時に行われるからには、そこに何らかの意味（因果関係）があるはずだとして、その因果関係を考えずにはいられないということ。

（三五ページ）

4 「わけのわからない方向」とはどのようなことか。

解答例 原因についての推論があやういものであったり、論理が飛躍したりしていること。

❖構成・要旨

〈構成〉

本文は段落と段落の間が一行空きになっているところが二か所あることから三つの段落に分けることができる。

(1)（初め～三一・1）

クレショフの行った「モジューヒンの実験」は、映画は意味を書きくわえる観客の参与があってこそ、コミュニケーションが成立することを教える。映画の画面に映り込んでいる無数の記号（断片的事象）は、観客に奇妙な抵抗感を残すものである。それこそが、私たちに「解釈したい」という欲望に点火する。

(2)（三一・2～14）

「物語」とはエンドマークに向けて、すべてを整序しようとする力である。一方、「反－物語」は「物語」にあらがい、物語を解放状態にとどめ置こうとする力である。物語は「反－物語」の干渉や抵抗に遭遇して深みを増す。つまり意味の分からないものが意味生成の培養基になる。

(3)（三一・15～終わり）

「意味の亀裂」は、空想と思索に誘う「物語発生装置」である。二つの出来事の間に脈絡がなければ、仮説を立てて解釈を要請する。このように論理の「断絶」がある「何もないところ」（＝「穴」）から物語が起動する。

〈要旨〉

映画の意味形成に観客が主体的に参加していることは「モジューヒンの実験」などで明らかである。また映画の断片的事象は、観客を解釈したい気にさせる。映画には「何を意味するのかよく分からないもの」、つまり「反－物語」が映り込んでいるが、これによって物語と意味はより深みを獲得していく。物語においても、意味の亀裂に遭遇することがあるが、それが「物語発生装置」になる。こうして、何もないところや、何かが「ない」ところ、論理の断絶があるところに脈絡をつけようとして物語が発動する。

❖構成・読解・言語活動の解説

〈構成〉

1 本文は三つの意味段落に分かれているが、それぞれに小見出しをつけなさい。

解答例 第一段落 「解釈したいという欲望」
第二段落 「物語」と「反－物語」
第三段落 「何もないところ」から起動する物語

〈読解〉

1 「映画は批評家や観客の主体的な『読み込み』をもその構成要素として存在」（三〇・1）するとはどのようなことか、説明しなさい。

解答例 映画の作り手があらかじめ意図的に撮影したものに加えて、偶然映ったものなどについて、観客がそれらの意味を考え、解釈を施そうとすることで、観客もその映画に参加するということ。

2 「意味の亀裂」（三三・4）が「物語発生装置」（三三・5）であるとはどのようなことか、説明しなさい。

解答例 ある文章を読むとき、読者が、その文章中において、意味がつながらないと感じるために自身の空想と思索によって、前後のつじつまを合わせようとせずにはいられないこと。

3 「この『何もないところには、何もない。』という事実から物語は起動します。」（三六・2）とはどのようなことか、説明しなさい。

解答例 ある出来事について、何らかの原因が解明されていなかったり、解釈が与えられていないとき、その出来事について脈絡をつけることが内的に要請されるということ。

解説 「脈絡をつける」ことについて、「平たく言ってしまえば」（三五・8）以降の論理展開を正確に把握するとともに、本文全体の主題を意識してまとめる。既存の原因説明や解釈が存在しないときに物語が起動することがポイント。

〈言語活動〉

1 映画を見て、一見意味のなさそうな映像に「奇妙な抵抗感」（三一・12）を覚えたことはなかったか、それぞれの経験を話し合ってみよう。

解説 例えば小津安二郎監督の映画では、登場人物が居間に集まって歓談した後、めいめいが別の部屋に引き揚げて誰もいなくなったのに、しばらく無人の居間のシーンが続くことがある。それを見て、「なぜ？」「どんな意味？」と考えてしまったことがある、というような経験を出し合おう。

2 筆者の主張を踏まえて、メディアで取り上げられているニュースについて関心のあるものを選び、どのような「解釈」がさ

れているか、考えてみよう。

解説　同じニュースを、別の局の番組や、ネットの配信などで比べてみよう。できれば、現代の日本で議論の分かれているエルネギー基本計画の電源構成や、同性婚の問題（LGBTQの問題）など、立場によって意見が変わるものがよい。それぞれのニュースにおいて、事実はどれか、意見はどれか、また、因果関係のように示されているものは何か、示されていないことは何かということを客観的に判断してみよう。

3　本文の論旨を踏まえて、中島敦《なかじまあつし》「山月記」や太宰治《だざいおさむ》「清貧《せいひん》譚《たん》」などの物語作品を読み、私たちが物語のどのような点について、どのような「解釈」を行いながら読んでいるか、気づいたことをまとめてみよう。

解説　作品の中で、まず論理の断絶があるかないかを考えてみよう。断絶があれば、そこからどのように私たちはその穴を埋める「物語」を発動させているかを考えてみよう。

第2章　日常の中の論点

ファッションの現象学

河野《こうの》哲也《てつや》

❖学習の視点

1　私たちの社会にとって「ファッション」とは何かを知る。

2　目に見える「現象」から目に見えない「主張」を導き出す論理の組みたて方を学ぶ。

❖筆者解説

河野哲也（こうの・てつや）　倫理学者・哲学者。（現在では「何者でもない人」と名乗るようになっている。）一九六三年、東京都生まれ。慶應義塾大学文学部卒業後、同大大学院へ進学。ベルギーへの留学を経て、慶應義塾大学大学院修了。博士（哲学）。現在は立教大学教授。専門は現代哲学と倫理学。近年は環境の問題を扱った哲学を展開。対話による思考とコミュニケーション力を養う教育を、学校や図書館などで実践。大人向けの哲学対話、哲学カフェも実施。著書に『いつかはみんな野生にもどる』『こども哲学」で対話力と思考力を育てる』『意識は実在しない——心・知覚・自由』『道徳を問いなおす』などがある。

❖出典解説

この文章は、『境界の現象学——始原の海から流体の存在論へ』（二〇一四年・筑摩書房）に収められている。

❖語句・表現の解説

四〇ページ

ファッション（流行）は、自己の境界の表現　ファッションは自分の体のすぐ外側で行われる表現なので、自己の境界といっている。「境界」とは、土地や物事のさかい。ここでは、自分と外の世界とのさかいを指している。

流行とは、スタイルの共時的模倣である　流行とは、スタイルを同じ一定時期にまねすることである、ということ。「共時的」は、一定時期における現象を静止現象として捉え、その構造を体系的に記述するさま。時間の流れや歴史的な変化は考慮せず、一時期の現象を捉えようとするさま。言語学者ソシュールの使った語。対義語は「通時的」。「模倣」は、まねをすること、似せること。「ファッション（流行）」（四〇・1）とあるので、ファッションとはスタイルの共時的模倣であるということになる。すぐあとに「ファッションとは、衣服なり化粧なりの外見のスタイルを、同時期的に模倣することである」とあることと、同じ内容を繰り返しているといえる。よって、「共時的」はここでは「同時期」と同じ意味で使われている。

伝搬　伝えること、伝わること。

伝染　ここでは、物事の状態や傾向などが他に移り、同じような状態になることを指している。

スタイルを通時的に模倣すること　過去のスタイルを受け入れ、まねをすること。「スタイルの共時的模倣」に対する語として使われている。「通時的」とは、関連のある複数の現象や体系を、時間の流れや歴史的な変化に沿って記述するさま。ある対象を歴史的な変化の中で捉えようとするさま。「共時的」と同様にソシュールの使った語。

様式　ある範囲の事物・事柄に共通する一定の型。

服従　自分以外の者の意志や命令に従うこと。

両価的　一つのことに対して、逆の感情を同時にもつこと。両価性、両価感情、アンビバレンスともいう。ここでは、ファッションは帰属しているグループの仲間への模倣と、他のグループから自分たちを差異化することを同時に追求することを指している。

差異　他のものと違う点。

四一ページ

軽佻浮薄《けいちょうふはく》　言動や考えなどが軽はずみで、浮わついているさま。「軽佻」は落ち着きがなく、考えもなしに行動、発言するさま。「浮薄」は浮わついているさま。

軽薄　ここでは、軽々しくて、思慮深さや誠実さが感じられないこと。また、そのさま。

四二ページ

ファッションが、軽薄であるどころか、死と虚無を予感させる　後に「ファッションは、現在のものを過去のものたらしめる。ファッションは、新しさを生み出すことで、何かに終焉をもたらす」（四四・13）、「つい先ほどまで流行していたものがまたたくまに古びたものへと追い落とされ、みるみる輝きを失う。人びとはこの新旧の交代を目の当たりにして、そこに生と死の素早い交代を感じる」（同・15）と説明されている。ファッションは次々に変化するので、そこに生きているものは死ぬということを感じ、生と虚無を予感するのである。

虚無　ここでは、何もなくむなしいこと。空虚であること。
象徴　言葉で表しにくい事象や思想などを、具体的な事物や感覚的な言葉で置き換えて理解しやすい形で表すこと。また、その表現に使われたもの。シンボル。
二の次　二番目。あとまわし。用例 今夜はテレビで決勝戦を見るので、勉強は二の次だ。

四四ページ

遊戯　ここでは、遊ぶこと。遊び、たわむれること。
不在　本来のいるべき場所にいないこと。
篤実　情が深くて誠実であること。また、そのさま。
自らも気づかずにこれを恐れた　自分でも気づかず、無意識に深みの拒否としてのファッションを恐れた、ということ。ファッションは楽しむために変化するもので、変化に根拠はなく、愚神を拒否するものであることに、根拠を求め、深みを重視するオールポートは恐れを抱いたのである。そのために深みのないファッションに「『パーソナリティ』を与える」（四二・12）という考えに否定的なのである。オールポートはパーソナリティとは、もっと深みのあるものだと考えていた。
権威　他を服従させる威力。
溶解　溶かすこと、溶けること。ここでは秩序を崩すことや壊すことの意で使われている。
またたくまに　瞬く間に。まばたきをするほどの短い時間に。瞬間に。用例 楽しい時間はまたたくまに過ぎ去る。

四五ページ

不変不朽　変わらないこと、朽ちないこと。変わらずいつまでも価値を失わずにあること。
ダーウィンの言う「進化」　ダーウィンは生物の進化に目的はなく、自動的に環境に適応した結果にすぎず、進歩とは違うと考えていた。
烙印を押し　「烙印を押す」は、悪い評判を与える、の意。周囲が悪いものであると決めつける。「烙印」は、鉄製の印を焼き、物に押し当てること。またその跡。刑罰として罪人に行った。
「我が子を食らうサトゥルヌス」のように、時間そのもののよう　時間は今存在しているものを否定し、消し去るので、今いる我が子を食うサトゥルヌスのようだと表現されている。

四六ページ

逸脱　本筋から逸れること。決められた枠から外れること。
ファッションは私たちの価値や目的が、さらには世界そのものが無根拠であることを理解させる　ファッションが無根拠に変化することから、価値や目的、世界そのものも無根拠に変化していくことを理解するということ。私たちが考えている価値や目的、世界には根拠などないことを、変化のための変化を楽しむファッションが突きつけるというのである。
瓦解　ある一部の乱れが広がり、やがて組織全体が壊れること。一部の瓦が崩れ落ちることが屋根全体に及ぶことから、組織が壊れるさまに使われるようになった。

四七ページ

表象　ここでは、象徴、シンボルのこと。

新しい人間関係のなかに生きる新しい自分を創出しようとする

ファッション、つまり外見のスタイルをある集団にまねることで、その集団に入る自分へと変えようとするということ。たとえば制服を着崩すのは、制服を着崩すことをよいとする集団に入りたいという願望の表れであるということ。ファッションが変われば人間関係も変わることを述べ、それを「現在の自分からの逸脱」「変身」と呼んでいる。

❖発問の解説

(四〇ページ)

1「これ」とは何をさすか。

解答例　ファッション。

解説　「これ」の前でファッションについて説明し、後で「ファッション」に対する語として「伝統」を取り上げ説明している。ファッション⟷伝統の対比を捉える。

(四三ページ)

2「それ」とは何をさすか。

解答例　なぜファッションは、自己の本質から真っ先に切り離されるべきものとして認識されているのかということ。

解説　直前の「これはなぜであろうか」を指して「それ」をいっている。「これ」は「ファッションとしての化粧、服飾、髪型、装飾品、装身具、香水などは、自己の本質から真っ先に切り離されるべきものとして認識されているように思われる」を指している。これらをまとめると「それ」が指しているのは、「なぜファッションは、自己の本質から真っ先に切り離されるべきものとして認識されているのか」となる。

(四四ページ)

3「権威はファッションを最も忌み嫌う」のはなぜか。

解答例　ファッションはあらゆる根拠付けを暗に揶揄するから。ファッションはいいかげんでいきあたりばったりであるために秩序を否定するが、権威の側にいる人は秩序によりかかっているから。

解説　後に引用されている「そのいいかげんさ、いいかえると、いかなる秩序をも溶解させる、あるいは骨抜きにするそのいきあたりばったりの存在形式が、秩序によりかかる者の神経を逆なでする」が理由である。

(四五ページ)

4「ある人たち」とはどのような人たちか。

解答例　篤実で敬虔であることを重視し、秩序によりかかる権威の側にいる人たち。

解説　「ある人たち」とは「不変の目的、さらには世界の意味」を信じたいと思っている人たちを指しており、その不変の目的や世界の意味はファッションによって否定されると述べている。よって「ある人たち」とはファッションの対極にいる人を意味しており、ファッションの対極にいる人たちとは、「ファッションを最も忌み嫌う」「秩序によりかかる」「権威」の側の人のことで、ファッションを嫌う人として具体的に挙げられているオールポートのような「篤実で敬虔な人物」でもある。

❖構成・要旨

〈構成〉

本文は一行空きによって、四段落に分けられる。

(1) (初め~四二・8)

ファッション(流行)はスタイルの共時的模倣である。帰属しているグループの仲間の模倣をすることで、他のグループや過去のスタイルから自分たちを差異化する。さらに同じグループの中で個性を示す差異を作り、その差異が他者から模倣されると、新しいスタイルを創出したと評価される。

(2) (四二・9~四四・4)

ファッションは過去との差異を作るためだけに生み出され、過去のファッションに死を与える。そこに内容や根拠、必然性はなく、変化のための変化である。それが死と虚無を連想させるのだが、死と虚無から目をそらせたいので、軽薄なものとして遠ざけられる。

(3) (四四・5~四六・6)

ファッションは深みを拒否した表面であり、現在のものを過去のものにする。それは生と死の交代を感じさせる。また、ファッションの変化のための変化や、意味も目的もなく外へ逸脱しようとする遊戯性は、不変不朽の価値や目的を否定し、さらには世界全体にも、変わらない保証はなく、世界そのものは無根拠であることを突きつける。

(4) (四六・7~終わり)

ファッションと身体の関係は、変身であり、自分のリメイクである。ファッションは、自分を取り巻く人間的・社会的関係に変化をもたらし、ひとつの固定的な役割から自分を解放する。なぜファッションによって変身を表現するかというと、新しい人間関係のなかに生きる新しい自分を創出したいという願望があるからである。

〈要旨〉

ファッション(流行)はスタイルの共時的模倣である。帰属しているグループの仲間の模倣をすることで、他のグループや過去のスタイルから自分たちを差異化する。さらに同じグループの中で個性を示す差異を作る。ファッションは過去との差異を作るためだけに生み出され、そこに内容や根拠、必然性はなく、変化のための変化であり、深みの拒否としての表面である。意味も目的もなく外へ逸脱しようとする遊戯性は、不変不朽の価値や目的を否定する。ファッションはその特性から、現在のものを過去のものにするので、生と死の交代、死と虚無を連想させる。しかし、死と虚無から目をそらせたいので、軽薄なものとして扱われる。

また、ファッションは世界全体にも、変わらない保証はなく、世界そのものは無根拠であることを突きつける。ファッションと身体の関係では、ファッションとは変身であり、自分のリメイクである。ファッションは、自分を取り巻く人間的・社会的関係に変化をもたらし、ひとつの固定的な役割から自分を解放する。なぜファッションによって変身を表現するかというと、新しい人間関係のなかに生きる新しい自分を創出したいという願望があるからである。

❖構成・読解・言語活動の解説

〈構成〉

1　本文は四つの意味段落に分かれているが、それぞれに小見出しをつけなさい。

解答例　第一段落「ファッションによる同化と差異化」、第二段落「ファッションの軽薄さ」、第三段落「ファッションによる世界の否定」、第四段落「ファッションで表現される願望」

解　説　段落ごとの要旨を確認し、その要旨を端的に表す言葉を考えよう。第一段落ではファッションとは何かという定義が述べられており、「ファッションとは、自分をある差異化されたグループへと同化する」「両価的」なものとしつつ、「帰属しているグループ内で自分個人を差異化するためでもある」としている。第二段落では、なぜファッションは軽薄に見られるのかが説明されている。第三段落では、ファッションが生と死を感じさせること、さらには世界を否定し、世界そのものが無根拠であることを理解させることを述べている。第四段落では、第三段落までとは異なり、個人の身体とファッションの関係を述べている。ファッションは新しい人間関係のなかの新しい自分を創出したいという願望の表現であると述べている。これらのことをそれぞれ見出しにふさわしく端的にまとめる。

2　「流行」（四〇・1）と「伝統」（同・9）との違いについてまとめなさい。

解答例　「流行」はスタイルを同時期に模倣することで、急激な速さで広まるものだが、「伝統」とは過去の様式を受け入れ、スタイルを通時的に模倣するもので、服従や訓練や教育によって人工的に身につけるもの。

解　説　「流行とは、スタイルの共時的模倣である……学校の制服などはこれに当たる」（四〇・6～12）で対比的に説明されているので、この部分から「流行」と「伝統」についてまとめる。

3　「進歩」（四四・3）と「進化」（四五・6）はどのような意味で使い分けられているか、述べなさい。

解答例　「進歩」は発展的で、目的や価値や意味のある方向性をもった変化という意味で、「進化」は目的や価値や意味のある方向性のない純粋の変化という意味として使われている。

解　説　「進歩」は「ファッションは変化であるが、それは進歩や発展のような目的や価値や意味のある方向性をもった変化ではない」(四四・2)とあることから、「目的や価値や意味のある方向性をもった変化」という意味で使われているとわかる。「進化」は「ファッションは進歩せず、ただ変化する。それは方向性も進歩もない純粋の変化である。それはダーウィンの言う『進化』である」(四五・5)とあり、進歩と違い、「目的や価値や意味のある方向性のない」変化という意味で使われている。どちらも変化だが、「目的や価値や意味のある方向性」の有無が違いである。「ダーウィンの言う『進化』」については「語句・表現の解説」参照。

〈読解〉

1 「個性と同調を同時に追求する」(四一・4)とはどのようなことか、説明しなさい。また「帰属しているグループ内で自分個人を差異化する」(四二・3)のはなぜか、説明しなさい。

解答例 「個性と同調を同時に追求する」とは、自分の帰属するグループとしての個性を他のグループと差異化するための個性と、帰属するグループの仲間への同調と同時に行っているということ。「帰属しているグループ内で自分個人を差異化する」のは、グループ内での自分の個性やアイデンティティを出すためである。

解説 「個性と同調を同時に追求する」は同じ段落に「帰属しているグループの仲間の模倣であるが、同時に、他のグループから自分たちを差異化する」「自分をある差異化されたグループへと同化すること」とあるので、これらをまとめる。「帰属しているグループ内で自分個人を差異化する」理由は、これも同じ段落に「グループの中での個性を示す」「個性の主張」「自分なりの個性やアイデンティティを出せる」と、個性やアイデンティティを出すためだと説明されている。

2 「差異のための差異を生み出す」(四三・12)とはどのようなことか、説明しなさい。

解答例 純粋の遊戯として楽しむ以上の根拠も必然性もなく、目的や価値や意味のある方向性もない、変化を楽しむための変化であるということ。

解説 「差異のための差異を生み出す」とは「変化のための変化」と同じ意味で使われている。「変化のための変化」とは「純粋の遊戯である。遊戯とは、そのこと自体を楽しむものであり、その背後にそれ以上の根拠はなく、必然性のない活動」(四四・1)、「進歩や発展のような目的や価値や意味のある方向性をもった変化ではない」(同・3)、「変化を楽しむための変化」(同・4)と説明されているので、これらをまとめる。

3 「ファッションはあまりに軽薄なやり方で重厚な生の事実を示す」(四五・2)とはどのようなことか、説明しなさい。

解答例 ファッションは目的や価値や意味のある方向性がなく、根拠も必然性もない深みのないもので、ただ変化するものであるが、そのただ変化するということが、生はいずれ根拠なくただ死にいたるという変化を感じさせるということ。

解説　ファッションが軽薄なのは、「根拠はなく、必然性のない活動」で、「目的や価値や意味のある方向性」もない、ただの変化だからである。そのただ変化するということが、「現在のものを過去たらしめる」「何かに終焉をもたらす」ことになるので、そこに「生と死の素早い交代を感じる」のである。「生と死の素早い交代」とはつまり生きているものは必ず死に至るということだが、死ぬことは根拠も必然性もなく、目的や価値や意味のある方向性もない、ただの変化だという「生の事実」をファッションがただ変化することで示しているというのである。

4　「変身とは、現在の自分からの逸脱である。」（四六・11）とはどのようなことか。「人間の身体」と「動物の身体」ということばを用いて説明しなさい。

解答例　動物の身体が環境への適応を表現しているように、人間の身体も現在の自分を逸脱して変身することで、新しい人間関係のなかに生きる新しい自分を表現するということ。

解説　「動物の身体」については、ヤゴとトンボの変化から「動物の身体は、環境への適応を表現している」とある。対して「人間の身体」は「昆虫の変態のようには変化しない」としながらも、ファッションによって「変身」するとしている。その「ファッションが表現する変身とは、自分を取り巻く人間関係に変化をもたらすような身体性を獲得すること」（四七・4）である。つまり、ファッションによって現在の自分から逸脱して変身することで、「新しい人間関係のなかに生きる新しい自分を創出する」のである。動物は環境への適応、人間は新しい人間関係に生きるために身体を変化させるという内容をまとめる。

〈言語活動〉

1　「境界」「差異」「象徴」「不在」「逸脱」など、本文中のことばの意味を調べて、それらの語を用いてそれぞれ短い文章を書いてみよう。

解説　「文章」とあるのだから、短文ではなく、複数の文からできている文章を書いてみよう。それぞれの意味は「語句・表現の解説」参照。

地図の想像力

若林《わかばやし》　幹《みき》　夫《お》

❖学習の視点

1　地図から何が読み取れるかを考える。
2　地図から読み取れることを通して筆者が述べようとしたことを読み取る。
3　人間と世界の多様な関係について考える。

❖筆者解説

若林幹夫（わかばやし・みきお）社会学者。一九六二（昭和三七）年、東京都生まれ。東京大学教養学部相関社会科学分科卒業。社会学理論、都市論、メディア論を中心に幅広い知の成果を駆使して考察している。著書に『熱い都市　冷たい都市』『社会学入門一歩前』などがある。

❖出典解説

この文章は、『増補　地図の想像力』（二〇〇九年・河出書房新社刊）に収められており、本文はその文庫版によった。

❖語句・表現の解説

四九ページ

概念的な描像　「概念的」は個々の事物の特殊性ではなく全体に共通の要素だけを取り出して得た普遍的な見方や態度。「描像」は像を描くこと。つまり、地図はリアリズム（経験的に観察され、測定されうるような対象のみを地図に描き出す態度）の産物ではなく、当時のある考えによって描き出されたものだということ。

近代的な地図の「リアリズム」になじんだ私たち　「私たち」は現実を正確に写した地図になじんでいるということ。

T《ティー》―O《オー》図　中世ヨーロッパの一般的な世界図で、ナイル川とドン川という二つの川と地中海によってT字型に分割された三つの大陸（アジア、アフリカ、ヨーロッパ）の周りを、丸いOの字形の大海が取り巻いている図。

地中海　ヨーロッパ南岸・アフリカ北岸およびアジア西岸に挟まれた海。古代には地中海文化が形成された。

五〇ページ

なぞったもの　ここでは、再現したものという意。

聖地　①神聖な土地。神・仏・聖人などに関係がある土地。②キリスト教でエルサレム、ローマのヴァチカンなどの称。ここでは②の意。

いまだ未発達な地図の姿　T—O図への、世界に対する科学的な知識の不足と測量術の未熟さによる地図であるという評価。

しばしばそのように扱われている　中世ヨーロッパの地図や近代以外の社会の地図は、いまだ未発達の地図であるかのように扱われているということ。

理性　本能や感情によらず物事を筋道立てて考え、判断する能力。［類］悟性。［対］感性・感情。

暗黙の仮定　「暗黙」は、あることについて口にしないこと。「地図は人間の理性の発達とともに、『不正確』なイメージの段階から、より『科学的』で『正確（精確）』な段階へと『進化』するという」ことが口にはされなくても、仮定として考えられているということ。

科学主義的な地図観　地図は時代とともに、科学的で正確（精確）なものへ「進化」するという考え。

抜きがたくまとわりついてきた　「抜きがたい」は取り去ることが難しいこと。地図を製作する専門家たちによって、地図をめぐってなされてきた議論には科学主義的な地図観にとらわれていることが多かったということ。

価値規準　「規準」は社会において従うべき標準となるもの。ここでは「科学」を価値とした規準のこと。

ここで問題にしたいのは　筆者は地図を製作する専門家たちによってなされてきた「科学」という一定の価値観にしたがった指摘が問題なのではなく、「今日の地図における科学性とは、地図が世界を概念化しイメージ化する一つの方法にすぎないということ」を問題にしたいと考えている。

五一ページ

一括り《ひとくくり》　一つにくくること。一つにまとめること。［用例］内容の共通する議題を一括りにして討議する。

豊饒《ほうじょう》さ　「豊饒」は穀物がよく実るさまの意だが、ここでは内容の豊かさの意で用いられている。

意味としての世界　概念やイメージとしての地図が表現するのは、人間によって見られ、読み取られ、解釈されることによってでき上がった、人間にとっての意味を与えられたものだということ。

表象　ある事物を見たり聞いたりしたとき、そのものがあるイメージとなって心の中に記憶されること。また、それが再び心の中に表れること。

縮尺　実物より縮めた図を書くときに、図での長さを実物の長さで割った比率。

表記体系　「表記」は文字や記号などで書き表すこと。「体系」はすじ道をつけてまとめられた知識や理論の全体。

客観　主観や自己中心の立場から離れて、多くの人がそうだと認めることができること。対主観。
対置　相、対して物事を据えること。
主観　事実に基づかないで、主に自分の感情などから生じる考え。対客観。
標高　海面から測った土地の高さ。用例標高二千メートルの山。

五二ページ

隔たり　距離が離れること。ここでは「距離」の言い換えになっている。
自然界には「客観的な距離」など存在しない　距離は人間という主観にとっての距離であり、決して客観的な距離ではないということ。
存在様態　「様態」はものごとのありさまの意。標高や距離は、ある社会の社会的規準に従った世界のものごとの存在するありさまだということ。
「有意味」　意味のあること。「　」で括られているのは、有意味と言えるのが、地図の製作者や利用者にとってのことであり、その意味が限定されるからである。対無意味。
そうした数量的な情報　地図における標高や距離など、数量によって表される情報。
位相的　「位相」はものごとの中でのある位置を示し、「位相的」はここでは、ある路線間における位置のありさまという意。

五三ページ

世界を記号によって解読し、意味づけられたものとして理解する人間の営みによっている　「解読」はわかりにくい文章や符号を読み解くこと。地図における境界や国境、地域に固有の名を与えることなどはすべて人間にとって理解しやすくしようとする人間の営みによってなされているということ。
分節化　まとまりのある全体をいくつかのものに分けるさま。
あてがう　割り当てる。ぴたりとあてはめる。
標準的な英語使用者　ごく一般的な英語使用者。
書記記号　「書記」はここでは文字を書き記すことの意。地図を描くために必要となるさまざまな記号を「書記記号」と述べている。
人間が世界と出会う際に用いる一つのメディアである　地図は書記記号によって描かれた世界であり、人間は一つのメディアである地図を通して世界と出会うということ。
「遅れた地図」と「進んだ地図」　「遅れた地図」はT—O図のことで「進んだ地図」は「科学的」な地図。筆者はこのように理解してはならないと忠告している。筆者はこの違いを「異なる世界像をもつ人々の、世界に対する異なる理解、世界との異なる出会いの形を表現している」と理解しなくてはならないと考えている。
記載されるべき現象　地図に書き載せるべきだと思われることがら。

五四ページ

地図＝世界像　地図は、その製作者が載せるべき現象を選び取り、選び取った現象に関する情報を記号という形で地図の上に描き込んだものであり、その製作者にとっての世界像なのだということ。

世界の文字通りの「再現」ではない　人が「地図＝世界像」を読み取るのは「地図製作者によって『意味』として読み取られ、解釈された世界であり、さらに読み手によってふたたび読み取られ、再解釈された世界」である。そのために人が地図を読み取るときにそこに立ち上がる世界は、そのまま（文字通り）再現されたものではないのだ。

中性的で透明な空間ではない　「ありのまま」の状態を「中性的で透明な空間」と述べている。「中性的」とは特徴が顕著ではない性質の意。ここでの「透明」は何の特色もないというような意。つまり、その空間は何の解釈も加えられていないような特徴のない空間ではないということ。

規範　行為や判断ののっとるべき基準や規則。

地図とは、そのような世界像の生産の場である　「そのような世界像の生産の場」とは、地図は描き手と読み手がもっている「世界像や規範、価値意識や欲望」によって描かれ読まれるのだが、描き手と読み手によって地図の世界には「固有の構造や表情が与え」られる。そして地図は「そこから様々な意味＝『世界』が生産される」場になるということ。

❖発問の解説

1　「こうした見方」とはどのようなものか。（五〇ページ）

解答例　T—O図のような地図を、世界に対する科学的な知識の不足と測量術の未熟さからくる、いまだ未発達な地図の姿であるかのように思う見方。（T—O図のような地図がどのように見られているのかを考える。）

2　「このような誤解」とはどのようなことか。（五一ページ）

解答例　私たちが今日使っている地図はT—O図のように人間によって解釈された「意味」を表現しているのではなく、世界に関する「正確な情報」を表現しているという誤解。

筆者が誤解を避けるために、「『意味』という言葉の意味を確認して」いることに着目する。

3　「そのようなもの」とは何か。（五二ページ）

解答例　地図の製作者や利用者によって「有意味」な情報であると認められている、正確な縮尺によって表現されている標高や距離。

4　「このこと」とはどのようなことか。（五四ページ）

解答例　地図とは対象としての世界の文字通りの「再現」ではなく、地図製作者によって「意味」として読み取られ、解釈された世界であり、さらに読み手によってふたたび読み取られ、再解釈された世界だということ。

❖構成・要旨

〈構成〉

この文章は、次の三つに分けることができる。

(1)（初め～五一・2）世界の概念化とイメージ化の多様さとしての地図

地図は世界に対するイメージの表現であり、概念的な描像である。近代的な「リアリズム」になじんだ私たちの思考では、T—O図のような「地図」は未発達な地図に見えるかもしれない。しかし、地図における科学性とは、地図が世界を概念化しイメージ化する一つの方法にすぎないものだ。世界の概念化とイメージ化の多様さを「未熟なもの」として一括りにしてしまう時、人は、人間が世界と取り結ぶ関係の多様さと豊饒さを見失ってしまうだろう。

(2)（五一・3～五三・6）記号による意味の体系としての地図

概念やイメージとしての地図は「人間にとっての世界」、「意味としての世界」を表現する。ここでの「意味」とは、世界を記号によって記述し、理解する人間の営みにおいて記述され、表現されるものをさす。「科学的」で「客観的」な地図の存在を支えている「科学」や「客観」も、それが世界を記述し理解するための記号による意味の体系である。

(3)（五三・7～終わり）世界に関するテクストとしての地図

T—O図と「科学的」な地図の違いは、異なる世界像をもつ人々の、世界に対する異なる理解、世界との異なる出会いの形を表現している。つまり「地図とは世界に関するテクストである」。描き手、読み手それぞれの世界像や規範、価値意識や欲望が地図に描かれ、地図として読まれる世界に固有の構造や表情を与え、そこから様々な意味＝「世界」が生産される。地図とは、そのような世界像の生産の場である。

〈要旨〉

地図は世界の概念化とイメージの多様さを物語る。地図は記号による意味の体系である。地図とは世界に関する描く（書く）営みと読む営みとが出会い、意味が生産される空間である。地図とは様々な意味、世界像の生産の場である。

❖構成・読解・言語活動の解説

〈構成〉

1　筆者は次の語句をどのように定義しているか、まとめなさい。

ⓐリアリズム（四九・2）
ⓑ意味（五一・10）
ⓒテクスト（五四・6）

解答例　ⓐリアリズムとは、経験的に観察され、測定されうるような対象のみを地図に描きだす態度のこと。
ⓑ意味とは「客観」に対置されるような「主観」のことではな

く、世界を記号によって記述し、理解する人間の営みにおいて記述され、表現されるものすべてをさす。

ⓒ描く（書く）営みと読む営みとが出会い、それによって意味が生産される空間。

2　本文は三つの意味段落に分かれているが、それぞれの内容を要約しなさい。

解説　《構成》を参照しよう。

〈読解〉

1　「科学主義的な地図観」（五〇・10）とはどのようなことか、説明しなさい。

解答例　地図は人間の理性の発達とともに、「不正確」なイメージの段階から、より「科学的」で「正確（精確）」な段階へと「進化」するという暗黙の仮定に基づいた地図観ということ。

2　「山の標高」や「地点間の距離」（五一・15）を、人間が「作り上げた規準にしたがって測定し、表現する」（同・16）とはどのようなことか、説明しなさい。

解答例　自然界には「客観的な距離」などは存在せず、標高も距離も「人間にとって」の高さや隔たりであり、ある社会における社会的規準に従った世界の存在機能に対する記述であり表現であるということ。

3　「北極圏の……違う見方で見ている」（五三・9）のはなぜか、「分節化」ということばを使って説明しなさい。

解説　「分節化」とは、まとまりのある全体をいくつかに分けること。北極圏のイヌイットの人々は、生活圏で起きるさまざまな雪を伴う厳しい自然環境とともに暮らしている。そのため「雪」を、その現象ごとに分けてことばで表現している。つまり、必要に応じて表現することばが生まれているということがわかる。

4　「T—O図と『科学的』な地図の違い」（五三・9）について、筆者はどのように考えているか、まとめなさい。

解答例　T—O図が「遅れた地図」で、「科学的」な地図が「進んだ地図」だと理解してはならないと考えている。また、これらの地図の違いは、異なる世界観をもつ人々の、世界に対する異なる理解、世界との異なる出会いの形を表現していると考えている。

5　「描かれた地図＝世界像が……『再現』ではない」（五四・1）とあるが、それはなぜか、説明しなさい。

解答例　地図制作者は、世界という多様性に満ちた存在の中から、自ら記載されるべき検証を選び取り、記号という形で地図の上に描き込んでいて、それは地図制作者によって「意味」として読み取られ、解釈された世界であり、読み手によってふたたび読み取られ、再解釈された世界だから。

〈言語活動〉

1　さまざまな地図について、その特色を話し合ってみよう。

解説　例えば「幸福度マップ」というものがあり、その国の国民が感じている幸福度が地図から読み取れる。それによると幸福度の上位によく登場するのは北欧の国々であり、日本は高くもなく低くもない。「原子力発電所分布マップ」というものもあり、原子力発電所が日本、西ヨーロッパ、アメリカに集中していることがわかる。「国・地域別の渡航情報」を表した地図もあり、海外へ渡航する際の危険な場所がわかるようになっている。海外の渡航先を決める際の参考にできるだろう。ほかにもいろいろな地図があるので、インターネットなどを利用して探してみるとよいだろう。

2　同じ話題であってもテレビ番組や新聞、ネットニュースなどの各種メディアによって報道の仕方や切り口は異なる。関心のある情報について、発信者の価値基準に着目して比較・分析してみよう。

解説　現代の日本で議論の分かれているエルネギー基本計画の電源構成や同性婚の問題（ＬＧＢＴＱの問題）など、立場によって意見が変わる情報を選び、比較・分析するとよい。

本当は怖い「前提」の話

川《かわ》添《ぞえ》 愛《あい》

❖学習の視点

1 「前提」の「怖さ」とは一体何か、考える。

2 言語学の知見を通して、何気なく使われる「前提」という概念を捉え直す。

❖筆者解説

川添　愛（かわぞえ・あい）　言語学者・小説家。一九七三年、長崎県生まれ。九州大学大学院で博士号（文学）を取得。専門は言語学、自然言語処理。自然言語処理とは、人間の言語（自然言語）をコンピュータで言語を処理し内容を抽出することで、画像認識と並ぶＡＩの重要な研究分野。津田塾大学女性研究者支援センター特任准教授、国立情報学研究所社会共有知研究センター特任准教授等などを経て、現在は著作活動を行う。言語学や情報科学を一般の人にわかりやすく解説するとともに、専門的な知見を元に豊かな物語世界を描く。著書に『白と黒のとびら　オートマトンと形式言語をめぐる冒険』『働きたくないイタチと言葉がわかるロボット　人工知能から考える「人と言葉」』『聖者のかけら』『ヒトの言葉　機械の言葉「人工知能と話す」以前の言語学』『言語学バート・トゥード』などがある。

❖出典解説

この文章は、二〇二〇年刊行の「ＵＰ」第四九巻・第四号（東京大学出版会）に収められている。

❖語句・表現の解説

五六ページ

言語学　人類の言語の構造や系統、相互関係などを研究する科学。実用を目的とする語学とは違い、言語そのものを解明することを目的とする。文法論、文字論、音声学、意味論、言語心理学、言語社会学など多くの分野がある。

介して　両者の間に立って。仲立ちとして。

人畜無害　人や動物に害のないこと。

五七ページ

しっぽを摑《つか》めない　犯罪の証拠を押さえられない。「しっぽをつかむ」は、悪事やごまかしといったことの証拠を押さえること。

手詰まりになった　するべき手段や方法がなく困った。「手詰まり」とは、するべき手段や方法がなく困ること。

意味論　言語学のうち、言語のもつ意味の構造や歴史的名変化などを研究する部門。意義学ともいう。

直感的　勘などを働かせ、物事を感覚的にとらえるさま。

含意　ここでは言語学での「私たちが直感的に考えるところの文の意味、つまり文から直接かつ論理的に導き出される内容」のうちの「その文によって主張されている内容」の意。一般的には、表現に現れないが含みもっている意味、という意味で使われる。

五八ページ

文脈　文章の流れの中での、意味内容のつながりぐあい。文の筋道。文章の脈絡。

五九ページ

断定　はっきりとした判断。また、はっきりとした判断をくだすこと。

あの鐘を鳴らすのはあなた　一九七二年に発表された和田アキ子が歌う曲の題名。

私がモテないのはどう考えてもお前らが悪い　「私がモテないのはどう考えてもお前らが悪い！」は二〇一一年に第一巻が発売された谷川ニコの漫画の題名。

六〇ページ

誘導尋問　尋問をするときに、尋問者が期待する内容の答えを暗示して、その供述を得ようとする尋問。答えさせたいことを答えさせやすくさせる尋問。「尋問」は、問いただすこと。口頭で質問すること。

この手の質問に対して容疑者がまともに答えてはいけない　「この手の質問」とは、前提を使った誘導尋問のことで「あなたが現場近くを車で通りかかったのは、〇月×日の何時頃でしたか？」（五七・5）や「容疑者が現場近くを車で通りかかったのは、〇月×日の七時五〇分頃ですか？」（五八・15）といった質問を指す。「まともに答え」るとは、肯定する場合はよいとして、否定したい場合に「いいえ」「分かりません」などと返事をすることである。否定しようと「いいえ」「分かりません」と答えても前提である「容疑者が現場近くを車で通りかかった」ことを認めてしまう返事となってしまうから、「まともに答えてはいけない」のである。正しい答え方は「おうおう、俺が現場近くを通りかかったなんて、勝手に決めつけてんじゃねえよ」（六一・11）のように、前提を問いただし、「質問として成立していないと主張すること」（六一・10）である。

六一ページ

心理的なハードル　心で感じる困難さ。「ハードル」はここでは困難な物事、の意。ハードルとは、陸上競技のハードル競走でコースに置かれる障害器具である。これが高いと飛び越えにくいので、「心理的なハードルが高い」ということは、肉体的ではなく、心の動きとして越えにくいという意味になる。

ペースに嵌《は》まって　相手の物事の進め方の速度にのせられて。「ペース」はここでは、進め方の速度、の意で、「嵌まる」はここでは、のせられる、だまされる、の意。

自他ともに認める　自分の特定の性質について、本人も他人もその通りだと同意している。用例 彼は自他ともに認めるおひとよしだ。

高をくくっておられる　たいしたことはないと見くびっていらっしゃる。「高をくくる」は、たいしたことはないと見くびる、程度を予測する、という意。用例 次のテストは簡単だと高をくくっていて、失敗した。

六二ページ

しかし、前提が悪用される場面は、あからさまな誘導尋問だけとは限らない　警察の誘導尋問を例に出して前提の怖さを説明してきたが、警察に尋問されることにはならないから大丈夫だと読者が思っていると想定して、「前提が悪用される場面は、あからさまな誘導尋問だけとは限らない」と警告している。

「うーん、どうしよう。」とか「そうねぇ。」のような曖昧なことを言っても、前提を受け入れたと思われかねない　「今度いつ会う?」と尋ねられたときの返事として、会うことそのものを「うーん、どうしよう。」「そうねぇ」と曖昧に答えたつもりでも、「いつ」の部分に対して悩んでいると思われてしまうということ。

六三ページ

曖昧　ここでは、態度がはっきりしないこと。

御社　相手への敬意を表すために、その人が属する会社などをさす語。主に話し言葉で使われ、書き言葉では「貴社」が使われるとされるが、ここではメール文での使用例として挙げられている。

なんとなく「来るな」とも言いづらくなる　「いつ御社に伺えばよろしいでしょうか?」という連絡を受けると、会社に来ることが前提となっている文なので、前提が成立していない、つまりそもそも会社に来てもらうという約束はしていないと返事をすることは「心理的なハードルが高い」（六一・12）といえるのである。

周知　世間に広く知られていること。また、世間に広く知らせること。

「前提」には、私たちの無意識というか、心のスキマにするりと入り込むような怖さがある　「前提」とは「話し手がこの文を発するより前の文脈で事実であることが明らかになっていなくてはならない」（五八・9）のだが、それをせずに「前提」を使って話をされると、事実だと明らかになっていることだと思ってしまい、その後の返事や行動に影響が出てしまうことを「無意識というか、心のスキマにするりと入り込む」と表現している。

❖発問の解説

(五六ページ)

1 「危ない」とはどのような意味か。

解答例　人を傷つけたり、だましたりすることができるという意味。

解説　言語学の知識である「前提」を「危ない」と言っている。言語学の知識による危ない、人を害することとは何かを考える。「危ない」ことについて「人を傷つける凶器や兵器を作るのに使われたりする知識」とあるが、この中で言語学の知識できるのは「人を傷つける」ことである。また「言葉を巧みに使って他人を思い通りにしようとしている人がいるかもしれない」（六二・17）ことに注意を呼びかけているので、これも「危ない」ことと筆者が考えていると分かる。「言葉を巧みに使って他人を思い通りにしようと」することは、だますことと言える。これらをまとめる。

(五七ページ)

2 「こう思った」とあるが、どう思ったのか。

解答例　前提を伴う表現が警察の尋問にも使われているのかということ。

解説　次の文の「ああ、『前提』がこんなところにも使われているんだな」を指している。「こんなところ」とは警察の尋問（の練習）であることを加えてまとめる。

(六〇ページ)

3 なぜ「当然」なのか。

解答例　誘導尋問であり、まともに答えると、相手に都合のよい答えとなってしまうから。

解説　「当然」答えてはいけないのは「この手の質問」であり、それは「誘導尋問」を指している。誘導尋問は刑事訴訟では禁止あるいは制限されているほど、答える側に不利になりやすいものなのである。

(六二ページ)

4 「断りづらくなる」のはなぜか。

解答例　「今度会うこと」が前提になっているので、その前提が成立していないと主張するのは、心理的なハードルが高いため。

解説　「断りづらくなる」のは「また会ってくれる？」よりも「今度いつ会う？」という尋ね方である。その理由は、後に「『いつ』を含む疑問文では『いつ』以外の部分が前提になるので、『今度いつ会う？』という文は『今度会う』という前提を持っている。つまり、『今度会うこと』を自分と彼女との間での『決定事項』にしてしまうことで、ストレートに断られるのを防いでいる」と説明されている。

❖構成・要旨

〈構成〉

本文は内容から、二段落に分けられる。

(1)（初め〜六〇・1）

言語学の知識の大部分は人畜無害だが、中には「危ないかも」というものもある。文の意味は、「その文によって主張されている内容」である「含意」と、「その文を適切に発するために、事前に成り立っていなくてはならない内容」の「前提」に分けられる。前提を伴う表現や構文は数多く存在する。

(2)（六〇・2〜終わり）

前提の使われ方には危険なものがある。誘導尋問がその一つで、相手に認めさせたいことを前提に詰め込んで尋問するやり方だ。否定しても、分からないと答えても前提を認めてしまうことになり、相手のペースに嵌まって不利な証言をさせられるおそれがある。なので、誘導尋問のような前提を使った質問には、質問として成立していないことを主張することが正しい態度である。前提の利用は、日常の何気ない会話や仕事のメール、本のタイトルにもある。前提を使って約束したかのように思わせたり、ただの主張を前提として述べることで周知の事実のように思わせ、疑われにくくさせたりする効果がある。前提には人の心のスキマにするりと入り込むような怖さがある。前提を知ることで自分の身を守り、また悪用しないようにしてほしい。

〈要旨〉

言語学の知識の大部分は人畜無害だが、「前提」は使い方によっては危ないものとなる。「前提」とは「その文を適切に発するために、事前に成り立っていなくてはならない内容」のことである。誘導尋問は前提を使った表現の一つで、相手に認めさせたいことを前提に詰め込んで尋問する。否定しても、分からないと答えても前提を認めてしまうことになり、相手のペースに嵌まって不利な証言をさせられるおそれがある。なので、誘導尋問のような前提を使った質問には、質問として成立していないことを主張することが正しい態度である。前提の利用は、日常の何気ない会話や仕事のメール、本のタイトルにもある。前提を使って約束したかのように思わせたり、ただの主張を前提として述べることで周知の事実のように思わせ、疑われにくくさせたりする効果がある。前提には人の心のスキマにするりと入り込むような怖さがある。前提を知ることで自分の身を守り、また悪用しないようにしてほしい。

❖構成・読解・言語活動の解説

〈構成〉

1　教官が「これを『良い手だ』と評価」（五七・7）したのはなぜか、最初に警官役をした生徒の質問との違いに触れながら説明しなさい。

解答例　最初の生徒の質問では「いいえ」と答えられてしま

うとそれ以上追及できなくなるが、前提を使った質問をすると、認めさせたい内容を前提に詰め込めるので、相手からの供述を引き出しやすくなるから。

解　説　「良い手」と言われているのは「あなたが現場近くを車で通りかかったのは、○月×日の何時頃でしたか?」という質問である。これは「前提」を使った質問である。最初の生徒は「○月×日、あなたは現場近くを車で通りかかりましたね?」という質問をしているが、「あっさり否定されて」しまい、「なかなか容疑者役のしっぽを摑めない」でいる。しかし前提を使った質問には「一瞬、ぐっと答えに詰ま」っている。質問にまともに何時頃だと答えてしまうと、たとえ犯行時刻ではないにしても、前提となっている「現場近くを車で通りかかった」ことを認める供述をしてしまうことになるので、容疑者役は答えに詰まるのである。認めさせたいことを前提に詰め込んで質問すると、容疑者がその前提を否定して答えることが難しくなるので、警官にとって引き出したい供述が引き出しやすくなるのだ。

2　「分裂文」(五九・8)とはどのような構文か、説明しなさい。

解答例　「ナントカなのはカントカだ。」という表現の形式で、「ナントカ」の部分が前提となる構文のこと。

解　説　「『容疑者が現場近くを車で通りかかったのは〜』という文に伴う前提は、この文の構文、すなわち『ナントカなのはカントカだ。』という表現の形式と関係がある。この構文は専門用語で『分裂文』と呼ばれ、これを使って何か言えば『ナントカ』の部分は前提になる」と説明されていることをまとめる。

〈読解〉

1　言語学における「含意」と「前提」について、その違いがわかるように、それぞれまとめなさい。

解答例　私たちが直感的に考えるところの文の意味、つまり文から直接かつ論理的に導き出される内容のうち、その文によって主張されている内容を「含意」と言い、その文を適切に発するために、事前に成り立っていなくてはならない内容を「前提」と言う。

解　説　「私たちが直感的に考えるところの文の意味、つまり文から直接かつ論理的に導き出される内容は『含意(entailment)』と『前提』に分けられる。これらがどう違うかというと、簡単に言えば、含意というのは『その文によって主張されている内容』で、前提というのは『その文を適切に発するために、事前に成り立っていなくてはならない内容』だ」(五七・13)とある。このことをまとめる。

2　「誘導尋問」(六〇・3)とはどのような方法か、説明しなさい。

解答例　相手に認めさせたいことを直接尋ねるのではなく、分裂文の前提を担う部分に引っ込める形で質問する方法。

解　説　ここでは「前提を使った誘導尋問」について述べら

れているので、それについて説明する。「前提を使った誘導尋問は……方法を採っている。」（六〇・4～10）に説明されているので、この部分をまとめる。

3　「気の弱い人や素直な人は、相手のペースに嵌まって不利な証言をさせられるかもしれない」（六一・13）と筆者が考えるのはなぜか、説明しなさい。

解答例　質問の中の前提が成立していないと主張することは、普通に質問に答えるよりも明らかに心理的ハードルが高いから。

解　説　「気の弱い人や素直な人は、相手のペースに嵌まって不利な証言をさせられるかもしれない」質問とは、前提を使った誘導尋問を指す。前提を使った誘導尋問に対する「答える側としての正しい態度は、これが質問として成立していないと主張すること」（六一・10）である。しかし、「おうおう、俺が現場近くを通りかかったなんて、勝手に決めつけてんじゃねえよ」のように、質問の中の前提が成立してないと言ってのけることは「普通に質問に答えるよりも明らかに心理的なハードルが高い」のである。

4　筆者は「前提」のどのような点が「本当は怖い」と言っているのか、まとめなさい。

解答例　前提を使った表現や構文は警官の尋問やデートの誘い方、本のタイトルなど身近に多くあり、役立つテクニックとして紹介されているが、言葉巧みに他人を思い通りにさせるテクニックとも言える点が「本当は怖い」と言っている。

解　説　「本当は怖い『前提』の話」という題の意味を問う問題である。「本当は怖い」ということは、普段は怖いと思われずに前提が使われているということである。警察学校の事情聴取の練習では前提を使った質問を「良い手だ」と褒められ、本では「二回目のデートを断られない方法」として前提を利用した疑問文が紹介されている。また、本を売るためにタイトルに前提を使うこともある。前提を使った表現は自分にとってよい反応を相手から引き出せる役に立つテクニックとして取り上げられているが、それは「他人を思い通りにしようと」（六三・17）するテクニックとも言えることで、使われた側にとっては「怖い」ものである場合もある。前提は、「他人を思い通りにしようと」するものある点が「怖い」ということをまとめる。

〈言語活動〉

1　「なぜ○○は××なのか」という書名のように、特定の主張や価値観を前提にした表現が用いられている事柄を身の回りから探し、発表し合ってみよう。

解　説　「このところの世界情勢が○○になっているので、○○しなければならない。」というような表現はよく使われるが、「このところの世界情勢が○○になっている」という前提は本当か、それ以前とどこが違い、どう○○になっているのか、などを考えてみる必要がある。前提を疑い、考える必要のある例を探してみよう。

2　自分自身の言動の中に、気づかないうちに「当然の前提」としてしまっていることがないか、振り返ってまとめてみよう。

（解説）前提を使った表現から離れて、日頃「当然の前提」としてしまっていることを、自分の生活を振り返って考えてもよい。取り決めがあったわけでもないのに家事を自分以外の家族がするものだと思っていたり、友人と行き違いがあったときに優先するものがお互いに違っていたりというような状況などが考えられる。自分の中の前提を見直すことで、他者とのコミュニケーションがより円滑になったり、行動の幅が広がったりしていくこともあるだろう。

第3章　〈私〉のいる場所

近代の成立——遠近法

橋《はし》爪《づめ》大《だい》三《さぶ》郎《ろう》

❖学習の視点

1　絵画における遠近法とはどのようなもので、どんな種類があるのかを読み取ろう。

2　「視る主体」の誕生と遠近法の関わりについて考えてみよう。

3　遠近法と、人びとが近代へ一歩踏み出すことにはどのような関係があるのかを読み取ろう。

❖筆者解説

橋爪大三郎（はしづめ・だいさぶろう）　社会学者・評論家。一九四八（昭和二三）年、神奈川県の生まれ。東京大学文学部社会学科卒業。東京大学大学院社会学研究科博士課程単位取得退学。幅広い分野の執筆活動や言語を社会活動の中心と考える言語派社会学構想を展開する。著作に『橋爪大三郎の社会学講義』（二〇〇八年・筑摩書房）、『世界は宗教で動いてる』（二〇一三年・光文社）、『正しい本の読み方』（二〇一七年・講談社）、『世界は四大文明でできている』（二〇一七年・NHK出版）など多数。

❖出典解説

この文章は『はじめての構造主義』（一九八八年・講談社）に収められており、本文も同書によった。

❖語句・表現の解説

六八ページ

本格的な遠近法（厳密遠近法）　その具体的方法が「実際の遠近法が〜」（七〇・13）以降に詳しく説明されている。

混同　本来区別をしなければならないものを誤って同一のものとして扱うこと。用例 公私を混同する。

次元　幾何学的図形・物体・空間の広がりを示す概念。線は一次元、平面は二次元、立体は三次元。

六九ページ

絵に描かれる実物と似ていない　たとえば絵の具とヒマワリの間にはなんら類似性は認められないということ。

画面のなかにうまく並ぶ　絵の具やインクや鉛筆などの絵を描くための材料を使って、実際に絵を描きあげる。

解釈　物事や言葉の意味を判断し理解すること。また、それをわかりやすく説明すること。用例 解釈が異なる。

伝統的な絵画　たとえば日本で平安時代以降に描かれた絵巻物や、江戸時代に隆盛を極めた浮世絵などがあげられる。

七〇ページ

洗練　磨きあげて、あかぬけしたものにすること。用例 洗練された文章を読む。

こういうことは少ない　描き手の意思や主観によって遠近法が乱されることはほとんどないということ。

幾何学的な準備　「視点を固定し～」（14）の部分に具体的な方法が説明されている。

徹底　①考え方や行動、態度などが中途半端ではなく、一貫していること。②すみずみまで、十分に行きわたること。ここでは①の用法。

次頁の図　ルネサンス期のドイツの画家、デューラー（一四七一―一五二八年）の透視図法による絵。

七一ページ

写真の「写」の字もなかった時代　まったく写真の存在など考えられなかった時代。

人間の視点だ　神や霊魂の視点ではないということ。

霊魂　肉体とは別に存在し、死後も存在すると考えられている精神的実体。

七二ページ

臣下　主君に仕える者。類 家来。

能動的　自分から他に働きかけるさま。対 受動的。

それは、一般的である　特定の階級だけのものではなく、広くすべての人が使うことができるということ。

七三ページ

その程度じゃ、個性とは言えない。遠近法の描き方じゃ、個性もなにもなくなるではないか　直前に述べた「個別的である」ことに対して、想定される反論をあげて、これ以降でそれに対する説明をしている。

逸脱　本筋や一定の規範から外れること。用例 逸脱した行動を避ける。

一脈通じる　何かしらの共通するものがあること。ここでは「遠近法を貫く合理的態度」と「（特に改革派の）宗教的な動機」には共通するものがあることを述べる。用例 兄の思いは、母の希望とも一脈通じるものがある。

中世の魔物や悪霊たち　中世において、神と敵対する絶対的な悪として、たとえば悪魔と契約する魔女はキリスト教を冒とくするものとして捕らえ、処刑されるべきものであった。仏教などでも怨霊などの思想が平安時代以降根強かった。

世界は物体の集まり以上のものでなくなった　それぞれに宿るとされた霊魂が人びとの意識の中から除去された。この後の「世界から神が立ち去ってしまった」も同様の内容。

七四ページ

このように活動しなければうそだ　人間は自分自身を「視る主体」であると意識するのであれば、自分をこの世に存在させた、隠された神の計画を知るために積極的に活動する義務を負うということ。

❖発問の解説

（六八ページ）

1　**「こういうの」とはどのようなことをさしているか。**

解答例　絵を描くにあたって、遠くにあるものを小さく、近くにあるものは大きく描くという手法。

2　**「ウソ」とはどのようなことか。**

解答例　絵の材料である絵の具やインクが、画面では絵の具やインクではなく、ヒマワリや糸杉などの「何か」に見えるようになること。また現実の三次元の世界をすべて二次元で描くこと。

（六九ページ）

3　**「そのせいで」とはどのようなことか。**

解答例　子供でもおとなでも、注目し関心をもつものは目立つように大きく描き、それ以外のものは小さくしたり省略したりすることが多いということ。

（七一ページ）

4　**「見える通りに」とはどのようなことか。**

解答例　三次元の世界にある実物を二次元の平面にうつしとったうえに、特定の時間と場所に限定するという条件をつけたうえで描くと、見える通りに描けるということ。

（七三ページ）

5　**「合理的」とはここではどのようなことか。**

解答例　ルネッサンス以降、「私」が地上の主人の地位を占めるようになった。画面には常に視点があり、それによって「視る主体」としての「私」の存在を主張することができるようになったということ。

（七四ページ）

6　**「このように」とはどのようなことか。**

解答例　人間が、視る主体としての自分をこの世に存在させた神の創造の後の世界の意味を知り、発見するために、積極的になること。

❖構成・要旨

〈構成〉

本文は一行空きによって五つの部分に分けることができる。

(1)（初め～六九・9）

絵画には、何らかの形で遠近法は欠かせない。それは、三次元の空間を二次元の平面にうつしとるという絵画の本質に関わるものである。

(2)（六九・10～七〇・5）

伝統的な絵画などでは遠近法は発達してこなかった。厳密な遠近法を実現するには幾何学的な準備や道具が必要であることや、遠近法にこだわる動機がなかったことが理由である。

(3)（七〇・6～七二・11）

厳密な遠近法では、自分の置かれている時間や場所を意識しなければならないが、そうすることで世界は「見える通りに」描くことができ、描いた世界をそのように視ることができる視点は世界にたったひとつしかないことになる。そこに、この世界を視ることを自覚した人間の「視る主体」が誕生する。

(4)（七二・12～七三・12）

遠近法は合理的な絵の描き方である。誰もが客観的な像を手に入れることができるという意味で一般的であり、同じ絵が描かれない点で個別的である。さらに遠近法から逸脱すればより個性や主観性をはかることもできる。

(5)（七三・13～終わり）

遠近法によって、人はひとりずつ別の視点をもつ。つまり人があらゆる世界にさまざまな視線を向け、積極的に活動して、世界を主体／客体の関係によってつかむことであり、ものの見方が近代に向けて一歩踏み出したことの現れである。

〈要旨〉

遠近法は素朴なものでも厳密なものでも、絵画の本質に関わっている。絵画の視点がただ一つしかないことを表現するものだが、それは「視る主体」としての人間の視点である。遠近法は誰もが使える一般的なもので、それぞれ異なる視点をもつ個別的なものである。世界のさまざまな物体に視線を向けることによって主体／客体の関係を築き、人びとのものの見方が近代に踏み出すことになったのである。

❖構成・読解・言語活動の解説

〈構成〉

1　本文は五つの段落に分かれているが、それぞれに小見出しをつけ、内容を要約しなさい。

解答例　第一段落　遠近法と絵画の本質
第二段落　遠近法が発達しなかった理由
第三段落　「視る主体」としての人間の誕生
第四段落　客観的で個別的な遠近法の合理性
第五段落　遠近法の登場による近代の始動

解説　要約は〈構成〉参照。

2　「素朴遠近法」（六八・4）と「厳密遠近法」（同・5）はそれぞれどのような特色をもつか、整理しなさい。

解答例　「素朴遠近法」は、視覚をなぞって、遠くにあるものを小さく、近くにあるものを大きく描く描き方で、人が見る眼の自然にかなったものである。ただし、大事なものは大きく、そうでないものは小さく描くという論理もはたらくので、網膜の像を忠実に再現するわけではない。

「厳密遠近法」は、視点を固定して、描こうとするものの間にスクリーンを立て、視点から物体の各部分にのびる視線がスクリーンを横切る場所をチェックし、その場所を画用紙に写しとってつなぐと、その視点からの物体の見える通りの像が現れる。この方法によって、この世界のすべての物体を「見える通りに」描くことができる。

3 「遠近法」の成立と「『視る主体』の誕生」(七一・13)とはどのように関連しているか、本文にそって整理しなさい。

解答例　遠近法は、世界をそのように視ることのできる視点がたった一つしかないことを示す。そして、そのように世界を視るのはほかならぬ「私」であることが自覚されて、「視る主体」が誕生した。

〈読解〉

1 「絵画というものの本質」(六八・8)とはどのようなものか、本文にそって説明しなさい。

解答例　絵画は三次元の世界を二次元の平面にうつしとらなければならない。そこには当然ウソが含まれることになる。絵の具やインク、鉛筆などの絵の材料は、絵の画面に並ぶとヒマワリや糸杉の実物に見える。さらに絵を見る時、二次元の像を三次元だと対応をつけることになる。こうした点が絵画の本質である。

2 「遠近法からの逸脱をとおして、個性や主観性をはかることもできる。」(七三・10)とあるが、それはなぜか、説明しなさい。

解答例　遠近法に従って描くべきところを、少し大きく描くことによってその絵を見る人の関心をその部分に集めることが可能になるから。そこに描き手の個性・主観が込められることになる。

3 「主／客図式に従う」(七四・10)とはどのように世界をみることか、説明しなさい。

解答例　ひとりひとりが別々の視点をもち、自分が主体となって世界を把握すること。

〈言語活動〉

1 「主／客図式に従うようになるのが、近代という時代」(七四・10)だとあるが、近代にあって「主体」「客体」として位置づけられるものにはどのようなものがあるか、またその区分はどのような問題を作り出したか。①人間と自然、②西欧と諸文化、③人民と為政者など、関心のある領域について調べ、レポートにまとめてみよう。また、そうした問題を解決するにはどうすべきか、考えてみよう。

解説　ここにあげられているさまざまな領域のうち、たとえば「①人間と自然」に関しては、西欧と日本では主体／客体の関係においては異なった状況にあった。西欧では、自然は人間と対立するものとして、人間が克服するべき、あるいは利用するべき対象であった。ここには主体としての人間、客体としての自然という図式が描かれる。一方で日本においては、自然は人間の生活や文化においてなくてはならないものであり、自然から多大の恩恵を受けていることを自覚し、自然との調和・融合を図る意識が強く表れていた。つまり西欧にくらべて主体・客体という図式は明確ではなかったといえる。だから、西欧における「人間と自然」の問題は、日本における「人間と自然」の関係の中に、解決する方法があると考えられる。

このように、時代や地域、またその領域ごとに主体、客体の位置づけや区分は変化するものである。

沖縄戦を聞く

岸《きし》　政《まさ》彦《ひこ》

❖学習の視点

1　「聞く」力とはどのようなものか、考える。
2　沖縄の人々のことばに耳を傾け、その語りを書き記し続けた筆者の文章を通じて、「聞くこと」と「書くこと」の密接なつながりを実感する。

❖筆者解説

岸　政彦（きし・まさひこ）　社会学者。一九六七年、生まれ。大阪市立大学院で博士号（文学）を取得。専門は社会学で、研究テーマは沖縄、生活史、社会調査方法論。社会調査とは、世論調査や意識調査など社会について調査すること。立命館大学大学院教授。戦後の高度成長期に本土に出稼ぎや集団就職で移動し、後に沖縄に戻った人たちの生活史の分析、沖縄の階層格差と共同体との関係を質的調査から考察している。質的調査とは、統計などの数値には現れない人の意識や捉えたい事象の成り立ちについて、インタビューや観察などによって行う調査。このような調査により「戦後沖縄史」を記録している。沖縄に限らず、個人の生活史を通じて歴史や構造を見渡す研究をしている。小説も書いており『ビニール傘』は芥川賞候補となった。他の著書に『同化と他者化——戦後沖縄の本土就職者たち』『断面的なものの社会学』『マンゴーと手榴弾』『100分de名著　ブルデュー「ディスタンクシオン」』、小説に『図書室』『リリアン』などがある。

❖出典解説

この文章は、『はじめての沖縄』（二〇一八年・新曜社）に収められている。

❖語句・表現の解説

七六ページ

戦況　戦争や戦闘の状況。戦状。
艦砲射撃　軍艦の砲撃。
偵察　ひそかに敵の動きを探ること。

うち　語り手の男性のこと。
殺す前に物をたくさん食べさせよう　せめて物を食べさせて、つらかった思いばかりのまま死なせたくないという母親の愛情からくる言葉。

七七ページ

あれ見てごらんハブだよ、大変だね　子を殺す前にせめてたくさん物を食べさせてあげようと山桃を取りに行ったが、その山桃の木にハブがいた。ハブは強い毒を持っておりかまれると危険なので近づけず、山桃を取れなかった。ハブがいると大変なのはその通りで、母親は子に山桃を食べさせることを諦めている。
もうこんなところで、飯も食べさせないで殺すわけにはいかない　せめて最後に山桃を食べさせようと思ったが、ハブがいたので山桃を取れなかった。山桃を食べさせられないのなら殺せないということだが、母親はこれを言い訳にして子を助けようとしている。
みんな納得はしないけども、まあ了解はしてるわけ　泣く子がいると偵察機に発見されるおそれがあるので子は殺してほしいと思っていたが、母親の「飯も食べさせないで殺すわけにはいかない」という言葉に、物も食べられないで殺されるのはかわいそうという気持ちは理解できたために、納得はしなくとも子を殺さない母親とその子を許し、一緒に避難生活を続けたのである。

七八ページ

生活史　ここでは、その個人の生涯の歴史、の意。
凄惨　ひどくむごたらしいさま。目を背けたくなるようないたましいこと。
着の身着のまま　今、着ているもの以外は何も持っていないこと。
用例 大きな地震が起きたので、着の身着のままで避難した。
鬱蒼《うっそう》　あたりが薄暗いほど樹木が生い茂っているさま。

七九ページ

私は、できるだけ区別したくない、と思う　沖縄戦中の南部の凄惨な体験と、北部の避難生活、離島や疎開の話をどれも区別したくないと筆者は考え「とにかく、ご紹介いただいた方には、可能な限りお会いして、お話を聞き取っている」(七九・8)。理由は「それは沖縄戦の経験」(七九・17)だからである。どこにいても沖縄戦の経験やその後の生活には苦労があると感じ「あの戦争を生き延びた方々が、子や子孫を育て、たいへんな苦労をして、いまの沖縄をつくってきたと思うから」(七八・4)区別したくないと考えているのである。

八〇ページ

この語り　戦中に那覇港の石油タンクが燃え、大きく火があがり、遠くにいてもその火の光が見えたというエピソードをさす。
あのとき、膨大な人びとがほんの一瞬だけ、同じ音を聞き、同じ方向を向いて、同じ火を見た　那覇港の石油タンクが燃える火を多くの人が目撃したことを表現している。直後に「だが、その瞬間はすぐに過ぎ去り、違う人生が再び始まる」(八一・2)

とある。火を見る前も後も違う人生を送っている人たちが、一瞬同じことをした、同じ沖縄戦を体験したということを象徴的に示している。

八一ページ

筆舌に尽くしがたい　あまりにひどく、言葉や文章では表現できない。

そのほとんどは二度と交差することがなかった　石油タンクが燃える火を見たという共通点があっても、それぞれの人生はそれぞれの場で歩まれた個別のものであることを強調している。

分岐　行く先が分かれていること。ふたまたになること。

軌跡　車輪が通った跡。先人が行った跡。ある人や物事がたどった跡。ここでは、沖縄戦を経験した人がたどってきた跡を意味している。

沖縄とは、沖縄の人びとのことである。個人的な生活史を聞き取りながら、いつも私は、東シナ海に浮かぶこの島が辿《たど》った歴史について考えている　筆者の行っている質的調査について端的に述べられた文。質的調査とは個別の調査対象を深く探究することで事象を把握し、その分析を一般化することである。沖縄戦を経験した人の生活史を調査することで、沖縄そのものについての理解を深めることができるというのである。

沖縄戦の「語り方」には、いつのまにか、ある「形式」ができあがっているのかもしれない　「聞き取りをしていて、よく言われるのが、『私なんか特にお話しするような体験もなくて。』という言葉」（七八・8）とあるように、沖縄戦といえば南部の激戦がイメージされ、その凄惨で地獄のような話が、沖縄戦の「語り方」の「形式」になっているのかもしれないということ。

八二ページ

時代背景に絡めて、戦後を生きてきた方々の、個人的な人生の記憶が語られる　筆者は生活史の聞き取りを通じて、個人は大きな歴史と構造のなかでもがき、苦しみながら、懸命に生きている人生の物語を描きたいと考え、生活史の聞き取りをしている。個人的な人生の物語でも、時代背景という大きな流れとは無縁ではいられないのである。

八三ページ

しかし私は、そこで語られた言葉が、耳から離れない　激戦の南部を徒歩で逃げ惑った経験のある方の自宅で話を聞いていたときに、孫やひ孫の話になって初めて笑い声が出たが、戦の経験が語られながら、何度も名前を呼ばれ、「日本は、戦争の被害者じゃないんです。加害者なんです。」と言った言葉が耳から離れないということ。

日本は、戦争の被害者じゃないんです。加害者なんです　地獄のような沖縄戦を体験しているが、それは日本が被害を受けたのではなく、日本が加害をしたからなのだということ。沖縄戦は第二次世界大戦末期に行われたが、そもそも日本が真珠湾を攻撃し、中国大陸・朝鮮半島に進出し、支配しなければ、米軍から攻撃されることはなかったと考えられる。

❖発問の解説

❶ 周囲がこのように指示したのはなぜか。
（七六ページ）

解答例　泣き声で米軍に存在を気づかれ、射撃される危険があるから。

解説　やんばるの山の中に避難した人の話として「向こう（やんばる）は日本軍はいないんだ。その代わり、『トンボ』が飛んでくる。今のヘリコプターみたいな。それが偵察にくる」とある。トンボは艦砲射撃の前の偵察行動に用いられていた米軍の小型偵察機である。子供が泣いて大声を上げると偵察機に存在が知られ、空襲や艦砲射撃の的となってしまうと考え、米軍に気づかれないようにするために、「この子供、泣くから殺しなさい」と言ったのである。

❷ 「それ」はどのようなことをさしているか。
（七九ページ）

解答例　沖縄南部で山の形が変わるほどの爆撃を受け、目の前で家族が次々と死んでいったり、腐乱した死体を素足で踏んで歩いたり、血で黒く染まった水たまりの水をすするような経験。

解説　この前の文で「家族が目の前で次々に死んでいくような、腐乱した死体を素足で踏んで歩くような、血で黒く染まった水たまりの水をすするような経験と、離島や北部や内地の疎開先での経験を、区別したくない」と二つの経験を挙げている。問題となっている「それ」の前の「それら」は「離島や北部や内地の疎開先での経験」をさしていて、問題となっている「それ」は「家族が目の前で次々に死んでいくような、腐乱した死体を素足で踏んで歩くような、血で黒く染まった水たまりの水をすするような経験」をさしている。問題となっている「それ」がさす経験は「激戦地となり、『山の形が変わる』ほどの爆弾が投下される」南部にいた人の経験である。このことを含めてまとめる。

❸ 「火の視線」とは何か。
（八一ページ）

解答例　沖縄戦中の空襲で那覇港の石油タンクが燃えた火へ向けられた視線。

解説　第二段落では沖縄戦中の空襲で那覇港の石油タンクが燃えたことについて、「あのとき、膨大な人びとがほんの一瞬だけ、同じ音を聞き、同じ方向を向いて、同じ火を見た」（八〇・16）と、当時沖縄にいた多くの人が見たことを主軸に書かれている。それぞれが個別の人生を歩んでいることが筆者の聞き取りからは分かるが、石油タンクが燃えたとき、多くの人の火を見る視線が一瞬重なったのだ。石油タンクが燃えた火を見るために向けられた視線のことを「火の視線」と表現している。

❖構成・要旨

〈構成〉

本文は内容から、三段落に分けられる。

(1)（初め〜八〇・1）

沖縄戦の経験には、激戦地の南部のもの、北部の避難生活、戦闘がほとんど行われなかった離島の暮らし、熊本や鹿児島への疎開と様々なものがあるが、どれも沖縄戦の経験なので区別せず聞き取り調査をしている。戦後の復興期から復帰前の高度成長期、復帰後のバブルとその後の不景気、そして現在までの個人の生活史を、沖縄戦を経験した人たちに可能な限り会って話を聞く。それは、戦中どこにいたとしても、沖縄戦を生き延びた人たちが、子や孫を育て、苦労をしていまの沖縄をつくったと思うからである。

(2)（八〇・2〜八一・5）

沖縄戦を経験したといっても、戦中いた場所も違うし、それぞれの人生があって、その人生は沖縄中、日本中、世界中に分岐し交差することはない。しかし、戦中に那覇港の石油タンクが燃えた火は、多くの沖縄にいた人たちが見た。その瞬間、それぞれの人生を歩む沖縄の人たちの人生が交差した。聞き取ることで、そのときの火の話が語られ、多くの人の人生の中で火を見た視線が交差した瞬間のあること、つまりそれぞれの個人史の中に共通する点があることを知ることができる。いまの沖縄は、この交差した視線を共有する人たちがつくり、その子孫たちが住んでいるのである。

(3)（八一・6〜終わり）

戦中から戦後の現在に至るまで、いろんなことがあり、時代背景を絡めつつ、個人的な人生の記憶がある。激戦の南部の体験を話してくれた人は、いまは食べ物もあり、孫たちの写真に囲まれ、平穏な暮らしをしているが、戦の語りの間、聞き手の名を何度も呼び、激戦地での悲惨な経験を語りつつ、日本は被害者ではなく加害者なのだと訴えていた。

〈要旨〉

沖縄戦の経験には、激戦地の南部のもの、北部の避難生活、戦闘がほとんど行われなかった離島の暮らし、熊本や鹿児島への疎開と様々なものがあるが、どれも沖縄戦の経験なので区別せず聞き取り調査をしている。戦後の復興期から復帰前の高度成長期、復帰後のバブルとその後の不景気といった時代背景の絡んだ現在までの個人の生活史を、沖縄戦を経験した人たちに可能な限り会って話を聞く。それは、戦中どこにいたとしても、沖縄戦を生き延びた人たちが、子や孫を育て、苦労をしていまの沖縄をつくったと思うからである。沖縄戦を経験したという共通点はあっても、戦中いた場所も違うし、それぞれの人生があって、その人生は沖縄中、日本中、世界中に分岐し交差することはない。しかし、戦中に那覇港の石油タンクが燃えた火は、多くの沖縄にいた人たちが見た。いま、沖縄戦の経験者に聞き取りをすることで、それぞれの人生を歩む沖縄の人たちの人生が交差した瞬間があることを知ることができる。激戦の南部の体験を話してくれた人は、いまは平穏な暮らしをしているが、戦の語りの間、聞き手の名を何度も呼び、激戦地での悲惨な経験を語りつつ、日本は被害者ではなく加害者なのだと訴えていた。

❖構成・読解・言語活動の解説

〈構成〉

1　本文は三つの意味段落に分かれているが、それぞれの段落のキーワードを本文中から抜き出しなさい。

解答例　第一段落…沖縄戦の聞き取り・生活史・オーラルヒストリー・区別したくない

第二段落…同じ光・分岐・沖縄戦後史・人生の軌跡・個人的な生活史・この島が辿った歴史

第三段落…時代背景・個人的な人生の記憶・地上戦・戦後・笑い声・名前を呼ばれた・加害者・平穏な暮らし

解説　キーワードとあるが、単語に限らずキーとなる短い言葉のまとまりを抜き出す。第一段落の「一九三一年那覇生まれの男性」の話は具体例なので、段落としてのキーワードを抜き出すときには重視しなくてよい。それぞれの段落で筆者の伝えたいことは何か、「構成・要旨」を参考に考え、それを表現するキーワードを抜き出す。

2　第一段落の聞き取りでは、「一九三一年那覇生まれの男性」（七六・1）の語りが特に説明なく引用されているが、この聞き取りの引用は、本文全体の中でどのような役割を果たしているか、説明しなさい。

解答例　聞き取りの引用の後に「沖縄戦の聞き取りでは、その対象を、特に激戦を経験したひとには限定していない」（七九・7）、「できるだけ区別したくない」（同・14）として、沖縄戦を経験した人に可能な限り会い、戦後の生活史も含めて聞き取りをしているとあるが、それはどういうことなのか、実例を示すことで、激戦地にいなくとも壮絶な経験があり、その生活史を聞くことで得られるものがあることを読者と共有できる役割。

解説　引用されている聞き取りは、激戦地ではなかった北部の山の中の避難生活の話である。「激戦地を中心とした、残酷な話」（七九・2）ではないが、小さな子供が敵ではなく親に殺されかけるという壮絶な経験である。そしてそのとき殺されなかったことで、その子供は七一歳まで生きることができた。この聞き取りは筆者の行っている沖縄戦の経験者に、戦中どこにいたのかを区別せず戦後も含めて話を聞くということの実例であり、「これまで大量に蓄積されている」「激戦地を中心とした、残酷な話」ではないが、沖縄戦中の過酷な様子がうかがえる。そしてそこで生き延びたから、七一歳まで生きられた現在につながっている。筆者がどんな聞き取りをしているのか、その聞き取りからどんなものが得られるのかを、実例を示すことで読者と共有することができるようになっている。

〈読解〉

1　「私なんか特にお話しするような体験もなくて。」（七八・8）とあるが、聞き取りをした沖縄の人々がそのように口にするのはなぜか、説明しなさい。

解答例　激戦地でもっとつらい経験をしている人がいて、その人たちに比べたら、自分には話をするほどの体験はないと思っているから。

解説　沖縄の南部の激戦地では「家族が目の前で次々に死んでいくような、腐乱した死体を素足で踏んで歩くような、血で黒く染まった水たまりの水をすするような」（七九・14）地獄のような残酷なことがあり、大量に蓄積されている沖縄のオーラルヒストリーの多くはこのような話である。沖縄戦の話を聞きたいと言ってくる人は、そのような激戦地での話を聞きたいのだと考え、自分の体験は激戦地のものほど残酷ではなく、「お話しするような体験」ではないと考えているのだ。

2　「膨大な人びとがほんの一瞬だけ、同じ音を聞き、同じ方向を向いて、同じ火を見たのだ」（八〇・16）とあるが、このエピソードは第二段落でどのような役割を果たしているか、説明しなさい。

解答例　沖縄戦を経験した人たちの多様な人生が一瞬交差したことを象徴的に示す役割。

解説　「膨大な……同じ火を見たのだ」の直後に「だが、その瞬間はすぐに過ぎ去り、違う人生が再び始まる……そのほとんどは二度と交差することがなかった」（八一・2〜4）とある。それぞれ別の人生があり、沖縄戦の体験もそれぞれ違うものだが、一瞬だけ、それぞれの人生が交差したこと、違う人生に共通点があることを象徴的に示している。

3　「私は、自分の名前を呼ばれたことを、一生忘れないと思う。」（八三・11）とあるが、なぜ「忘れない」と思ったのか、理由を説明しなさい。

解答例　今の孫やひ孫のいる平穏な暮らしは、つらい戦の経験の上にあり、つらい経験をしながらも日本は加害者だと思って生きてきた人の思いが自分の名前を呼ぶ声に込められていると感じたから。

解説　文章中に理由は述べられていないが、状況から考える。孫やひ孫の写真に囲まれた平穏な暮らしが今はあるが、その前に沖縄戦で過酷な経験をしていて、孫たちの写真の前でそれが語られている。「声を絞るように」とあるので、その経験を語ることもつらいのだと分かる。また「日本は、戦争の被害者じゃないんです。加害者なんです」と語り手の言葉が引用されている。この言葉に、語り手の思いがこめられていると考えられる。その思いを、自分を呼ぶ声を思い出すたびに、筆者は感じるのである。

〈言語活動〉

1　「生活史」（七九・10）という観点に注目しながら、身近な人の聞き取り調査を行い、聞き取った内容を文章にしてみよう。

解説 「生活史」とはここでは、個人の生涯の歴史のことだが、生涯にこだわらず、若い人を対象にしてこれまで生きてきて経験したこと、そのとき感じた思いなどを聞き取ってもよい。相手の話にじっくりと耳を傾け、自分のイメージや思いは聞き取り中も、文章にするときにも入れず、第一段落の一九三一年那覇生まれの男性の語りのように、話した内容を書き起こすように表現しよう。

数字化される世界

オリヴィエ・レイ
池《いけ》畑《はた》奈《な》央《お》子《こ》訳

❖学習の視点

1 現代における統計の重要性について知る。
2 統計によって現実を見誤ることもあることを読み取る。
3 現代社会において、私たちは数字化された世界とどのようにたいおうしていけばよいのかを考える。

❖筆者解説

オリヴィエ・レイ　数学者・哲学者。一九六四年フランスのナントに生まれる。一九八六年、ＣＮＲＳ（国立科学センター）の数学部門に所属し、二〇〇九年、ＣＮＲＳの哲学部門に所属した。専門は非線形偏微分方程式。現在はパリ第一大学で哲学を教える。

❖出典解説

この文章は、『統計の歴史』（二〇二〇年・原書房刊）に収められていて、本文は同書によった。

❖語句・表現の解説

八五ページ

人々は個人の経験では社会に対応できなくなったとき　この例が後に出てくる「社会の変化が激しく、複雑になりすぎたとき」である。

「自己定量化」　「数字が個人のいちばん核になる部分まで支配するという」ことを表したことば。具体的に自分の健康を、健康機器の出した数値によって判断するというようなこと。これまでは、自分の体は、自分の意識や感覚によって判断し、管理していた。しかし、いったん健康機器によって判断することが日常になると、いつもその数値を頼り、それによって自分を管理するようになり、自分の感覚は信じられなくなる。

八六ページ

個人ではなく社会においては、この数字の支配がさらに強くなる　グローバル化された社会では、その実態を把握するのは数字がなくてはならなくなっているということ。具体例はこの形式段落に記述されている。

負債　借りている金銭など。

この数字が「統計」なのである　世界で起こることは、それぞれの国や地域を越え、一つの事象は別の多くの事象に影響を与え、与えられている。それを把握できるのは「統計」だということ。統計は現状把握だけでなく、状況を改善させるためにも必要不可欠なものになっている。

マーストリヒト条約　欧州連合条約。一九九一年にマーストリヒトで開催されたヨーロッパ共同体首脳会議で合意され、九二年に調印されたＥＵの基本条約。通貨統合・欧州市民権の創設などを柱に、外交・安全保障面でも統合を推進した。九三年発効。九七年には、この条約を大幅に改定した新ヨーロッパ連合条約（アムステルダム条約）が採択され、加盟国独自の軍事力保有の道を開いた。

これは国家間の取り決めをするときに、法を制定する重要な要素として、統計の数字が使われた最初のケースである　「これ」は、マーストリヒト条約のこと。統計の数字によって、欧州連合に加わっている国家に法的な制限を与えている。

八七ページ

家内労働　自宅を作業場として、個人や家族などと物品の製造や加工を行う労働。内職とも言う。このような労働は、統計に反映されていない。

〈国民の幸福〉や〈環境と経済〉という新しい指標を取り込んだうえで、現実をより性格に数字で表現できる「新しい統計」　国連のＳＤＳＮが、毎年三月の「国際幸福デー」に合わせて世界幸福度ランキング発表している。調査対象は一五〇か国以上の住民、それぞれ数千人。調査内容は、主観的な幸福度とともに、国内総生産・社会保障制度・健康寿命・人生の自由度・国への信頼度など。二〇二一年のランキングでは、一位フィンランド、二位デンマーク、三位スイス。日本は、五五位のニカラグアの次の五六位だった。

指標　目印となるもの。何かを示す数値。

統計の数字が一人歩きして、逆に現実が見えなくなるのだ　統計の数字によって判断していると、現実を見ることを怠ってしまう。あるいは、現実より数字の方を信用してしまう。

八八ページ

それと同じように　「それ」とは、ニーチェの「哲学や宗教は『理想の世界』やら『天国』やらを想定して、現実の世界はそういった世界のできそこないの影にすぎないと考えている」という批判。「現実の世界」は、もちろん「影」ではなく、軽視するべきではない。

「フランスの失業率のカーブを逆さまにする。」　八九ページの折れ線グラフを参照する。オランドの公約が出たのは二〇一二年で、大統領の任期は二〇一六年までだった。たしかに失業率の「カーブを逆さまにする」ことに成功したのだが、二〇一二年の失業者数より二〇一六年の失業者数の方が増えていることがわかる。また、数を比較するだけでなく、失業者数の規模を見ると、ほとんど構造的に失業問題が解決された訳でないこともわかる。

八九ページ

このすりかえ　「失業者が数百万人もいる」という大問題を「失業率の変化」の問題、つまり「フランスの失業率のカーブを逆さまにする」という問題にすりかえること。このすりかえによって、失業者が数百万人もいるという大問題から人々の目がそらされて、問題の解決が図られないという「危険」が出てくる。

見当はずれ　こうだろうと判断したことが外れたこと。用例 寒い冬が来たので地球温暖化が解決したと思うのは、見当はずれだ。

九〇ページ

固有　ほかのものにはなく、そのものの特徴としてある。

統計がもたらすマイナス面　統計に現実のすべてが反映されているわけではないということや、統計を使ってすりかえが行われ、現実が見えなくさせられるような危険。

❖発問の解説

(八五ページ)

1 「その伝でいけば」とはどのような意味か。

解答例 世界が存在する前に言葉があったという理屈に沿ったならば、という意味。つまり、その理屈に沿えば、世界の存在はすべて数学で表されるということ。

(八六ページ)

2 「個人」が「数字化されてしまう」とはどのようなことか。

解答例 数字が個人のいちばん核になる部分まで支配するということ。具体的には、自分の健康状態を健康機器の数値によって知り、健康になるためにはどうすればよいのかもさまざまな測定器の数値にしたがって対策を立てるようになり、自分の感覚で自分自身を把握し、支配することをしなくなること。

(八七ページ)

3 「この勘違い」とはどのような勘違いか。

解答例 国内総生産の数値が上がって、自分たちが豊かになり、幸せになったと勘違いすること。実は国内総生産には相当な額の数字が含まれていないし、経済活動による環境被害も反映されていない。結果的に、ほんとうに国民が幸福であるという数値とは違うものであるということ。

(八九ページ)

4 「現実よりも現実だ」とはどのようなことか。

解答例 統計の数字を無批判に信じてしまい、現実とは違っていても、統計の数字の方がほんとうだと信じ切っていること。

(九〇ページ)

4 「知の枠組み」とはどのようなものか。

解答例 現代社会を表し、把握するための有用な手段。これによって現実を認識し、考えることができるもの。

❖構成・要旨

〈構成〉

本文は三段落に分けられる。

(1)（初め～八七・1）

現代は、数字が個人のいちばん核になる部分まで支配するところまで来ている。個人だけでなく、社会において、数字の支配はさらに強くなっている。たとえばマーストリヒト条約では、国家間の取り決めで法を制定する重要な要素として統計の数字が使われた。

(2)（八七・2～8）

統計の重要性が増すと、統計を重視しすぎるという批判も多くなる。統計の数字に現実が正確に反映されていないこともあるからだ。しかし、もはや「現実は統計の数字で表される。」という事実を否定することはできない。

(3)（八七・9～終わり）

統計による数字で、現実が見えなくなることがある。また、統計を使って現実の問題をすりかえられることもある。しかし、こういった統計の危険性があるからといって、世界から統計を排除することはできない。すでに統計は現代という時代に固有の「知の枠組み」になっているからだ。現代社会に生きる私たちに大切なのは、「統計」についての知識を深めることである。

〈要旨〉

現代は、個人も、社会も、数字に支配されるようになっている。特に社会における「統計」の重要度は増しているが、その統計の数値が現実を正確に把握できなくすることもある。その危険性はあるが、現代社会に生きる以上、私たちは統計の重要性から逃れることはできない。統計のマイナス面を言い立てるのではなく、統計についての知識を深めていくことが大切だ。

❖構成・読解・言語活動の解説

〈構成〉

1　本文を三つの意味段落に分けてそれぞれに小見出しをつけ、その内容を要約しなさい。

（解説）「構成・要旨」参照。小見出しは、第一段落…個人と社会は、数字に支配されている。第二段落…統計は現実のすべてを反映しているわけではないが、否定することもできない。第三段落…統計の危険性と重要性、今後私たちがしなければならないこと。

〈読解〉

1　本文中の次の具体例は、筆者の論旨の中でどのようなことを示すための例として挙げられているのか、それぞれ説明しなさい。

ⓐ健康機器の出した数値（八五・10）

ⓑマーストリヒト条約に基づく、統計を踏まえた達成目標の設定（八六・12）

ⓒ国内総生産（八七・4）

ⓓオランド前大統領の政治キャンペーン（八八・6）

解答例　ⓐ個人が、自分のいちばん核になる部分まで数字に支配されるということ。「自己定量化」について。

ⓑ社会において、「統計」という数字によって現状が把握され、国家間の取り決めについても重要な要素として使われるようになったこと。

ⓒ「統計」が現実のすべてを反映しているわけではないこと。

ⓓ統計の数字によって問題をすりかえ、現実を把握できなくする危険もあるということ。

2　「数字が一人歩き」（八七・17）するとはどのようなことか、説明しなさい。

解答例　現実を正しく示していない、反映していない数字を、人々が信じて、それによって現実の問題が見えなくなったり、誤った現実把握がされて、対応を間違えるようなことが起こること。

3　筆者は「数字化された世界」に対して、どのように対処すればいいと考えているか。「統計」に対する筆者の評価を整理しながらまとめなさい。

解答例　「統計」が現実のすべてを反映しているわけではないので、現実をより正確に数字で表現できる「新しい統計」を作り出すしかない。また、すりかえなどの統計の危険性を知ったうえで、現代という時代に固有の「知の枠組み」である統計によって現実を認識し、それについて考える必要がある。現代社会では、統計の重要性から逃れることができない。大切なのは「統計」についての知識を深めることである。

〈言語活動〉

1　関心のある事柄についての統計を選んで、その数字からどのようなことが読み取れるか、また、数字からだけではわからないことはないか、考えたことをまとめてみよう。

解説　まずどのような統計がとられているか、調べてみよう。政府が出しているさまざまな白書（国税調査による人口推計の表など）や、国連が出している白書（「世界人口白書」など）などがある。統計を調べる時には、まずそれを出している主体がどこか、どのような調査で数値を出しているかなどについて注意しよう。また、何を目的にした統計か、その統計からどのような結論を出しているか、などもよく読んでみよう。政府や国連が出した結論でも、調査の方法などについて疑問点を持つこともあるだろう。また、公的機関が調査したものでなくても、重要な統計もあるので、それを探してもいい。また統計は、それが調査された年度によってかなり違う結果が出るので、いつそれが調査されたかについても必ず確認しよう。

第4章　変貌する時代、変貌する人間

人新世における人間

吉《よし》川《かわ》浩《ひろ》満《みつ》

❖学習の視点

1　「人新世」という地質年代区分の名称が生まれた状況を知る。
2　「人新世」という名称には、どのような意味が含まれるかを読み取る。
3　大きな視点で、現代における人類の存在について考える。

❖筆者解説

吉川浩満（よしかわ・ひろみつ）　批評家。一九七二（昭和四七）年、鳥取県生まれ。著書に『哲学の門前』『理不尽な進化——遺伝子と運のあいだ』などがある。山本貴光氏と書評サイトの「哲学の劇場」を運営。

❖出典解説

この文章は、『人間の解剖はサルの解剖のための鍵である』（二〇一八年・河出書房新社）に収められていて、本文は同書によった。

❖語句・表現の解説

一〇二ページ

地軸の傾き　「地軸」は、地球の回転軸のこと。北極と南極を結ぶ直線。地軸は黄道面に対していつも約66・5度の傾きをもち、約二万六〇〇〇年の周期でその向きを変える。
多様化　多くの種類が現れる状態になるということ。
紆余曲折　まっすぐに行けないこと。さまざまないきさつがあって、混み合っている状態。用例 私もさまざまな紆余曲折の末に、現在の土地に住み着くことになった。
痕跡　前に何かがあったという跡。
定説　その分野の専門家の間で正しいと認められている学説。

一〇三ページ

匹敵する　対等の存在になること。

新造語　新しくつくられた言葉。

若干軽率といえなくもない発言　少々よく考えずにしたともいえる発言。

碩学《せきがく》　その分野の権威とされる学者。

不規則発言　ルールにのっとらない発言。ルール無視の発言。

鍵概念　キーワード。

一〇四ページ

「人新世」のひとり歩き　まだ専門家によって認定される前に、「人新世」という言葉だけが分野を超えて広がり、違う分野の研究者やジャーナリストなどによって鍵概念として使われるようになってしまったこと。

新奇な　新しくて変わっている。

保守的　今までのことを変えずに守る方向である性質の。

生来思い上がりの激しい性質をもつ生物種である我々人間　「生来」は、生まれつき。生まれつき自分たちが生物の中で一番であると思っている我々人間という意味。

では、なぜ一九五〇年なのだろうか　同じ形式段落に、「グレート・アクセラレーション」の説明があり、「第二次世界大戦後に急速に進んだ人口増加……」とある。第二次世界大戦の終結は一九四五年なので、大戦終結直後からの世界の変化に焦点があたっていることがわかる。

一〇五ページ

海洋の酸性化　大気中に放出される二酸化炭素は海洋に吸収される。それによって海洋の酸性化が進むと、海水中の炭酸系の化学的な性質が変化し、海洋の二酸化炭素を吸収する能力が低下すると言われている。そして、海洋が大気から二酸化炭素を吸収する能力が低下すると、大気中に残る二酸化炭素の割合が増え、地球温暖化が加速することが懸念される。また、海洋が酸性化すると、プランクトンやさまざまな海洋生物の成長や繁殖に影響が及び、海洋の生態系に大きな変化が起きる怖れがある。

氷床　南極・北極などにある厚い氷に覆われた部分。南極の氷床の氷の厚さは平均二五〇〇メートルもある。この氷床は、大陸に降り積もった雪が長い年月をかけて厚い氷になったもの。

一九四〇年代半ばに核実験が始まり　一九四五年七月十六日に、アメリカのニューメキシコ州で人類最初の核実験が行われた。トリニティ実験と言う。これはプルトニウム原子爆弾の爆発実験で、後に長崎市に投下されたものと同型である。この核実験をもって「核の時代」の幕開けとされる。一九四五年八月六日には広島市に、同年八月九日には長崎市に原子爆弾の投下がアメリカによってなされる。

同位体　原子番号が同じで、質量数が異なる元素。一般的に化学的性質は同じで，物理的性質は異なる。アイソトープとも言う。

もっとも明確な人新世のマーカーとなりうる　それまで自然界にほとんど存在しなかったことと、一〇万年後まで残るという性質があるという二つの理由から、プルトニウムの同位体が人新世の地質年代をさす重要な指標となるということ。

一〇六ページ

この化石燃料燃焼がもたらす副産物　「副産物」とは、あるものを作る途中でできる物。ここでは、化石燃料の燃焼によって、大気中の二酸化炭素濃度が急上昇したこと。その二酸化炭素は、雪氷層に気泡として閉じ込められたり、堆積物に科学的痕跡を残したりする。

白亜紀末の小惑星衝突　メキシコのユカタン半島に大隕石の衝突があり、全地球的規模の環境の激変があったという。

危惧　状況が悪くなるのではないかと心配すること。

火蓋を切る　戦いや論戦を始める。

提唱　新しい意見や主張を発表し、その必要性を説明する。

一〇七ページ

高邁《こうまい》　高い理想を追求する様子。

人間中心主義的な願望によって地質年代が提案されることには抵抗を覚える　本来は科学的根拠によって決めなければならない地質年代の名称を、「最悪の事態を避け」、「世界への警告」にしたいというきわめて人間の都合と願望によって提案されるということには、受け入れることにちゅうちょするということ。

奏功　功を奏すること。効き目が現れること。

処方箋　好ましくない状態に対する対処の方法。ここでは地球環境の悪化を止めるための方法。

一〇八ページ

情緒　怒りや悲しみ、喜びなどの感情。対ドライ。

人間の終末と世界の終末とが暗黙のうちに等置されていた　人間の滅びる時と世界の滅びる時とが、言及されていなかったが、等しく並び置かれていたということ。

巨視的　大きな視点で全体を捉える様子。対微視的。

人間存在を周縁部へと追いやりつづけてきた近代科学の営み　「周縁」とは、まわり、ふちの意味。人間の存在を、主要な要素としてではなく、脇に追いやってきた近代科学の通常の活動。

いまになって中心部にひょっこりと人間が再登場するシナリオ　今までは、近代科学の営みのなかで周辺部に追いやられつづけてきた人間が、地層年代区分の名称に入ることで、その影響を再び明示することになった筋書き。これほど地球環境に大きな影響を与えてしまった人類が、実際に影響を与える地層に名が入ることは、「けっして悪くない」と筆者は感じている。

一〇九ページ

中央まで呼び出されて逮捕でもされたような趣　地層年代区分に名前が入るということは、言い換えればその年代区分の重要な要素として認識されたということである。しかもその理由は、地球環境の悪化ということなので、「逮捕でもされたような」と述べている。

徒花《あだばな》　花が咲くだけで実を付けないものから、見かけだけで実質を伴わないことを言う。

謳歌《おうか》　現状に満足して、楽しんでいること。

❖発問の解説

1（二〇二ページ）

「紆余曲折」とは、ここではどのような意味か。

（解答例）四六億年前に、岩石質の惑星として生まれ、月の形成や地軸の傾き、生命の誕生、生命の多様化などのさまざまな状況を経て、現在の地球は存在しているという意味。

2（二〇四ページ）

「ひとり歩き」とはどのようなことか。

（解答例）まだ専門家によって認定される前に、「人新世」という言葉だけが分野を超えて広がり、違う分野の研究者やジャーナリスト、活動家などによって、環境問題や文明論を語る際の鍵概念として多く使われるようになってしまったこと。

3（二〇五ページ）

「その痕跡」とはどのようなことか。

（解答例）森が農地に、農地が都市に転換されたなど、土地の利用法に大きな変化があったこと。度重なる核爆発によって放射性物質が地球全体に降り注ぎ、プルトニウムの同位体が世界に放出されて、それがマーカーとなること。急速な産業化と都市化の影響により、アルミニウムやプラスチック、コンクリートが形成途上にある岩石に入り込み、「テクノ化石」となること。大気中の二酸化炭素濃度の急上昇により雪氷層に気泡として閉じ込められ、地球の堆積物に科学的痕跡を残すこと。

4（二〇九ページ）

「その素行の悪さ」とはどのようなことか。

（解答例）全地球規模の環境に悪影響を及ぼしたこと。

❖構成・要旨

〈構成〉

本文は一行空きによって、四段落に分けられる。

(1)（初め～二〇三・2）

現在層序学によって、すでに完新世は終わり、新たな地質時代に入ったことが検討されている。新たな地質時代とは「人新世」という名称である。それは人類の活動が、かつての小惑星の衝突や火山の大噴火に匹敵するような地質学的な変化を地球に刻み込んでいることを表す。

(2)（二〇三・3～二〇四・5）

「人新世」という名称は、地球科学の会議でパウル・クルッツエンという学者の発言からだった。この新造語は強い印象を残し、その後分野を超えて多くの研究者やジャーナリストに多用されるようになり、専門家たちも正式な地質年代として検討するようになった。

(3)（二〇四・6～二〇六・13）

「人新世」は、現在のところ一九五〇年前後に始まったとされる。その頃、グレート・アクセラレーションにより、人間活動が地球環境に甚大な影響を及ぼし始めた。また、地質年代区分の痕跡には、度重なる核爆発によるによるプルトニウムの同位体が世界中に放出されたため、それが人新世のマーカーになるとも考えられる。そのほかにもテクノ化石や二酸化炭素の化学的痕跡なども残ることになる。

(4)（一〇六・14～終わり）

「人新世」の名称を「世界への警告」と願う科学者もいるが、実際に地質学的・層序学的観点から人新世の区分が適切と認められればいい。「人新世」の内実はドライかつニュートラルで、必ずしも人間中心主義的とはいえないし、「人」の語の導入こそ重要かもしれない。科学技術によって存在が周縁部に追いやられていた人間が中央に再び呼び出され、素行の悪さから逮捕でもされたような趣がある。

〈要旨〉

「人新世」という地質年代区分が現在検討されている。この新造語は、人類の活動が、かつての小惑星の衝突や火山の大噴火に匹敵するような地質学的な変化を地球に刻み込んでいることを表す。この言葉は分野を超えて多くの研究者やジャーナリストたちに多用されるようになった。この「人新世」は、現在のところ一九五〇年前後に始まったとされる。その頃、グレート・アクセラレーションにより、人間活動が地球環境に甚大な影響を及ぼし始めたからだ。この頃の度重なる核爆発によるによるプルトニウムの同位体が世界中に放出されたが、それが人新世のマーカーになるとも考えられる。また、「人新世」の内実は必ずしも人間中心主義的とはいえない。また、科学技術によって存在が周縁部に追いやられていた人間が中央に再び呼び出され、素行の悪さから逮捕でもされたような趣がある。

❖構成・読解・言語活動の解説

〈構成〉

1　筆者は、「人新世」（一〇二・12）という「新造語」（一〇三・2）にどのような立場を取っているか、本文の記述をもとにまとめなさい。

解説　・「人間中心主義的な願望によって地質年代が提案されることには抵抗を覚えるという向きもあるだろう。じつは私もそのひとりだった。だが、実際に地質学的証拠にもとづいて地質学的・層序学的観点から人新世の区分が適切だと認められるのであれば、文句をつける筋合いはない。」（一〇七・3）→願望や警告を目的に付けられた名称ではなく、地質学的・層序学的観点から適切なら、文句はない。

2　「人新世を支える思想には、一九六〇年代から七〇年代に現れた環境保護思想とは異なる点がある」（一〇八・1）とあるが、それはどのような点のことか、説明しなさい。

解答例　一九六〇年代から七〇年代に現れた環境保護思想は、人間の終末と世界の終末とが等置されていたが、「人新世を支える思想」は、人類が誕生する前から地球は存在するし、人類が絶滅した後にも地球は存在し続け、人類の終末と世界の終末は同じではないというドライかつニュートラルな認識がある点。

〈読解〉

1 「人新世」（一〇二・12）という年代区分は、どのような考え方に基づき提唱されたものか、説明しなさい。

解答例 人類の活動が、かつての小惑星の衝突や火山の大噴火に匹敵するような地質学的な変化を地球に刻み込んでいるという考え方に基づき提唱されたもの。

2 「人新世は一九五〇年前後に始まったという説が有力視されている」（一〇四・10）とあるが、そうした変化の原因としてどのような具体例が挙げられているか、まとめなさい。

解答例 「グレート・アクセラレーション」により、人口増加、グローバリゼーション、工業による大量生産、農業の大規模化、大規模ダム建設、都市の巨大化、テクノロジーの進歩といった社会経済のおける大変化が起こり、二酸化炭素やメタンガスの大気中濃度、成層圏のオゾン濃度、地球の表面温度や海洋の酸性化、海の資源や熱帯林の減少という地球に対する甚大な影響が出たこと。森が農地に、農地が都市に転換されたなど土地の利用法に大きな変化があったこと。度重なる核爆発によって放射性物質が地球全体に降り注ぎ、プルトニウムの同位体が世界に放出されたこと。急速な産業化と都市化の影響により、アルミニウムやプラスチック、コンクリートが形成途上にある岩石に入り込み、「テクノ化石」となること。大気中の二酸化炭素濃度の急上昇により雪氷層に気泡として閉じ込められ、地球の堆積物に化学的痕跡を残すこと。

3 「近代科学」が「人間存在を周縁部へと追いやりつづけてきた」（一〇八・15）とはどのようなことか、説明しなさい。

解答例 「近代科学」は、テクノロジーの進歩を中心に追い求め、繁栄してきた。その一方、人間の存在は、脇に追いやられてきたということ。

〈言語活動〉

1 事典などを用いて「地層」に基づく年代区分について調べ、まとめてみよう。

解説 高校では、「層序学」という言葉で学ぶことはないが、地学の教科書などに当たってもよい。パソコンを用いて調べる場合は、信頼できるサイトで調べるようにしよう。

2 もしあなたが「未来の地質学者」（一〇九・8）ならば、二一世紀初めの地球環境をめぐる議論をどう位置づけるだろうか。自分なりに想像して、まとめてみよう。

解説 その未来で地球はどうなっているのかも、一緒に想像してみよう。大切なのは、根拠を持って想像することで、すべて夢物語にならないようにしよう。

現代日本の開化

夏目《なつめ》漱石《そうせき》

❖学習の視点

1　明治以後の「開化」を筆者はどのように見ていたかを捉える。
2　筆者が生きた当時の日本はどのような時代だったか、歴史的な視点を持って調べる。
3　夏目漱石について調べ、その著作を読んで紹介する。

❖筆者解説

夏目漱石（なつめ・そうせき）　小説家・英文学者。本名、金之《きんの》助《すけ》。一八六七（慶応三）年、東京都に生まれた。東京府立一中に入学したが中退、二松学舎や成立学舎などに学び、十八歳で大学予備門（のちの第一高等学校）に入学、ここで正岡子規と親交を結んだ。一八九〇（明治二三）年、東京帝国大学英文科卒業。

松山中学での一年間の教師生活ののち、熊本《くまもと》の第五高等学校に転任。一九〇〇（明治三三）年、イギリスに留学、帰国後は第一高等学校、東京大学の教授として英文学を講じるかたわら、『吾《わが》輩《はい》は猫である』『坊《ぼ》っちゃん』『草枕《くさまくら》』などを発表し、確固とした文名を獲得した。一九〇七（明治四〇）年には、四十一歳で朝日新聞社に入社、その第一回連載小説として『虞美人草《ぐびじんそう》』を書き、以後、『三四郎』『それから』『門』などを発表し、当時の自然主義文学に対抗して、鋭い文明批評精神と高次の個人主義思想によって、高踏派と呼ばれる独自の文学を確立した。一九一〇（明治四三）年、胃潰瘍《いかいよう》で伊豆の修善寺に転地したが、何度も吐血をくり返し、一時は危篤に陥った。この死と直面するほどの大病は、以後の彼の作品にいっそうの深みを与えることになり、『彼岸過《ひがんすぎ》迄《まで》』を転機として、『行人』『こころ』『道草』など、一作ごとに人間のエゴイズムと闘う人生苦を心理的に掘り下げていくこととなったが、一九一六（大正五）年十二月九日、胃潰瘍の再三の吐血のため、漱石最大の長編といわれる『明暗』執筆途上で、未完のまま永眠した。

❖出典解説

この文章は、一九一一（明治四四）年八月に、関西地方で行われた四回の連続講演のうち、第二回の和歌山での講演からのもので、「明治文学全集」第五五巻（一九七一年・筑摩書房刊）によった。

❖語句・表現の解説

一一ページ

開化　新しい知識・文化を知って世の中が開け、変わること。一般に言われる「文明開化」とは、明治時代に西洋文化が流入し、日本の文化が大きく変わり近代化したことを言う。「開化」は当時の流行語でもあった。

問題を決する　問題の結論を出す。

断じる　きっぱりと決める。決定する。

やむを得ず　仕方がなく。どうしようもなく。

行雲流水《こううんりゅうすい》のごとく　空を行く雲や流れる水のようにとどまることなく自然に移り変わっていくことのたとえ

勝手が違う　自分の慣れたやり方や経験とは様子が違っていて、とまどい、面食らう。

超然　物事にこだわらず、平然としているさま。

外国の文化にかぶれる　自身の所属する文化より、その国（外国）の文化を良しとして、振る舞いや服装などを外国の文化に似せること。たいてい良くない意味で使われる。

一瞥《いちべつ》　ちらっと見ること。ちょっと見ること。

鎖港排外の空気で二百年も麻酔したあげく　「鎖港排外」は鎖国のこと。「鎖国により、約二百年もの間、開化への目覚めを鈍らせたうえに」という意味。一般には、一六三九年の南蛮（ポルトガル）船入港禁止から一八五四年の日米和親条約締結までの二一五年間を日本の鎖国期間としている。

一二ページ

曲折　物事や状態がさまざまに入り組んで変化すること。

いやおうなしに　良いか悪いかを選ばせないこと。

立ち行かない　生活や仕事などがうまく成り立たない。続けていくことができない。

刻々に　次第に。次々に。

向後《こうご》　これからのち。今後。

具備する　必要なものや事柄を備えている。

粗末　作り方などがおおざっぱなこと。

折《おり》も折《おり》　ちょうどその時。

図らざる天の一方から　思いがけなく遥か遠く離れた地から。

俄然《がぜん》として　突然に。にわかに。

余儀なくされる　やむを得ずそうせざるを得ないさま。［用例］その日は天候が悪く、予定の変更を余儀なくされた。

地道　コツコツと着実に物事をすること。

一三ページ

一般　ここでは、「同様。同じ。」といった意味。

食客《いそうろう》 他人の家に住み込んで、食べさせてもらっている人。ここでは、西洋の開化をそのまま受け入れている日本の開化の状態を表したもの。

気兼ねをする 他人に配慮して、気を遣うこと。遠慮すること。

今しがたようやくの思いで脱却した古い波の特質やら真相やらもわきまえるひまのないうちに、もう捨てなければならなくなってしまった 「今しがた」は、ついさっき。現在より少し前。「わきまえる」は、物事の違いを見分けること。（新しい西洋化の波が押し寄せてきたことで、）少し前にようやくの思いで脱却した以前の古い習慣や価値観について、ゆっくりとその違いを見分けるひまもないうちに、もう捨てなければならなくなってしまった。

空虚の感 心の中に何もなくなってしまったような虚しい気分のこと。

一一四ページ

虚偽 うそ。真実でないと分かりながら、本当であるかのように見せること。

軽薄 言葉や態度が軽々しく、思慮深さや誠実さが感じられないこと。

礼式 礼儀のやり方。マナー。

醸される ある雰囲気、状態、ものごとなどがつくり出される。

一一五ページ

皮相 物事の表面。うわべだけで、物事の本質に至らないこと。

上滑り 物事の表面だけを見て、深く考えないこと。

帰着する いろいろな過程を経て、最終的にある一つのところに落ち着くこと。

年期 一年を単位として定めた期間。

つづめる（約める） 短くする。縮める。

～の譏《そし》りを免れる（ように） ～という非難を受けない（ように）。

用例 係の仕事をさぼっていては、無責任の譏りを免れるのは難しいだろう。

ゆゆしき 重大な。大変な。

首肯 納得し、賛成すること。

なまかじりにする 物事を表面的に少し知っているだけで、十分に本質を理解していないこと。用例 彼は物理の法則をなまかじりにして、惑星の運行について論じようとしている。

ほらを吹く 物事を大げさに話したり、でたらめを言うこと。

甲の説から乙の説に移り、また乙から丙に… 「甲・乙・丙・丁・戊・己・庚・辛・壬・癸」の十個を「十干」と言い、昔、順番を数字やアルファベットのように日常的に使われていた。

毫《ごう》も 少しも。

ことさらに 特別に。わざわざ。

新奇をてらう 目新しいことをして、人の気を引こうとする。

虚栄心 自分を実際以上に大きく見せようと、見栄をはってしまう心。

一一六ページ

一敗また起《た》つあたわざるの神経衰弱にかかって　一度敗れれば、再び立ち上がることができないほどの神経衰弱にかかって。

今や路傍に呻吟《しんぎん》しつつあるのは必然の結果　今や道端で呻き苦しむことになることは決まりきっている結果。

❖発問の解説

1（一一一ページ）

「勝手が違」うとはどのような意味か。

解答例　長い時間をかけて、内側から自然に発展してきた西洋の開化と比べ、明治維新後の日本の開化は、外国からの力で急激な変化を受け入れざるを得なかったということ。

（一一二ページ）

2 **「あの時」とはいつのことか。**

解答例　鎖港排外の空気で二百年も麻酔したあげく突然西洋文化の刺激にはね上がった時。

3 **「労力節約の機関を有する開化」とはどのようなことか。**

解答例　西洋の開化は、少しでも労力を使わずにすませようとする姿勢を本来的にしくみとして備えているということ。

（一一四ページ）

4 **「それ」とはどのようなことか。**

解答例　急激な西洋化の波を、あたかも自分たちの内側から起こったことのように得意気にふるまうこと。

（一一五ページ）

5 **「これ」とはどのようなことか。**

解答例　西洋で百年かけて築いてきた開化を、日本人がわずか十年のうちに、誰が見ても内側から自然に開化したと認められるような形でやりとげようとするならば、期間が十分の一になる分、十倍の力が必要になるということ。

❖構成・要旨

〈構成〉

本文は内容のうえから、三段落に分けられる。

(1)（初め〜一一三・7）

二百年にも及ぶ長い鎖国の後、突然の西洋からの強烈な刺激によっておこった明治の開化は、外発的な開化である。それまで内発的に展開してきたこの国が、急に自己本位の能力を失い、外からの何回にも及ぶ圧迫により、開化したのである。そして、この外からの無理押しは、今後も恐らく永久に続き、そうでなければ日本は日本として、存在できなくなっていくと思われる。

(2)（一一三・8〜一一五・6）

日本の開化は西洋の潮流に支配されている。その中で我々は、気兼ねしながら食客をしているような気持ちになり、どこか空虚の感、不満と不安の念を抱かざるをえない。それを、あえて内発的な開化でもあるかのように得意気な顔をしたり、取ってつけたように西洋の礼式を覚えたりするのも見苦しい。一言で表すと、現代日本の開化は、皮相、上滑りの開化であると言える。

(3)（一一五・7〜終わり）

西洋で百年かかった開化を日本人が十年で内発的に成し遂げようとしたとする。しかし、もしそれができたとしても、二度と立ち上がれなくなるほどの神経衰弱にかかって、息も絶え絶えになることは目にみえている。

〈要旨〉

明治における日本の開化は、西洋の潮流に無理押しされて起こった外発的なものである。それは、日本人の心理に大きな影響を及ぼし、人々は空虚感や不満などを抱えることになった。外発的なのに、内発的であるような顔をするのは見苦しいこの開化を一言で表すと、上滑りの開化とも言える。それでは、西洋の百年の経験を日本で十年に短縮して上滑りせずにやり遂げようとすると、活力は十倍に増やさなければならない。そのように西洋人より短い歳月で開化に達したら、息も絶え絶えになることは必然である。

❖構成・読解・言語活動の解説

〈構成〉

1 「内発的」「外発的」（一一一・3）という対比に関して、次の問いに答えなさい。

ⓐ 「内発的」「外発的」の意味を説明しなさい。

解答例 「内発的」…内部から自然に生まれ出て、それが形になっていくこと。
「外発的」…外部からの刺激、環境、強い力によって、いやおうなくさせられること。

ⓑ 「外発的」とほぼ同じ意味で用いられている語句を本文中から抜き出しなさい。

解答例 「外から無理押しに押されて、いやおうなしにその言うとおりにしなければ立ち行かないというありさま」（一一二・4）
「不自然な発展」（同・16）

〈読解〉

1 「鎖港排外の空気で二百年も麻酔した」（一一一・13）とはどのようなことか、説明しなさい。

解答例 江戸時代から約二百年間、日本が鎖国状態にあり、外国との交流を断っていたことで、外国からの刺激を受けずに過ごしてきたこと。

2 「自分がその中で食客をして気兼ねをしているような気持ち」（一一三・9）とはどのようなことか、説明しなさい。

解答例 日本よりも数十倍労力節約の機関を有する進んだ文明の、また数十倍娯楽道楽に積極的な西洋の開化の流れの中で生きていくには、どうしても己を捨てて、相手に気兼ねし、西洋の習慣や礼式などを器械的に覚えなくてはいけなくなるというようなこと。

3 「涙をのんで上滑りに滑っていかなければならない」(一一五・5)とあるが、筆者はなぜそう考えたのか、説明しなさい。

解答例 西洋人が我々より強いから、我々の方が先方のまねをするしかない。それは上滑りと評するしかなく、それが事実であるからやむを得ない。西洋から風俗・習慣における影響を受け、それを取り入れて生きていくしかないと考えたから。

〈言語活動〉

1 筆者・夏目漱石について調べてみよう。また、「こころ」や「夢十夜」などの漱石の著作を読み、その内容を互いに紹介してみよう。

解説 「筆者解説」にもあるように、一八六七年に東京に生まれた漱石は、東京帝国大学の英文科を卒業後、英語教師として、松山や熊本に赴任する。その頃の経験が小説「坊ちゃん」の背景になっていると思われる。その後イギリス留学を経て、四一歳頃から作家活動に入る。

イギリス文学を学んだ漱石だが、漢詩文好きでも有名で、「漱石」という筆名は「漱石枕流」(石に口を漱ぎ流れに枕す)という漢詩の言葉からとったものである。

その著作は、さまざまな視点から人間の心を描き、俯瞰的な視点から世界を眺めたものが多い。ここに挙げられた「こころ」は、エゴイズムと心の機微、葛藤を描いた小説であり、「夢十夜」は、十の夢の話から構成されている短編集で、漱石の作品の中では異色なファンタジー要素が盛り込まれた作品である。他にも「三四郎」「それから」「吾輩は猫である」など、数多くの著作があるので、図書館などで気になったものを読んでみよう。

2 漱石が「現代日本の開化」を講演した当時の日本社会にはどのような課題があったかを調べ、発表してみよう。

解説 明治維新によって日本は西洋技術や文化を取り入れ、急速な発展と近代化(現代の言葉で言うとグローバル化)を遂げた。

漱石が講演した当時の日本は、朝鮮半島などの領土をめぐる対立から起こった日清、日露戦争の勝利に高揚している部分もあったが、一方で急激な社会システムの変化に伴う社会の歪みも多く見受けられた。身分制度の解体、農村などの相互助け合いの制度の解体、職業選択、結婚の自由、資本主義の確立などの近代化の影で、借金で土地を失う農民が大量に発生したり、都市部では膨大な数の貧困層の人々が貧民窟の劣悪な環境でその日暮らしに追われる現実もあった。

常に「不安と競争」が人々の心にあり、頼りになるのは自分の努力であり、成功は自分の頑張りの結果、不成功(=貧困)は、努力が足りなかったからという意識が根付いてしまっていた。そういった意識が背景にあり、社会保障制度の法案も自己責任論がまかり通って国会でなかなか可決されず、現在の「生活保護法」の全身である「救護法」が施行されたのは、昭和七年になってからであった。

このようなことも参考に、当時の社会問題、課題について調べてみよう。

なお、参考にできる書籍の一つとして、『生きづらい明治社会・不安と競争の時代』（松沢裕作著・岩波ジュニア新書）を挙げておく。

変貌する聖女

川《かわ》島《しま》慶《けい》子《こ》

❖学習の視点

1 キュリー夫人の伝記を通して筆者が述べようとしたことをおさえる。
2 「個人的なこと」は「政治的」だとする筆者の考えを捉える。
3 「伝記」と変容する女性観とのつながりを捉える。

❖筆者解説

川島慶子（かわしま・けいこ）科学史家。一九五九（昭和三四）年、兵庫県生まれ。京都大学理学部卒業。ジェンダーの視点から科学史を捉え直す考察を重ねている。著書に『エミリー・デュ・シャトレとマリー・ラヴワジエ――18世紀フランスのジェンダーと科学』などがある。

❖出典解説

この文章は『マリー・キュリーの挑戦――科学・ジェンダー・戦争――』（二〇一〇年・トランスビュー刊）に収められており、本文は同書によった。

❖語句・表現の解説

一一八ページ

変貌 ようすや姿などが変わること。用例 開発で都市の姿は大きく変貌した。
聖女 清純で高潔な女性。特に宗教に身を捧げた女性をさすことが多い。
星の数ほど とてもたくさんあるようすを表している。
おびただしい ①非常に多い。②ひどい。はなはだしい。ここでは①の意。
焼き直し ①もう一度焼くこと。②既にある作品に手を加えて新しい作品に作り変えること。ここでは②の意。
過言ではありません 言い過ぎではありません。
あいまって 相互の力が一緒になって。『キュリー夫人伝』がかなりの情報量を持つことと、その文学的価値とが一緒になってということ。

せきたてていた　催促して急がせていた。

アメリカびいき　アメリカを気にいって、よい扱いをすること。「びいき」は「ひいき」の濁ったもの。

英語圏　英語を使っている地域。「圏」は、限られた区域、範囲などの意。

一一九ページ

踏んでいた　見当をつけていた。「踏む」は、見当をつけるなどの意。

崇高　気高くて、とうといさま。

抹消　消してなくすこと。

もとより　①はじめから。もともと。②言うまでもなく。ここでは②の意。

渡りに船　何かやろうとしているときに、都合のよいことが起こってうまくことが運ぶこと。キュリー夫人の次女のエーヴにとってアメリカの出版社から、英訳を出し英語圏でベストセラーにできるという申し出は、アメリカでのキュリー夫人の清教徒的で崇高なイメージを利用して人々を感動させるような本を出して、キュリー夫人の最後の恋であるランジュヴァン事件を世間から完全に抹消するために都合のよいことだったのである。

必然的　必ずそうなる様子。

用例　撮影の資金を叔父が出してくれるとは、渡りに船だ。

素顔　そのままの顔。ありのままの状態。

一二〇ページ

実態　実際の状態。実情。用例　高校生の生活の実態を詳しく調査する。

側面　①立体の上下の面をのぞいた横の面。②わきの方面。別の面。ここでは②の意。

このような変化　伝記作者たちが、女性を一人の人間という視点で描くようになっていった変化。アメリカの文学研究者のキャロリン・ハイルブランが一九七〇年を「女性が女性を見る目」がそれまでとは変わった（転換した）ということで、「女性による女性の伝記の転換年」と規定している。「転換」とは、方向などが大きく変わること。

結束　同じ考えの者が互いに力を合わせてまとまること。

民主化　体制が民主的に変わること。

一二一ページ

銃後の支え　「銃後」は戦闘に参加しない一般国民の意だが、ここでは大多数の女子学生が戦いには参加しないで、男子学生の支援をしたというようなこと。

対照的　違いがはっきりしているようす。あるいは逆の性格をもつようす。用例　あの姉妹は、姉が元気よく、妹がのんびりしていて、対照的な性格だ。

圧倒的　比べられない程多い、大きい。

政治的うねり　政治が変動しているさま、また市民が政治に積極的にかかわろうとしているさまを比喩的に表している。

一一二ページ

白日の下にさらけ出した　「白日」は曇りのない太陽のことで、おおやけの前にすっかり示したことの比喩になっている。

不動のものではない　しっかりしていて少しも揺れ動かないものではない。

宿命　生まれる前からその人に定められている運命。

据わりの悪い　落ち着き具合の悪い。

不可侵　侵害を許さないこと。ここでは、フランス語の男性形、女性形という言葉の区別に異論をはさむ余地はなかったということ。

一一三ページ

このような運動　フランスでの公的職業の名称の背後には性差別があることを指摘するような運動。

揶揄《やゆ》　からかうこと。

一一四ページ

人権擁護　人権を大切に守ること。「擁護」とは、危害などからそのものを守り、支えること。

盛り込まれていた　ここでは、中に記述されていた。

この事件のことばかり強調して、これらの伝記をおもしろおかしく紹介する記事も出ました　キュリー夫人の新しい伝記の主旨を正しく読み取らず、ランジュヴァン事件のことばかり強調して、キュリー夫人の新しい伝記を興味本位に紹介する記事も出たということ。

内省　自分自身をかえりみること。

貧農　貧しい農民。

❖発問の解説

1　**「あせって母の伝記を書きあげた」理由とは何か。**

（一一八ページ）

解答例　一つは、英語圏でベストセラーにできると踏んでいたアメリカの出版社に伝記を書くことをせきたてられていたこと。もう一つは、この時期に人々を感動させるような本を出せれば、キュリー夫人の最後の恋、ランジュヴァン事件を世間から完全に抹消できるので、姉のイレーヌの望みもかなえることができるから。

解説　「二つ理由がありました」以降の内容から読み取る。

2　**ここでの「聖女」とはどのようなことか。**

（一一九ページ）

解答例　信仰を重んじた勤勉な生活を送っているような気高くてとうとい女性ということ。

解説　アメリカでのキュリー夫人のイメージは「清教徒的で崇高な」者だったことに着目する。

3　**「新しい角度」とは何か。**

（一二〇ページ）

解答例　女性たちを崇高なイメージで語るのではなく、生きた一人の人間という観点で見つめるようになったこと。

解説　例えば、キュリー夫人を「聖女」のイメージではなく、別の観点で語るようになったのである。

4「こうした流れ」とはどのような流れか。（一二三ページ）

解答例　ジェンダーによって作られた家族やセクシュアリティや言葉を問い直そうという流れ。

解説　日本で『看護婦』『保母』資格が、『看護師』『保育士』と、女性を連想させない名称変更されたことに着目する。

❖構成・要旨

〈構成〉

この文章は、次の四つに分けることができる。

(1)（初め～一二〇・6）キュリー夫人伝の変化

かつてのキュリー夫人伝は、「聖女のような」科学者にして妻であり母であるキュリー夫人の伝統的イメージに基づいて書かれていた。その伝統的イメージはロバート・リードの『キュリー夫人の素顔』によって崩れた。これ以降、キュリー夫人は「聖女」ではなく、十九世紀末から二十世紀前半を生きた一人の人間にして女性科学者、という視点から描き出されるようになった。

(2)（一二〇・7～一二一・10）フェミニズム運動の第一波と現実

フェミニズム運動とのかかわりの中で、キュリー夫人だけでなく、無名だった女性たちの伝記が発表され始める。一九七〇年は「女性による女性の伝記の転換年」とも言われている。

一九六八年のフランスの「五月革命」では、女子学生も多く政治活動に参加したが、表に立つのは主に男子学生で、女子は後ろで彼らを支えるというのが現実だった。この頃は、日本でも男女学生の専門分野に大きな違いがあるなど、男女平等はまだ名ばかりであった。

(3)（一二一・11～一二四・5）第二派フェミニズム運動とキュリー夫人の新しい伝記

フェミニズム運動の第一波がめざした市民的権利の獲得だけでは問題が解決しないことに女性たちは気づいた。アメリカやヨーロッパ、日本などで第二波フェミニズム運動が起き、「個人的なことは政治的である」というスローガンはあらゆる方面に影響を与えた。女性たちは、「ジェンダー」が不動のものではないことに気づきはじめて、家族やセクシュアリティといった問題のほかに、言葉の問い直しもはじまった。ランジュヴァン事件について触れたキュリー夫人の新しい伝記も、このような運動を踏まえて出てきた。しかし、これを読んだ人のなかには作者の人権擁護の姿勢を理解しない人もいた。

(4)（一二四・6～終わり）「個人的なことは政治的である」

映画であれ小説であれ、私たちは自分にその「感動」をもたらした社会的要因について、内省する必要がある。

同じDNAを持ったとしても時代が異なれば同じ好みである

保証はない。「個人的なことは」あくまでも「政治的」なのである。

〈要旨〉

フェミニズム運動の第一波で、男女の間には歴然とした差が残ったので、第二波フェミニズム運動が起き、女性たちは「ジェンダー」が不動ではないことに気づいた。映画の『キュリー夫人』が「感動」をもたらしたとしたら、私たちはその「感動」の社会的要因について内省する必要がある。時代が異なれば、同じDNAを持っていたとしても、現在と同じ好みである保証はない。「個人的なことは」あくまで「政治的」なのである。

❖構成・読解・言語活動の解説

〈構成〉

1　本文は四つの意味段落に分かれているが、それぞれに小見出しをつけなさい。

解説　〈構成〉を参考にする。

2　社会の変化とともに、伝記の中の「キュリー夫人」はどのように「変貌」したか、説明しなさい。

解答例　アメリカにおけるキュリー夫人の清教徒的で崇高なイメージは、キュリー夫人の次女のエーヴによる『キュリー夫人伝』によってさらに強められることになり、「聖女のような」科学者にして妻であり母である、キュリー夫人のイメージが固定化された。

第二波フェミニズム運動の流れの中で、キュリー夫人の最後の恋、ランジュヴァン事件について触れた新しい伝記も出版された。ロバート・リードの『キュリー夫人の素顔』、フランソワーズ・ジルーの『マリー・キュリー』がそれである。それらはキュリー夫人とその時代についてのさまざまな側面を明らかにした。これ以降、大人向きのマリー・キュリー伝は変化しはじめ、伝記作者たちは、キュリー夫人を「聖女」ではなく、十九世紀末から二十世紀前半を生きた一人の人間にして女性科学者、という観点から描き出すようになった。これらはマリーとランジュヴァンの関係を揶揄したり批判したりするような調子はなく、個人的スキャンダルとしては扱われなかった。しかし、作者の姿勢を理解しなかった人々もおり、これらの伝記をおもしろおかしく紹介する記事も出た。

〈読解〉

1　「たった一つの伝記の焼き直しだったといっても過言ではありません」（一一八・4）とはどのようなことか、説明しなさい。

解答例　次女エーブが書いた母の伝記「キュリー夫人伝」の後に出た伝記は、エーブの書いた伝記をもとに別の者たちが同様の内容の伝記を書いたものだということ。

2　「平等な入試が実現されてから二十年以上経っていたのに、なぜこんな違いがあった」（一二一・8）のか、その理由を説明しなさい。

解説　学園紛争が吹き荒れた頃は、平等な入試が実現されてからだいぶ経過していたのだから、女子の大学生に理工系の学生が多くても、いわゆる偏差値の高いといわれる大学の学生に女子が多くても不思議ではなかった。しかし、現実にはそうなってはいなかった。これらの原因を考えるためには、第二波フェミニズム運動に着目するとよい。「女らしさ」や「男らしさ」といった不動のものと思われていた概念は「決して宿命などではないのだということを悟った」、「いわゆる『ジェンダー』」に気づいたということだ。そして、女性たちは「女らしさ」や「男らしさ」という概念が不動のものではないことに気づきはじめた。つまり、以前の女性たちは「女らしさ」という概念に縛られていたということであり、そのことが大学を選ぶ際の進路にも大きな影響を与えていたのだと考えられる。しかし、それは個人の問題だけではなく「社会や文化の影響を強く受け」たものでもあったのだ。

3　「問題が解決しないことに気づ」（一二一・13）いたとあるが「問題」を「解決」するためにどのようなことが必要だったか、説明しなさい。

解答例　家族やセクシュアリティの問題など、「個人的なこと」は広く社会や政治とつながっていたので、個人の問題ではないと白日の下にさらけ出すことが必要だった。また、それまであたりまえと思われた「女らしさ」「男らしさ」という概念については、決して宿命ではないのだということを悟る必要があった。

4　「『個人的なことは』あくまで『政治的』なのです」（一二四・10）とはどのようなことか、説明しなさい。

解答例　家族やセクシュアリティといったような個人的な諸問題は、その時代の社会や文化の影響を強く受けており、時代や場所によって変化する問題であるために、政治と深くつながっている。つまり、個人で解決できることではないということ。

〈言語活動〉

1　事典などを用いて、マリー・キュリーの生涯や実績について調べてみよう。

解説　キュリー夫人は一八六七年に現在のポーランドで生まれた。フランス語名はマリ（マリー）・キュリー。物理学者であり科学者であった。放射線の研究で、ノーベル物理学賞、ノーベル化学賞を受賞した。「放射能」という用語は彼女の発案である。一九三四年に没した。

まだ女性への差別意識が強かったフランスで研究者を続けることは大変なことであった。本文に出てくるスキャンダルでは、自宅から逃げ、体を壊し、入院するまで追いつめられた。

そのほか、ネットを使うなら、「コトバンク」などを使って調べよう。

2　映画や小説の中での女性の描かれ方にはどのような特徴や傾向があるか、具体例を挙げて話し合ってみよう。また、そうした特徴や傾向はその作品の創られた時代とどう関係しているか、考えてみよう。

解説　具体例として挙げられる映画や小説は、山のようにある。

少し前の作品のほとんどが、男性が社会の中心であり、外に出て働き、女性が家を守る、あるいは、女性は社会に出ても男性の補助に回るという役回りになっているだろう。

現代でも、多くの作品の中で、家で優しいお母さんが子供を待っていて、おいしい食事を用意してくれているという場面を描いている。そのこと自体が悪いことではないので、問題はさらに深刻である。家で子供を待つのは、女性でも男性でもいいはずで、特に男性が待っているという場面を描いている作品は、その視点にこだわりを持っているとも言える。

気になった作品から具体例を探してみよう。

第5章　歴史に向き合う

異時代人の目

若《わか》桑《くわ》みどり

❖学習の視点

1　筆者の主張する歴史学の意義を読み取る。
2　先入主や偏見を取り除くことが可能になるのは、どのような機会が訪れた場合か、また異時代に同時代を感じるのはどのような場合か、それぞれについて考える。
3　未来を生きる子供たちにわれわれは何をなすべきかを考える。

❖筆者解説

若桑みどり（わかくわ・みどり）　一九三五（昭和一〇）〜二〇〇七（平成一九）年、東京都生まれ。美術史家。イコノロジー（図像解釈学）といわれる方法を用いて、主としてイタリアのルネサンス後期の絵画、バロック美術などを研究した。著書に『マニエリスム芸術論』（一九八〇年・岩崎美術社）、『薔薇のイコノロジー』（一九八四年・青土社）、『女性画家列伝』（一九八五年・岩波書店）、『戦争とジェンダー』（二〇〇五年・大月書店）など。

❖出典解説

この文章は『レット・イット・ビー』（一九八八年・主婦の友社刊）に収められており、本文は同書によった。

❖語句・表現の解説

一一六ページ

奇妙なことに　不思議なことに。偶然にも。
近代的な時間の観念も生じた　十六世紀には、ローマ教皇グレゴリウス十三世はそれまでのユリウス暦を改良して新暦のグレゴリウス暦を制定し、カトリック国家で使われ始めた。
堆積　うず高く積もること。または積み重ねること。用例ごみの堆積に手を焼く。

私のように…見続けた世代の人間　二十世紀前半の、極度なまでの軍国主義の浸透と、その崩壊などを中心とするさまざまな歴史的事実に個人として翻弄されつつ生きてきた世代の人たち。
長い時間の意識を持たなければ　ある瞬間を切り取って見るのではなく、継続的な時間を追って物事を観察したり思考したりする歴史学者としての態度をさす。
とうてい……ない　とても……ない。当然だが……ない。用例 とうてい許すことはできない。

二二七ページ

より取り見取り　多くのものの中から自由に選び取ること。
たかだかこの五十年の「過去」をふり返ってみても　二十世紀中盤の価値観の大きな転換によって、旧来の価値観は一見すると「暗黒の中に沈んでしまった」ように見える。
「記録」　以下の「真実」「文献」と同様に、本来的な意味ではなく、ごく一面的な意味しか持たない状態であることを示すために「　」が使用されている。
インペイ　隠蔽。覆い隠すこと。用例 犯罪を隠蔽する。
抹殺　存在を完全に消し去ること。用例 事実を歴史から抹殺する。
コトバを第一次資料にしない　文献を対象とした学問分野に入らない。
画面　筆者が研究対象とする芸術作品の画面。
多義的である　一様ではない見方を許容し、さまざまな解釈や評価をすることが可能である。
埋蔵　本来は、土中に埋めて隠すこと。
同世代人によって叩《たた》かれた芸術家　その時代において異質とされた芸術家。

二二八ページ

漂着　海などをただよって、岸に流れつくこと。
奸計《かんけい》　悪いはかりごと。悪だくみ。
寓意《ぐうい》画《が》　ある教訓や意見などを伝えることを目的とした画。
先入主　先入観のこと。自由な思考を妨げる、あらかじめ抱いている固定観念。
偏見　かたよった物の見方や考え方。
実際には「時」の老人は翔《と》んでこない　つまり、真実を明らかにするものは人間以外には存在しない。

二二九ページ

それにもかかわらず　二十世紀の価値の転換が、あまりにも短時間に達成されたことを感嘆する気持ちを込める。
同時代人に異時代人を感じ　自分の持つ感覚と、生きている時代が持つ感覚との間にズレが生じている。
異時代人に同時代人を見いだした　別の時代の価値観が、自分にはアジャストすることを発見した。筆者の場合は、ルネサンス期などの無名の芸術家の作品の中に、現代にも通用する優れた真実を発見したこと。

二三〇ページ

〝宇宙のことを心配して〟育つ子供たち　現代の人類が直面している環境問題などを意識した表現。
身辺を整理して、きれいに死ぬ　自分たちが発生させた問題は自分たちで解決しておくこと。環境問題のほかに、経済問題、エネルギー問題など、子孫の代に引き継ぐべきでないことは多い。
布置　物をそれぞれの場所に配って置くこと。類 配置。
迷妄　物事の道理に暗くて、まちがった考えを持つこと。

❖発問の解説

1（二二七ページ）
「この絶望感」とはどのようなことをさすか。
解答例　自分の生きている時代における価値の体系が次々に変化して、何をよりどころとすればよいのか、まったくわからなくなってしまうこと。

2（二二八ページ）
「真理は時の娘」とはどのような意味か。
解答例　物事の真理は、長い時間が経過するうちに必然的に明らかにされるという意味。

3（二二九ページ）
「われわれの歩幅は小さく、見渡す距離もわずかにすぎない。」とはどのようなことか。
解答例　個人の人生は短く、また考えたり研究したりできる範囲や分量も限定的であるということ。

4（二三〇ページ）
「彼ら」とは誰のことか。
解答例　二十一世紀において、宇宙のことを心配しながら育つ子供たちのこと。

❖構成・要旨

〈構成〉
この文章は、次の三つの部分に分けることができる（(1)を二つに分け、全体を四段落と考えることもできる）。

(1)（初め〜二二八・4）…危機の時代は、歴史の書き直しを求める
異質な時間（旧来の価値体系を疑わせ、ズレの感覚が生ずるとき）には、堆積した過去の整理を思い立つ。「過去」は、「記録」や「文献」によって、その真実の姿を残すわけではない。コトバのない画面が、かえって内面の真実を埋蔵する。

(2)（二二八・5〜二二九・16）…見えなかったものが見えるには、異質の時間の訪れが必要である
同時代人は、さまざまな先入主や偏見によって、真実にヴェールをかける。それを取り除くには、旧《ふる》い価値の体系が崩壊しなければならない。古代ローマ人が考えたように、ただ「時」が過ぎれば真理が見えるわけではない。

(3)（二三〇・1〜終わり）…未来への布石をすることが歴史家の使命である

歴史家としての、未来への使命は、真実に光を当てるのは人間の知性であることを、将来の人々に信じさせることである。
歴史学は、希望を捨てない人間がするものである。

〈要旨〉

同時代において、先入主や迷妄、偏見によって見えない真実は、歴史によって明らかにされる。しかし、それには何らかの価値の転換が発生する危機の時代にあって、それまでの時間の流れの中で堆積した過去が異質なものであるという自覚が必要である。現代において真実が見えないことも、未来の人間が明らかにする。それが歴史学の意義である。

❖構成・読解・言語活動の解説

〈構成〉

1 「危機の時代は常に歴史の書き直しを求めるのだ」（一二六・9）とあるが、「十六世紀」と「二十世紀」はどのような危機の時代であったか、それぞれまとめなさい。また、「歴史の書き直し」とはどうすることか、説明しなさい。

解説 十六世紀…天動説に変わって地動説が台頭し、宗教改革が行われた。具体的には、コペルニクスが地動説を発表し、当初は支持が得られなかったが、やがてケプラーやガリレオ・ガリレイの賛同を得て、次第に浸透し、「人々の空間についての概念」を転倒させた。またイタリアを中心とするルネサンスと、ルターなどによる宗教改革によって、中世的世界観から近世的世界観へと転換する時期を迎えた。
二十世紀…二度の世界大戦と植民地の独立などにより、西欧の知性が、自己否定的な価値の転換を行わざるをえない、激変の時代であった。
「歴史の書き直し」は、旧来の帝国主義、白人至上主義などの価値の体系を、同時代人の感覚に適合するものに変更すること。

2 「必要なことは、異質の時間がやってくること、である。」（一二九・15）とあるが、それはなぜか、説明しなさい。

解答例 異質の時間は、量的で均質な時間の流れの中に埋没している真実を、旧い価値の体系を崩壊させることによって呼びさまし、見えるようにする働きを持っているから。

〈読解〉

1 「コトバのない画面こそ、多義的であるが故に、いっそう包み隠された内面の真実が埋蔵されている場所だ」（一二七・15）といえるのはなぜか、説明しなさい。

解答例 物事の持つ多義的な真実を、コトバはインペイし抹殺するために、そのうちの一面しか伝えることができない。それに対して芸術作品における画面では、多義的な内面の真実を時間の経過を経ても埋蔵することが可能であるといえるから。

2 「同世代人によって叩かれた芸術家が、時の流れを生き延びてわれわれのところに漂着するのは、とてもむずかしく、おそらく多くの人々が、死んで沈んでしまった。」（一二八・3）とはどのような意味か、説明しなさい。

解答例　その芸術が生まれた時代において、他の作品の陰に埋没して、正当な評価をされなかったり、意図的に抹殺されたりした作品は、時代が経過したのち、改めて見直されることはほとんど皆無であり、その作品は芸術的生命を得ることなく終わってしまうという意味。

3　「そのような人間の知性」（一三〇・8）とはどのようなことか、説明しなさい。

解答例　将来においても、過去のある時代の真理を見定めることができる人間の能力のこと。

〈言語活動〉

1　筆者は「歴史学」をどのようなものと考えているか、まとめてみよう。

解答例　ある時代の人々がさまざまな先入主や偏見をもって異質としたものを取り除き、時代を超越して物事の真実を見いだす学問。

2　大きな「価値の転換」が起こった歴史上の事例を調べて、発表してみよう。

解説　たとえば日本においては、二十世紀前半の十五年戦争を通じて、国の進路そのものが大きく変換し、民衆はそれにふりまわされた。一九四五年の終戦を境として、それ以前と以後は手のひらを返したような価値観の転換が発生した。それまで信じていたものが否定され、敵対していたものが急速に価値あるものとされ、人々は翻弄され続けた。このほかに、科学の急速な発達や人権意識の変化なども特徴的なものとして挙げられる。

小熊英二著『日本という国』（二〇〇六年・理論社）では、明治と昭和の日本について述べられる。昭和編では、大半を第二次世界大戦の原因・経過・結果と、戦後日本がたどってきた道が主としてアメリカとの関係の視点から詳しく説明されている。また、日本国憲法でも天皇制が維持された理由、日本国憲法は「押しつけ憲法」と言えるか、など終戦からすでに長い年月が経過した現在にも直接つながる問題点をピックアップして筆者の独自の視点と鋭い考察がなされている。

荘子

湯《ゆ》川《かわ》秀《ひで》樹《き》

❖学習の視点

1　『荘子』や『老子』の文章を読み、その内容を読み取る。

2　科学者である筆者が述べている老荘思想と科学のつながりについて考える。

❖筆者解説

湯川秀樹（ゆかわ・ひでき）　理論物理学者。一九〇七（明治四〇）年―一九八一（昭和五六）年、京都府生まれ。一九二九年、京都帝国大学理学部物理学科卒業。京都大学教授。東京帝国大学教授を兼任。コロンビア大学教授など歴任、京都大学基礎物理学研究所の初代所長。核子間の力および原子核のβ崩壊を媒介する場の粒子として、電子と陽子との中間の質量をもつ粒子の存在を予言。素粒子論の考え方を初めて導入し、物理学の大きな流れをつくった。一九四九年、「核力の理論的研究に基づく中間子の存在の予言」により、日本人として初めてノーベル物理学賞受賞。その後、非局所場の理論の展開に努めた。科学の業績のほかに、一九五五年にアインシュタインらが核兵器に反対して有名な宣言を発表した際、他のノーベル賞受賞者とともにその宣言に連署、これを契機に生まれたパグウォッシュ会議、世界平和七人委員会などで平和運動に貢献。著書に『旅人　ある物理学者の回想』（二〇一一年・角川ソフィア文庫）、『科学を生きる―湯川秀樹エッセイ集』（二〇一五年・河出文庫）、『湯川秀樹　詩と科学』（二〇一七年・平凡社）、『湯川秀樹自選集』などがある。

❖出典解説

この文章は、「湯川秀樹自選集」第三巻（一九七一年・朝日新聞社刊）に納められており、本文は同書によった。

❖語句・表現の解説

一三三ページ

儒教　孔子（山東省の出。宋《そう》から魯《ろ》に亡命した没落貴族の子孫。魯に内乱が起こり、君主とともに斉《さい》の国に亡命した。その後弟子らとともに列国を歴訪して、理想の政治を説いてまわった）が説いた、すべての人に接する心「仁《じん》」と、仁を実行する「礼」（社会の秩序を保つため、経験によってつくられた慣習）を重視した思想のこと。その思想は、孔子と弟子たちとの言行や問答を記録した『論語』に編纂された。日本に『論語』が伝えられたのは三世紀。江戸時代には朱子学が幕府公認の官学になり、そのよりどころとして『論語』が普及し、各家庭にまで及んだ。その思想は、東アジアの漢字文化圏の古典として影響力をもった。

老荘の哲学　老子（諸説あるが、周代の楚の人で、周王室に仕え、周が衰えたために周を去る途中に『老子』を書き残したという）は、道家思想の開祖。道家思想とは、天地万物の根本はとらえがたく名付けようもないが、あえて名づければ「道」であり、無為にして自然の働きをするものだとする。人間は、この天道・自然の働きにしたがい、欲望や意思を去り、虚無の立場に立ち、自己をむなしくした者が「聖人」であり、儒家の「仁義」などは人為的なものだからと排した。そして「無為にして化する」が理想だと説いた。この考え方は、荘子に受け継がれ完成された。荘子によれば、自我を捨てて功名を求めようとする心を持たなければ、万物に順応して天地に遊ぶことができる。功名を求めないで世間の用に役立たないことこそ、却って身を全うすることができる。それが「無用の用」なのだという。人間が自己の知性に振り回されているむなしさや悲しさを説いたものである。

一三三ページ

混沌　天地成立前の、物の区別がつかない状態。原始＝陰陽和合＝無為自然を表すともいう。

南方の海の帝王は……　この文章は、古来さまざまに解釈されてきた。たとえば、耳目が開いたとき、混沌はもはや混沌でなくなってしまった。そして、原始が開発されて、儵と忽は、二人の休息と安楽の地を失った。原始に文明をおしつけてはいけない。自然のままがいいという解釈がある。また、儵と忽は、目が明るく耳ざとく聡明で、知恵のまわりが速く、外界のことをよく知り、何かをするのに機敏で巧みである。ところが混沌は渾然未分化で、外界を知らず、また内外に分かれていない。だから穴が開いて、耳目が開くとき、混沌でなくなるという解釈である。

一三四ページ

しかしまだ未分化の何物かであろう　『荘子』の寓話の「混沌」の特徴そのままと言える。

一三五ページ

二元論　全く性質の異なる二つの原理で、事物を説明しようとする考え方。

一三六ページ

母胎　何かを育む、もとになるもの。
東洋　アジアの東部。あるいは、アジア全域をさすこともある。

釈然としない　よく納得できない。こだわりが解けない。用例 説明もなく怒られても、釈然としない。

比類のない　比べるもののない。素晴らしい。用例 この精巧な細工は比類のない職人の技によるものである。

一三七ページ

おぼろげに　ぼんやりかすんだように。はっきりとではなく。

それはそれで　「それ」は、「老子や荘子の思想」。

合理主義　理性を重んじ、そこに根拠を求める立場。

珍重　珍しいものとして大切にすること。

自律　自ら決めた規範にしたがって行動すること。

人間にとって不愉快ではあるが　自分で自分のことを決め、自らの理想を実現しようとする人間の力を、老荘思想は自然の力の前では無力だとしたから。

一三八ページ

老子はこういう簡潔な表現で、言い切る　ここで引用されている一節は、天地、あるいは聖人は思いやりはなく、万物を、万民を、使い捨ての犬の人形として捨てる、という意味。

一三九ページ

このような考え方　実態のないものから逃げようとして一生懸命に走ったあげく、力尽きて死んでしまう。そのようなことは馬鹿げている。静かにしていれば（何もしないで、現状を受け入れていれば）、死ぬことはなかったのに、という考え方。

一口に　短い言葉で言えば。端的に言えば。

❖発問の解説

1（一三三ページ）**「おしつけがましい」とはどのようなことか。**

解答例 儒教は、仁や礼を尊び、道徳的に何が正しく、何が正しくないか、どう振る舞うべきかを強要されるような気がしたということ。

2（一三四ページ）**「寓話」とはどのようなものか。**

解答例 「寓話」の意味は、たとえ話を使って、処世訓を伝えるために書かれた物語のこと。ここでは、『荘子』の混沌にかんする一節。意味については、「語句・表現の解説」を参照する。

3（一三七ページ）**「そう」とはどのようなことか。**

解答例 混沌の話では、それ自身は大宇宙全体を相手にしたもので、自然界の根本となっている微小な素粒子とか、それに見合うスケールの時間・空間を論じたものではないのに、物理学を研究し、ようやく到達した非常に小さな世界の姿がその話にぼんやりとはしているが出ているように感じ、それは単なる偶然ではないということ。つまり、混沌の話の中にも、科学につながる思想があるということ。

4（一三九ページ）**「宿命論」とはここではどのようなことか。**

解答例　「宿命論」とは、すべての現象はあらかじめ予定されていたことで、思い通りに変えることはできないという説。ここでは、「ある人」が自分の影からにげようとしても、自分の力ではどんなに努力してもにげきることができないというようなこと。

❖構成・要旨

〈構成〉

本文は、三段落に分けられる。

(1)（初め〜一三二・12）

小学校に入る前から中国の古典を習っていたが、儒教は道徳に関することばかりで面白くなかった。中学生の頃は、『荘子』を特に面白いと思うようになった。

(2)（一三二・13〜一三五・10）

素粒子のことを考えているときに『荘子』の混沌の寓話を思い出した。一番基礎になる素材は、さまざまに分化する可能性をもった、まだ未分化の何物かだろう。それが混沌というものだろう。あるいは、儵と忽が素粒子みたいなもので、混沌は素粒子を受け入れる時間・空間のようなものと考えられる。荘子は、原子のことを何も知ってはいなかっただろうが、私とある意味で似たことを考えていたというのは、面白く、驚くべきことだ。

(3)（一三五・11〜終わり）

科学はギリシャ思想がもとになって、ヨーロッパで発達してきたと言われる。歴史的には正しいだろうが、これからさきのことを考えると、ギリシャの思想だけが、科学の発達の母胎となる唯一のものとは限らないだろう。老子や荘子の思想はギリシャ思想とは異質に見えるが、一種の徹底した合理主義的な考え方であり、独特の自然哲学として今日でも珍重すべきものをふくんでいる。儒教やギリシャ思想は、人間の自律的、自発的な行為を認め、それが有効であり、人間の理想を実現する見込みがあると考える。一方、老荘思想は、自然の力は圧倒的に強く、人間の力ではどうにもならない自然の中で、人間はただふり回されるだけだと考えた。『荘子』の影をこわがるたとえ話にもこのようなことが出てくる。このような考えは、宿命的で、東洋的といわれるが、非合理的ではない。今日のように科学文明が進み、時間に追われる私たちにとっては身近な話のように感じられる。

〈要旨〉

中学生の頃、『荘子』を特に面白いと思うようになった。その後、素粒子のことを考えているときに『荘子』の混沌の寓話を思い出した。一番基礎になる素材は、さまざまに分化する可能性をもった、まだ未分化の何物かだろう。それが混沌というものだろう。あるいは、儵と忽が素粒子みたいなもので、混沌は素粒子を受け入れる時間・空間のようなものと考えられた。荘子が私と似たことを考えていたというのは面白い。科学はギリシャ思想がもとになって、発達してきたが、それが唯一のものとは限らないだろう。東洋の老子や荘子の思想は一種の徹底した合理主義的な考え方であり、独特の自然哲学として今日でも珍重すべきものをふくんでいる。老荘思想は、自然の力は圧倒的に強く、人間はただふり回されるだけだと考えた。このような考えは、宿命的で、東洋的といわれるが、非合理的ではない。今日のように科学文明が進み、時間に追われる私たちにとっては身近な話のように感じられる。

❖構成・読解・言語活動の解説

〈構成〉

1　本文を三つの意味段落に分け、それぞれの内容をまとめなさい。

解説　「構成・要旨」参照。

〈読解〉

1　筆者は「混沌」（一三三・2）のエピソードについて、科学における どのようなことの象徴として考えているのか、簡潔にまとめなさい。

解答例　一番基礎になる素材は、さまざまに分化する可能性をもった、まだ未分化の何物かだろう。それを混沌が象徴している。あるいは、儵と忽が素粒子みたいなもので、混沌は素粒子を受け入れる時間・空間のようなものの象徴として考えられる。

2　筆者は「べつに昔の人のいったことを、無理にこじつけて、今の物理学にあてはめて考える必要はない。」（一三五・7）と述べているが、それにもかかわらず、「面白いことでもあり、驚くべきことでもある」（同・10）という。筆者は「古典」をどのように考えているのか、説明しなさい。

解答例　科学が、ギリシャ思想の影響を受けて発達してきたといわれるが、これからさきもギリシャ思想だけが科学の発達の母胎となる唯一のものとは限らない。東洋の「古典」である老荘思想も、独特の自然哲学として今日でも参考にするべき大切なものをふくんでいると考えている。

3　筆者は、儒教やギリシャ思想と、老子や荘子の思想とをどのような観点から対比しているか。本文中から抜き出す形で整理しなさい。

解答例　儒教やギリシャ思想については、「人間の自律的、自発的な行為に意義を認め、またそれが有効であり、人間の持つ理想を実現する見込みがあると考え」（一三七・10）ていた。
　老子や荘子の思想については、「自然の力は圧倒的に強く、人間の力ではどうにもならない自然の中で、人間はただ右へ左へふり回されているだけだ」（同・12）と考えていて、人間は無力だという考え方には、真理が含まれているのではないかという疑いをもっていた。

解説　「語句・表現の解説」も参照しよう。

〈言語活動〉

1　本文中に引用されている漢文の書き下し文と、その現代語訳を朗読し、それぞれの文章が与える印象の違いはどのような点に起因するか、話し合ってみよう。

解説　書き下し文は、朗読してみるとリズム感があり、漢語が多いので歯切れが良い。一方、現代語訳の方は、分かりやすく、物語を読んでいる面白さが感じられるだろう。特に漢文のリズム感に注目して比べてみよう。

2　『老子』や『荘子』、あるいは日本の古典を読み、そこから気に入った一節を引用して、どのような考え方が見いだせるか、文章にまとめてみよう。また、そうした考え方は現代においてどのように生かすことができるか、話し合ってみよう。

解説　古典の教科書に出てくるものを読み返してみよう。日本の古典では、『徒然草』のような随筆から考え方を読み取るとよい。たとえば「ある人、弓射ることを習ふに」の段では、「ただ得失なく、この一矢に定むべしと思へ。」という一節がある。意味は、「(初心者は弓を射る時に二つの矢を持ってはいけない。) ただこの一矢で決めようと思え。」というもの。二本目の矢をあてにして、初めの矢をおろそかにするなということである。

日本の社会は農業社会か

網《あみ》野《の》善《よし》彦《ひこ》

❖学習の視点

1　下張り文書という存在を知り、そこから筆者がどのようなことを発見したかを読み取る。
2　「百姓」「頭振（水呑）」ということばには、どのような思いこみがあり、本来はどのような意味があるのかを知る。
3　思いこみから間違った認識に至らないためにはどのようにするべきかを考える。

❖筆者解説

網野善彦（あみの・よしひこ）　歴史学者。日本中世史研究者。一九二八（昭和三）年—二〇〇四（平成一六）年。山梨県生まれ。東京大学文学部史学科卒業。従来の歴史観から外れた研究は、しばしば「網野史学」と呼ばれる。『無縁・公界（くがい）・楽』（一九七八年）や『日本中世の非農業民と天皇』（一九八四年）では、天皇の支配権力がどこまで及び、どこから外れたのかに目を向けた。また、『日本中世の百姓と職能民』（一九九八年）では、海民や職能民の存在に着目し、貴族・武士・農民という中世社会観を変えた。『日本の歴史00巻　「日本」とは何か』（二〇〇〇年）で天皇の権力は限定的であったことを示し、日本列島がそのまま日本国というイメージを変え、隔絶された島国ではなく、東アジア海上交通の要所としてとらえ直して、新しい歴史観、民族観、国家観を提示した。

❖出典解説

この文章は、「日本の歴史をよみなおす」（二〇〇五年・ちくま学芸文庫刊）に収められており、本文は同書によった。

❖語句・表現の解説

一四一ページ

戦国末期のころ　秀吉の天下統一（十六世紀末）で戦国時代が終わるので、それ以前のころ。

廻船商人で、大船を二、三艘《そう》持ち、日本海の廻船交易にたずさわ

っていた　十三世紀初めの鎌倉時代初期から、商業が盛んになり、海上輸送を行う廻船が現れた。江戸時代、二〇〇石以上の大型廻船を東廻《ひがしまわり》海運や西廻海運などの大廻《おおまわ》しに使った。千石船と言われる大船は、正式には弁才船《べんざいぶね》と呼ばれる。江戸後期には、航海技術の進歩によって、積載量の多い、航海速力を速い廻船が登場し、江戸―大坂間を往復した菱垣《ひがき》廻船・樽《たる》廻船、北海道―大坂間を往来した北前船《きたまえぶね》として運航した。

一四二ページ

年貢の賦課基準となる石高　「年貢」は、百姓の身分に義務づけられた農業生産物による現物地代のこと。「賦課」は、租税などを割り当てて、負担させること。「石高」は、検地によって決められた。稲作地以外の土地も米に換算した生産高を示され、租税を決める基礎となった。

私自身もそれまで水呑についてはそのレベルの常識しか持っていませんでした　「そのレベル」とは、農民の中で年貢の賦課される田畑を持っていない人で、貧しい農民、小作人のことを水呑と認識していたということ。

最初は目を疑ったのですが、同時にまた、ああ、そうなのかと初めて気がついたのです　「目を疑った」のは、明らかに裕福である廻船商人の身分が、「頭振」や「水呑」に位置づけられていたから。また、「ああ、そうなのかと初めて気がついた」のは、裕福な廻船商人は、土地を持つ必要のまったくない人だったということに気がついたから。

毛頭ない　まったくない。用例 私は謝る気など毛頭ありません。

一四三ページ

襖《ふすま》の下張り文書　襖には、襖紙の下に補強するための紙が何層も貼り重ねられている。紙が貴重だった昔は、そこに反古《ほご》紙が使われた。これが「下張り文書」である。そもそも現在に伝わる古文書の多くは、残そうとして残った文書だが、下張りに使われた反古紙は、不要となった紙をリサイクルしたものなので、残らなかったかもしれない歴史を今に伝えていると言える。

苦しい生活を余儀無くされた　苦しい生活を送らなければならなくなった。

日本海を手広く商売し　山形県の酒田・福井県の小浜・石川県の輪島など、日本海を舞台に盛んに商売をし。

一四五ページ

二時間の悪戦苦闘、何回かの電話はほとんど徒労に終わってしまいました　廻船人である「百姓」が松前まで船を出したことを二時間も新聞記者に説明したのに、「百姓」を「農民」と書かれ、内容を間違って伝えるような見出しの記事が新聞に載り、努力が無駄になったしまったということ。「悪戦苦闘」は、不利な状態の中で、苦しみながら困難を克服するために戦うこと。「徒労に終わる」は、無駄な努力をすること。

デスクはやはりこれではわからないと判断したのだ　新聞社で記事を統括する人は、百姓が廻船人であるという事実が、一般の人には伝わらないと判断して、「農民も船商売に進出」という見出しを付けてしまったということ。結局、この場合の「百姓」は「農民」ではないので、間違ったことになる。

骨身にしみる 「骨身」は体の奥深いところ。「骨身にしみる」は、強調する表現。**用例** 宿題を早くやっておかなければならないことは、骨身にしみてわかった。

一四七ページ

この常識がまったく間違いであることは、事実そのものが明白に証明してくれました 「この常識」とは、「百姓は農民、水呑は貧農」という常識。「事実そのもの」とは、奥能登最大の都市、輪島でも「四・五反ぐらいしか土地を持たない百姓が二九%、水呑百姓が七一%もいる」という事実のこと。つまり、この事実から、百姓はすべて農民で、水呑というのは貧農をさすということが間違いだとわかったということ。

百姓を農民、水呑を貧農と思いこんだために、われわれはこれまで深刻な誤りをおかしてきた 百姓を農民、水呑を貧農と思いこんで歴史を見てきたが、そのことによって過去の社会構造について、大きな判断の誤りをしてきたということ。

❖発問の解説

（一四三ページ）

1 **「五十年賦」とはどのようなことか。**

解答例 「年賦」とは、負債を毎年一定額ずつ分割で支払い続けること。「五十年賦」とは、五十年にわたって払い続けるということ。「五十年賦」は長いので、その分毎年の支払額は減ることになる。

（一四四ページ）

2 **なぜ「記者たちはなかなか納得しない」のか。**

解答例 百姓は農民というイメージが根深く浸透していたから。

（一四七ページ）

3 **「土地を持つ必要のない人」とはどのような人びとか。**

解答例 土地で農作物を育てなくても、別の職業を持ち、生活をしていけるような人びと。

❖構成・要旨

〈構成〉

本文は、三段落に分けられる。

(1)（初め〜一四四・6）

町野川の河口の港で活動していた柴草屋という廻船商人がいたが、江戸時代前期の文書ではこの柴草屋が頭振に位置づけられていたことに気づいた。頭振というのは、いいかえれば水呑ということで、非常に豊かで土地を持つ必要のない人びとが、水呑に位置づけられていることがわかった。また、百姓円次郎の願書が襖の下張り文書の中から出てきた。この文書によると、円次郎の父親は、日本海で手広く商売している廻船人ということがわかつた。

(2)（一四四・7～一四六・3）

このことを新聞記者たちに説明したが、「百姓」が廻船人ということをなかなか納得してもらえないで、間違った記事を書かれてしまった。百姓は農民という根深い思いこみがあることを実感した。

(3)（一四六・4～終わり）

その後、豊かな「水呑」、非農業民の百姓を追究してみると、輪島や宇出津のような海辺の都市や、飯田、甲、波並のような都市的集落も、頭振の比率がきわめて高いことが統計的に確認できた。つまり、百姓は農民で、水呑は貧農という常識がまったく間違いであることが証明された。輪島の頭振（水呑）の中には、漆器職人、素麺職人、廻船人などが含まれていて、土地を持つ必要のない人がたくさんいたことが明白だ。百姓を農民、水呑を貧農と思いこんだために、われわれは深刻な誤りをしてきたことになる。

〈要旨〉

富裕な廻船商人が、江戸時代前期の文書では頭振（水呑）に位置づけられていたことに気づいた。また、百姓円次郎の願書から、円次郎の父親は、日本海で手広く商売している廻船人ということがわかった。このことを新聞記者たちに説明したが、間違った記事を書かれてしまった。百姓は農民という根深い思いこみがあることを実感した。豊かな「水呑」、非農業民の百姓を追究してみると、百姓は農民で、水呑は貧農という常識がまったく間違いであることが証明された。頭振（水呑）の中に土地を持つ必要のない人がたくさんいたことが明白になった。百姓を農民、水呑を貧農と思いこんだために、われわれは深刻な誤りをしてきたことになる。

❖構成・読解・言語活動の解説

〈構成〉

1　本文を三つの意味段落に分け、それぞれの論旨を簡潔にまとめなさい。

解説　「構成・要旨」参照。

〈読解〉

1　「百姓を農民、水呑を貧農と思いこんだために、われわれはこれまで深刻な誤りをおかしてきたことになります」（一四七・10）とあるが、筆者は、そうした思いこみの原因を直接的には何にあると考えているか。本文全体を踏まえて説明しなさい。

解答例　江戸時代の年貢に関わる文書など、公に書かれた文書の内容をそのまま信じ込んで、そこから社会の仕組みを判断し、わかったように思っていたから。また、襖の下張り文書などの、家内文書まで丹念に調べることをしてこなかったことに原因があると考えている。また、ことばに対する固定観念に左右され、現実を解釈したことも原因だと考えている。

2　「せめて『『百姓』も船商売』と書いてくれればよかった」

（一四五・11）とあるが、なぜ「せめて」そのような見出しであればよかったと筆者は考えたのか、説明しなさい。

解答例　新聞に載った見出しは「農民も船商売に進出」だった。円次郎の父親の職業は廻船人だったので、これではまったく間違っている。一方、「『百姓』も船商売」であれば、一応「百姓」と位置づけられた円次郎の父親について誤りではない。けれども、本来の廻船人の仕事をしているのに「『百姓』も」と書かれると、誤解を与えてしまう。だから、完全に正しいとも言えないが、「せめて」こちらの方が良かったという意味をこめて、筆者このように書いている。

3　どのような調査においても、特定の統計や資料だけから判断すると誤った結論につながってしまうことがある。「事実」に対してどのような態度を持つことが必要か、本文を踏まえてまとめなさい。

解説　別の見方をしている資料も含めて、多くの資料にあたり、違う立場からの意見も聞きながら判断することが必要である。本文では、石高を記した公の文書と、襖の下張り文書との両方にあたった結果、それまでの思いこみに気がつくことができた。

〈言語活動〉

1　なぜ「新聞記者」（一四四・7）たちは事実とは少し異なる記事を出してしまったのか。取材する側の立場になって、その理由を考えてみよう。

解説　一つ目には、百姓は農民という根深い思いこみがあったこと。二つ目には、「百姓」ということばはマスメディアではそのまま使えない、一種の差別語の扱いとされていること。三つ目には、百姓が廻船人であるという事実が、一般の人には伝わらないと判断して、わかりやすいように書きかえてしまったことなどが考えられる。

2　思いこみが多くの人々を誤った認識に駆り立ててしまった具体例について調べ、その内容を発表してみよう。

解説　近年の歴史を見ても、物が不足するという噂から、人々が商品を買いあさって、商品がなくなったり、銀行が潰れそうだという噂が流れて、取り付け騒ぎに発展したり、自国の発表だけを信じて、戦況を見誤ったりする例はいくらでもある。そのほか、身近な例から探してみよう。

第6章　世界を視る位置

ファンタジー・ワールドの誕生

今《いま》福《ふく》龍太《りゅうた》

❖学習の視点

1　用語の意味をしっかり捉えて読む。
2　未開、文明という概念について考える。
3　植民地支配が現代にどのような問題や影響を残しているかを考える。
4　現代の観光旅行について筆者が述べていることを読み取る。

❖筆者解説

今福龍太（いまふく・りゅうた）　文化人類学者。一九五五（昭和三〇）年、東京都の生まれ。東京大学法学部卒業。テキサス大学人類学科大学院博士課程単位取得。メキシコ、キューバなど中南米諸国をはじめ、アフリカ、ヨーロッパなど世界各地でフィールドワークを実践する。東京外語大学教授。中南米の映画に詳しく、映画評論も手がけている。著書に『荒野のロマネスク』『感覚の天使たちへ』など。

❖出典解説

この文章は、『クレオール主義　新版』（二〇〇一年・青土社）に収められており、本文は同書によった。

❖語句・表現の解説

一五〇ページ

ファンタジー・ワールド　この作品の題名で、文中では教科書にとられていない後半の部分に出てくる語。近代が失ってしまった何かが「未開」と言われる世界に残っているのではないかと考え、その中でいやされることを願う西欧人の想像力が生み出した幻想世界、といった意味。

とある　ある。場所、建物などについてちょうどさしかかったある家、ある場所、というニュアンスを与える連体詞。
場違いな　その場所に似合わない。
Melanesian Explorer　英語で、メラネシアの探検者。エア・コンディショナーをきかせた豪華なクルーザーでの「奥地の旅」は、旅行会社が周到に企画したもので冒険・探検からはほど遠いが、Explorer の名前は、乗船する観光客たちが少年の日に胸をときめかせて読んだジャングル探検の物語を思い出させ、疑似探検旅行に出かける気分を演出してくれる。十九世紀から二十世紀にかけては奥地の探検がさかんに行われ、ジャングルで未開人に出会うなどの内容を盛り込んだ少年・少女向けの物語はその後長く読まれた。
一概に　おしなべて。みな同じに。
年配者　多くは退職後の余裕のある年金生活を楽しむ人たちであろう。
あしもとのおぼつかない　老齢のため歩行に不安がある。「おぼつかない」は「はっきりしない」「不安だ」の意味。
夢にまで見た「食人族ツアー」　「食人族」は、宗教儀式などで食人の慣習（カニバリズム）を持つ種族。食人は歴史的に見れば世界各地にあったとされるが、ニューギニアの奥地では部族によっては比較的最近までこの習俗を残していたので、興味本位もあってニューギニアと言えば食人族が話題にされることがあった。しかし「食人族」とか「人食い人種」という語は多くの場合、未知の民族を野蛮人と見なして呼んだもので誇張や誤りが多い。実際、人類学の調査などにおいても調査の対象となる人々が、自分たちではなく敵対する集団の習俗だと語るのを記録している場合も多いのである。「夢にまで見た「食人族ツアー」」とは、探検物語に出てくるような旅に、まさか自分が行けるとは思わなかったという気持ちがある。ニューギニアは二十世紀前半まで残された世界の最後の秘境とされていたために、現在ではこのような「未開」をテーマにしたさまざまなツアーが催されている。
魅惑的　人をひきつけ、惑わす魅力があること。
文字どおり　その言葉の意味どおりに。次に述べることにまったく誇張がないことをいう表現。
西洋的な生活スタイルをまったく知らない　実際この地方では、石器時代さながらの暮らしが比較的近年まで残っていた。

一五一ページ

儀礼　宗教や文化における、決まった形のある行動。
精巧　細工などがたくみで、正確なこと。
天性の腕を持った芸術家　セピック川流域の部族は、すぐれた工芸品を作ることで有名である。
……の手になる　……が作った。
みごとな儀礼用仮面や、堂々たる神の彫像　本来そのようなものを観光客が土産物として買うことができるはずはない。この地域がかなり観光地として開けていることが、ここからもうかがえる。

未開人たちが生きる本当の世界　前項からもわかるように、この人たちは未開人ではないので、実際には、古い伝統を色濃く残した人々の土地、といったところである。

キャメラ　カメラ。特に映画撮影用のものを、後出の一般のカメラ＝写真機と区別している。

「プリミティヴ」　かっこの使用は本当に原始的、未開なのではないから。

関係を打ち立てる　どういう関係なのかをはっきりさせ、かかわり方を確立する。

一五二ページ

一種のシンパシーすら込めながら　観光客たちの気持ちにもなりながら。前ページに「キャメラのいくらか皮肉な目」とあり、オルークはこのツアーに対して基本的には批判的な視線を持っているのだが、外側から単純に批判するのではなく、観光客たちへの感情移入もなされているのだ。

いわくありげな　見るからに普通でない、特別な感じがする。

成人儀礼　成人になったことをその社会が認める儀式。苦痛や恐怖を経験することで「大人である」と認められるものも多くあり、高所からゴムひもを付けて飛び降りる遊びの「バンジー・ジャンプ」なども、起源は南太平洋の成人儀礼だと言われる。

無垢《むく》　けがれない様子。

表情をたたえる　顔いっぱいにその表情を表す。

ファインダー　finder［英語］写真機で、写る範囲を見定めるための装置やのぞきレンズ。

西欧人　西洋人。

社会的断絶　社会的に何の関係もないということ。社会とは人間の集まりであるから、人間対人間のかかわりが一切ないこと。

構図　構成された図形。比喩《ひゆ》的に使われ、物事全体の姿、形。全体の関係を見て取れるようなことがら。類 図式。見取り図。

脱文脈化され（る）　文脈からはずされる。すぐ前の「周囲のいかなる社会的・文化的・政治的コンテクストからも切り離されてしまう」と同じ意味。「文脈」は「コンテクスト」の訳語で、「コンテクスト」には前後関係、状況、物事の背景や事情といった意味がある。観光客は「無色透明なアイテム」（後出）としての写真を撮ることになる。

一五三ページ

スナップ写真　写されるためにモデルがポーズをとったりするのではなく、何かの瞬間をすばやくとらえて撮った写真。用例 遠足のスナップ写真。

いともたやすく　とても簡単に。

観光客自身の固有の「物語」のなかに組み込まれてゆくための無色透明なアイテム　楽しかった旅行の記念品、証拠品として、国へ持ち帰って旅を思い出したり、人に語って聞かせる際の小道具。それ自体は脱文脈化されていて、観光客が自分で脚色できるので無色透明であると言える。

防御　攻撃を止めること。

文化的コード　その文化の中で了解されているいろいろな決まり事など。コードは規定集、慣例、暗号などの意味。
孤独で居心地の悪い状況　「土地のあらゆる文化的コードから孤立」していて、目の前で繰り広げられている現地の事物の意味がガイドブックの記述以上にはわからない、まったくの「よそ者」であるという、観光客たちの状況。
原住民との直接的な身体的接触への恐怖　観光客たちは前項のような状況で、原住民の話すことも、することも、考えていることもまったくわからないので不安である。原住民が本当の「未開人」とは思わないまでも、自分たちとは断絶した理解不能な人々であり、直接に目があったり接触したりしたとき、どうすればいいのかわからないという恐怖を覚えている。
回避　避けること。
なんの当惑も畏《おそ》れもなく　思う存分。「当惑」は、どのようにすればよいかわからず、決断に迷うこと。
恒常的に　いつも。つねに。「恒常的」は、常に決まっていて変化のないこと。
言い値　売り手の言うとおりの値段。
行動に出る　行動をする。行動を見せる。
可変的な取り引き　売り手と買い手のやりとりによって値段の変わる取り引き。
商行為の末端部分において売り手と買い手のあいだに伝統的に成立していた柔軟性を持ったさまざまな言語的・身体的コミュニケーション　かつて現在の先進国においても普通に見られた、店先で商人と客が交わす値段の交渉などのコミュニケーション。
拘束　自由に活動できないように、強制的に制約すること。

一五四ページ

文化経済学的な立場の逆説性　文化的にも経済的にも、圧倒的に優位にある金持ちの観光客が、値段を安くしてもらおうとすることの逆説性。
文化的「差異」の感覚は、そのまま為替レートという仕組みをつうじて、経済的「差異」の感覚にあっさり読みかえられている　「西欧の文化は高く、ニューギニアの文化は驚くほど低い」という感覚が、そのまま「現地での買い物はドル（あるいはマルク、フラン、円）に換算して驚くほど安くなければいけない」という感覚につながっている。現地人がいつまでも貧しい状態であり続けることを無意識のうちに当然視していることは見逃せない。
措定　客観的に存在するものであると決めること。
買いたたく　ひどく値切って買う。
手製の民芸品を観光客に売った代金を持って、食料や家族の衣類などを現地のストアに買いにゆくのだが　この人たちは西欧人が持ち込んだ経済システムに取り込まれ、すでにそのシステムを活用しているといえる。
執拗《しつよう》　しつこいこと。用例 執拗につきまとう。

一五五ページ

素朴　飾らず、純粋な魅力をもつような、原初的豊かさが感じられる様子。

「植民地主義」と「土着性」をめぐる文化の政治経済学に関する真実　形の上での植民地支配が終わっても、西欧人が政治的にも経済的にも優位に立ち続け、土着の人々は当然のように土地に縛り付けられたまま貧しい境遇に固定され続ける、支配・被支配に似た関係が今も存在すると言うこと。

過剰　程度が超えている様子。

即物的　物事をあるがままにとらえる様。

プリミティヴィズム　教科書脚注参照。原始的なものへの憧れ。「未開文化」には自分たちが失ってしまったものがあるのではないか、との思いがある。

押し出す　プリミティヴィズム（原始文化が価値あるものとする考え方）によって、人々が「観光旅行」へと押しかけることを言っている。

権力のシステムの一部を担っている　支配・被支配のシステムの一部として機能している。

一五六ページ

「未開文化」とは、まさにそれを破壊・変容させた張本人である植民地主義の想像力がうみだした、一種のノスタルジックな憧憬の対象であった。　かつての未開文化は他ならぬ植民地主義によって損なわれてしまったのだが、植民地主義を担った西欧人にプリミティヴィズムという性向があったために、彼らにとって失いたくない郷愁に満ちた存在となった。それを現代に再現しようとして作られた世界が、タイトルになっている「ファンタジー・ワールド」である。

憧憬《しょうけい》　あこがれ。読み方は「しょうけい」または「どうけい」。

人類学　人類およびその起源や特質を研究する学問。人類の生物としての面を研究する形質（自然）人類学と、文化、社会構造の面から研究する文化人類学に大別される。ここでは文化人類学のこと。文化人類学には先史考古学、民族学、社会人類学、言語人類学、心理人類学といったさまざまな分野を含む。なお、学問分野の呼び方は、各国の研究の伝統により一様でなく、上記のような分類はアメリカのものである。ヨーロッパでは人類学は主として人類の身体や形質に関する学問で、文化面を扱うものはドイツなどでは民族学、イギリスなどでは社会人類学と呼ばれる。文化人類学、民族学、社会人類学の三者は相違点もあるが、研究対象、方法など共通する部分も大きい。

民族誌　民族の持つ文化を記述する学問。未開社会、村落社会など特定の集団を現地調査により研究する。その記録は文化人類学などの資料となる。民族誌学。エスノグラフィー。

記述の対象に仕立てあげる　記述の対象にする。次行に「シミュラクル空間となりかけた『未開文化』」とあるが、植民地支配によって破壊・変容させられた「未開文化」はもはや人類学や民族誌の本来の「科学的・客観的な記述の対象」ではなかった。

「仕立て上げる」は単に「する」と言うより、このような「本来そうでないものを、そうであるように無理やりこしらえる」というニュアンスを込めて使われる。

この概念の延命　破壊・変容させられたものを、概念として存在し続けさせること。いまでも「未開文化」が存在するかのように思わせること。

延命を計る　何かの手段を使って、命を延ばすこと。用例 政府は、補助金を配ることによって、政権の延命を計った。

実践　自分で行動してやってみること。

シミュラクル空間　現実には存在しない、幻の空間。教科書脚注参照。「なりかけた」とあるので、完全に失われたわけではなく、破壊・変容を受けた姿で残ってはいる。

ナイーヴ　naive［英語］「素朴な」「純真な」と並んで、（世慣れていない者のように）「愚直な」「世間知らずの」などの意味がある。現在ある文化を「未開文化」として記述することは、洗練された感覚を持った文化人類学者には、もうできない。

観光　漢語ではもともと他国の文物や制度の視察という意味だったが、他国、他郷を訪れて景色や風物を見て歩くことの意味で使われるようになった。明治時代には土地の文化を視察する旅などを指し、「物見遊山《ものみゆさん》」「漫遊」といった語よりは格調の高い語感を持っていた。明治の後半から大正時代にかけて英語のツーリズム（tourism）の訳語として定着してから、現在のようによく使われるようになった。ただしツーリズムには見物・レジャー目的以外の商用旅行なども含まれる。ここでの「観光」は、観光旅行と旅行業、ホテル業などそれを支えるいわゆる観光産業を含めた、大きなシステムのこと。

拠点　行動するための足場となる所。

存在しない「未開文化」は、いまや観光客のために新たに、そして独占的に創りだされているというわけなのだ　『カンニバル・ツアーズ』に描かれたような観光について、端的に言い表している一文。

変遷　段階を経て、変わっていくこと。

透視　中身を透かしてみること。見通すこと。

帝国主義的な想像力　帝国主義の考えで、世界がそうあるべきだと思うこと。

ディスクール　さまざまに論じられてきたこと。英語の「ディスコース（discourse）」も同じように使われる。

「人類学」と「観光」はちょうど……一卵性双生児でもあったのである。　植民地主義という西欧世界の精神がその権力を空間的に拡大し「未開文化」を支配したが、植民地支配の終了後は人類学が、引き続いて現在は観光がその精神を引き継ぎ、「未開文化」を存続させるためのそっくりな機能をはたしている。

一五七ページ

微視的　小さな範囲のものを見る様子。微細に観察する様子。対 巨視的。

えたいの知れない未知のもの　事前に情報が知らされていないも

の。本物の「探検」ならばそのようなものに遭遇することになるだろう。

地勢　起伏の様子、山や川などがどのようにあるかといった土地の状態。

風土　（住民の暮らしや気質を生む環境としての）その土地の気候、水質、地質、地形などの総合的な状態。

あらゆるメディアの情報　テレビ、映画、雑誌などさまざまな媒体がもたらす情報。

想像力のなかに書き込まれてしまっている　知識としてイメージが作られてしまっている。いわば、「予習済み」である。

❖発問の解説

1（一五二ページ）**「二種類の行動」とは何か。**

解答例　写真を撮ることと買い物をすること。

2（一五三ページ）**「防御」とあるが、何から防御するのか。**

解答例　孤独で居心地の悪い状況がひきおこす原住民との直接的な身体的接触からの防御。

3（一五四ページ）**「印象的な行動」とは何をさすか。**

解答例　観光客たちが現地の民芸品を買いたたくという行動。

4（一五六ページ）**「この概念の延命を計」るとはどのようなことか。**

解答例　「未開文化」という、想像力の産物でしかない概念を生き続けるようにしてきたこと。

5（一五七ページ）**「そうした発見」とあるが、何を発見するのか。**

解答例　出発する前にすでにつくりあげられている安定した「差異」を証明するもの。

❖構成・要旨

〈構成〉

デニス・オルークの映像作品「カンニバル・ツアーズ」を紹介し、その中で観光客が見せる写真撮影、買い物という行為から、西欧世界が植民地主義、人類学、観光と受け継いできた「未開社会」のとらえ方について考察し、最後に現代の観光についての筆者の考えを述べている。

(1)（初め～一五一・10）夢にまで見た「食人族ツアー」が始まる。

(2)（一五一・11～一五三・9）観光客がひたすら写真を撮りまくるのはなぜか。

(3)（一五三・10～一五五・10）観光客が土産物を買いたたくのはなぜか。

(4)（一五五・11～終わり）「植民地主義」が今もなお「未開社会」を創りだし支配する、権力システムと観光旅行の関係。

そして現代の観光旅行の特色。

(1)～(3)を一段落とし、二段落構成と考えることもできる。

〈要旨〉

デニス・オルークの「カンニバル・ツアーズ」には底抜けに明るい表情をした年配の西欧人観光客たちの「食人族ツアー」の一部始終が描かれている。彼らは旅行の間中写真を撮りまくるが、そうして撮られたスナップ写真は被写体を現地の社会的・文化的・政治的文脈から切り離した、無色透明のアイテムである。そして写真機は土地のあらゆる文化的コードから孤立した彼らが、原住民との直接的な身体的接触を回避する防衛の道具になっている。また、彼らは現地の民芸品を執拗に値切って買うが、それは西欧と現地との間にある文化的＝経済的「落差」の大きさを確認しているのである。植民地支配が終わった現在でも植民地主義による形を変えた支配は続いているのだ。

西欧人にとって「未開文化」は植民地主義が生み出したノスタルジックな憧憬の対象であり、それは植民地主義から人類学へ、そして現実の「未開文化」が失われてしまった現代においては観光へと、その担い手を変えて存在を続けさせられているという構図が読みとれる。

また、オルークの作品をもう少し微視的に見れば、現代の観光はメディアの情報によって出発前に作り上げられた「差異」の感覚を確認する旅であり、写真や民芸品はそのための記録、証拠品であることがわかる。

❖構成・読解・言語活動の解説

〈構成〉

1 「写真撮影」（一五二・14）と「買い物」（一五三・10）はそれぞれどのようなことを示しているか、説明しなさい。

解答例 「写真撮影」は、写真のフレームによって切り取られた風景や人々が、周囲のいかなる社会的・文化的・政治的コンテクストからも切り離されて、脱文脈化され、観光客の固有の「物語」のなかに組み込まれる無色透明なアイテムに変貌する。また、写真機という道具自体が、観光客の原住民との直接的な身体的接触を回避し、防御するという手段になる。

「買い物」は、西欧とニューギニアのあいだに横たわる文化的「差異」の感覚を、経済的「差異」の感覚に読みかえられることを示す。

解説 「買い物」について、西欧とニューギニアとの間の文化的「差異」の感覚を、経済的な「差異」の感覚に読みかえているとある。これは、前者は「ニューギニアの文化は西欧に比べてものすごく程度が低いと感じること」で、後者は「ニューギニアの経済力は西洋に比べてものすごく弱いので、現地での買い物は西欧の通貨に換算してものすごく安くなければならないと感じること」と言いかえることができる。

2 次の三つの点において「未開文化」は、それぞれどのようなものか、説明しなさい。

ⓐ植民地主義　ⓑ人類学　ⓒ観光

解答例　ⓐ「植民地主義」は、「未開文化」を破壊・変容させた張本人であるが、その「植民地主義」の想像力がうみだした一種のノスタルジックな憧憬の対象が「未開文化」である。

ⓑ「人類学」は、科学的・客観的な記述の対象に仕立てあげることで、「未開文化」という概念の延命を許ってきた。

ⓒ「観光」は、人類学に代わって、この「未開文化」の世界を一種の憧憬をもって見つめるための最後の拠点となった。そのため、永久に「未開文化」を想像しつづけることを運命づけられてしまった。

3　筆者は現代の「観光旅行」をどのようなものと捉えているか、二点に分けて整理しなさい。

解答例　一点目…植民地主義を起点にして、人類学、観光というかたちで受け継がれてきた、「プリミティブ」な世界を一種の憧憬をもって見つめるための最後の拠点であり、永久に「プリミティブ」を創造しつづけることを運命づけられてしまったもの。

二点目…出発前にすでにつくりあげられている安定した「差異」の感覚を現地での観察や体験のための指標としながら、その「差異」を証明するさまざまな記録や証拠を発見し、持ち帰るもの。

〈読解〉

1　「脱文脈化されたスナップ写真は、……変貌することになる。」（一五二・17）とはどのようなことか、説明しなさい。

解説　「語句・表現の解説」の「脱文脈化される」の項、参照。「写真のフレームによって切り取られたこの土地の風景や人々が……切り離されてしまう」（一五二・15）ところから、脱文脈化されるのだ。

2　「現代の『文明人』が置かれた文化経済学的な立場の逆説性」（一五四・3）とはどのようなことか、説明しなさい。

解説　「語句・表現の解説」の「文化経済学的な立場の逆説性」の項、参照。

3　「『植民地主義』と『土着性』をめぐる文化の政治経済学に関する真実」（一五五・7）とはどのようなことか、説明しなさい。

解説　「語句・表現の解説」の「『植民地主義』と『土着性』をめぐる…」の項、参照。

4　「観光旅行」はどのように「権力のシステムの一部を担っている」（一五五・15）のか、説明しなさい。

解答例　西欧の植民地主義による支配が終わった後も、文化的「差異」の感覚を経済的「差異」に読みかえて、支配・被支配のシステムが維持されていることを確認する機能を担っている。

5　「観光は永久に『プリミティブ』を創造しつづけることを運命づけられ」（一五六・9）たとはどのようなことか、説明しなさい。

解答例　実際にはすでに存在しない「未開文化」を、観光客の欲求に応じるために、あたかも存在するかのように創造し、演出しつづけなければならなくなったこと。

〈言語活動〉

1　自分たちの旅行経験を、筆者の言う現代の「観光」のあり方の観点から振り返り、気付いたことを話し合ってみよう。

解説　現代の私たちの観光旅行は、グローバル化された世界では、植民地主義的な視点から現地の人々を判断するということは薄まっている。国内旅行では、もちろんそのような視点はない。逆に、日本円の価値が落ちた時は、他国から来た観光客が、日本の物を安く買うという現象も起きている。

一方、「彼らは、出発する前にすでにつくりあげられている安定した『差異』の感覚を現地での観察や体験のための指標と」（一五七・7）するということは、現代の観光でも起こっていることだろう。これについても考えてみよう。

生物の作る環境

日《ひ》髙《だか》敏《とし》隆《たか》

❖学習の視点

1　ユクスキュルの考える「環世界」とはどのようなものかを読み取る。

2　私たち人間が認識する客観的な環境と、主体となる動物がそれぞれ認識する「環世界」とが異なっていることを理解する。

3　動物が、それぞれ特有の「環世界」を持って主体的に行動しているという観点を持って、人間と環境との関係を捉え直す。

❖筆者解説

日高敏隆（ひだか・としたか）　動物行動学者。一九三〇（昭和五）～二〇〇九（平成二一）年、東京都の生まれ。東京大学理学部動物学科卒。チョウなど昆虫の生理的研究に取り組み、のちに動物行動学を取り入れた研究を行う。コンラート・ローレンツなどの著作の翻訳を通し、日本に動物行動学を紹介した。著書に『春の数えかた』（新潮文庫）、『人間はどういう動物か』（ちくま学芸文庫）、『チョウはなぜ飛ぶか』（岩波書店）などがある。

❖出典解説

この文章は『動物と人間の世界認識――イリュージョンなしに世界は見えない』（二〇〇三年・筑摩書房）に収められており、本文はその文庫版によった。

❖語句・表現の解説

一五九ページ

環境　あるものを取り囲み、相互に影響を及ぼし合う周囲の状況や世界。

自然科学　自然界の色々な現象を研究し、普遍的な法則を見つけ出そうとする学問の総称。物理学・科学・動物学・植物学・天文学などがある。対人文科学・社会科学。

客観的　個人の主観とは無関係に存在しているさま。対主観的。

オーソドックスな環境の定義であった　「定義」は、物事の意味や内容を、言葉ではっきりと決めること。前の部分に書かれている「『自然科学的』な認識」が、最も正しいとされる「環境」の意味であった、ということ。

一六〇ページ

即座　すぐ、その場。［用例］雨が上がったら即座に出発しよう。
光感覚　光の刺激に対する感覚。光の強弱を認識する感覚のこと。
獲物の信号となる　「信号」とは、何らかの符号を使って離れている相手に合図を送ること。また、その合図。ここでは「酪酸の匂い」が、ダニに「獲物（食物となる哺乳類）」が下にいることを伝える合図になっていること。
一連のプロセス　「プロセス」は、手順や過程という意味。ダニが灌木の枝に登り、通りかかった哺乳類の体にとりついて血液を吸い、子孫を残すというひと続きの過程のこと。
生理学　生物の身体の働きを研究する、自然科学の一分野。
反射行動　人間や動物がある刺激を受けたとき、意識とは関わりなく神経の働きで筋肉などの活動が起こること。

一六一ページ

刺激　生きている体に作用して何らかの反応を起こさせること、また、反応が起きる原因となるもの。通常、外的条件の変化がそれに対応する感覚器官でとらえられて刺激となる。例えば光刺激は目の網膜にある細胞、音刺激は内耳の細胞、匂いの刺激は鼻粘膜の細胞でとらえられる。
主体　自分の意志を持ってほかのものに対して働きかけるもの。それ自体の意志で存在・行動するもの。［対］客体。
知覚　見る・聞く・触れるなど感覚器官を通して外部のものを意識し識別すること。また、その働き。
ダニはそれぞれの信号に対してそれを意味のある知覚信号として認知し、それに対し主体として反応する　例えば「酪酸の匂い」という信号をとらえたとき、ダニは「獲物となる哺乳類が下にいる」という意味のある信号だと識別し、その獲物にとりつくという意志を持って即座に落下するという反応をしている。
巨大な環境　前の段落に述べられている空気・光・温度・匂い・音など、非常に多くの刺激に満ちている環境のこと。

一六二ページ

ダニにとってのみすぼらしい世界　ダニを取り囲む環境には多くの刺激があるが、その中でダニが「意味のある知覚信号として認知」（一六一・5）するのは三つの刺激だけである。その微小さが、「巨大な環境」と対比して述べられている。

ダニの世界のこのみすぼらしさこそ、ダニの行動の確実さを約束する　ダニが必要な三つの刺激だけに反応することで、確実に食物にありつき、子孫を残すことが実現できる、ということ。

意味のあるものの組み合わせによって、自分たちの世界を構築している　ダニの場合、酪酸の匂いと体温、皮膚の接触刺激という三つが「意味のあるもの」。ここに出てくる「自分たちの世界」は、「環世界」（一六五・5）のことである。

一六三ページ

こうこうと輝く　まばゆいばかりに明るく光る。
関心　気にかけること。ある物事に特に心をひかれ、注意を払うこと。類 興味。用例 音楽に関心を持つ。

一六四ページ

一様に 状態や性質などがいずれも同じであるさま。類 同様に。対 多様に。用例 全員一様に疲れた顔をしていた。

一六五ページ

厳然と 厳かでいかめしいさま。動かしがたいさま。ここでは、部屋そのものは動かしがたくここにある、という意味。

❖発問の解説

（一六一ページ）

1 「機械」と「機関士」の違いとはどのようなことか。

解答例 「機械」は、動力を受けて目的に応じた一定の運動・仕事をする仕掛けのことで、「機関士」は、機械を動かす人のこと。ある動きをするときに、機械は意思をもたずに動くが、機関士は意思をもって主体的に動く、という違いがある。

（一六二ページ）

2 「ダニの行動の確実さを約束する」とはどのようなことか。

解答例 ダニは生きていくのに必要な三つのものだけを認識し、それ以外のものを認識しないので、その認識にもとづく行動は確実なものになるということ。

（一六四ページ）

3 「人間の見る部屋とぜんぜん違う」とあるが、その違いは何によるものか。

解答例 イヌにとって関心があるものは、食べ物・飲み物・人間が座るであろうものだけであり、それ以外はないに等しいものであること。

❖構成・要旨

〈構成〉

この文章は二つの意味段落に分かれる。

(1)（初め〜一六二・8）…ダニの話について

環境は客観的に存在し記述できるもの、という従来の認識に対し、ユクスキュルはダニの話を例にとって異議を唱えた。ダニは光などの信号を意味のある知覚信号として認知し、それに主体として反応していると考えたユクスキュルは、巨大な環境の中で、機関士としてのダニにとって意味を持つのは匂い、体温、皮膚の接触刺激だけであり、この三つのものだけでダニのみすぼらしい世界が構成されているとした。主体となる動物は、環境の中から自分にとって意味のあるものを認識し、その組み合わせにより自分たちの世界を構築しているのだ。

(2)（一六二・9〜終わり）…応接間のような部屋の絵について

応接間のような絵を人間が見たとき、そこにはテーブル、食べ物、電灯、本棚、椅子など多くのものがある。しかし、同じ部屋をイヌが見ると、関心があるのは食べ物と飲み物、人間が座る椅子だけで、他はないに等しい。ハエから見ると、関心があるのは食べ物と飲み物、照っている電灯だけであり、他は存在していないに等しい。このように人間に見えるいろいろなものも、イヌ・ハエに全部は見えない。動物が生きているのは意味のない客観的な環境ではなく、彼らの環境世界の中である。

⑴を三つ、⑵を二つに分け、五段落と考えることもできる。

〈要旨〉

ユクスキュルは、環境を客観的で記述可能なものとする従来の認識に意義を唱え、主体となる動物は環境の中で自分にとって意味のあるものを認識し、その組み合わせによって自分たちの世界を構築している、と考えた。同じ部屋であっても人間の見る「客観的」な部屋とイヌ・ハエに見える部屋は異なる。動物が生きているのは、彼らの環世界の中である。

❖構成・読解・言語活動の解説

〈構成〉

1 「ダニの話」（一六〇・2）を用いてユクスキュルはどのようなことを伝えようとしているのか。説明しなさい。

解説　「ダニの話」について述べられている第一段落の終わりに、「つまり」（一六二・6）と、それまでに例を挙げて説明したことがまとめられている。「動物は環境の中から自分にとって意味のあるものを認識し、その組み合わせによって自分たちの世界を構築している」という内容が答えになる。

2 「応接間のような部屋の絵」（一六二・10）を用いてユクスキュルはどのようなことを示しているのか、説明しなさい。

解説　「応接間のような部屋の絵」について述べられている第二段落でも、例を挙げて説明したことを最後にまとめている。「動物が生きているのは、意味のない客観的な環境ではなく、彼らが関心のあるもので構築された環世界である」という内容が答えになる。

〈読解〉

1 「オーソドックスな環境の定義」（一五九・11）の特徴を説明しなさい。

解答例　「環境」を、客観的に存在するもので全て記述できるもの、と捉えている。

2 「機関士としてのダニ」（一六一・10）とあるが、ダニを「機械」ではなく「機関士」と捉える理由を説明しなさい。

解答例　ダニは、光、匂い、温度、接触などの信号を意味のある知覚信号として認知し、それに主体として反応した結果、食物を得て子孫を残しているから。

3 「ダニの世界のこのみすぼらしさ」（一六二・3）とあるが、「みすぼらしさ」という表現に込められた意味合いを説明しなさい。

解答例　客観的に見れば、ダニの環境には空気や植物、虫、トリなど多くのものが存在している。その巨大な環境で、ダニにとって意味を持つものは哺乳類の体から発する匂い・体温・接触刺激の三つに限定されている。「みすぼらしさ」には、巨大で豊かな客観的環境に対し、ダニの主観的な環境がごくわずかなもので構築されている、という意味が込められている。

4 「意味のない客観的な環境」（一六五・6）とはどのようなものか、説明しなさい。

解答例 人間が客観的に認識しており、これが環境だと思っているもの。イヌやハエなどの動物にとってその全部は見えず、大半は意味のないもの（存在していないに等しいもの）である。

〈言語活動〉

1 「環世界」は環境を主観的に捉える見方だが、通常の客観的な環境の捉え方と比較して、その特徴と意義をまとめてみよう。

解答例 「通常の客観的な環境」が、主体とは無関係に成立しているものであるのに対し、「環世界」は、主体となる動物が自分にとって意味のあるものを認識し、その組み合わせで構築されるものである。よって、動物ごとに特有の「環世界」が存在するという特徴がある。「環世界」を捉えることによって、同じ環境であっても、人間に見える世界と「イヌにとっての環世界」「ハエにとっての環世界」とが異なることが明らかになった。「環世界」という見方の意義は、これまで「通常の客観的な環境」の捉え方が、実は極めて人間中心的な見方であったことを明らかにし、それを廃した点にあると考える。

2 筆者の本を読んで、そこで論じられている自然や生物に関する考え方を紹介し合ってみよう。

解説 「ダニの話」や「応接間のような部屋の絵」については、ユクスキュルの『生物から見た世界』（日高敏隆・羽田節子訳 岩波文庫）で扱われている。日高敏隆には多くの著作があるが、『春の数えかた』（新潮文庫）、『人間はどういう動物か』（ちくま学芸文庫）などのエッセイが読みやすい。

貧困は自己責任なのか

湯《ゆ》浅《あさ》誠《まこと》

❖学習の視点

1　アマルティア・センの述べる「基本的な潜在能力」や、筆者の述べる〝溜《た》め〟という用語の意味を理解する。

2　表題の「貧困は自己責任なのか」という問いかけは、どのように説明され、結論づけられているのかを読み取る。

3　現代社会は貧困のほかにどんな問題を抱えているのかを調べてみよう。

❖筆者解説

湯浅誠（ゆあさ・まこと）　政治学者、社会活動家。一九六九（昭和四四）年、東京都の生まれ。東京大学法学部卒業。東京大学大学院法学政治学研究科博士課程単位取得退学。一九九五年からホームレスの支援活動を始めた。その後、「自立生活サポートセンター」、「反貧困ネットワーク」、「年越し派遣村」などの活動に参加、または主宰をする。著書に『ヒーローを待っていても世界は変わらない』、『反貧困』、『どんとこい、貧困』、『なぜ「活動家」と名乗るのか——岩盤を穿《うが》つ』など。

❖出典解説

この文章は『反貧困——「すべり台社会」からの脱出』（二〇〇八年・岩波書店）に収められ、本文は同書によった。

❖語句・表現の解説

一六七ページ

選択できる自由　「その所得によって望ましい状態を得られる方途」（一六八・7）と説明されている。

所得　一定期間に得た収入や利益のこと。賃金や事業によるもの、利子などいろいろな種類がある。

潜在　表面に出ないで内にひそんで存在すること。対 顕在。

唯一　ただ一つで、他にないこと。

欠如　あるべき事柄が欠けていて足りないこと。用例 彼の意見には問題意識が欠如している。

概念　事物の本質をとらえる思考形式。個々に共通する性質を取り出して得られた普遍的な表象。言語によって表され、内包（意味内容）と外延（適用範囲）とからなる。また、あるものについての大まかな理解やイメージのこと。［用例］既成の概念にはとらわれない。

一六八ページ

機能に変換する　所得をもって機能を獲得すること。「機能」は、「十分に栄養をとる」「衣料や住居が満たされている」という生活状態であると前述されている。

困難　ここでは、腎臓障害のために、食物制限などをしなければならず、「十分に栄養をとる」ことの困難性などが考えられ、そのために余分な対策を講じる必要がある。

貧困を所得だけで定義する　その人が貧困であるかどうかを、その人の所得額だけで決める。

個人の身体的な特徴　ここでは、その人が健康であるか、病気の状態であるかなどのこと。

社会環境　人間の社会生活のあり方を規定し、方向づける環境。主に①その社会の多数の成員が共有するもの（国民性など）、②共通の文化や規範など、③社会制度や伝統など、が挙げられる。

方途　方法や手段。

潜在能力は奪われた状態にある　十分な生活状態に達し、それを維持することができない状態にある。

離島　陸から遠く離れてある島。島でも、陸から至近にある場合は離島とは言わない。

医療　医術や医薬で病気を治療すること。「医療にかかる」は、病気の診断や治療、検診などを医療機関で受けること。［用例］医療費の三割を自己負担する。

「機能」から遠い　十分な生活状態とは言えない。

国民健康保険料　国民健康保険は、会社員や公務員などが加入する健康保険の適用を受けない、自営業者、非正規雇用者、無職者などを対象として、その傷病、出産、死亡などに関して必要な保険給付を行うことを目的とする医療保険で、主に市町村が管轄する。国民健康保険料は、その制度に加入する人が納付する保険料。

滞納　納めるべき金銭や物品を期限が過ぎても納めないこと。［用例］税金を滞納する。

資格証を発行されて事実上医療機会を奪われてしまった人たち　国民健康保険に加入している人で、お金がなくて保険料を滞納している世帯には、保険証に代わって資格証が交付される。滞納が六か月以上一年未満の場合には短期被保険者証が交付されて、通常通りの保険が適用される形で医療にかかることができる。しかし滞納が一年以上に及ぶと資格証が交付され、医療機関を受診するときには保険が適用されず、医療費の全額をいったん自己負担し、後日市町村の窓口で払い戻し申請をすると自己負担分を差し引いて払い戻しが受けられる。しかし、その際未納の保険料が差し引かれる。このため、保険料を滞納する人にとっては、お金がなければ医療機関での受診もできなくなる可能性がある。

困窮　ひどく貧しくて苦しい状態にあること。

一六九ページ

「潜在能力」に相当する概念　センが「潜在能力」と規定している内容とほぼ同じ考え方。

溜池　防火や灌漑《かんがい》用の水をためるための人工の池。

田畑を潤す　田畑の農作物に必要なだけの水を供給する。

日照り　雨の降らない日が続き、水が枯れること。類 かんばつ。

干上がる　水分がすっかりなくなる。

ダメージ　損害。

外界からの衝撃　ここでは、予期せぬ災害、病気、失業など。

緩衝材　物どうしがぶつかり合う際の衝撃を和らげるための材料。紙、布、発泡スチロール、ゴム、気泡緩衝材などがある。また、対立する二者の間に立って仲立ちをするもの。

諸力の源泉　金銭や人間関係、自信や何かをできる、自分を大切にできるといった〝溜め〟の機能によって、人が生活をするエネルギーを得ること。

当面の間　さしあたって。しばらくの間。

抽象的　個々のものから共通する性質だけを取り出すさま。また、物事が現実から離れて、具体性を欠いているさま。対 具体的。

わざわざ抽象的な概念を使う　「金銭」という表現ではなく、〝溜め〟という用語を使っているということ。

一七〇ページ

ジャーナリズム　新聞や雑誌、テレビ、ラジオなど時事的なことがらの報道をする機関の総体。

配偶者　夫婦の一方から他方を言うことば。夫、または妻。

膨大　ふくれて大きくなること。用例 膨大な書類を処理する。

事欠く　不足する。なくて困る。対 事足りる。用例 毎日の食事にも事欠くありさまだ。

職種　職業の種類。

日払いの仕事　その日にした仕事に相当する賃金がその日のうちに支払われる仕事。翌日以降の仕事の有無を保証されず、不安定なことが多い。

選択肢は、事実上存在しなくなる　失業の深刻度は、それぞれの人の〝溜め〟の有無や度合いによって異なり、窮乏度が高くなると、とりあえずの生活を維持するために職種や雇用条件を選ぶ余裕がなくなるということ。

一七一ページ

公的扶助　生活に困窮している人を対象に、国や地方公共団体などが最低限度の生活を保障するために経済的援助を行う制度。

その人たち　三層のセーフティネットや家族のセーフティネットに支えられている人たち。

排除　不要なものや障害となるものを取り除くこと。

最後の砦《とりで》　外敵の侵入から本拠地を防衛するための、最終的な建造物。転じて、勝敗などを左右する重要な物事などを意味することもあり、ここでは自分が生きるために最後まで〝溜め〟として保有していた自信や自尊心という精神的なもののこと。

自尊心　みずからを誇る気持ち。自分の威厳を保つ気持ち。類 プライド。

相容《い》れない　立場や主張などが一致せず、互いに認め合わない。両立しない。

❖発問の解説

1（一六七ページ）「基本的な潜在能力」とは何か。

解答例　十分に栄養をとり、衣料や住居が満たされた生活状態に達するための個人的・社会的自由のこと。

2（一六八ページ）「両者」とは何か。

解答例　お金を持っていても、医師がいないために満足な医療にかかることのできないような離島に暮らす人と、お金がなくて国民健康保険を長く滞納した結果、医療にかかれなくなってしまった人。

3（一七一ページ）「それ」とは何をさしているか。

解答例　アマルティア・センや筆者の述べる、基本的な潜在能力を喪失し、〝溜め〟がないという貧困状態。

❖構成・要旨

〈構成〉

この文章は三つの意味段落に分かれている。

(1)（初め〜一六八・15）

インドの経済学者、アマルティア・センの新しい貧困論では、所得の低さよりも基本的な潜在能力が奪われた状態こそが貧困であるとされる。所得が高くても、すぐに医療にかかれる環境がないなど、その人にとって望ましい状態を得られる方途（選択の自由）を持たなければ、その人の潜在能力が奪われた状態、つまり貧困である。

(2)（一六八・16〜一七一・5）

センの「潜在能力」に相当する概念を、筆者は〝溜め〟ということばで語ってきた。〝溜め〟は、外界からの衝撃を吸収するクッションの役割と、エネルギーを汲み出す諸力の源泉となる。〝溜め〟の機能は、さまざまなものに備わっている。金銭や頼れる家族・親族・友人などの人間関係、自分に自信がある、何かをできると思える、自分を大切にできるという精神的な〝溜め〟もある。貧困とは、こうしたもろもろの〝溜め〟が総合的に失われ、奪われた状態のことである。たとえば金銭的な〝溜め〟を持たない人は、失業というトラブルに見舞われると深刻な状況に陥る。〝溜め〟を失う過程は、さまざまな可能性から排除され、選択肢を失う過程でもある。

(3)（一七一・6〜終わり）

以上のことから、貧困とは、自己責任論とは相容れないものだと言える。自己責任論とは、他の選択肢を等しく選べたことを前提にして成立するが、貧困とは、他の選択肢を等しく選べない、「基本的な潜在能力を欠如させた」状態、または総合的に〝溜め〟を奪われた状態のことである。

〈要旨〉

アマルティア・センは、基本的な潜在能力が奪われた状態が貧困であると述べる。所得の多少ではなく、その人が望ましい生活状態を獲得するための個人的・社会的な選択の自由が潜在能力であり、〝溜め〟である。所得や貯蓄の金銭面だけでなく、人間関係や精神的などのさまざまな〝溜め〟を失うことは、自己の可能性や選択肢を奪われることであり、総合的に〝溜め〟をなくした貧困状態の人について、他の選択肢を選べたはずだという自己責任論は成り立たない。

❖構成・読解・言語活動の解説

〈構成〉

1 センの「潜在能力」(一六七・4)と筆者の〝溜め〟(一六九・1)ということばはどのような共通性を持つか、それぞれの意味を整理して説明しなさい。

解答例 センの「潜在能力」は、受け入れ可能な最低限の水準に達するのに必要な基本的な能力である。また、その能力を持っているということは、望ましい状態を得られる方途(選択の自由)を持っているということである。筆者の〝溜め〟は、外界からの衝撃を吸収してくれるクッション(緩衝材)の役割を果たすとともに、そこからエネルギーを汲み出す諸力の源泉となるものである。また、さまざまな可能性を選ぶ選択肢がある状態のことである。両者とも、「所得」や「金銭」に限定される概念ではないという点、望ましい状態を得られる選択肢があるという点が共通点と言える。

〈読解〉

1 センの貧困論の新しさはどのような点にあるとされているか、要点を簡潔に整理して説明しなさい。

解答例 貧困状態とは、単に所得が低いというだけではなく、それぞれの個人が望ましい状態で安心して暮らすために必要とする基本的な潜在能力が欠如すること、すなわち、食事、衣料、住居が十分に満たされた生活状態に達するための個人的・社会的自由が確保できない状態であるととらえた点。

2 「十分な所得とは、個人の身体的な特徴や社会環境によって異なる」(一六八・6)とあるが、それはどのようなことか、具体例を挙げて説明しなさい。

解答例 たとえば腎臓障害で透析を必要とする人は、所得が高くても、治療費用を必要とするなどのために、満足な生活状態(アルカディア・センの述べる「機能」)を維持できなくなる可能性がある。一方で、自身では機能を維持できるだけの所得がなくても、それを補ってくれる家族や友人などがいれば生活は可能である。このように、その人にとっての所得が十分と言えるかどうかは、その人の身体の状況や周囲の社会環境など、与えられた条件によって大きく異なるということ。

3 「〝溜め〟の機能」（一六九・8）とはどのようなものに備わっているか。三つ挙げ、それぞれについて説明しなさい。

解答例 ①金銭（所得、貯金）

②人間関係（頼れる家族・親族・友人）

③精神的なもの（自信・何かができると思える気持ち・自分を大切にできること）

4 「〝溜め〟を失う過程は、さまざまな可能性から排除され、選択肢を失っていく過程でもある。」（一七一・4）とはどのようなことか、説明しなさい。

解答例 ここで出てくる〝溜め〟は、自らの生活を支えるセイフティネットがある状態である。それを「失う過程」とは、例えば雇用が失われ、それにしたがって衣食住に事欠き、生活に困窮していき、自身や自尊心を失うという過程である。その過程が進む原因は、その過程の途中途中で、社会や公的な扶助がない、貯蓄が底をつく、家族や親戚という生活を援助してくれる人を失うということから起きる。その結果、目先の生活を維持する以外の選択肢も次第に失われていく。

〈言語活動〉

1 貧困の自己責任論と筆者の主張が「相容れない」（一七一・10）のはなぜか、二〇〇字以内でまとめてみよう。

解答例 自己責任論では、例えば就職する場合に、職種や雇用条件などについて、いくつかの選択肢を等しく選べたはずなので、その選択の結果の貧困は自己責任だと考える。一方、筆者は、失業している場合、職種や雇用条件を選ぶ余裕がなく選択の自由を奪われている状態にある、すなわち〝溜め〟を失った状態にあることこそが貧困と考える。このようにどんな状態を貧困だと考えるかの前提が異なるので、両者の主張は相容れないと言える。（一九八字）

2 貧困問題を抱える社会にとって豊かさとは何か、本文の議論を踏まえた上で話し合ってみよう。

解説 格差社会ということばが生まれてかなりの年数が経過しているが、それは是正されるどころか、一段と進行している。かつて「一億総中流」と言われていたが、現在の日本をそのように感じている人は少ないだろう。企業の雇用形態においても、正規社員、非正規社員の区別は依然として明確であり、非正規社員も一定期間経過すれば正規社員に登用されるというシステムも、なかなか浸透していない。さらに正規社員もいつリストラの対象にされるかわからず、内心では落ち着かないままに就業している人もいるという。正規社員という立場を失えば、日々の生活だけでなく、退職金や年金など、老後の生活にも不安を抱えることになる。今や日本人の多くが、貧困の危機にさらされる中で生きているといっても過言ではない。

多くの企業は、長く根付いていた年功序列型の雇用から、能力主義・成果主義に切り替えている。これは、個人が自分の持つ能力をフルに発揮して仕事にやりがいを感じ、それが企業の業績や個人の収入アップに反映されるという面では評価できる。しかし、単に能力主義という名前を掲げても、適切な評価基準や公正で客観的な評価をする人が存在しなくては成立せず、逆に不公平を招くことになってしまう。こうした、一見優れていると見えるシステムも、実は貧困を招く遠因になることもある。

こうした社会における豊かさとは、文字通りの意味での「可能性」が存在することだと考えられる。契約社員やアルバイト・パートとして採用された人も、能力とやる気が正当に評価されて、学歴や性別などと関わりなく正規社員として雇用されたり、生活保護を受給している人が、適正な雇用機会を獲得して受給を必要としなくなるなど、どの人にも公正なチャンスが与えられなければならない。また、そもそも同じ仕事をしながら、正規社員と非正社員の雇用条件が違うということが大きな問題である。これらの問題を克服し、自分の得意なことを生かして社会に貢献できる社会を構築していくことが、個人をこえて社会の豊かさにつながるはずである。

第7章〈伝統〉を見つめ直す

模倣と「なぞり」

尼《あま》ケ《が》崎《さき》彬《あきら》

❖学習の視点

1 芸はいかにして継承されるかという話題を捉える。

2 具体例とともに論じられる対比構造をつかむ。

3 芸についての筆者の考察を論理的に理解し、筆者が述べている要旨を捉える。

❖筆者解説

尼ケ崎 彬（あまがさき・あきら）美学者。一九四七（昭和二二）年、愛媛県生まれ。日本の美学（歌論・舞踊）を専門に批評活動を行っている。著書に『日本のレトリック　演技する言葉』『近代詩の誕生―軍歌と恋歌』などがある。

❖出典解説

この文章は『ことばと身体』（一九九〇年・勁草書房刊）に収められており、本文は同書によった。

❖語句・表現の解説

一七四ページ

模倣　まねること。対創造。

なぞり　すでに書いてある絵や文字の上をたどって書く。

独創性　人のまねではなく、独自の考えで新しくものを創り出す能力や性質。

先人　①昔の人。②祖先。ここでは①の意。

鑑《かがみ》　手本。模範。用例 行動の鑑とする。

具現　具体的にはっきりとした形で表すこと。

半紙　縦約二五センチ、横約三五センチの和紙で習字の用紙などに用いられる。

筆跡　書いた文字の跡。または、個人個人の文字の書きぐせ。

抽出　抜き出すこと。
要請　願うこと。求めること。ここでは筆先の下にある手本が筆の次の動きを導くこと。
手がこれに応答する　筆先の下にある手本の要請に手が応じて手本の筆跡をなぞるということ。
認知　物事をはっきりと認めること。
対象操作の行為　対象となるものに基づいてそれと同じパターンを製造する行為のこと。
身体活動のパターンの経験　手本の動きに合わせることで、その身体活動のパターンを実際に経験すること。

一七五ページ

動きの緩急　動きのおそさとはやさ。

筆遣いの「呼吸」　筆を動かすときの息遣いのようなもの。

内的な身体活動　動きの緩急や筆遣いの「呼吸」のこと。

「模倣」が外的な〈客体の〉特徴の再現　模倣によって対象の特徴を再現すること。かたわらに手本を置きその手本を見ながら模倣することが、心ではなく肉体に作用することを「外的」と述べている。〈客体〉は意志や行為の対象となるもの。

「なぞり」は内的な〈主体の〉活動の「型」の反復　手本を半紙の下に置き、手本を見ながら透けて見える筆跡を上からなぞること。なぞることが、肉体ではなく心に作用することを「内的」と述べている。〈主体〉はほかのものに対して自分の意志で行動をしかけるもの。

熟練者　仕事などによくなれていて、じょうずな者。
突然目が開けることがある　「『なるほど、こういうことか。』と身体でわかる」ことを表している。「目が開ける」は真理を悟るというような意。
相呼応　雪面と全身とがお互いに反応し合っているようす。
自分の身体を客体として操作し、外形を似せる　自分の身体を対象として操作することで、外から見た形を似せること。
自分の身体に具現させること　「型」を自分の身体の動きとして具体的に表すこと。

一七六ページ

平たく言えば　わかりやすく言えば。
芸道　芸能や技芸の道。
体系的　組織的。統一的。
入門したて　入門したばかり。
イロハも分からないまま　「イロハ」は、手習いの初めに習うことから物事の初歩を表す。
邦楽　日本固有の音楽。類和楽。対洋楽。
習得対象の要素分解　習い覚える対象を細かい要素に分解すること。
各要素の体系的積み上げ　習い覚える対象を細かい要素に分解したものを体系的に積み上げてレッスンすること。
「科学的」方法論　「方法論」は科学の方法に対する論理的考察のことだが、ここでは西欧型のレッスンの手順のような意。

依拠　よりどころとすること。用例 教科書に依拠して学習を進める。
及ぶかぎり　可能なかぎり。できるかぎり。
しごく曖昧　この上なくはっきりしない。
なきに等しい　ないと同じである。
学習の「段階」というものがない　学習するのに、順を追って学ぶという段階がない。
自分が今何を獲得すべきなのかがよく見えない　自分が今の時点の学習で何を学び取るべきなのかがよく理解できない。

一七七ページ

叱責　あやまちなどを叱り責めること。
稀《まれ》　めったにないさま。珍しいさま。
往々にして　ときどき。しばしば。用例 出がけに雨が降り出すことが往々にしてある。
非段階性　日本型の稽古が段階を追って行われないさま。
非透明な評価　日本型の稽古での師匠による評価の内容がよく理解できないものであること。
つかみ所のないやり方　日本型稽古の特徴である「模倣」「非段階性」「非透明な評価」がとらえにくい方法であるということ。
反証例　反対するための証拠となる例。
単元に分割できるものでもなく　日本の芸道で習得すべきものはもともと区分したり、細分化したりできるものではないということ。
その活動の全体を身をもってなぞるほか仕方のないもの　日本の芸道で習得すべきものは、理想とされる事例を手本にしてその動きの全体を自分の体でまねるしかやりようがないということ。
自ら主体的に産み出す　入門者が師匠の外形の動きを模倣することを繰り返しているうちに、自分で積極的に「形」を産み出すようになる。

一七八ページ

普遍的原型　すべてに共通しているような、もとになる型。
個別的事例　「普遍的原型」である「型」と対比させて、稽古する者それぞれによって「形」が異なるという点で「個別的事例」と表している。
鋳型　鋳物をつくるために、とかした金属を流し込んで何かの形にするための型。
鋳物　とかした金属を型に流し込んで器物をつくること。
内的な心身図式　心に作用する心の中で理解する図式のようなものの意。
表象　記憶や想像などによって心に思い描かれる、物の形やイメージ。
腑に落ちる　納得できる。「腑に落ちない」（納得できない）という形で使われることが多い。
「型」をいつでも自身の身体に呼び起こすことができる　「型」の動きをいつでも自身の身体で表すことができる。

一七九ページ

模範者の「身になる」 模範者の心身態勢の動きを自身で再現することによって、模範者の身体と一体化すること。

境位 おかれた状況や環境。

継承 地位や財産などを受け継ぐこと。

仏道 仏道修行によって悟りに至る道。

成就 できあがること。成し遂げること。

陶冶 素質や才能を引き出し育てあげること。人格を養成すること。

後者が実現してようやく芸人は「ものになった。」と言われる 成就や陶冶が実現してようやく芸人は一人前の存在になったと言われる。

一八〇ページ

さらに一歩を進めることを求める 芸人が手本と同じ心身を身につけたと言える段階から、さらに次の段階に進むことを求める。

既存 既に存在すること。以前からあること。

新たな「型」がたえまなく生成しかかっては突き崩される 新たな「型」がとだえる間がなくできかかってはその「型」が崩される。

それが既に固定した「型」ではないからであろう 志ん生の芸の「型」が固定していないために、誰にも受け継ぐことはできないということ。

さまになる ちゃんとした姿や形になる。

体得 実際に体験して完全に自分のものになること。

安んじて 安心して。

予期せぬ 前からこうなるだろうと予想できない。

❖発問の解説

1 (一七四ページ)

『呼びかけ—応答』のプロセス」とはどのようなことか。

解答例 筆の下にある手本が要請している筆の動きに手が応じて動き、手本を再現すること。

解説 筆先の下にある手本が要請し、それに手が応じること。

2 (一七五ページ)

「同様のこと」とはどのようなことか。

解答例 書道の稽古で内的な身体活動の「型」を身につけると、結果として文字の形が手本に似てくるのと同様に、スポーツでも上手な人のフォームを見てまねてみると、自分のフォームが似てくること。

解説 書道の稽古とどのような「同様のこと」がスポーツにもあるのかを読み取る。

3 (一七七ページ)

「別の観点」とはどのような観点か。

解答例 訓練法、方法論という観点から転じて、訓練や稽古によって最終的に獲得すべき対象全体という観点。

（一八〇ページ）

4 「遊び」とはどのようなことか。

解答例 （芸人が身につけている）「型」を固定せずに新たな「型」をつくり上げようとしては、その「型」を自ら突き崩すということ。

解説 「遊びの現場」で行われていることを読み取る。

❖構成・要旨

〈構成〉

この文章は、次の三つに分けることができる。

(1) 模倣となぞりの意味（初め〜一七六・1）

模倣と「なぞり」の違いがわかりやすいのは書道の稽古である。臨書は、かたわらに手本を置き、これを模倣する。摹書は、手本を紙の下に敷き、透けて見える筆跡を上からなぞる。模倣は外的な（客体）の特徴の再現であり、「なぞり」は内的な（主体）の活動の「型」の反復である。スポーツでも外形の模倣だけではさっぱり上達しないが、身体の自発的な活動の「型」を、自分の身体に具現させる「なぞり」によって突然目が開けることがある。

(2) 日本型の稽古の特色（一七六・2〜一七九・16）

日本の芸道では「なぞり」によって技術を身につけるという方法を伝統としている。西欧型のレッスンは「科学的」方法論に依拠しているが、日本型の稽古はとにかく及ぶかぎり全体的にまねてみるというものだ。日本型稽古の特徴を生田《いくた》氏は「模倣」「非段階性」「非透明な評価」と述べ、伝統芸能の学習法を西欧型レッスンの「強力な反証例」とみなしている。日本の芸道では、「形」の模倣を通じるほか「型」を身体で理解する道はない。稽古の目的は、模範者の「身になる」ことである。芸道の修行では「身につく」までに至って弟子は師匠と同じ境位に達したことになり、芸の継承に成功したといえる。「なぞり」には、手本である人の身になるという理解、手本と同じ心身を身につけるという成就、という二つの段階が区別される。芸道の稽古とは、自ら「ものに成る」ために、芸を自分の「ものにする」過程である。

(3) 「型破り」について（一八〇・1〜終わり）

伝統芸能では、さらに一歩進めて自ら身につけた「型」を破ることを求める。既存の「型」を踏み越えて自在に動きながら、しかもそれが一つの意味を産み出す。しかし、それは新しい「型」として固定するわけではない。志ん生の「型破り」な芸が誰にもまねられないのは、それがすでに固定した「型」ではないからであろう。名人は自在に「型」を破って、しかも予期せぬ意味を作り出す。

〈要旨〉

模倣は外的な（客体）の特徴の再現であり、「なぞり」は内的な（主体）の活動の「型」の反復である。日本の芸道では「なぞり」によって技術を身につけるという方法を伝統としている。伝統芸能の学習法は西欧型レッスンの強力な反証例とみなすこともできる。芸道の稽古とは、自ら「ものに成る」ために、芸を自分の「ものにする」過程である。しかし、名人は自在に「型」を破り、予期せぬ意味を作り出すことができる。

❖構成・読解・言語活動の解説

〈構成〉

1 「模倣と『なぞり』」（一七四・1）の違いについて、本文に沿って筆者の考えを説明しなさい。

解説　二つに分けて特徴を挙げる。

「模倣」
・書道の稽古では「臨書」に当たる。
・模倣対象の特徴パターンの認知、同一パターンの製造という対象操作の行為である。
・外的な（客体の）特徴の再現である。
・自分の身体を客体として操作し、外形を似せることであり、同じものを作ろうとする操作活動である。

「なぞり」
・書道の稽古では「摹書」に当たる。
・手本に導かれた身体活動のパターンの経験である。
・内的な（主体の）活動の「型」の反復である。
・身体の自発的な活動の「型」を、自分の身体に具現させることであり、自ら同じものに成ろうとする反復活動である。

「模倣」と「なぞり」についてさまざまな解釈が試みられているので見落とさないようにしよう。

2 「型」（一七五・1）と「形」（一七七・14）とはそれぞれどのようなものか、整理しなさい。

解答例　「型」……普遍的原型。内的な心身図式であり、それ自体は表象することも認知することもロゴス的言語で記述することもできないが、個々の事例において具現されるとそこに「型」が実現しているのをはっきり認められる。

「形」……フォーム。個別的事例。個々の事例の目に見える（耳に聞こえる）外形であり、ロゴス的に記述できる。

〈読解〉

1 「雪面と全身とが相呼応して、いわば両者の変転が一つの活動として進行してゆく」（一七五・12）とはどのようなことか、説明しなさい。

解答例　スキーでの雪面と全身が呼応し合って、それが雪面を滑るという一つの活動として進行してゆくということで、つまり雪面の状況を察知して、上手に滑っていくようすを表している。

「変転」は、ほかの状態に何度も移り変わること。

2 「『〜できる』知、身に染みこんだ図式にほかならない」（一七七・16）とはどのようなことか、説明しなさい。

解答例　「形」の事例を自ら産み出すために習得すべき「型」。繰り返し稽古して、身体で納得して、内的に習得した手本を具現させる能力。

3 「心身態勢を内部から『なぞる』」（一七八・14）とはどのようなことか、説明しなさい。

解答例 目に見える（耳で聞こえる）「形」を模倣することによって、ロゴス的言語でわかるのではなく、自身の内部から「型」を実現できること。

4 「型破りが『さまになる』」（一八〇・8）とはどのようなことか、説明しなさい。

解答例 芸人が「型」一般の成立の秘密を完全に体得していて、既に固定した「型」を破っても、ちゃんとした姿や形になるということ。

解説 「型破りが『さまになる』ためには、『型』の秘密が完全に体得されていなければならない」ことをおさえる。

〈言語活動〉

1 「なぞり」によって身につけたものにどのようなものがあるか、話し合ってみよう。

解説 まず「なぞり」とはどういうものかを「〈構成〉1 解説」を参考に整理しよう。本文では具体的な例として、書道の稽古の摹書である「手本を半紙の下に敷き、透けて見える筆跡を上からなぞるもの、いわゆる敷き写し」がなぞりの例として挙げられている。また、スポーツの例として挙げられているスキーにも着目するとよい。スキーの例では「雪面と全身とが相呼応して、いわば両者の変転が一つの活動として進行してゆく」さまを「『なぞり』に成功している」と述べている。これらのことを参考にして、学業あるいはスポーツの場合に「なぞり」によって身につけたものにどのようなものがあるかを話し合おう。自転車、ピアノ、ボディ・ランゲージ、母語の習得なども例に挙げられる。

2 「模倣」について自分なりのテーマを定め、「序論（問題設定）」→「本論（具体的事例に基づく考察）」→「結論（問題設定に対する自分の解答）」という構成で、八〇〇字以内で論じてみよう。

解説 「構成・要旨」を参考にする。「模倣」について、本文に書かれている内容を踏まえて、具体的な問題を設定しよう。この場合、求められているのは、作文ではなく、自分の主張を述べる小論文であることに注意する。また、最初に要旨を考え、そこから序論、本論、結論のそれぞれをどう組み立てていくか、事前にメモなどにして考えるとうまく文章が組み立てられる。

桜が創った「日本」

佐《さ》藤《とう》俊《とし》樹《き》

❖学習の視点

1　桜にとっての人間という視点に立つ筆者の論理を捉える。

2　ソメイヨシノとシステム論に注目しながら、文章の要旨を理解する。

❖筆者解説

佐藤俊樹（さとう・としき）社会学者。一九六三（昭和三八）年、広島県生まれ。東京大学大学院社会学研究科博士課程中退。東京大学大学院総合文化文化研究科教授。社会階層について専門に研究するとともにサブカルチャーについても造詣が深い。著書に『不平等社会——さよなら総中流』（二〇〇〇年・中公新書）、『社会学の方法——その歴史と構造』（二〇一一・ミネルヴァ書房）、『格差ゲームの時代』（二〇〇九年・中公文庫）などがある。

❖出典解説

この文章は『桜が創った「日本」——ソメイヨシノ　起源への旅』（二〇〇五年・岩波書店刊）に収められており、本文は同書によった。

❖語句・表現の解説

一八二ページ

ソメイヨシノの風景はきわめて人工的なものだ　枯れやすく種子もできにくいソメイヨシノは人工的な桜といえるので日本の桜の八割を占めているソメイヨシノの風景は自然なものではなく、人工的なものだということ。

人間は思う　「人間は」についた傍点は、ソメイヨシノの風景を「きわめて人工的なものだ」と思うのは、人間の勝手な偏見だという筆者の考えを示している。

蔓延《まんえん》　雑草や病気などがどんどん広がっていくこと。

対策を講じる　対策をとる。「講じる」は手段をとる、取りはからうの意。用例 大雨への対策を講じる。

ソメイヨシノのなせる業　ソメイヨシノがしたこと。「人間の方でやってくれる」ことは、実はソメイヨシノがそうしむけているということ。
ソメイヨシノにいいように使われている　ソメイヨシノの思い通りに人間が使われているということ。

一八三ページ

増殖　ふえること。ふやすこと。
擬人化　人間ではないものを人間であるかのように見立てること。ここではソメイヨシノに人間のように意思があるかのように表されている。
大成功をおさめた桜だ　ソメイヨシノの個体数が日本の八割を占めているということは、ソメイヨシノがきわめてうまく日本人の心に入り込み、適応していることを示すので、大成功をおさめたといえる。
いいたてる　取り立てていう。いい張る。主張する。用例 自分の仮説の正しさをいいたてる。
融和　①うちとけて仲よくすること。②とけあって一つになること。ここでは①②を合わせたような意。
調和　いろいろな要素や条件がよく合うこと。

一八四ページ

超然　ほかのことは問題にしないで、ゆうゆうとしている様子。ここでは、自然環境の中のソメイヨシノの様子。
人工交配　生物間の受精を人間の手で行うこと。対 自然交配。
起源論争　ものごとの起こりや始まりについての論争。
生態系　ある場所にすむ生物たちとその環境をひとまとめにしたもの。
空前の　今までにはそのような例がまったくないようす。
俗悪　下品でよくないこと。
どこかひどく心をざわつかされる　「私たち」がソメイヨシノを目にしたときに、「深い不気味さや気持ち悪さを感じる」ということ。
自然／人工の反転　自然と人工の関係が逆転すること。

一八五ページ

入れこまなくても　ここではソメイヨシノにそんなに強い思い入れがなくても、というような意。
その人間サマ　ふだんは素朴に自分が世界の中心にいると考えているような人間のことを皮肉った表現。
本来あるべき位置に自分がいられない　ソメイヨシノを見た人間が、その美しさに主体性を奪われ、どこか不自然に感じ落ち着かない気分になることを表している。
ソメイヨシノの美しさが「死」に結びついてきた一つの理由　人間は深い美しさに接したときには、主体性を奪われていやおうなく動かされてしまう。ソメイヨシノの美しさは人間にそのような受動的な体験をさせるのであり、そのことが絶対的な受動性の体験である「死」にソメイヨシノが結びつけられてきた一つの理由ではないかと筆者は考えている。
受動性　ほかからの働きを受ける様子。ここでは、「死」を何もできなくなるという意で「絶対的な受動性の体験」と述べている。対　能動性。自発性。

いやおうなく　有無をいうことができずに。

主体性　自分の考えや立場をきちんともち、ほかから影響されずに行動できるような様子。

屍体《したい》　死体と同意。

日本の桜はそういう美しさをおびてきた　日本の桜は死と結びつけて語られるような美しさをおびてきたということ。

一見答えの出そうにない問いへの答えにもなる　ソメイヨシノが死と結びつけて語られてきたということは、ソメイヨシノが美しい桜であるという筆者の答えを述べている。

一八六ページ

染井《そめい》を出てからわずか百五十年　ソメイヨシノが百五十年前に染井で誕生してから、まだわずかな時間しか経過していないということ。

さまざまな形容で語ってきた　ソメイヨシノに人間たちがいかに心を強く動かされたかということを、さまざまなことばで語ってきたということ。

その受動性の強度　人々がソメイヨシノから心を強く動かされてきたということ。「強度」は、強さの程度。

一八七ページ

システムの最も重要な営みなのである　システムは自分が何者であるかを自分自身で後から決めていくものなので、システムと環境という区別が最初からあるわけではなく、システムと環境の境界設定こそがシステムの最も大切なはたらきであるということ。

「桜」や「日本」はそうやって創りだされてきた　人間から見ると、システム／環境という区別は、人工／自然のように設定できる。そして、人間がソメイヨシノを含んだ環境との境界設定を行うことで、社会は影響を受け、ソメイヨシノに対するイメージ作られる。一方、桜は人工であるとか人工以外であることとは関係なしに、環境の一部として人間社会の影響を受ける。それらが相互に作用しあうことで、「桜」や桜に代表される「日本」というイメージは創りだされてきたということ。

❖発問の解説

（一八三ページ）

1　「人間をうまく使って繁栄してきた」とはどのようなことか。

解答例　人間が勝手にクローンをつくってあちこちに植えるので、枯れやすく種子もできにくいソメイヨシノが、日本の桜の八割を占めるほど普及したということ。

解説　本来は普及しにくい桜であるソメイヨシノが普及したのには、人間の役割が大きかったのである。

（一八四ページ）

2　「よっぽど傲慢だと思う」のはなぜか。

解答例　ソメイヨシノは生態系や人間を含む環境に適応して

きた結果として空前の大繁栄を勝ちえたのであり、それを非難することは人間を特別視する考え方に基づいていて、人間の身勝手に感じられるから。

3 (一八五ページ)「それ」とは何をさすか。

(解答例) ソメイヨシノの美しさが、梶井基次郎の『桜の樹の下には』冒頭の一文に代表されるように、桜の美しさと死とが結びつけて考えられてきたこと。

❖構成・要旨

〈構成〉

この文章は、次の三つに分けることができる。

(1) (初め〜一八四・10) 環境に適応してきたソメイヨシノ

人間はソメイヨシノの風景をきわめて人工的で不自然だと思う。しかし、ソメイヨシノが日本の桜の八割を占めているという事実は、この桜が十分成功している証拠ではないか。人間はソメイヨシノにいろいろやってあげているつもりになっているが、実はソメイヨシノにいいように使われているだけではないか。人間にとってソメイヨシノは環境の一部だが、ソメイヨシノにとっても人間が環境の一部である。ソメイヨシノは人間という環境にうまく適応した点で、きわめて強い生物である。環境に適応して空前の大繁栄を勝ちえたソメイヨシノを非難するのは傲慢なことではないか。

(2) (一八四・11〜一八六・12) ソメイヨシノの美しさの根柢にあるもの

日本の桜は人間に死を想起させるような美しさをおびてきた。絶対的な受動性の体験である死を人間はただ受け入れるしかなく、その受動性は美しさによる感動に通じ、それによって人間はいやおうなく動かされてしまう。日本の桜はそういう美しさをおびてきたのだ。それは、桜が自らの周囲に住む人間たちに適応しようとしてきた歴史の結果である。日本列島各地でソメイヨシノが咲くようになったという事実は、人間がソメイヨシノにいかに強く動かされたかをはっきりと示している。人がソメイヨシノに動かされてきたという受動性の強度において、やはりソメイヨシノは美しい桜である。

(3) (一八六・13〜終わり) システム論による桜と日本の解釈

システムと環境の二つの間の境界設定こそがシステムの最も重要な営みである。桜にとっては人工と環境の区別が存在しない。花粉を運ぶ虫も人間も桜にとっては同じ環境の一部である。「桜」や桜に代表される「日本」はそうやって相互に作用しあうことで創りだされてきた。

〈要旨〉

日本の桜の八割を占めているソメイヨシノは環境に適応して空前の大繁栄を勝ちえた。人間たちがさまざまなことばでソメイヨシノを語ってきたことは、ソメイヨシノに心を動かされてきたことを示す。人間がソメイヨシノを繁栄させてきた一方、ソメイヨシノも人間を動かし、社会を動かしてきた。桜と人間は互いに作用しあい、「日本」を創りだしてきた。

❖構成・読解・言語活動の解説

〈構成〉

1　本文は三つの意味段落に分かれているが、それぞれに小見出しをつけなさい。

解答例　「構成・要旨」参照。

〈読解〉

1　「この桜が現状で十分成功している証拠ではなかろうか」（一八二・5）とあるが、どのような点で成功しているのか、説明しなさい。

解答例　枯れやすく種子もできにくいにもかかわらず、ソメイヨシノが日本の桜の八割を占めている点。

解説　「その意味で」（一八二・2）のさす内容を捉える。

2　「人間にとってソメイヨシノは環境の一部だが、ソメイヨシノにとっては人間が環境の一部である。」（一八三・5）とはどのようなことか。「人間」と「ソメイヨシノ」、それぞれの視点からお互いの関係をふまえて、まとめなさい。

解答例　「人間」にとっての「ソメイヨシノ」は、日本の桜の八割を占め、よく見られる、けれども、枯れやすく、種もできにくく、世話の焼ける樹木でもある。一方、「ソメイヨシノ」にとっての「人間」は、病気の対策をしてくれ、クローンをつくってあちこちに植えてくれ、自分たちを繁栄に導いてくれるものである。

3　「美しいにもかかわらず不気味、なのではなく、美しいからこそ不気味なのだ。」（一八五・6）とあるが、それはなぜか、説明しなさい。

解答例　ソメイヨシノの美しさは、心が動かされ、人間が本来あるべき位置に自分がいられない、そういう種類の気持ち悪さを経験させられるものなので、不自然に感じられ、不気味に感じるから。

解説　本文中の「感動というのは、自分が動かされてしまう経験」（同・15）という言葉も参考にする。

4　「人間にとって絶対的な受動性の体験」（一八五・9）とはどのようなことか、説明しなさい。

解答例　「死」は、人間の主体性を奪う、決して拒否することのできない体験である。その意味で、「絶対的な受動性の体験」ということ。

5　「この自然／人工の反転」（一八四・13）とはどのようなことか、「システム」ということばを用いて説明しなさい。

解答例　私たちはソメイヨシノを人工交配で増やした人工的なものであると見なすが、ソメイヨシノにとっては人工は環境の一部であり、人間も環境の一部であるということ。そのように、人間の側とソメイヨシノの側とが、世界を理解する仕方が変わるということ。

〈言語活動〉

1　桜を扱った和歌や文学作品について調べ、その中で「桜」がどのように描かれているか、まとめてみよう。

(解説)　例えば、小野小町《おののこまち》の和歌には、次のようなものがある。

花の色はうつりにけりないたづらに我が身世にふるながめせしまに

この和歌の「花」は桜のこと。歌意は、桜の花の色は長雨が降り続くうちに色あせてしまったなあ、私がむなしく物思いにふけっていた間にということ。「花の色」は桜の花の色を表すとともに、自分の容姿も表していて、いつの間にかそれが衰えたことへの嘆きを歌っている。

また、在原業平《ありわらのなりひら》には、次のような歌がある。

さくら花散りかひくもれ老いらくの来むといふなる道まがふがに

歌意は、桜花よ、散り乱れて空を曇らせよ。老いというものの来るという道が、隠されて分からなくなるほどに、というものである。ここでは「さくら」が、その華やかさによって老いの道を隠すという役割を担っている。

文学作品の中でも和歌には桜を扱った作品が多いので、探してみよう。

2　本文のように、人間以外の存在の立場に立って世界を見返すことではじめて見えてくることがある。関心のある物事を選び、人間以外の存在の観点から四〇〇字以内で論じてみよう。

(解説)　身近な猫や犬の立場で考えても面白いし、外来生物などの立場に立っても、日頃考えない視点から人間との関係を考えることができるだろう。教科書の「生物の作る環境」(一五九)も参考になるだろう。また、生物以外のものの立場に立って考えてみてもいい。

清光館哀史

柳田《やなぎた》國男《くにお》

❖学習の視点

1 随想を読んで、筆者の体験と思想を読みとる。
2 筆者の個性のにじみ出た文体・表現を味わって読む。
3 描かれている民衆の生活と悲劇について話し合う。

❖筆者解説

柳田國男（やなぎた・くにお） 民俗学者。一八七五（明治八）年、兵庫県に生まれる。東京大学法学部卒業。農商務省に入り、法制局・宮内省をへて、貴族院書記官長となったが、一九一九年退官した。朝日新聞社の客員、ついで論説委員となったが間もなく退社した。青年時代には、田山花袋《かたい》・島崎藤村《しまざきとうそん》らと交わり、新体詩人として知られたが、早くから民俗学に関心を持ち、全国を行脚して山間辺地を訪ねて土俗を探訪した。民間口承文芸、民間信仰、庶民生活史の研究、民俗語彙《ごい》の採集などの各分野における独創的研究によって大きな業績を上げ、日本民俗学を樹立、普及につとめ、いわゆる〝柳田民俗学〟をうちたてた。国語問題にも関心を持ち、特に方言研究に力を尽くした。『石神問答』『遠野《とおの》物語』『雪国の春』『日本の昔話』『桃太郎の誕生』『方言覚書』『海上の道』など、編著は百余にのぼる。諸研究を集成したものに「定本柳田國男集」がある。一九四七年、芸術院会員、四八年、学士院会員となり、一九五一年、文化勲章を受けた。一九六二（昭和三七）年没。

❖出典解説

本文は、「柳田國男全集」第三巻（一九九七年・筑摩書房刊）によった。

❖語句・表現の解説

一八九ページ

清光館《せいこうかん》と称《しょう》しながら 「清光」は、月のさえた光をいう。「清光館」という名称を名乗っているのに。西の丘に面しているような部屋しかなくて、月光が差し込まないので、「ながら」と言っている。

障子　木枠に障子紙を張り、窓に付ける建具。

果たして　予想通り。

初めて還《かえ》る仏様《ほとけさま》もあるらしい　盆の日には死んだ人の魂が家に帰って来るという信仰がある。「初めて還る」とは、昨年の盆以後に死んだ人があったことを示している。

我々に食わす魚のないこと　盆で漁師が出漁しないので、魚がないのである。

嘆息《たんそく》　ためいき。

気をもむ　心配する。用例 台風でコンサートが中止になるかもしれないと、姉が気をもんでいる。

蝙蝠《こうもり》も飛ばない静かなたそがれ　「たそがれ」は、夕暮れ。以前は、どこでも、夕方には蝙蝠が忙しく飛び回っていた。

おいおい　だんだん。しだいに。

はずむそうで　盛んになるそうで。

普請場《ふしんば》で聞くような、女の声　これは地行唄《じぎょううた》のことを指している。「普請場」は建築現場のことで、そこで地固めのために滑車の綱を引いて重い槌《つち》を上げ降ろししながら、たくさんの女たちが声を合わせて地行唄を歌った。その声のことを言っている。

板屋《いたや》　板だけの屋根。瓦《かわら》だと雪で割れてしまうため。

大塚　大墓。

街道《かいどう》　公道。主要な道路。

総勢《そうぜい》　全員。

一九〇ページ

一心に～する　何か一つに集中する。用例 台風が過ぎますようにと、一心に祈った。

それも出稼《でかせ》ぎからまだ戻らぬ　「出稼ぎ」は、自分の村で仕事がなく、季節によって、遠くに働きに行くこと。ここは遠洋漁業に出て行くことをさしている。

本踊《ほんおど》り子《こ》　正式の踊り手。一定の年齢以上の女性の踊り手。

一様《いちよう》に　全部同じような。

足袋　和服を着る時に、足に履くもの。つま先が二つに分かれている。

紺無地《こんむじ》　模様のない紺色の布のこと。

奨励《しょうれい》の趣旨《しゅし》　一九六ページ上7行目「今年は年がよいから踊りをはずませようというので、若い衆たちが町へ出て金紙・銀紙を買って来て、それを細かく切って貼ってやりましたから、きれいな踊り前掛けができました。」とある。「奨励」とは、人々に勧めること。「趣旨」とは、何かをする目的やねらい。

候補生《こうほせい》　本踊り子に対して、まだごく若い娘たちのこと。

かわいい憤懣《ふんまん》　金紙が行き渡らないために起きた憤懣。

装飾　あるものを引き立たせたり、美しく見せたりするような、加えられたもの。ここでは金紙で貼り付けられた印など。

月送《つきおく》りではだめだ　盆は、旧暦七月十五日にやる所と、新暦に移って、新暦七月十五日と月遅れの新暦の八月十五日にやる所の三通りの盆が土地によってある。新暦の十五日は、必ずしも満月ではないので、「月送り（月遅れ）ではだめ」なのだ。

閑静　静かな地域。用例 閑静な住宅街に出た。

一九一ページ

手帳をむなしくして　手帳に何も歌詞を書き込めないで。「～をむなしくする」は、無駄にすること。

発句《ほっく》　連歌・俳諧の第一句の五・七・五音の句のこと。後にこれが独立して、明治時代から俳句と呼ばれる短詩型となった。

絵でも見たことがないような様子　まるで知りませんという様子をしているのを誇張した表現。

細君　夫人。妻。

出立《しゅったつ》　出発。

存外《ぞんがい》**な**　思いがけない。

石高路《いしだかみち》　石がごろごろした道。

今夜は満月だ　昨晩は七月十四日だったことがわかる。

里　距離の単位。一里は約三・九キロメートル。

小判なりの大遺跡　少し前の「楕円形の輪の跡」と同じ、踊り場の跡。「小判なり」は、小判のような形。「大遺跡」は、跡を誇張して言ったもの。

きついもの　えらいもの。たいしたもの。

芝原《しばはら》　芝の生えた野原。

九戸《くのへ》　岩手県北部。

別様　別の様式。

哀史　かわいそうな物語。用例 女工哀史。

おとうさん。……　この時の旅行は家族連れであった。汽車の中での子どもとのやりとりから書き出し、そこに「清光館」の名と印象をさりげなく入れている。巧みな冒頭である。

一九二ページ

うかうかと　不注意で気づかないまま。

なんということなしに　特に理由もなく。

旧暦盆《きゅうれきぼん》　太陰暦《たいいんれき》の盆の日。太陽暦では八月十五日。

心もなく　特に来ようという心があったわけでもなく。

ハマナス　ハマナシ。ばら科の落葉灌木《かんぼく》。高さ一・五メートルに達する。海岸の砂地に群生し、夏に紅色五弁のばらに似た強い香りの花を咲かせる。実は甘酸っぱい。根皮は黄色染料にする。

　筆者はこの花に強い関心を持ち、この旅の一か月ほど前にハマナスについての文を書いている（「草木と海と」一九二六年、雑誌「太陽」に掲載）。六年前に訪れた海岸を再びこの地まで足を延ばしたのも、この花にひかれてであり、村の娘たちと口をきくきっかけも、この花のことである。

丹色《にいろ》　赤色。丹は、赤い色の土のことで、それで染めた赤色のことを丹色という。

途中下車でもしたいような顔つき　あまりにハマナスの花や実が

美しいので、途中下車してゆっくりながめたいと思っているようすをいったもの。

大都会での問題　砂鉄を産業に利用しようということで、砂鉄の産出が大都会の人々に知られるようになったこと。

乗り合い自動車　バスのことを、古くはこう呼んだ。

カフェ　café〔仏語〕本来は喫茶店のことであるが、日本では、大正末期から昭和にかけて大量に出現したバーのことを「カフェ」と呼んだ。

これ　（下5行目）八木の発展・変化をさす。

街道の砂利が厚くなって、馬が困るくらいなもの　隣の八木が久慈の影響を受けて都会風に変化したのに比べ、小子内は全く変わらずにいる様子をさしていった。

小判なりの足跡《あしあと》の輪　足跡が小判形の輪になって、踊りの跡を示していたことをさす。筆者はここで、六年前に盆踊りを見たことを思い出している。「なり」は形のこと。

未明《みめい》　夜が明けきらないころ。

草屋《そうおく》　茅《かや》やわらなどで屋根をふいた家。草ぶきの家。

気楽な名　月光と関係のある名を付けながら、全然月と縁のない旅館なので、その無神経さをおかしく思い、「気楽な名」といった。

一九三ページ

精霊様《しょうりょうさま》　死者の霊魂のこと。お盆に死者の霊が帰ってくるといわれ、「精霊会《しょうりょうえ》」とか「うら盆」とかいう。ここでは、広く先祖の霊をさす。

ござる　おいでになる。いらっしゃる。

活《い》きたお客　死んだ先祖の霊に対して、泊まり客の筆者たちのことをいったもの。帰ってくる死者の霊を祭る晩なのだから、商売は休みたいであろうと、泊める側の立場になってその気持ちを推測している。

さだめし　きっと。必ずや。かなり確実と思われることを推量して言う。用例 試験に合格されて、御両親はさだめしお喜びでしょう。

亭主《ていしゅ》　①その家の主人。②夫。③茶の湯で、客を接待する人。ここでは①。

小づくり　小柄。

豆ランプ　小さなランプ。

あれどもなきがごとく　あってもないのと同じで少しも明るくないこと。

疎《うと》ましい　いとわしい。いやだ。

三人ながら　三人とも。

何だかもう忘れた食物　とりたてていうほどの食物でもなかったので、もう記憶にないのである。

往来《おうらい》　①道路。通り。②ゆきき。③通信・手紙。ここでは①。

影も形もない　何もない。

我々三人の旅人の、遺跡の破片《はへん》であろう　六年前に三人で泊まった清光館の建物の一部と思われる材木のことをいっている。一八九ページ上4行目に「古くかつ黒い家だった」とある。

何をしているのかと不審して　筆者たちの一行が清光館の跡に立っているのを、村の人たちが何をしているのだろうかと不思議に思って。

そちこち　あちらこちら。そちらこちら。

一九四ページ

吟味《ぎんみ》　①品質・内容などにまちがいがないかどうか念入りに調べること。②昔、容疑者を取り調べたこと。ここでは、筆者たちの様子を探りに来たこと。

浦島の子の昔の心持ち　「浦島の子」は浦島太郎のこと。浦島太郎の昔話で、太郎が竜宮から帰ってみると、自分の村がすっかり変わっているのに驚いた時の気持ち。

いたって小さいようなもの　浦島太郎の気持ちに似てはいるが、それほど切実ではないので、こう表現した。

問うことの答えのようではなかった　筆者は、寄ってきた村の人に「清光館はどうしてなくなったのか」という質問をした。ところが村の人の反応は、ただていねいなだけで、筆者の質問に対する答えにはなっていなかったのである。

月日不詳《がっぴふしょう》　それが何月何日に起こったのか、詳しくは分からないこと。

奉公　店などに住み込みで働くこと。

因縁《いんねん》　ゆかり。関係。

この近くにもおりそうなことをいう　この近くにいるようなことを（村の人が）言う。

こんな悲しい日　「小づくりな亭主」、つまり自分の息子が死んでしまった日のこと。

盆に来る人になって　死者になって。「死んでしまって」を婉曲《えんきょく》に表現したもの。

この晩　思いがけなく清光館を訪ねて、それが消えてなくなっていたことを知った日の晩。

我々の伝記の一部分のようにも感じた　衝撃に近い強い印象を受けたために、自分たちの人生の特筆すべきことという意味で、「伝記の一部分」といっている。

卒然として　だしぬけに。

まるまる縁が切れて　二度と訪れることもなく、まるっきり関係がなくなって。

忘却《ぼうきゃく》　忘れてしまうこと。用例 忘却の彼方《かなた》。

天涯万里《てんがいばんり》の我々の漂遊《ひょうゆう》　「天涯」は空の果てのように遠く隔たった所。非常に遠くまでさまよった旅。筆者は、六年前に小子内を訪れたあと、国際連盟に勤務して、スイスのジュネーブに行っていた時期があって、その間にヨーロッパ各地を旅して歩いた、そのことをさしている。

是非《ぜひ》がない　どうしようもない。しかたがない。

微々《びび》たる　かすかな。小さな。用例 大宇宙から考えれば、人間は実に微々たる存在だ。

片隅《かたすみ》の生存　目立たない所でひっそりと生きていること。「片隅の存在」とはややニュアンスが違う点に注意。清光館の存在とそこでの人々の暮らしをさしている。
点検《てんけん》　一つ一つ検査すること。
猫の額《ねこ ひたい》　非常に狭いことのたとえ。清光館の建っていた土地のことをいう。
誤解《ごかい》**の癖**《くせ》**ある人々がこれを評して、不当に運命のいたずらなどというのである**　物事を正しく解釈せず、まちがった受け取り方をする人々が、運命の神様のなされることを、まちがって、「いたずら」などと言う。筆者は、運命の神様は、どんな片隅の生存にまで一つ一つ点検してなるべくしてそうなるようにしているのだと考えている。しかし同時に、その運命の神様の冷たいしうちをうらみたい気持ちもあり、それがこの皮肉な口調にあらわれている。

一九五ページ

さしまねく　手を使って、来いと言う。
きょとんとして　事情がわからずぽかんとしている様子。
煮干《にぼ》**し**　イワシなどの雑魚《ざこ》を煮てかわかした干物。汁《しる》のだしなどに使う。
黙って興奮《こうふん》**している**　口をきかないでいるが、外からやってきた見なれない人たち（筆者たち）を見て、好奇心で気持ちが高ぶっているのが見てわかったのである。
もったいないと思うばかり、注意力を我々に集めていた　我々にそんなに注目してもらう価値もないのに、娘たちが注意力を我々に集めているのはもったいないことだ、という皮肉とユーモアを交えた表現である。
いま少しは　もう少しは。
口実をこしらえて　娘たちにハマナスのことを尋ねたことをさす。筆者にとっては、踊りのことが聞きたいのだが、いきなり聞くのもおかしいように思われるので、それほど重要でないハマナスのことを話題にしたのである。「口実」は、本当ではない理由。
この節《せつ》　このごろ。最近。
うっかり真《ま》**に受けまいとする用心**　ハマナスのように珍しくもないものをわざわざ捜しに来たことが信じられず、うっかり話にのると、からかわれるかもしれないと用心しているのである。
真《ま》**に受ける**　ほんとうにする。用例 彼はじょうだんばかり言うから、真に受けないほうがよい。

一九六ページ

しおらしさ　柔順な様子。
一つには　前に私たちがここの娘たちをしおらしいと思った理由の一つは。
あの時　六年前、ここで盆踊りを見た夜のことをさす。
月夜の力　満月の夜がつくり出す雰囲気《ふんい》が力となっていたこと。
年がさ　年かさ。他の人より年齢の多いこと。
今年は年がよいから　筆者が小子内を初めて訪れた六年前は、一九二〇（大正九）年、第一次世界大戦が終わり、平和条約の調印された年で、ヨーロッパへ軍需物資を輸出していた日本は、好景気でわき立っていたが、まもなく、大恐慌に見舞われた。

踊りをはずませよう　踊りを景気よくしよう。

若い衆《しゅ》　年が若い男（たち）。特に、地域社会で祭りの世話などをする若者。

不平組《ふへいぐみ》　前掛けに貼る金紙・銀紙が行き渡らずに不平を言った娘たち。当時は踊りの見習いであった。

化粧《けしょう》まわし　力士が土俵入りにつけるまわし。前の部分に美しい模様がある。下図参照。

みたような　みたいな。のような。現在はあまり使わない、古めかしい言い回しである。

物腰《ものごし》　身のこなし。態度。

用例 品のよい物腰の人。

伏し目がち　うつむいて視線を下に向けている様子。

一つ文句ばかり　同じ文句ばかりを繰り返すこと。

物遠《ものどお》くて　何となく遠い感じで。

ついと　すばやく動作が行われる様子。「つと」もほぼ同じ。

用例 ついと顔をそむける。

久しい後までの気がかり　その歌の文句が分からないことが、ずっと後まで気になっていた。

このついでをもって　せっかく訪れたこのついでに。この機会に。

確かめておくべし　確かめておこう。「……べし」は、「……しよう」の意。この「べし」は意志。多少おどけた表現。

翻弄《ほんろう》　もてあそぶこと。なぶりものにすること。ここでは、筆者が「今でも……踊るかね」と、六年前と現在という年の隔たりを考えながら聞いたのを、娘は時期（季節）の違いにすりかえて、「今は踊らない。盆になれば……」と答えたので、筆者が娘にからかわれたことになる。それを「軽い翻弄」と表現したのである。類 愚弄《ぐろう》。嘲弄《ちょうろう》。

あえて　しいて。

一九七ページ

なにヤとやれ　なにヤとなされのう　上13行目に述べられている「何なりともせよかし、どうなりとなさるがよい」が歌の意味である。何とでも、どうでもしてくださいと、女が男に向かって呼びかけている恋の歌。

はた　（それとも）また。あるいは。

情緒《じょうしょ》　じょうちょ。物にふれて起こる感情。

嬥歌《かがい》　男女が互いに歌を「かけ」合うことからきたという。うたがき。教科書脚注参照。

文人《ぶんじん》　文芸にたずさわる人。ここでは、高橋虫麻呂《むしまろ》（推定）をさす。教科書脚注参照。

快楽《かいらく》すべし　楽しみを味わうがよい。この「べし」は命令。

あさはかな歓喜《かんき》　浅い考えからする喜び。

常《つね》の日　日常の日々。

実験《じっけん》　ここでは、「実際の体験」「試練」の意。

やるせない　気持ちが満たされず、つらい。

生存《せいぞん》の痛苦《つうく》　生きてゆくことに伴うつらい苦しみ。

災厄《さいやく》　不幸な出来事。わざわい。類災難。災害。

催《もよお》す別離《べつり》　やってくる別れ。

明朝《みょうちょう》の不安　明朝になれば起こるかもしれない災厄に対する不安、未来の不幸への不安を強調して「明朝」と表現した。「明朝の不安があればこそ」は12行目「悲しいのであった」にかかる。文の構成に注意。

依然《いぜん》として踊りの歌の調《しら》べは悲しいのであった　現実の苦しみを忘れようとして、いくら享楽的に歌い踊っても、明日にも不幸なことが起こるかもしれないという状況は変わらず、したがって不安も消えることがない。踊りの歌の調べからは、そうした人々の悲しい気持ちが抜けることがない。

依然として　元の通りに。少しも変わらず。用例旧態依然。

一九八ページ

「しょんがえ」　普通、「しょんがえ節」という。しょうがない、という意味。教科書脚注参照。筆者は、ここの「なにゃとやーれ」をしょんがえ節の系譜に属するものとしてみているようである。

海行く若者の歌の囃《はや》し　しょんがえ節は、近世のはじめ船歌として始まり、踊り歌になっていったという。

三百年の月日は永かった　数々の生活苦を、しょうがないと歌うことではらすしかなかった人々にとって、三百年は長過ぎると筆者は感じたのだ。

灯火花のごとく風清き高楼《こうろう》の欄干《らんかん》　ともしびが花のように明るく輝き、涼しい風が吹く高い建物の手すり。「にぎやかな都会の立派な建物の中にいても」の意。「離れ島の月夜の浜」（一九八・上2）と対句になっている。

これを聴く者は一人として憂えざるはなかった　しょんがえ節の調べは、どこで聴いても、だれが聴いても、その哀れさに心をうたれるものであった。

酒杯《しゅはい》を交え　さかずきをかわし。

バルサム　植物から分泌される樹脂と揮発性油との混合物。薬品や香料として用いる。ここでは「痛みを和らげる薬」の意味で、歌や踊りのことを指す。

通りすがり　たまたまそこを通っただけであること。

❖発問の解説

（一八九ページ）

1 「初めて還る仏様」とは何のことか。

解答例　筆者が清光館に泊まったのはお盆のころで、その宿屋の精霊棚などの様子から、昨年の盆以降に家族に亡くなった人があって、その仏様の新盆で魂が還ってくるのを待っていることがわかったのである。あとで「活きたお客などは誰だって泊めたくない。」（一九三・上1）とも出てくる。

（一九一ページ）

2 「かわいい憤懣」とはどのようなことか。

解答例　「今年は年がよいから踊りをはずませようというので、若い衆たちが町へ出て金紙・銀紙を買って来て、それを細かく切って貼ってやりましたから、きれいな踊り前掛けができました。」（一九六・上7）とあるように、その年の盆踊りでは、踊り手たちは金紙・銀紙をはった前掛けをつけた美しい姿だった。しかし、それもある年齢以上の本踊り子たちであって、まだ若い娘たちはその金紙が足りなかったので、きれいな飾りがつけられなかったのである。それで娘らしい「かわいい憤懣」、つまり、なぜ私たちにはないのか、というようにくやしがっているのである。

（一九五ページ）

3 「浦島の子の昔の心持ちの、いたって小さいようなもの」とはどのような心情か。

解答例　筆者は以前泊まった清光館を探して来たのだが、そこにはもう家もなにもなくなっていたのである。それまで、筆者の頭の中にはしっかりと存在していた宿が、実際はなかったのだ。それは、浦島太郎が竜宮城から故郷に帰ったところ、自分がいない間に長い年月が経っていて、家もなにも様子が変わっていて、見知った人が一人もいなかったという思いと似て、その感じの小さいような思いを味わったというのである。その心情は、見知ったものを失った寂しさ、実際はあると思っていたものがなかったむなしさ、長い時間が経って隔たってしまったようなせつなさ、のようなものであろう。

4 「松本君へ葉書を書いた」のはなぜか。

解答例　小山内の漁村には、以前松本君と一緒に来ていたが、現在の小山内では清光館がなくなっていて、そこに住んでいた家族も亡くなったり、バラバラになっていたりしている。このような変化が、自分たちの伝記の一部のようであり、自分たちの旅がなにか一つの原因であったようにも感じたから。

5 何が「もったいない」のか。

解答例　砂浜にいる娘たちが、みんな、筆者と連れの者を興味津々で眺めているのである。あまりよその人間の来ないところなのだろう。何者か見極めようとしているのだろうが、筆者たちは、それほど熱心に見られるような価値のある者ではないと、ユーモアを交えて書いている。

（一九七ページ）

6 「軽い翻弄」とはどのようなことか。

解答例　筆者が「今でもこの村ではよく踊るかね。」と聞いたところ、娘のひとりが「今は踊らない。盆になれば踊る。」と答えた。筆者の質問の意味がわかっていて、わざと的のはずれた答え方をして、筆者をからかっていること。

❖構成・要旨

〈構成〉

まず、「浜の月夜」と「清光館哀史」の二つに大きく分けられる。

○浜の月夜

(1)（初め～一八九・上10）　清光館という小さな宿屋に着いた夕方のこと。

(2)（一八九・下1～一九一・上5）　夜になって、盆の踊りを見に行ったこと。

(3)（一九一・上6～下6）　踊りを見た翌朝の様子と、その後のこと。

○清光館哀史

各節に付けられた番号に従って、七つに分けられる。

(1)（一九一・下7～一九二・下19）　六年ぶりに偶然小子内を訪れたが、以前泊まった清光館はなくなっていた。

(2)（一九三・上1～一九四・上3）　六年前を思い出しながら清光館の跡に立っていると、浦島太郎のような感慨がこみあげる。

(3)（一九四・上4～下3）　寄ってきた村人たちに聞いた話から、清光館が没落したことを知る。

(4)（一九四・下4～一九五・上1）　この小さな漁村の六年間の変化が、必然的な運命であることを考えて感慨にふけった。

(5)（一九五・上2～一九六・下8）　浜辺に出て村の娘たちと話をしているうち、六年前の踊っていた女たちの姿を思い出す。

①（一九五・上2～一九六・上2）　浜辺で村の娘たちと話をするが、六年前の踊りの女たちとは違っていた。

②（一九六・上3～下8）　六年前の月夜の盆踊りと踊っていた女たちを回想する。

(6)（一九六・下9～一九七・下13）　気になっていた踊りの文句を教わったが、それは悲しい恋歌であった。

①（一九六・下9～一九七・上7）　六年前から気になっていた歌の文句を、娘の一人が教えてくれた。

②（一九七・上8～下13）　歌は恋の歌であったが、それは、いつ不幸がおそってくるかもしれない不安の影をひそめて悲しい調べである。

(7)（一九八・上1～終わり）　歌の持つ悲しさは、苦しい生活と明日への不安を、一時的にもせよ慰めようという人々の願いがこめられているからであることを知る。

〈要旨〉

○浜の月夜

清光館という小さな宿屋に泊まり、そこで土地の女たちだけの踊りを見る。その踊りの文句をなんとか書きとめたいと思うが、何を言っているか聞き取れないし、尋ねてもだれも教えてはくれなかった。

○清光館哀史

六年ぶりに訪れた海辺の寒村で、以前泊まった清光館の没落を知る。それはこの北の海辺の村々の暮らしのきびしさを知ることでもあった。そして、六年前いくら聞いてもわからなかった踊りの歌の文句を教えられたことから、歌の悲しい調べの源泉——苦しい生活、明日への不安からひとときでも解放されようとする人々の願いをつきとめ得たのであった。

❖構成・読解・言語活動の解説

〈構成〉

1 「浜の月夜」と「清光館哀史」を読み比べて、六年間の変化と筆者が新たに感じ取ったことを整理しなさい。

解説 六年前と再訪の時との最大の変化は、やはり清光館の没落である。筆者は、このことを知った後、六年前にはわからなかった踊りの歌の歌詞を知る。そして、その歌詞に込められた人々の気持ち、この歌詞を容易に旅人に明かさなかった人人の思いに、初めて筆者は気付かされるのである。

2 「清光館哀史」の七つの意味段落の内容をそれぞれまとめなさい。

解説 〈構成〉を参照する。

〈読解〉

1 「どの娘の顔にもすこしの疲れも見えぬのはきついものであった」(一九一・下2)とあるが、この表現から村のどのような様子を読み取ることができるか、説明しなさい。

解説 筆者たちは清光館に泊まった夜、村の盆踊りを見に行った。そこでは女たちが、一心に踊っていて、夜中まで続くらしいのを筆者は聞いて帰ってきた。その翌日である。早朝から女たちはいつもと変わりなく働いている。鹿糠の宿まで来ても、辻のところに踊ったあとがあり、宿のかみさんから夜明け近くまで踊っていたと聞くが、ここでもどの娘の顔にも疲れが見えない。そのことを、たいしたものだと感心しているのである。彼女たちを見て筆者は、女性たちの内に秘めた強さ、たくましさ、激しさを感じ、驚いている。「きついもの」は、えらいもの、たいしたもの、の意。

2 「誤解の癖ある人々がこれを評して、不当に運命のいたずらなどというのである」(一九四・下17)とあるが、筆者は「清光館」の「没落」をどのように受け止めているのか、説明しなさい。

解説 目立たないところでひっそりと存在していた清光館の没落を悲しんではいるが、それを「不当な運命のいたずら」などとは思っていない。なるべくしてそうなったのだと受け止めている。「語句・表現の解説」も参照しよう。

3 「調べは悲しい」(一九七・下12)とあるが、それはなぜか、説明しなさい。

解説 村の娘たちは、以前来たときとは変わったように見えたが、再び聞いた歌は、厳しい生活を送り、明朝の不安にあらがって男に呼びかけるという、以前旅したときに感じたままの悲しい現実を背負った恋歌であった。つまり、変わったように見えるけれども、ほんとうのところは変わっていないのだろうということ。

4　筆者は自身の「記憶」のどのようなことを根拠にして「痛みがあればこそバルサムは世に存在する。」（一九八・下2）という洞察に至ったのか、「痛み」「バルサム」がさしているものを明らかにして説明しなさい。

解説　「痛み」とはここでは、辛い生活。つまり「忘れても忘れきれない常の日のさまざまの実験、やるせない生存の痛苦、どんなに働いてもなお迫って来る災厄、いかに愛してもたちまち催す別離、こういう数限りもない明朝の不安」（一九七・下5）のこと。「バルサム」は、ここでは、そのような苦しみや不安を忘れさせる「踊り」や「歌」にあたる。

「参考」の「農民への思い」も読んで、筆者の考えを読み取ってみよう。

〈言語活動〉

1　谷崎潤一郎《たにざきじゅんいちろう》「陰影礼讃《いんえいらいさん》」など、日本の伝統的な文化について論じた文章を参考に、関心のある伝統文化についてレポートを書いてみよう。

解説　「陰影礼讃」の内容は次の通り。日本料理独特の漆器について、灯明などの作り出す「闇」があって初めて真の美しさを発揮する。また、そこに盛る日本料理も、おぼつかない明かりや「闇」に支えられて初めて美しくもなり、美味にもなる。日本の食生活の中に果たす「闇」＝「陰翳」の役割とその秘密について、具体的に論証し、陰翳が作り出す不思議な世界を、流麗な文章で描き出した、文明批評ふうのエッセイ。これとは対照的なのが坂口安吾《さかぐちあんご》の「日本文化私観」で、「伝統の美だの日本々来の姿などといふものよりも、より便利な生活が必要なのである」と書き、現在の日本人自身が必要としているものでなければ空虚なだけだと述べている。

2　「まとまりの出来事を記録する際、出来事の時間軸を変えて語るなどの構成の工夫がどのような効果を生むか、考えてみよう。

解説　「参考」1を参照しよう。

❖参考

1　二つの文章の比較

二つの文章の関係を考えてみよう。

「清光館哀史」は、前の旅（「浜の月夜」）との比較から成り、前の旅でわからなかった疑問を解明し、筆者により深い考察を与えた旅から生まれた文章である。それが、どのような表現の違いを生んでいるかは、同じ事柄の記述を比較するとわかり易い。例えば、小子内の本踊り子の衣装についての記述では、教科書一九〇ページと一九六ページで比較できる。

「浜の月夜」の方は、事実と伝聞を簡潔に述べているのに対し、「清光館哀史」の方は、筆者の主観的・情緒的な記述が加えられている。目についた表現を拾い出して、比較してみよう。

② 農民への思い

「痛みがあればこそバルサムは世に存在する。」

これは、久しぶりで訪れた陸中の村々での感想であるが、旅人でしかない筆者は、その「痛み」をどのように理解していたのだろうか。

筆者の柳田國男は大学で農政学を勉強した後、農商務省の官吏になり、農政学者としても教鞭をとった。

この農政学、ひいては民俗学にかかわるようになったのは、柳田が言うところの「日本一小さな家」で幼少を過ごした経験と、子どものころに飢饉を間近で見た体験などが影響していると考えられる。実際には、柳田が生まれた兵庫県辻川村の家は、周囲の農家の中ではごく標準的な民家であったが、四畳半が二間、三畳が二間の四間の家で、けっして大きい家とは言えなかった。加えて、親世帯と兄夫婦の世帯が同居し、結局兄嫁が家を出て兄が離婚してしまうという結果になり、その悲劇が柳田に大きな影響を与えたのだという。また、飢饉の体験は、十歳から移り住んだ兵庫県北条町で見た、一八八五年の飢饉のことである。

農政官僚となり、農政学者となった柳田は、当時の常識よりはるかに合理的な政策を考えた。彼はまず、地主ではなく、実際に農作業に従事する自作農や小作農に目を向けた。そして、他の業種同様、農業も商品生産で利潤を得られるような農業経営が必要だとして、具体的な改革案を出した。つまり、それまでの自給自足的な農業ではなく、企業のように商品生産で利潤を得るような中農の養成を考えたのである。そして、その改革案を持って、各地で講演を行い、訴えた。

しかし、明治三、四〇年代には、その合理的な考え方は一般にとても受け入れられるものではなかった。

柳田は、その後、農政学に挫折し民俗学に向かうが、農民を気遣う思いは消えなかった。そのことは教科書本文の「清光館哀史」からも読み取れる。柳田はけっしてただの「通りすがりの一夜の旅の者」ではなく、問題意識を持った旅人なのであった。

第8章 現代という課題

男の絆、女たちの沈黙

尹雄大《ユン・ウンデ》

❖学習の視点

1　男性の中にある価値観の共有について、考えてみる。

2　男性社会の中の女性の立場について考え、筆者は女性の論理をどのように考えているかを読み取る。

❖筆者解説

尹雄大（ユン・ウンデ）　インタビュアー・文筆家。一九七〇（昭和四五）年、兵庫県生まれ。関西学院大学哲学科出身。大学では、援助支援を兼ねた調査でタイに行き、環境破壊の実態を知る。二か月間休学してインドにも行き、紛争地帯に入ってしまったり、警官に身ぐるみ剥がされたり、入院したりと、波乱の旅行をする。食品メーカー・テレビ製作会社・新聞社などに勤務。フリーとなった後は、インタビュアーとなる。現在京都在住。著書に『体の知性を取り戻す』（二〇一四年・講談社現代新書）、『増補新版ＦＬＯＷ 韓氏意拳の哲学』（二〇一七年・晶文社）、『脇道にそれる 〈正しさ〉を手放すということ』（二〇一八年・春秋社）、『モヤモヤの正体 迷惑とワガママの呪いを解く』（二〇二〇年・ミシマ社）などがある。

❖出典解説

この文章は、『さよなら、男社会』（二〇二〇年・亜紀書房刊）に収められており、本文は同書によった。

❖語句・表現の解説

二〇二ページ

それが次第に近づいてくる　「それ」は、八王子であずさに乗り込んできた騒々しい人物のこと。座っていた筆者に、その人物が背後から近づいてきたということ。

横あいから　横の方から。

律儀　真面目で、融通がきかない様子。生真面目な様子。ここでは乱暴な物言いをしている相手に、真面目に答えてしまったということ。

一瞥《いちべつ》　ちょっと見ること。

掌中の切符をまじまじと見　手の中の切符をよくよく見て。「掌中」は、てのひらの中。

一人ごつ　独り言を言う。ここでは、切手を見て、自分の間違いに気がつき、謝罪もなく立ち去った場面。

二〇三ページ

不穏さ　何かが起きそうで、穏やかでない様子。ここは、著者の心の中の苛立った気持ちのこと。

恰幅《かっぷく》が良い　おもに中年の男性が、社会的な立場を感じさせるようなどっしりした体格をしていること。

軽輩　地位や身分、経験が浅くて、社会で軽く扱われる人。

ぞんざいな口の利き方　乱暴な口の利き方。「ぞんざい」は、丁寧でないこと。いい加減な様子。

どういう了見なのだ　どういう考えなのだ。「了見」は個人の考え。

二〇四ページ

思い当たる節がある　なるほどそうだと思うことがある。用例 どこで財布をなくしたか、思い当たる節がある。

二〇五ページ

不均衡　釣り合いがとれていないこと。類 アンバランス。

序列　年齢や成績などによって、人などを並べる順番。

不埒《ふらち》さに応じた「は？」だったと悔やまれた　「不埒」は、言動が許せない限度を超えている様子。相手の失礼な態度に見合った返事は、「予約していますよ。」という丁寧な応対ではなく、礼を欠いた「は？」というものだったと悔やんだということ。丁寧に返事をしたことで、相手のぞんざいな態度を肯定するようになったことを悔しく思っているのだ。

指弾　非難すること。

機を逃す　何かをするのに、ちょうどいいときを逃す。用例 友人と旅行を計画していたが、忙しくしていてその機を逃してしまった。

不遜　相手を見下したような態度をとること。

女性ならばもっと横柄な態度に出たのではないか　「横柄」は、無礼な態度。いきなり他人に失礼な態度をとるような人間は、相手が反撃してこないということを見越してそのような態度をとるので、相手がふつうは反撃しない女性なら、さらに失礼な態度をとったのではないか、と筆者は考えたのだ。

女がそのような軽侮を受けるのは日常茶飯事だ　「軽侮」は、人を軽く見てばかにすること。「日常茶飯事」は、いつでも起こること。いつものこと。女性は、そのような軽い扱いをされるのは、社会ではいつものことで、特別なこととは思わないということ。また、女性の場合は、普段からもっと深く傷つくような扱いを受けているので、著者の体験など何とも思わないということでもある。

女性の怒りの深さの一端に触れた気がした　女性は日常的に見下されるような体験をしていて、その一つ一つのことに怒ったり、反撃したりしてはいないが、その分怒りを深く溜め込んでいると筆者は感じたのだ。

二〇六ページ

何の気なしに　はっきりとではないが、なんということもなく。

用例　何の気なしに買ったバックを、気に入っていつも持ち歩いている。

透明性　向こうが見通せる状況。ここでは、男性にとっての社会とは、色も何もついていない、妨げになるものが少ない空間だが、女性にとっての社会とは、さまざまな妨げのある、男のためにある空間だという意味。

二〇七ページ

これまで話してきた、あるいは話そうとしたことが男たちに拒絶されてきたからだ　「拒絶」は、相手の言動を受け入れないこと。ここでは、女性たちが話す前に「何を話していいかわからない。」と言うのは、それまで何かを話しても受け入れられてこなかったから、話す前にわざわざ自分の話はあまり意味のあることではないと弁解じみたことを言ってしまうのだと筆者は考えている。

語彙　①語の総体を集めたもの。②ある人の使う語の総体。ここでは②の意味。

通俗的　一般に受け入れやすいようなようす。よく世間でそのように捉えられているが、薄っぺらなようす。

単線的　一本の線で。単純な関わりで。

二〇八ページ

複雑な事柄をのっぺりと均《なら》してしまって　実際は複雑な事柄を、表面的に解釈して単純な事柄のようにしてしまって。

その見方を疑いもしない人の多さが、正しさを保証しているだけ　実際は複雑な事柄を、表面的で単純なこととして見る見方を疑いもなく受け入れている人が多いために、それが正しいと保証され、ほかの見方があるとは思われていないということ。

感じてもいないことを言葉の上では整然と述べている　この後に、「自らの行いと体験」→「感じ」→「思い」→「考えるが生じる」という順序で考えにたどり着くとある。であるなら、「感じてもいないこと」から出発する意味に著者が疑問を持っていることがわかる。

二〇九ページ

破《は》綻《たん》　計画や人間関係などが行き詰まること。修復できないところまで壊れること。

そう判断する感性からすると　「そう」は、「言葉の上で破綻がなければ筋道が通っている」をさす。そのような感性を、「自分の中で慣れ親しんだ、男社会の平均的な感覚に従って考えているだけ」で、「本当はそんなふうに感じていないにもかかわらず、社会的な合意が取れる論理に従っているだけ」ではないかと述べている。

話法　話す技術。

縮約　多くの項目などを精選し、全体を簡略にして短くすること。ここでは、多くの男性が女性の話の細部などを削って、端的な内容に書き換えること。

（二一〇ページ）

社会とは「(男) 社会」であり、(男) の箇所が見えていないからだ　社会とは、男にとっての社会であるのに、男にはそのことが見えていない。つまり、「(男) の箇所」が見えていないということ。

❖発問の解説

（二〇三ページ）

1 「そうした表面の態度」とはどのようなものか。

解答例　横合いから急に「予約してないんじゃないの?」と言い放ち、筆者の言葉にも何も言わないで、詫《わ》びの言葉もなく立ち去った態度。男の非礼さ。

（二〇八ページ）

2 「そう」とは何をさすか。

解答例　男たちは自らの行いと体験から感じ、思い、考えて、「女性は感情論で話す。」という結論に至ったということ。

（二〇九ページ）

3 「そこ」とは何をさすか。

解答例　男の文化に養われた感性で、男社会の平均的な感覚に従って考え、社会的な合意が取れる論理に従って、言葉の上で破綻がなければ筋道が通っていると判断する感性から、「女性たちの話しぶりは論理的には聞こえない」とすること。

4 「慎重でありたい」とはどのようなことか。

解答例　男性の論理と、女性の論理は違うという見立てをすることは、結局は女性のあらゆる振る舞いに「女性特有の」という類型化をすることにつながると危惧されるだろうが、そのような類型化をしないように気をつけたいということ。

（二一〇ページ）

5 「それ」とは何をさすか。

解答例　「(男) 社会」の既存のやり方。

❖構成・要旨

〈構成〉

本文は、四段落に分けられる。

(1)（初め〜二〇四・4）

電車の中で失礼な態度の男性に腹を立てた。そのことを考えているうちに、ホモソーシャル、つまり男同士の「絆《きずな》」ということに行き着いた。

(2)（二〇四・5〜二〇八・3）

序列に基づいた男同士の関係というものがあり、非礼な男もそんな慣習による言動かもしれないと思った。女性が相手ならさらに横暴な態度に出たのではないかと、女性の友人に電話で話すと、友人からは「女がそのような軽侮を受けるのは日常茶飯だ。」と返され、女性の怒りの深さに触れたような気がした。「社会」とは、男性には「社会」としてしか見えないが、女性には「男社会」に他ならない。女性にインタビューセッションを行うと、「何を話していいかわからない。」と言う人が多い。彼女たちは、話してきたことを男たちに拒絶されてきたからだ。彼女たちは独自の文法と語彙を持っているが、それは男社会では価値を置かれない。

(3)（二〇〇八・4〜二〇〇九・10）

いまだに「女性は感情論で話す。」と言う男性がいるが、そう結論づけている男たちの論理の質を問うていくと、そもそも僕らの体験を構成しているあり方を検討しなくてはいけないのではないかと思えてくる。自分が何を感じているかに着目せず、言葉の上で破綻がなければ筋道が通っていると判断する感性からすると、女性たちの話しぶりは論理的には聞こえないかもしれないが、彼女たちの語りには感覚の一貫性がある。女性は男性とは違う論理を展開しているかもしれない。

(4)（二〇〇九・11〜終わり）

論理ではなく「論理的」であることを重んじ、ディテールを把握する余裕のない、縮約した事を聞きたがる男性の耳には、女性の声が届かない。彼女たちは「(男)社会」の既存のやり方に従って話すことが求められ、古参のメンバーにはちゃんとしたコミュニケーションに見えるだろうが、それは彼女たちが現に話していることを受け取らない、拒絶のメッセージでしかない。一方が当然と思っている形にはまらないとコミュニケーションと呼ばれないのかについて考えずに済んでいる社会とは、やはり「(男)社会」であり、(男)の箇所が見えていない。

〈要旨〉

「社会」とは、女性には「男社会」に他ならない。いまだに「女性は感情論で話す。」と言う男性がいるが、自分が何を感じているかに着目せず、言葉の上で破綻がなければ筋道が通っていると判断する感性からすると、女性たちの話しぶりは論理的には聞こえないかもしれないが、彼女たちの語りには感覚の一貫性がある。女性は男性とは違う論理を展開しているかもしれない。論理ではなく「論理的」であることを重んじ、ディテールを把握する余裕のない、縮約した事を聞きたがる男性の耳には、女性の声が届かない。一方の男性が当然と思っている理解の形にはまらないとコミュニケーションと呼ばれないのかについて考えたことがあるか。それを考えずに済んでいる社会とは、やはり「(男)社会」であり、(男)の箇所が見えていない。

❖構成・読解・言語活動の解説

〈構成〉

1　「男」（二〇〇二・5）が筆者にぞんざいな態度で接してきた理

由について、筆者はどのように推測しているか、本文に沿ってまとめなさい。

(解答例) ひょっとしたら、彼は男との関係については、会社内での上司と部下の間柄しか知らないのかもしれない。だから年下の男には舐めた口の利き方をしてもいいはずで、会社の外の社会においてもそれが通用すると思っているのではないか、と推測した。また、これがホモソーシャルということかと思った。

2 友人との電話(二〇五・11)で筆者が気づいたことをまとめなさい。

(解答例) 自分が感じた憤りについて、「そこまで怒るほどのことなのか。」といわれた。また、「女がそのような軽侮を受けるのは日常茶飯事だ。」と返され、自身の体験から想像するだけでは決して理解できない女性の怒りの深さの一端に触れた気がした。そこから、男性にとって社会は無色の空間が広がっていると思ってしまうが、女性たちにとっての社会とは、そんな透明性の高いものではなく、いつだって「男社会」に他ならないのだということに気づいた。

〈読解〉

1 「支配者と被支配者との絆で生じる不均衡な信頼と友愛」(二〇五・2)とはどのようなものか、説明しなさい。

(解答例) 理不尽なしごきや暴言を受けてもだんだんと慣れて、うまくやり過ごすコツを身につけ、そこに親しみのような馴染みが生まれ、そのうち目を付けられることが目をかけられることになり、やがて「可愛がられる」ような関係性も生まれるという上下の間柄で育つ信頼と友愛。

2 「僕の言うべき正しい返事はその不埒さに応じた『は?』だった」(二〇五・7)と筆者が考えた理由を説明しなさい。

(解答例) 相手の失礼な態度に見合った返事は、「予約していますよ。」という丁寧な応対ではなく、「は?」という失礼なものだったと悔やんだから。丁寧に返事をしたことで、相手のぞんざいな態度を肯定するようになったことを悔しく思っているから。

3 「『その人の話』を『その人の話として』聞」く(二〇六・10)とはどのようなことか、説明しなさい。

(解答例) その人の話を善悪で解釈したり、会話の最中に次の質問を考えていたりしないで、相手の話をそれそのものとして聞くこと。

4 「論理ではなく『論理的』であることを重んじ」る(二〇九・14)とはどのような姿勢か、説明しなさい。

(解答例) 男社会において、男性の間で通じる話法を「論理的」であると評価し、重んじる一方、女性のそれとは違う論理を重んじないという姿勢。

〈言語活動〉

1 新聞やテレビ、ネットニュースなどから「ジェンダー」に関する話題を探し、その内容をまとめてみよう。

解説　「ジェンダー」とは、歴史的に作られてきた男女の社会的・文化的差異の意識のこと。先天的なものでなく、作られた性差の概念であることに注意しよう。ジェンダーについて調べると、それに反対する意見や賛成する意見などが出てくるが、本来は客観的な事実に基づいたものである。そのことを頭に入れて、調べよう。

2　「社会とは『(男)社会』であり、(男)の箇所が見えていない」(二一〇・10)とあるが、この( )内には他にどのようなものが当てはまるだろうか。私たちが無意識の内に社会の前提としてしまっていることについて考え、意見をまとめてみよう。

解説　社会の中に上下の差が生まれ、その上にいる人間は、自分たちが社会の中で優位に立っていることに気づかない、という例を探す。具体的には、現在世界中で問題になっている、難民が避難している国の中の、自国民と難民との関係などがあるだろう。人種や民族、あるいは日本国内の正規・非正規社員の関係などもある。探してみよう。

トリアージ社会

船《ふな》木《き》　亨《とおる》

❖学習の視点

1　新しいことばが定着するとき、そのことばは社会情勢を映しているといえることを知る。
2　ことばをきっかけに社会を眺めると何が見えてくるか、考える。

❖筆者解説

船木　亨（ふなき・とおる）　哲学者。一九五二年、東京都生まれ。東京大学大学院博士課程（倫理学専攻）を単位取得退学。熊本大学教授を経て、東京大学にて博士号を取得。専門は現代フランス哲学、一八世紀哲学。ロンドン大学滞在後、現在は専修大学教授。ポストモダンの人間と社会について講義を行う。ポストモダンとは現代フランスの哲学者リオタールが提示した、現代を近代の後の時代として位置付け、近代的な社会、制度、思想等の一元的な原理を批判し、現代の消費社会や情報社会に対応した知や実践のあり方を模索する思想的・文化的な傾向のこと。西洋哲学について平易な解説を行う傍ら、人間の死と生のあり方を論じた著作でも知られる。著書に『〈見ること〉の哲学——鏡像と奥行』『進化論の5つの謎——いかにして人間になるか』『現代哲学への挑戦』『現代思想講義——人間の終焉と近未来社会のゆくえ』などがある。また『カウンセリング心理学事典』『哲学中辞典』などに携わる。哲学書の翻訳も手がける。

❖出典解説

この文章は、『現代思想史入門』（二〇一六年・ちくま新書）に収められている。

❖語句・表現の解説

二二二ページ

臨床　患者に接し、診療や資料を行うこと。
剝《む》きだしにされた生　イタリアの哲学者ジョルジョ・アガンベン（一九四二〜）は政治権力の本来の機能を、多様な生の中から端的に殺害可能な生を抽出すること、つまりただ生きているだけの生（剝きだしの生）を生産する点にあるとしている。安楽死や脳死の積極的容認などは「剝きだしの生」の生産を拡大させていると考えられる。

社会的トリアージ　生命の数を重視する考えが広まったことで、健康によいか悪いかが正義となり、ひとびとは自分で選択することなく健康についての判断にしたがい、そのために、ときに自身の自由や命が損なわれることもありうる社会となっているのではないかと、筆者は本文を通じて述べている。

二二三ページ

異議　一つの意見に対する、反対または不服だという意見。異論。異義。

蔓延《まんえん》　つる草がのびて広がることから、病気や悪習などが広がることの意。

二二四ページ

トリアージ的な基準　死に向かいつつある段階のどこにそのひとがいるのかを決める基準。処置がほどこせないほどなのか、処置をすれば助かるのか、軽微な処置でよいのかの基準。

現実が、つねにそれほど明確な状況ではない　どうすることが正しいか判断できるほど明確な状況が、現実にはなかなかないということ。

選択すべき瞬間をいかにして摑《つか》**むか**　現実の状況は明確ではないので、選択する以前に選択すべきときなのかどうか判断することが問題になってくるのである。

それはいつも早すぎたり遅すぎたりする　選択すべきときに気づくのが早すぎたり遅すぎたりするということ。選択しないと多くの犠牲が出ることがわかる状況が、犠牲が出る前のちょうどよいときに現れ、判断できるわけではないのである。

二二五ページ

冗長　話や文章が、むだに多く長いこと。ここでは、日常生活はむだが多く長く続くことを表している。

凡庸　平凡でとりえのないこと、さま。またそのような人。ここでは平凡でとりたてて何も起きない日常をさしている。

疫学　人間集団を対象とした、病気の原因や本当の様子を究明する医学の一分野。今日では、感染症の原因や動向の他、公害など広く健康を損ねる原因などを研究対象としている。

隔離　ここでは、伝染性の病原体の蔓延を防ぐためなどに、他から引き離し接触を避けること。

二二六ページ

度外視　問題にせず、無視すること。

うらはら　ここでは、反対、あべこべの意。

毀損　ここでは、壊すこと。「自己毀損」は自分で自分を傷つけ、壊すこと。

二二七ページ

たてにとられ　言い訳、言いがかりなどの材料とされ。ここでは、健康を言い訳に、個人の振舞いや習慣が自主規制させられること。

干渉　ここでは、他人のことに立ち入り、自分の意思に従わせようとすること。

唯々諾々　何でも逆らわずに他人の言いなりになるさま。

生命政治　フランスの哲学者ミシェル・フーコー（一九二六〜一九八四）は古い君主制の主権は死に対する権利（殺す権利）であったが、近代以降の政治権力は生を管理する生権力に転換し、生権力の中でも出生・死亡率の統制、公衆衛生、住民の健康への配慮などの形で生そのものを管理しようとする生政治が行われるようになってきていると提起した。

（二一八ページ）

中絶も人工授精も、安楽死も脳死も、病気に対する戦略として、無際限に肯定されていく　道徳的価値としての「よさ（善）」ではなく健康において生命政治が行われると、中絶など道徳的な問題と思われることも、病気を存在させないかどうか、健康かどうかで判断していくことになり、そう判断すると肯定されていくということ。

❖発問の解説

（二一二ページ）

1 「同意しがたい正義」とはどのようなことか。

解答例　他の多くのひとを救うために、自分や家族が犠牲になり、命が奪われるということ。

解説　「トリアージ」によって「黒をつけられたひとは、より多くのひとの命を救うために、まだ生きているのに処置されず、死んでいくに任せられる」（二一二・3）ことを「同意しがたい正義」と呼んでいる。

2 「社会的トリアージ」とはどのようなことか。

解答例　大惨事の現場でのトリアージと同じように、社会に生きるひとの命にタグがつけられ、生命の数の問題として社会に生きるひとの命を扱い、障害者や高齢者や非正規社員といった少数の救いにくいひとたちが放置されること。

解説　医療の「トリアージ」とは、より多くの人を助けるために、処置する患者に優先順位をつけることである。それを「社会的」なものと置き換えて考える。より多くの人を助けるために、「障害者や高齢者や非正規社員といった」社会の中の少数派や多くの処置が必要となる人が「放置」されることをさしている。

（二一五ページ）

3 「そうした議論の机上」とはどのようなことか。

解答例　選択すべきときに選択することができることはめったにないのに、ひとはつねに選択が可能であり、選択しなければならないかのように考えて議論をする場のこと。

解説　直前の「ひとはつねに選択が可能であり、選択しなければならないかのように錯覚して議論する」場をさしている。そしてそれがなぜ「錯覚」なのかは、「本当の問題は、『どうすることが正しいか』ではなく、現実が、つねにそれほど明確な状況ではない」（二一四・8）からであり、「現実は、たえざる選択の連続などではない。完全に二者択一の瞬間は、めったに訪れるものではなく、それはいつも早すぎたり遅すぎたりする」（同・14）からである。「早すぎたり遅すぎたりする」というのは、選択すべきときには選択肢がわからず、選択肢が明確になったときの判断では早すぎたり遅すぎたりするということ。「机上」とは、机の上のことだが、「机上の空論」という、頭の中で考えた、実際には役に立たない考えという言葉を意識して使われている。

（二一七ページ）

4 「こうした体制」とはどのような体制か。

解答例　健康が基準とされ、取りやすい統計で健康に害があるとされたものについて、生活のありとあらゆる振舞いや習慣が、それぞれの側で自主規制させられ、それを相互に監視しあい、干渉しあう個人的な生活に維持される現代の社会体制。

解説　前の段落にある「現在の社会体制」のことである。この社会体制は、健康が「たてにとられ、基準にされて」いるものだが、その健康とは、取りやすい統計によって害があるとされたものを禁止することで守られる健康である。このことを含めてまとめる。

❖構成・要旨

〈構成〉

本文は一行空きによって、三段落に分けられる。

(1)（初め～二一三・16）

大惨事の現場で行われるトリアージという考え方は、社会的にも存在する。生命の数の問題として、放置されてもやむを得ないとされるひとたちがいる。明確な問題状況においては、ひとは理性的に判断することで悲劇的な答えを出せることもあるだろう。

(2)（二一四・1～二一六・2）

現実には状況はそれほど明確ではなく、選択すべきときに選択できるとも限らないが、ひとは選択が可能であり、選択しなければならないかのように錯覚する。そして取りやすい統計が主題とされ、多様な社会的な問題においても取りやすい統計が影響する。統計が取りやすいか否かが、個人の選択や正義に関わってくるのだ。しかし、数値になり得ない異例のものや、数値を度外視できる特別な瞬間のなかにこそ、生にとってもっと重要なものが残されている。

(3)（二一六・3～終わり）

取りやすい統計によって、多くの人の健康に害があるとされるものは禁止される社会となってきた。健康がたてにとられ、基準とされ、生活のなかの振舞いや習慣がそれぞれの側で自主規制させられ、相互に監視し、干渉しあって、現在の社会体制が維持されている。こうした体制を前提として、人間を数として扱い、社会の部品のように扱うやり方や考え方が受け入れられ、ひとは統計が示すままにトリアージの色づけがなされ、以前のような自由が失われていく。よって生命政治は「よさ（善）」ではなく「健康」において行われているといえ、そのために中絶や人工授精や、安楽死、脳死などが肯定されていく。なぜ肯定するのかの解答が人間の理性や人権や自由や幸福の概念からではなくなっていく。ひとは自分の自由と自己保存を守ろうとする存在者だと考えられてきたが、自由や生命が損なわれる可能性のある状況なのに多くのひとが抵抗しないのは、巧妙な統治技法のせいなのか、それとも人間が自己保存をしようとする自由な存在ではなかったからなのか。

〈要旨〉

大惨事の現場では、トリアージが行われることはやむを得ないこともあるだろうが、それが社会的にも行われている。人口という社会全体の「生命の数」の問題として、それぞれの命が選別され、放置されてもやむを得ないとされるひとたちがいる。しかし現実の状況はそれほど明確ではなく、放置されてもやむを得ないのかどうか選択すべきときに正しく選択できるとも限らないのに、ひとは選択が可能で、選択しなければならないかのように錯覚している。そしてその選択の判断材料には、取りやすい統計が影響する。統計が取りやすいか否かが、命の選別をも意味する選択に関わってくるのだ。しかし、数値になり得ない異例のものや、数値を度外視できる特別な瞬間のなかにこそ、生にとってもっと重要なものが残されている。取りやすい統計によって多くのひとの健康に害があるとされるものは自主規制させられるようになっていく中で、人間を数として扱い、社会の部品のように扱うやり方や考え方が受け入れられていく。ひとは統計が示すままにトリアージの色づけがなされ、以前のような自由が失われていく。生命政治は「よさ（善）」ではなく「健康」において行われているといえ、生命に関する判断は人間の理性や人権や自由や幸福の概念からではなくなっていく。ひとは自分の自由と自己保存を守ろうとする存在者だと考えられてきたが、自由や生命が損なわれる可能性のある状況なのに多くのひとが抵抗しないのは、巧妙な統治技法のせいなのか、それとも人間が自己保存をしようとする自由な存在ではなかったからなのか。

❖構成・読解・言語活動の解説

〈構成〉

1　「思考実験」（二一三・3）や「カサンドラ・クロス」（同・9）の例を用いて、筆者は何を伝えようとしているのか、説明しなさい。

解答例　ひとは明確な問題状況においては、理性的に悲劇的な答えを出せるということ。

解説　「こうした明確な問題状況においては……得ないではあろうが。」（二一三・14〜16）に筆者が「思考実験」や「カサンドラ・クロス」の例で伝えようとしていたことが書かれている。「思考実験」や「カサンドラ・クロス」の例は、「明確な問題状況」の例である。明確な問題状況であればひとは「理性的に判断」して答えを出せるし、その答えは「悲劇的」なものになる、というのである。

2 「正義の基準の変化」（二一七・2）についてまとめなさい。

解答例 近代では正義は道徳的か否かで判断されていたが、現代では生命の数を重視する考え方が広まり、他人の健康をおびやかさないことが正義となり、健康に害があるとされたものは禁止されるようになってきた。しかし、健康に害があるとされるものは、取りやすい統計で得られた数値を基準にしたものである。

解説 現代では「社会全体の『生命の数』が重視される」（二一二・10）ようになり、「不快なことがあった場合、ひとを道徳的に間違っているといって非難するより、それをすると病気になる、周囲のひとを病気にするという事情を説明することで、それをやめさせることができるような状況になっている」（二一六・7）。この「道徳的に間違っているといって非難すること」は「近代では、互いに迷惑がかかるような行為を、どこまで個人の自由が優先されるべきか、何が法律や道徳によって規制されていいかという物語り方で、各人の理性によって議論され、判断されてきた」（二一七・3）という、近代の正義にもとづいた行為である。このように道徳的かどうかが正義であった近代から、現代は生命の数を重視し、健康が守られるか害されるかが正義の基準に変化してきたのである。そして健康が害されるかどうかは、「統計が取りやすいか否かが、諸個人の選択や、さらには正義に関わってくる」（二一五・13）とあり、取りやすい統計によって判断される。このことも含めてまとめる。

〈読解〉

1 「剝きだしにされた生」（二一一・5）とはどのようなことか、説明しなさい。

解答例 大けがをしているのに処置されず、死んでいくに任せられるさまのことで、生があること、またそれが失われることが自然の姿のままで存在していること。

解説 「それがまさに『剝きだしにされた生』」とある。「それ」とは、トリアージの黒のタグがつけられ「より多くのひとの命を救うために、まだ生きているのに処置をされず、死んでいくに任せられる」ひとの生をさしている。処置されず、自然の姿のままであることを「剝きだし」と表現している。

2 「理性的に判断しようとすればするほど、『悲劇的』にならざるを得ない」（二一三・15）のはなぜか、その理由を説明しなさい。

解答例 理性的に生命の数の多い方を助けることを選択することで、少数でも犠牲となるひとがいる判断になるから。

解説 ここで話題となっているのは「明確な問題状況」

（二二三・14）の場合である。「理性的に判断」するとは、より多くの命を救おうとすることで、「悲劇的」とは、犠牲となる命があることをさしている。

3　「それが正しいと理解することは、選択することをやめるということになる」（二一五・6）とはどのようなことか、説明しなさい。

解答例　統計が取りやすい事象の数値の大きい方（ないし小さい方）を選択することが自動的に正しいとされ、それに従うだけで、自分で何かを選択しないということ。

解説　「それ」は「統計を取りやすい事象」について「統計がいずれの選択肢にも数値を与えてくれるのに対し、数値の大きい方（ないし小さい方）を選択することが正しいとされる」（二一五・4）ことをさしている。これを正しいと理解すると、自分で何かを選択することはなくなり、統計の示すままに行動するということになる。

4　「暴力に匹敵する知」（二一六・11）とはどのようなものか、説明しなさい。

解答例　ひとを従わせる力をもつ知。

解説　具体例として、イヤホンを使うと「その本人に難聴が生じる」という知識を挙げ、「イヤホンのパッケージに『難聴になるおそれがあります。』と印刷」することをさしている。電車内などでイヤホンから漏れてくる騒音が不快なひとが、他人にイヤホンを使わせないようにするために、知識を利用しているということ。ひとを自分の意のままに従わせることは、暴力を振るう行為に似ているので、「暴力に匹敵する」と表現している。

5　「巧妙な統治技法」（二一八・8）とはどのようなものか、説明しなさい。

解答例　自分の自由と自己保存を守ろうとする存在者であるひとが自分の自由や生命が損なわれて差しつかえないとされる状況なのに、多くのひとが抵抗しないほど、社会にとっての生命の数を重視する考えを広め、健康を理由に自主規制させられることを受け入れさせることに成功した統治の仕方。

解説　本文では「巧妙な統治技法」の具体的な技法ついて説明されているわけではないので、何をさして「巧妙な統治技法」と述べているのかを説明する。「巧妙な統治技法」といえるのは「ひとは、自分の自由と生存（自己保存）を守ろうとする存在者だと考えられてきた。とすれば今日の、それぞれの自由や生命が損なわれて差しつかえないとされる状況において、多くのひとがそれに抵抗しようとしない」（二一八・6）からである。このように自分の命が守られない状況が起きうるのに抵抗しないのは、「社会全体の『生命の数』が重視されること」（二二二・10）が社会に受け入れられ、健康を正義の「基準にされて、生活のありとあらゆる振舞いや習慣が、それぞれの側で自主規制させられる」（二一七・7）ことに成功したからである。この統治が成功したのは、「巧妙な統治技法」によるものなのかと述べている。

〈言語活動〉

1　治療において「トリアージ」が導入されることについてどのように考えるか、自分の意見をまとめてみよう。

解説　ここでは本文で述べられているような社会におうけるトリアージではなく、大災害、大事故の現場でのトリアージの導入について考える。より多くの人を助けるために放置される命があることの是非について、自分なりに考えて文章にしてみよう。

2　「人間は本来、自己保存をしようとする自由な存在ではなかったということなのか」（二一八・10）とあるが、あなたは人間はどのような存在だと考えるか。自分の考えをまとめてみよう。

解説　本文ではホッブズが唱えた「ひとは、自分の自由と生存（自己保存）を守ろうとする存在者」という考えが提示されているが、筆者は現代の「自由や生命が損なわれて差しつかえないとされる状況において、多くのひとがそれに抵抗しようとしない」ことと矛盾すると述べている。このことについて、人間とはどのような存在なのか、自分なりの考えを書く。ホッブズの考えに同意するならば、「よほど巧妙な統治技法」が用いられているとなるが、その統治技法とはどんなものか、なぜひとはその統治に従うのか説明する。ホッブズの考えに反対するならば、では人間はどのような存在なのかを説明する。また、自分の考える、人間がどのような存在かについて、本文の言葉を用いずにまとめてもよい。いずれの場合も理由を明らかにし、可能ならば具体例を挙げて説明するとよい。

権力とは何か

杉《すぎ》田《た》 敦《あつし》

❖学習の視点

1　二つの事柄を対比的に捉えて論を進める論法に注意しよう。
2　筆者が挙げる「権力の二面性」について、具体例を整理しよう。
3　実際の社会問題や政治問題における世論や占拠と権力との関係について考えてみよう。

❖筆者解説

杉田　敦（すぎた・あつし）。政治学者。一九五九（昭和三四）年、群馬県の生まれ。専門は政治理論・政治思想史。著書に、『現代政治学の名著』『権力の系譜学』『デモクラシーの論じ方』『両義性のポリティーク』などのほか、編著・共著、翻訳書も多数ある。二〇一五年には、集団自衛権に関する閣議決定・新安全保障関連法案の国会審議をめぐって、「安全保障関連法に反対する学者の会」などの呼びかけ人を務めた。

❖出典解説

この文章は、『政治的思考』（二〇一三年・岩波書店刊）に収められており、本文は同書によった。

❖語句・表現の解説

二三〇ページ

典型的　その類の特徴や性質を最もよく表しているさま。
国境線を引く主権的な権力　他国に干渉されることなく、国民や領土を統治する権利をもつ権力。
確保　失わないように、しっかりと守ること。
「群れ」　人間を個人としてではなく、集合的な存在として見ている表現。括弧付きの表記に注意する。
繁栄　富み栄えること。勢いが盛んになること。
公衆衛生　組織的な活動によって、広く地域全体の人々の病気を予防し、健康の保持や増進をはかること。

二二一ページ

自分たちの正統性　ある政治権力（政府）が、活動の承認・指示を受け、権威を保持している状態のこと。

全体主義　個人に対する国家や民族などの、全体の絶対的優位のもとに諸集団を組み替え、全体の利益を優先させ、諸個人を全体の目標に総動員する政治体制。

専念　一つのことに心を集中すること。用例 学業に専念する。

争点　議論や争いの的になっている主要点。

対立軸　対立する議論や構想の中心的事柄。両者の考え方の違い。争点。用例 両候補の対立軸が明確になる。

二二二ページ

介入　第三者が割り込んで干渉すること。

弾圧　権力や武力を行使して反対勢力の活動を抑圧すること。用例 国家が国民の言論を弾圧する。

迫害　強い立場の者が、弱い立場の者などを追い詰めて、苦しめること。また、そのような種類の行動。

自由権を明示して　日本国憲法では、「思想および心の自由」（一九条）、「信教の自由」（二〇条）、「言論、出版、集会、表現の自由」（二一条）、「学問の自由」（二三条）が明記されている。

社会権　人間に値する生活を営むために、国民が国家に対して保障を要求する権利。生存権的基本権ともいう。日本国憲法では「すべて国民は、健康で文化的な最低限度の生活を営む権利を有する」（二五条）と規定している。

二二三ページ

…を担う　ある物事を支え、押し進める。また自分の仕事として引き受ける。用例 地球の未来を担う子どもたち。

特定の病気にかかった人を……　日本での代表的な例として、かつてハンセン病患者の隔離政策が取られていた。

排除　押しのけ取りのぞくこと。

蔓延《まんえん》　好ましくないものが、はびこり広がること。

二二四ページ

措置　事態に応じて必要な手続きをとること。

監視　警戒して見守ること。用例 監視の目をのがれる。

再配分　租税・社会保障・福祉などにより、社会の中で富を移動させること。国などが、大企業や富裕層に累進的に課税して集めた富を、社会保障・福祉などを通して経済的弱者にもたらすこと。富の再配分。所得の再配分。

財産権　物権、債権、無体財産権（特許権、著作権など）などの経済的利益を対象とする権利。

侵害　他人や他国の権利や領域をおかして損害を与えること。

二二五ページ

ある人びとにとってのそれにすぎない　ある人びとにとっての権力の積極的な側面でしかない。ここで「それ」は、「権力の積極的な側面」をさし、「……にすぎない」は「……以上のものではない。……でしかない」の意。

その群れの外の人びと　例えば、移民や難民などの人びと。

犠牲　ある目的のために、自分の命など大切なものを引き代えにすること。〔用例〕地位や財産を犠牲にして社会に尽くす。

〔二二六ページ〕
そうした側面を含めて、権力なのです　人びとに正確な判断をさせなくするという意味をも含むのが権力というものなのだ。

我慢　辛いことがあっても、その状態を通すこと。

❖発問の解説

1　(二二〇ページ)
「このような権力」とはどのような権力か。

〔解答例〕国境線を引く主権的な権力。あるいは、国境線がどこまでであり、領土がどの範囲なのかということに、非常に大きな関心をもつ権力。

2　(二二一ページ)
「この二つ」とは何か。

〔解答例〕「境界線を引くことに専念する権力」と「生存に配慮する権力」。

3　(二二二ページ)
「それ」とは何か。

〔解答例〕言論の自由や宗教の自由などの、人々の自由権に対する国家の介入。

4　**「そこ」とは何か。**
〔解答例〕生存権のように、国家権力に生活を保障されることを権利と考える場、立場。

5　(二二三ページ)
「権力の二面性」とはどのようなことか。

〔解答例〕権力には、生活に介入して強制的で人びとにとってはありがたくない面と、生活に何らかの便益をもたらしてくれる必要でありがたい面とがある、ということ。

6　(二二四ページ)
「こうした権力」とは何か。

〔解答例〕福祉国家の権力。

7　(二二五ページ)
「そう見える」とはどのようなことか。

〔解答例〕権力が生産的で積極的な面をもつように見えるということ。

8　(二二六ページ)
「この計算」とはどのようなことか。

〔解答例〕権力の効果が私達にプラスになっているか、マイナスになっているか、という計算のこと。

❖構成・要旨

〈構成〉

この文章は、次の三つに分けることができる。

(1)　(初め〜二二一・15)
権力にはさまざまな形があるが、最も典型的な国家権力も、国境線を引く主権的な権力と、「群れ」の生存と繁栄そのものに関心をもつ権力とに分かれる。そしてそのどちらが政治にとって重要かということは、今も重大な政治的な争点となっている。

(2)（二二一・16～二二五・4）

権力を危険で自由を奪うだけのものとして捉えると、国家権力が国民の生活を保障していることなど、権力が私たちを支えている側面が見えなくなってしまう。権力を正しく理解するには、権力の否定的な面だけでなく、生産的で積極的な面も見る必要がある。

(3)（二二五・5～終わり）

権力の生産的、積極的な側面は、ある限定された人びとにとってのものであるが、そういう面があるがゆえに、私たちは権力から抜けられない。私たちが権力を支えるのは、権力の否定的な面と積極的な面のバランスを計算して、プラスの間はその権力関係にいることを選択しているからである。しかし、計算はごまかされることがある。権力のバランスがマイナスになり、大多数の人が我慢できなくなれば、権力は維持できなくなる。

〈要旨〉

権力には、人びとの生活に介入してくる否定的な面と、人びとの生活を保障し助けてくれる積極的な面とがある。人びとは両面のバランスを計算していて、マイナスに傾き、大多数の人が我慢できなくなると、その権力は維持できない。

❖構成・読解・言語活動の解説

〈構成〉

1 「境界線を引くことに専念する権力と生存に配慮する権力」（二二一・8）について、それぞれの権力の特徴をまとめなさい。

解答例 「境界線を引くことに専念する権力」

・外交によって主権国家間でのメンツを保ち、戦争に訴えてでも領土を確保しようとする。
・領土上の国民の生活について直接関心をもたない。
・人びとの自由権に介入したり弾圧したりする。

「生存に配慮する権力」

・領土上の国民の生活状況に関心をもつ。
・教育、公衆衛生、都市計画、福祉などを通じて私たちにはたらきかける。
・私たちの生活を保障してくれる。

解説 筆者の二つの権力の対比的な記述を捉える。

2 「権力の二面性」（二二五・3）とはどのようなことか、説明しなさい。

解説 権力には、否定的な面と、生産的で積極的な面があるということ。「発問の解説」5を参照する。

〈読解〉

1 「同質化圧力」（二二一・6）が「国民主権との関係で出てくる」（同・7）のはなぜか、その理由を説明しなさい。

解答例　主権を有する国民の多様な意見を集約し、一つの声に効率的にまとめてゆくには、国語や歴史、国旗や国歌などを通じて、違いよりも同一性を築いてゆくことが求められたから。

解　説　国民主権の国家では、多様な声（意見）を一つにまとめてゆくことが、法制定の基盤となる。

2　「あらゆる子どもが学校に行けるようになるためには、権力の作用が欠かせません」（二二三・1）とはどのようなことか、具体的に説明しなさい。

解答例　貧富の格差や、地域環境の差などに関係なく、国中のすべての子どもに等しく教育を受けさせるためには、国家権力が徴収する税金を使って、教育環境を整備（学校の設置、設備の配備、教職員の雇用など）する必要がある。

解　説　「あらゆる子ども」という表現に留意したい。ここでは、国という一つの「群れ」の中で、一部の人だけの利益ではなく、「あらゆる子ども」を対象にするということ。

3　「権力の積極的な側面とは、あくまで、ある人びとにとってのそれにすぎない」（二二五・6）とはどのようなことか、説明しなさい。

解答例　例えば公害が原因と思われる病気になっても、権力の積極的な側面（補償や保障）を受けるには、国から病気の原因を公害と認定される必要がある。このように、同じ国家の領土で生活していても、国家権力によって保護され利益を受ける人と、その枠組みに入れてもらえない人がいるということ。

解　説　税金や保険料を納めていても、外国籍住民は権力の積極的な側面から除外されることが多い。例えば、現状は参政権の取得には日本に帰化し、日本国籍を取得することが必須となる。

4　「権力からなかなか抜けられない」（二二五・13）とあるが、それはなぜか説明しなさい。

解答例　権力には生産的で積極的な面があり、それによって利益を得ている側面があるから。

〈言語活動〉

1　境界線とはどのような存在だろうか。国家によってどのような違いがあるかなど、例を挙げながら考えてみよう。

解　説　金融機関の窓口に見かける透明な間仕切りは、強盗を抑制する役割をするが、目に見えるものはわかりやすい。高校の門は所属する教職員や生徒以外は許可なく入れず、そもそも、誰に所属するかどうかの境界線は、模擬テストの合格可能ラインから始まる。また、権力による境界線として、十八歳に得られる選挙権や、二十歳まで禁止される飲酒や喫煙がある。
　このように眼に見えないが領域を区切る境界線はいろいろあるだろう。身近な境界線を見つけ、その役割を話し合おう。また、国家体制によって、権力が引く境界線のあるなし、引き方も違う。調べてみよう。

2　あなたはどのような時に「権力」の存在を感じるか、事例を挙げてみよう。

解説　身近なところでは、買い物を払うたびに支払う消費税や、アルバイトにかかる所得税が政府によって徴収されている。また、大規模イベントなどで、警察官が交通整理に出ていることがあるだろう。もしかしたら、深夜に自転車に乗っていて、職務質問されたことがある人もいるかもしれない。自分の生活から考えてみよう。

3　関心のある社会問題を一つ取り上げ、その問題について正の側面と負の側面を書き出してみよう。

解説　「権力とは何か」の本文から探してもいい。たとえば、領土問題・公衆衛生・都市計画・福祉・学校教育・税金の使われ方（税金の再分配）・食糧の安全性などが本文に出てくる。また、国内のことだけではなく、海外の紛争・政治情勢なども挙げられる。それぞれの社会問題について、正と負の両面を調べて書き出していくと、発見があるだろう。

第9章 〈私〉をひらくために

ビッグデータ時代の「生」の技法

柴《しば》田《た》邦《くに》臣《おみ》

❖学習の視点

1　情報技術の進展は、人間の「生」をどう変えるか、考える。
2　体験と知識が結びついた思考の展開をたどる。

❖筆者解説

柴田邦臣（しばた・くにおみ）　社会学者。一九七三年、愛知県生まれ。東北大学で博士号（文学）を取得。津田塾大学教授。専門は社会学と社会福祉学。「障害・能力」とそれを支える「アシスティブ・テクノロジー、IT、メディア・コミュニケーション」が研究テーマ。アシスティブ・テクノロジーとは、テクノロジーを使って活動や生活がよりよくなるよう支援する技術のこと。特に、人が身につける「能力」は社会環境によって構成されるが、そのような身体とテクノロジーをめぐる社会関係を解読し、人の可能性を追求することを研究している。教育の情報化や科学教育にも近年は注目している。著書に『コミュニケーション理論の再構築：身体・メディア・情報空間』『思い出をつなぐネットワーク―社会情報学会・災害情報支援チームの挑戦―』『字幕とメディアの新展開　多様な人々を包摂する福祉社会と共生のリテラシー』『学習障害のある子どもが第2言語を学ぶとき』（全て共著）などがある。

❖出典解説

この文章は、『〈情弱〉の社会学』（二〇一九年・青土社）に収められている。

❖語句・表現の解説

二三八ページ

核心　物事の中心となるところ。

「障害者の自立生活運動」という補助線を引いてみたい　Citizenshipという概念について考える際に、「障害者の自立生活運動」から検討してみたい、ということ。

根幹　中心となるもの。物事の大もと。

二二九ページ

療養　けがや病気を手当し、からだを休め回復をはかること。

近隣　隣り合う近いところ。

二三〇ページ

教導　学問的な理念や宗教思想などに基づき、教え導くこと。

統治　まとめ、秩序ある状態にすること。

二三一ページ

「自己の身体」は、おそらく有史以来、常に自分以外の様々な力による統治の対象であった　障害者に限らず、人々の身体というのは常に他者に統治されるものであったことを示している。

「有史」とは、文字による記録のある歴史のこと。

橋頭堡《きょうとうほ》　ここでは、何事かに着手するときの足がかり、よりどころ、の意味。

間断ない　途切れのない。絶え間ない。

自立生活運動は、障害者にとっての主体性の獲得闘争　障害者が自立するには、自分についての「真理」を語ってしまう専門職や介助者という権力者に身体を支配されてしまうことが妨げとなる。これに対し、身体と理性を区別し、主体的に自己について考え、自らについて語ることで、身体への影響を外部から受けながらも、自立して生きていくことができるといえる。よって、障害者の自立とは、自分の理性を主体化すること、主体性を獲得するかどうかということなのである。

主体化した障害者の勝利で終わる　身体と理性を区別し、主体的に自分について語ることをした障害者は自立した生活を送ることができる、ということ。逆にいえば、主体化しなければ自立はできないということでもある。

「自己の主体」を実践からめざす障害者の自立生活運動と、古代ギリシャからの理論化からめざされたフーコーのパレーシア概念が、ともに「市民」＝Citizenshipをその源泉としているのは、ある意味で当然なのかもしれない。そのどちらも「命をかけて自らについての真理を語る理性」として現出した　ここまでは障害者の自立について述べてきたが、自立することで生まれる市民は、障害者に限らないとして、ここから人間一般に話を広がっている。

二三二ページ

Rated　ここでは、評価される、の意の「rate」の過去形。評価、の意のratingはrateが名詞化したもの。

二三三ページ

幸福で平和であれば理性的でも主体的でもなくていい　ビッグデータとＡＩの〈規準〉を追いかける人生は主体的とはいえず、「主体なき自己がありうるか、理性なき市民が存在しうるか」（二三三・14）と筆者は否定的である。主体がなければ自己もなく、理性のない市民は存在しないと考えているのである。しかし、ここでは肯定するならば「幸福で平和であれば」それでいいという考えもあるのかもしれないと予想できる反対意見を示している。これについては「私たちの理性的主体」は「他者の理解と社会との関係性の構築」（二三二・10）を意味し、「他者理解なき共存や共生が到来するのか」（同・14）と疑問を呈し、理性的主体がなければ他者理解もなく共存、共生はないと筆者は考えている。

自己を配慮する用意のないもの　理性的主体ではない自己のこと。

確かに未だ実現していない以上、「ビッグデータ×ＡＩ」に問うのもひとつの未来　主体なき自己、理性なき市民、他者理解なき共存や共生はないと筆者は考えているが、ビッグデータとＡＩによる自己統治はまだ実現していないため、できるのかどうか試してみるのも一つの方法、ということ。「ひとつの未来」とはいっているが、筆者はこの未来に非常に否定的である。

二三四ページ

自己統治の〈技〉＝〈生の技法〉　「『自分についての真理』を自らの理性で判断し語る〈力〉が、自らが生きるための〈技〉として必要」（二三〇・7）とあることから、題名にもなっている「生の技法」とは、端的にいえば、自分について語る力のことである。そしてこの力のある人が、主体化された自己である。主体化された自己は、ビッグデータとＡＩに提示された〈規準〉を追いかけるような、ビッグデータとＡＩに統治された自己とは、「仮に似ていたとしても全く異なるものである」（二三四・1）だろうと筆者は考えている。

語られる物語が〈真実〉であればあるほど、その距離は広がる　「情報技術によってモニタリングされた、私たちの生のビッグデータに基づき、そのビッグデータによって強化学習されたＡＩの判断が生み出し、正しさとしてRatedされたものとして現出する」（二三二・14）〈規準〉がより多くのデータを用いた正確なものであればあるほど、本当の人間の真実からは離れる。ビッグデータからＡＩが示す「真実」は生身の人間からかけ離れることを述べている。

ハッピーエンドの「真実の物語」は、たいてい駄作なのだ　ビッグデータとＡＩに自己を統治された人々の世界はできのよくない世界だろうと筆者は考えている。「駄作」とは、できのよくない作品、の意。

❖発問の解説

（二三八ページ）

1　「一人前」とは、ここではどのようなことか。

解答例　生きるために必要なことを自分一人だけで果たすことができること。

解説　「障害があって、生きるために必要なことを自分一人だけで果たすことができない場合」「『一人前』として扱われない」とあるので、その逆に「生きるために必要なことを自分一人だけで果たすこと」ができることが「一人前」なのである。

2 「二種類の人々」とはどのような人々か。

解答例　医者・医療職と、家族・身内。

解　説　ある二〇代の男性がラーメンを食べることを反対する「二種類の人々」を答える。「一つは医者・医療者」「もうひとグループが彼の家族・身内」とある。

（二三〇ページ）

3 「それ」とは何をさすか。

解答例　自立のためには「自分についての真理」を自らの理性で判断し語る〈力〉が、自らが生きるための〈技〉として必要なのだが、専門職や介助者が障害者本人の「自己の真理」を語ることで専門職や介助者に権力が生まれ、障害者本人の身体をめぐって生じたコンフリクト。

解　説　端的には「障害者本人の身体をめぐるコンフリクト」が「それ」がさす内容であるが、なぜ障害者本人の体をめぐるコンフリクトが生じるのかも含めてまとめる。それは同じ段落の前半にある。自立には自分について自分で判断し語ることが必要なのに、障害者は専門職や介助者といった他者に「自己の真理」を判断し、語られてしまう。そのため、専門職や介助者に権力が生まれ、障害者よりも強い立場となり、障害者の身体をめぐってコンフリクトが生じ、障害者の自立が妨げられるのである。

（二三二ページ）

4 「ブラックボックス」とは、ここではどのようなことか。

解答例　自分たちに与えられるレーティング（格付け）はビッグデータとAIによって判断されるが、レーティングを判断する基準がどのようなものかは自分たちにはわからず、ビッグデータの向こう側にしかないこと。

解　説　「ブラックボックス」とは、ここでは、処理過程が部外者にはわからない仕組みや機構のことで、どんな処理過程がわからないのかを答える。ここでの「部外者」とは「私たち」市民のこと。ここで話題となっている処理は「私たちの市民度をスコア化し」て、「SCSや類するシステム」によって「レーティング」を与えることである。

❖構成・要旨

〈構成〉

本文は内容のうえから、三段落に分けられる。

(1)（初め～二三二・13）

近代社会の核心であるCitizenshipという概念について、障害者の自立生活運動を例に考える。障害者は生きるために必要なことを自分一人だけで果たすことができないので「一人前」として扱われない。自立のためには「自分についての情報を自分で所有したり自分のことを、自分に納得いくかたちで決めること」が必要なのに、障害者は「自己よりも自己の身体についての真理を知りうる」とされる専門職や介助者に権力が生じてしまい、自己の判断が妨げられる。これに対抗し、自己を統治するには、自己の身体と自らの理性を区別し、「主体として自己を検討」し、命をかけて自らについての真理を語る「理性の自立的使用」が必要である。これが外部からの影響のもと、自らとして生きていく〈技法〉であり、自立生活運動は障害者にとっての主体性の獲得闘争なのである。そして、その闘争は主体化した障害者の勝利で終わらなければならない。

(2)（二三二・14〜二三三・13）

「命をかけて自らについての真理を語る理性」に、ビッグデータとAIによる真理が介入してくる。ビッグデータによって強化学習されたAIの判断が規準となり、私たちの市民度をスコア化しレーティングを与える。規準の正しさは問われず、私たちはその規準にどれだけ適合しているかを問われ、適合しない責任は個人に向けられ、私たちの主体は規準を追いかけるものとなる。ビッグデータとAIによってレーティングされる社会は、私たちの主体化に代わって自己が統治されることであるが、主体なき自己があるだろうか。自らを主体化することでその外側にある他者や世界を理解できるとフーコーは述べたが。

(3)（二三三・14〜終わり）

　主体がなく他者理解もなく共存や共生ができるのか。未来にはビッグデータとAIにより解答が出るかもしれないが、その解答は私たちが自己と他者をめぐって鍛え上げた自己統治の〈技〉つまり〈生の技法〉とは違うものである。最初から規準に適合した人間などいないのだから、ビッグデータとAIが解答した「真実」は、主体化された人間とはかけ離れており、つまらないものだろう。

〈要旨〉

　近代社会の核心であるCitizenshipという概念について、障害者の自立生活運動を例に考える。自立のためには「自分についての情報を自分で所有したり自分のことを、自分に納得いくかたちで決めること」（二二九・15）が必要だが、障害者は「自己よりも自己の身体についての真理を知りうる」（同・17）とされる専門職や介助者に権力が生じ、自己の判断が妨げられる。これに対抗し、自己を統治するには、自己の身体と自らの理性を区別し、「主体として自己を検討」し、命をかけて自らについての真理を語る「理性の自立的使用」が必要である。これが外部からの影響のもと、自らとして生きていく〈技法〉であり、自立生活運動は障害者にとっての主体性の獲得闘争である。この主体性の獲得は障害者に限らず人間一般のCitizenship獲得に必要なものである。しかし現代は「命をかけて自らについての真理を語る理性」に、ビッグデータとAIによる真理が介入してくる。ビッグデータによって強化学習されたAIの判断が規準となり、私たちの市民度をスコア化しレーティングを与える。これは私たちの主体化を奪い、ビッグデータとAIによる判断に統治されることであるが、主体なき自己があるだろうか。自らを主体化することでその外側にある他者や世界を理解できるのだが、主体がなく他者理解もなく共存や共生ができるのか。未来にはビッグデータとＡＩにより主体なき自己や他者理解において「真理」が解答されるかもしれないが、その「真理」は私たちが自己と他者をめぐって鍛え上げた〈生の技法〉とは違うものである。ビッグデータとＡＩが示す「真実」は、主体化された人間とはかけ離れており、つまらないものだろう。

❖構成・読解・言語活動の解説

〈構成〉

1　本文を三つの意味段落に分け、それぞれに小見出しをつけなさい。

解答例　第一段落「Citizenshipと障害者の自立生活運動」、第二段落「ビッグデータ×ＡＩによる真理と、主体化の危機」、第三段落「主体なき自己とビッグデータ×ＡＩの示す真実」

解　説　段落分けは「**構成・要旨**」参照。第一段落は冒頭の段落に「Citizenshipという概念」の「全体像を論じるために」『障害者の自立生活運動』という補助線を引いてみたい」とあるように、障害者の自立生活運動を通してCitizenshipを獲得するにはどのようなことが必要かが書かれている。第二段落は、第一段落で述べたCitizenshipを源泉とした自己の主体について、現代ではビッグデータとＡＩによる真理が介入してくることを述べている。ビッグデータとＡＩの介入により、市民の主体が、自らの真実を語ることではなく、ビッグデータとＡＩの示す規準を追うものへと変化するという。第三段落では、第二段落で説明されたようなビッグデータとＡＩによる介入を受け入れると、自己が主体ではなくビッグデータとＡＩによるレーティングに統治されることになるが、主体なき自己があるのか、主体なくして他者理解、世界理解ができるのかと筆者の疑問が提示されている。未来にはビッグデータとＡＩにこの疑問へ解答がなされるかもしれないが、その解答は、人が主体的に自己を統治するものとは全く異なるという見解を述べている。

2　「私たちにとっての『自己の身体』は、おそらく有史以来、常に自分以外の様々な力による統治の対象であった」（二三一・4）とはどのようなことか、説明しなさい。

解答例　過去の封建権力や現代の福祉国家も、統治はつねに身体を対象とし、身体は統治に介入されているということ。

解　説　「封建権力にしても福祉国家にしても、身体に介入してこなかった統治のあり様はなかった」とあるように、個々の自由が制限されていると考えられる封建権力においても、個々が尊重されていると考えられる福祉国家においても、統治されるということは、身体に介入してくるということだということ。

〈読解〉

1　「障害者の自己決定に、この種の葛藤はつきものである」（二二九・14）とはどのようなことか、説明しなさい。

解答例　障害者が自己決定をする際に、医者・医療職といった専門職や家族・身内の反対を受け、自分の希望する通りとならないことが多いということ。

解説　ここで紹介されている葛藤とは、味噌ラーメンが好きな男性が医者・医療職といった専門職と、家族・身内に、味噌ラーメンを食べることを邪魔されていることである。このように、障害者が自分で何かを決定する際に、専門職や家族に反対され、自由に自己決定できないことを「この種の葛藤」と呼んでいる。

2　「専門職や介助者が……を生じさせているのである」（二三〇・8）とはどのようなことか、説明しなさい。

解答例　本来ならば自分で語るべき「自己の真理」が専門職や介助者に語られてしまうことで、専門職や介助者に権力が生じ、障害者が自ら自己の真理を語り、判断していくことができなくなっていること。

解説　この「コンフリクト」は、「『自分についての真理』を自らの理性で判断し語る」ことが、専門職や介助者が障害者本人の「自己の真理」を代弁してしまってできなくなることをさしている。それは「専門職や介助者が『自己の真理』を語ることが、権力を生」むからである。この「自己の真理」の「自己」は障害者をさしていることを押さえる。

3　「〈規準〉が中心となる社会は、主体が常にその〈規準〉を追いかける日常が常態となる」（二三二・12）とはどのようなことか、説明しなさい。

解答例　ビッグデータとAIが示す〈規準〉が〝正しい〟とされると、最初から〈規準〉どおりの人間などいないため、人間は〝正しくない〟地点からスタートするので、〝正しい〟〈規準〉をいつも追いかけるということが日常化されるということ。

解説　「〈規準〉そのものは、いつも〝正しい〟。しかし最初から〈規準〉どおりである人間はひとりもいない。つまり人間は、たいてい〝正しくない〟地点からスタートする」（二三二・10）ので、「〈規準〉が中心となる社会は、主体が常にその〈規準〉を追いかける日常が常態となる」のである。つまり、人間は〈規準〉どおりではないので、〈規準〉を追いかけることになるのである。〈規準〉とは「情報技術によってモニタリングされた、私たちの生のビッグデータに基づき、そのビッグデータによって強化学習されたAIの判断が生み出し、正しさとしてRatedされたものとして現出する」（二三二・14）とある。〈規準〉はビッグデータとAIが示すということを解答に含める。また、この「主体」とは「人間」の主体であることをおさえる。

4　「私たちの主体化は、……同時に意味するものだったのである。」（二三三・9）とはどのようなことか、説明しなさい。

解答例　主体として自己を検討し、自立することは自分とそれ以外を区別することでもあるが、自己を主体化し、自立することで、他者の主体化を理解し受け入れ他者を理解でき、周りの社会にも主体的に関わり方を考えていけるようになるということ。

解説　自己を主体化し自立するということは、自分と世界に線を引く、つまり区別するということである。区別すると、世界や自分とは違う他者は、自分の思いどおりになるものではなく、他者にもまた主体化した自己があると考えられるようになる。それを他者の理解と呼んでいる。自分と世界も別のもので、世界もまた自分の思いどおりになるものではないと理解することで、世界＝社会とどのように関係を築いていけばよいのかを考えることができる。それを社会との関係性の構築と呼んでいる。

〈言語活動〉

1　私たちの身近な場面で「ビッグデータ」がどのように活用されているか調べ、その内容を発表してみよう。

解説　インターネットや書籍でビッグデータの使用例を調べよう。ビッグデータとは何か一つのデータをさすのではなく、時間をかけて集め、常に廃棄されることなく積み上げられていく膨大なデータを漠然とさす言葉である。Aのビッグデータと Bのビッグデータを組み合わせて、Cに活用している、というように組み合わせて使うこともある。ビッグデータは○○に使われている、という使用例だけではなく、どのように集めたどんなビッグデータを、実際に何に活用されているのか、具体的に説明できるようにまとめよう。

2　「ビッグデータ」活用にともなうメリットとデメリットについて考え、自分の意見をまとめてみよう。

解説　ビッグデータ活用にともなうメリットは、商品開発や、学術研究の基となるデータ収集など、さまざまな活用例から考えられるだろう。デメリットは、ビッグデータをどのようにして集めるのかに着目して考えてもよい。現在、個人データの保護に対する問題も起きている。また、実際に活用したときに起きうる問題などからも考えてみよう。

「である」ことと「する」こと

丸《まる》山《やま》眞《まさ》男《お》

❖学習の視点

1 用いられている語句、「　」や、（傍点）に注意して、評論文の論理を正確に読み取る。

2 全体の構成に注意して、思考の発想のしかた、展開の方法を読み取る。

3 伝達のための表現の工夫、およびその効果をとらえる。

4 筆者の主張したいことをつかむ。

5 この文章を手がかりとして、日本の近代の精神構造、現代日本の社会の特色について考えてみる。

❖筆者解説

丸山眞男（まるやま・まさお）　政治学者。一九一四（大正三）年、大阪《おおさか》府に生まれる。東京大学法学部卒業。東京大学教授。政治思想史専攻。一九四六（昭和二一）年に発表した論文「超国家主義の論理と心理」は、敗戦直後の思想界に大きな衝撃を与えた。そのほか、現代の社会・政治や、文化・文学の問題についても多くの論考や評論を発表し、戦後の青年学生に影響を及ぼした。著書に『日本政治思想史研究』『政治の世界』『現代政治の思想と行動』『日本の思想』『戦中と戦後の間』などがある。一九九六（平成八）年没。

❖出典解説

この文章は、『日本の思想』（一九六一年・岩波書店）の一部であり、本文も同書によった。

❖語句・表現の解説

二三六ページ

民法《みんぽう》　実質的には、広く公法に対して私法一般。形式的には、「民法」という名の法律、すなわち民法典。

時効《じこう》　不当な状態であっても、一定の期間持続した場合、その事実状態を合法化する制度。

催促《さいそく》　早くするように要求すること。

ネコババ　悪行を隠して知らん顔をする。拾ったものとか、あずかったものを、黙って自分のものにすること。猫が自分のばば（糞《ふん》）に砂をかけて隠すことからきたことば。

きめこむ　①ひとりぎめにそうと信じこむ。②そのつもりになっていい気でいる。③意図的にそれをする。ここでは③の意。

不心得者《ふこころえもの》　心掛けのよくない者。類 不届者《ふとどきもの》。不埒者《ふらちもの》。

気の弱い善人　自分が貸した金の返還を催促できない、ないしは、催促しないのだから、おそらく「気が弱い」人、そして「善人」と想定したのだろう。

不人情《ふにんじょう》　思いやりがないこと。人情に欠けていること。

規定《きてい》　物事の仕方や手続き、また概念などを、それに基づいて行為や議論ができるように、はっきり定めること。またその定め。

根拠《こんきょ》　よりどころ。

権利の上に長くねむっている　権利を行使する努力をしないことを、権利の上によりかかって「ねむっている」ととらえている、この表現をよく味わうこと。

趣旨《しゅし》　①目的。②文章や話で、言おうとしている事柄。ここでは②。

印象《いんしょう》　見たり聞いたりした時に、直接に、深く心に感じとらえられたもの。

請求《せいきゅう》　（正当な権利として）求めること。

請求する行為によって時効を中断　なにもしなければ、時効の成立へ向かって時が進んでゆくから、請求するという行為によって、時効へ向かう時の流れを中断する。「する」の傍点に注意。

たんに自分は債権者であるという位置に安住していると　相手に請求する権利を持っているという位置にあまえて、実際に請求するという権利の行使を怠っていると。「である」に傍点をつけて強調していることに注目。

債権者《さいけんしゃ》　債権（財産に関して、ある人に対してある行為を請求することのできる権利）を有する人。対 債務者。

安住《あんじゅう》　①その境遇に満足していること。②何の心配もなく、そこに落ち着いて住むこと。ここでは、①の意。

喪失《そうしつ》　うしなうこと。

法理《ほうり》　法律の（哲学的な）原理。

保障《ほしょう》　さしさわりのないように保護すること。

不断《ふだん》**の努力**　たえざる努力。つね日ごろの努力。

二三七ページ

基本的人権《きほんてきじんけん》　人間が当然もつべき、一番土台となる権利。人種・身分などによって差別されないこと、思想・信教の自由、集会・結社・表現の自由など。働く権利も、その一つである。

宣言《せんげん》　（個人や集団が）自己の考えを世間に対して表明すること。

対応《たいおう》　二つの物事の、一方にあるものに対するものが、他方にもあること。

自由獲得《かくとく》**の歴史的なプロセス**　自由をたたかいとってゆくことの歴史的な過程。つまり、フランス大革命に代表されるように、中世の封建制支配を打ち破って近代社会が生みだされてきた歴史のあゆみ、をさしている。「プロセス」については、教科書の脚注参照。

将来に向かって投射《とうしゃ》　（過去としての歴史の過程を）未来の進むべき道として映し出す。「投射」は、（かげなどを）投げかけること。

そこにさきほどの「時効」について見たもの　「そこに」は「この規定」（二三七・1）をさす。つまり「第十二条に」の意。「時効」について見たもの、とは「権利の上に長くねむっている者は民法の保護に値しないという趣旨」（二三六・5）をさしている。

いちじるしく　たいへんに。非常に。

若干《じゃっかん》　いくらか。少しく。

国民はいまや主権者《しゅけんしゃ》となった　これを「主権在民」「国民主権」と言う。

主権者《しゅけんしゃ》　国家の主権（国家統治の権力）を有する者。国家の主人公。明治憲法では天皇、現憲法では国民である。

行使《こうし》　（権利・努力を）実際に用いること。

警告《けいこく》　（好ましくないことをしないように）前もって他人をいましめること。前もって告げ知らせる注意。

威嚇《いかく》　おどかし。「威」はおどす。「嚇」は怒り叱《しか》る、の意。

空疎《くうそ》　形だけで、実質的ななかみがないこと。対 充実。

説教《せっきょう》　宗教のおしえを人々に説き聞かせて導くこと。ここでは、「空疎な」とつながって、比喩的に使われていて、「固苦しい訓《くん》戒《かい》」の意。

ヒットラーの権力掌握《けんりょくしょうあく》　ヒットラーは一九三三年、クーデター的に権力を奪いとり、ナチスの独裁体制をつくりだしていった。ヒットラーについては、教科書の脚注を参照。

掌握《しょうあく》　手中に握ること。意のままに使いこなせる状態にしておくこと。

西欧民主主義の血塗られた道程　主権者の地位に安住して権利行使を怠っていたために、いくたびか危機にさらされ血を流した西ヨーロッパの民主主義のあゆみ。ファシズムによる弾圧、それとの激しいたたかいを、「血塗られた」と形容している。

血塗《ちぬ》られた　流された人間の血がついている。

道程《どうてい》　道のり。過程。

二三八ページ

祝福《しゅくふく》　①キリスト教で、神からたまわる幸福。それを求めて祈ること。②前述の幸福を祈り、祝うこと。ここでは②の意。以下、「祝福」「擁護」「行使」に、それぞれ傍点をつけて、注意を喚起している。

擁護《ようご》　かばいまもること。

基本的に同じ発想　「自由を市民が日々行使すること」を重要視する考え方が、前に述べている日本国憲法第十二条の考え方、つまり「権利の行使」を重んじる考え方と同じだというのである。

発想《はっそう》　思いついた考えが展開して形をとること。

自由の実質はカラッポ　自由を守るいろいろな制度が形だけの、実質のないものになることをいう。
自由は置き物のようにそこにあるのでなく、……はじめて自由でありうるということなのです　「現実の行使によってだけ守られる」というのは、現実に自由が行使されることによってのみ、自由は守られている、の意。「日々自由になろうとすることによって」は、「現実の（自由の）行使によって」に相当する。「自由でありうる」は「（自由は）守られる」に当たる。
近代社会　近代の資本主義社会。
惰性《だせい》　いままで進んできた勢い。いままで続いてきた習慣。
物事の判断などはひとにあずけてもいい　自分で物事を判断しようとしないで、人の判断にそのまましたがっていればいい。
それに深々とよりかかっていたい　「それ」はアームチェア。「生活の惰性を好む」「毎日の生活さえなんとか安全に過ごせたら」などの意を、アームチェアによりかかる、という比喩で表現したもの。
はなはだもって　たいへん。はなはだしく。
荷やっかい　負担になって面倒なこと。足手まとい。
自由人　リベラリスト liberalist の訳語からきたものであろう。ここでは、筆者の言う「自分は自由であると信じている人間」をさす。
点検《てんけん》　誤りやよくないところがないかどうか、一つ一つ検査してたしかめること。
吟味《ぎんみ》　（理論・品質・内容・罪状などについて）詳しく調べてたしかめること。もと、詩歌を吟じてみて、その趣を味わうこと。

二三九ページ

自分自身のなかに巣食う偏見からもっとも自由でないことがまれではない　自分自身が持っている偏見にとらわれていることがかなり多い。「のなかに」の傍点は、内部のうちに自覚されぬまま持っているということを強調するため。
偏見《へんけん》　偏った見解。公正でない見方、意見。
「とらわれている」こと　偏見にとらわれているということ。
「偏向」性　偏っている性質。中正を失しがちな傾向。ここでは、偏見にとらわれているというあり方、をさしている。偏向に「　」がついているのは、この文脈における偏見という意で、現実にそれが偏見であるかないかは問題ではない、ということの強調としてつけられているのであろう。
相対的に　すぐ前におかれた「ヨリ自由」をうけていることば。絶対的に自由ということはありえない、という立場から、「自分は自由であると信じている人間」に比べて、この「相対的」ということが傍点付きで強調されているのである。
チャンス　chance〔英語〕機会。好機。
制度の自己目的化――物神化――　人民のため、公共のためという名目でつくられた手段としての制度でも、一度つくられてしまえば制度それ自体が目的化されるようになること。物が霊力をもつとして崇拝されるように、制度それ自体が大きな権威をもっとみなされるようになること。「物神化」は、霊力をもつとして、物が崇拝の対象とされること。ここは、物や制度が大きな権威をもつようになること。

不断　途切れずに続けること。

民主主義という名の制度自体　「という名」として傍点を打つことによって、それはあくまで名であって、実は不断の努力にかかっているということが強調される。

定義や結論よりもプロセスを重視する　結果のよしあしも大切だが、もっと大事なのは、そこに到達するまでの過程だ、という考え。さきの「不断の民主化」という努力の継続が、この「プロセス」にあたる。

定義《ていぎ》　ある概念内容・語義や処理手続をはっきりと定めること。また、それを述べたもの。

プロセス　process〔英語〕①手順。②過程。ここでは、②の意で使われている。

もっとも内奥の意味　いちばん深い奥底にひそめられている意味。

内奥《ないおう》　内部に奥深く隠れた所（の様子）。

債権は行使することによって債権でありうるというロジック　「自分は債権者であるという位置に安住していると、ついには債権を喪失するというロジック」（二三六・8）を言いかえたもの。「する」ことが「である」ことを支えていることが、ここでさらにはっきり、強調される。

モラル　moral〔英語〕道徳。倫理。

「哲学」　philosophy〔英語〕の訳語。この訳語は、日本に西洋哲学を輸入した先駆者、西周（にし・あまね）の発案による。ここでは、学問的体系の一つとしての哲学のことではなく、「　」でかこまれているように、広く人生観・世界観、あるいは深い考え方の意に用いられている。欧米で、日常用いられるphilosophyということばの用いられ方に近いものである。

プディングの味は食べてみなければわからない　“The proof of the pudding is in the eating.”「百聞は一見にしかず」、「論より証拠」などに近い意味である。

「属性」　哲学上の概念としての属性とは、その物の本質をなす性質、物がそれなしには考えられないような性質・特徴のことであるが、ここでは「いわば」を付し、「」に入れていることでも分かるように、一般的に、特徴・性質の同義語として使われている。

内在している　内部に存在している。「内在」は、ある事・物が他の事・物のなかに含まれてあること。傍点がついているのは、つぎの「そのつど」との対比を強調するためのものである。

そのつど検証される　そのたびごとに調べられて証明される。「そのつど」に傍点があるのは、たえず検証がおこなわれるという意の強調。「『属性』として……内在していると考えるか」「……そのつど検証されると考えるか」という対比において、前者が「である」ことであり、後者が「する」ことであるという意を、両者の傍点によって強調している。

二四〇ページ

身分社会《みぶんしゃかい》　ここでは、近代以前の、封建制社会を指している。

打破《だは》　①相手を打ち負かすこと。②社会の発展などのために、障害となるものを取り除くこと。ここでは②。

ドグマ　dogma〔英語〕①教義（教科書の脚注参照）。このほかに、②独断。独断論。ここでは①の意で使われている。

「先天的《せんてんてき》**」**　ア　プリオリ a priori の訳語。「以前から」「前のものから」の意で、経験によって得られたものではなく、経験に先行してある、という概念。生まれたときからそなわっていること。対 後天的。ここでは、こちらで作りあげるとか認めるとかする以前にすでに存在しているもの、の意。「　」づきでも分かるように、一種の比喩的表現である。

「問う」　単に問う、という意ではなく、今まで論じてきた「現実の働き方を絶えず監視し批判する」（二五〇・7）という意が含まれている。「　」をつけたのはそのためである。

ダイナミックス　教科書の脚注参照。動的な力学。スタティックス（statics 静的力学）に対置するもの。「である」はスタティックスであり、「する」はダイナミックスである。

相対的な重点の移動　「である」論理・「である」価値から「する」論理・「する」価値へ重点が移動するさい、「である」の方をまったくはなれて、完全に「する」の方に移ってしまうのではない。「である」をふまえた上で、「する」に重点をおくのである。つまり、絶対的な移動ではなく、相対的な移動なのである。

ハムレット時代　シェイクスピアの『ハムレット』に描かれた時代。あるいは『ハムレット』が上演された時代。この戯曲の初演は一六〇二年。筆者は、ハムレットの心が観客にうけとめられる時代を十七世紀にみて、それをハムレット時代としているものと思われる。ハムレットは戯曲『ハムレット』の主人公で、デンマークの王子。実在のハムレットにまつわる伝説を素材として戯曲は書かれている。

"to be or not to be"が最大の問題であったとするならば　ハムレットの第三幕第一場の独白のなかに、"To be or not to be, that is the question."があり、日本では坪内逍遙《つぼうちしょうよう》が「存《なが》ふるか存《なが》へぬか？　それが疑問ぢや。」と訳したが、筆者はこの to be を「である」的思考の例としてあげ、これにたいして to do を「する」的思考として対置しているわけである。

関心事《かんしんじ》　その事について興味をもち、より深く知ろうと気持ちをはたらかせている事柄。

無差別《むさべつ》　差別がないこと。差別をつけないこと。

謳歌《おうか》　声をそろえてほめたたえること。

「『する』こと」の原則があらゆる領域で無差別に謳歌されてよいものでもありません　「する」ということだけが一つ一つの領域の条件を考えることなくあらゆるところでほめたたえられ、「である」ということがまったく否定されるようであってはなりません。「相対的な重点の移動」とあったことに注意。

二つの図式　「である」ことと「する」こととの二つ、をさす。

実質的な進展　形式的、表面的な進展ではないことを強調している表現。

ギャップ　gap〔英語〕古くは、割れ目などが大きく開くこと。①すきま。みぞ。②感情・意見の相違、へだたり。

非近代的　ここでは近代的に非《あ》らず、つまり、まだ近代以前の封建的なものさえ残っていること、いわば、前近代的ともいうべきものをさしている、と思われる。

過近代的　ここでは近代的に過ぎる、つまり、形式的な近代主義現象がはんらんしていることなどをさしている、と思われる。「超近代的」とも似ているが少しちがう。「過近代的」は筆者の造語と思われる。「非近代的」も「過近代的」もいずれも、真の近代の確立・発展にとって克服されねばならないものとしてとらえられている。

二四一ページ

業績《ぎょうせき》　事業や学術研究の上でなしとげた仕事。仕事のできばえ。

本位《ほんい》　考えや行動の基準とすること。ものごとの中心におく基準。

突如《とつじょ》　不意におこるさま。だしぬけ。類 突然。

家柄《いえがら》　家の地位・格式。また、地位・格式のよい家。

同族《どうぞく》　同じ家族・種族などに属すること。その一族。

素性《すじょう》　素姓、素生などとも書く。血筋。生まれ。「氏《うじ》素性」などとよく使われる。

家柄とか同族とかいった素性に基づく人間関係　「である」ことの原理に基づく人間関係の代表例。

社会学者のいわゆる機能集団　社会学者のいうところの機能集団。社会学の用語で言えば、機能集団。

機能集団　なにかの目的をなしとげるために、それに必要な能力があつめられ、適宜に配備されて、活動する集団。

そもそも　ものごとを説き起こすときに用いる接続詞で、ここでは「もともと」「はじめから」の意。

職能《しょくのう》　職業・職務の上の能力。また、その職業・職務に固有の機能。「職能関係」は、職能に基づく人間関係。

仕事　傍点がついているのは、「仕事」ということに「する」の意が含まれていることに注意をうながすため。「業績」も同じ。

リーダー　leader〔英語〕指導者。先導者。

「えらさ」　「　」がついているのは、実際にえらいかどうかということとは無関係であることを示す客観的叙述のため。

行住坐臥《ぎょうじゅうざが》　行き来、起きふしの、日常のふるまい。日常。平生《へいぜい》。

命令服従関係　命令する者とそれに服従するものとの関係。上下関係である。

ふつうの市民関係　対等・平等な人間関係。横の人間関係である。

二四二ページ

一変《いっぺん》　ぱっと一瞬にして変わること。がらりと様子が変わること。

事理《じり》　ものごとの道理。

娯楽《ごらく》　生活のためではない、遊びや楽しみ。

テンポ　tempo〔イタリア語〕①楽曲演奏の速度。②進行速度。

調子。ここでは②の意。

すべての領域に同じテンポで進行するのでもなければ　どこの領域でも同じ速さで「である」ことから「する」ことへ移行するというわけではない、の意。

価値意識《かちいしき》　「価値観」とも言う。ものごとのよしあし、程度の高下をきめる基準となる意識・感覚。価値意識は、時代によって変わってゆくし、また、それぞれの属する社会的位置・階級・職能などによっても異なる。また、個人のなかで変化してもゆく。

落差《らくさ》　落下または流下する水の、高低二か所における高さの差。転じて、一般に、高低の差。

「近代化」　「」がついているのは、本来なら合理的で人間性を重んじる状態になっていくことを「近代化」というが、日本の「近代化」は、真の近代化とはいえず、問題を多くふくんだ、一般的な意味での「近代化」とは別のものだから。

世の中にむづかしきことをする人を貴《たつと》き人といひ《イ》、やすきことをする人を賤《いや》しき人といふ《ウ》なり　「貴き人」は「貴人《きじん》」、「賤しき人」は「賤人《せんじん》」というが、「世の中」ではふつう、貴人とは地位や家柄の高い人、賤人は身分の低い貧しい人をさしている。福沢諭吉のこの文章では、それが「むづかしきことをする人」と「やすきことをする人」（この傍点は、筆者の丸山真男が付けたもの）とで分けられていて、しかもそれを「世の中に……いふなり」としていることに注目すべきである。福沢はここで、貴賤の判断の基準を「する」ことに置き、どういうことをするかによって貴賤の区別をしようとしているのである。

公卿《くげ》　①「公《こう》」（大臣）と「卿《けい》」（大納言《だいなごん》・中納言《ちゅうなごん》・参議《さんぎ》、三位《さんみ》以上）との称。「くぎょう」とも言う。②広く、殿上人《てんじょうびと》（五位以上の人、および六位の蔵人《くろうど》で、殿上にのぼることを許された人）のことをも言う。

大小《だいしょう》　大刀《だいとう》、小刀《しょうとう》の二本。

二四三ページ

なんとこんな人を見て貴き人だの身分の重き人だのといふ《ウ》はずはあるまじ　ねえ、こんな（ダメな、役立たずの）人をみて、貴い人だとか身分の重い人だとかいうはずはないでしょう。「なんと」は話しかけて同意を求める場合に用いる感動詞。「まじ」は打消推量。福沢は話しかけるようなやさしい文体で書いている。筆者は「素朴な表現」と書いている。なお、ここで、「いふはずはあるまじ」という福沢の強調の仕方に注意すべきである。実は、世間ではなお、家柄・身分で人の貴賤をきめるのが支配的だったのである。これに抵抗しているのが、この言い方である。さきの「世の中に……いふなり」も同様である。

正味《しょうみ》　本当の中身。実質。

維新《いしん》　明治維新のこと。「維新」は、政権の交替で、制度が一新されること。

を《オ》しへ《エ》　教《おし》え。教訓。

資産《しさん》　財産《ざいさん》。

素朴《そぼく》　飾らない様子。ありのままである様子。単純なさま。

「躍進《やくしん》」　「　」をつけたのは、文字どおりの躍進として手ばなしでそれを肯定することはできないとする筆者の意識がそうさせているのである。つまり、筆者は、「近代日本のダイナミックな躍進」なるものに対して、批判的な見地を有しているのである。

「宿命的」　この「　」も、筆者が「日本の近代の……混乱」を宿命的とは必ずしも考えないという意識を示すものと思われる。「　」を付けることで、一応この表現を借りておく、という意識が表されている。「宿命」は、来たるべき事態が避けられない運命であること。

強靭《きょうじん》　強くてねばりがあること。

セメント化　セメントの機能のように、ものをこちこちに固めてしまうこと。固定化してしまう作用。

崩壊《ほうかい》　建物や秩序などがくずれて、こわれること。類瓦解。

自発《じはつ》的な集団形成　「自発的」は、他からの命令や強制によらず、自分から進んで物事をする様子。「自発的な集団形成」とは、「何かをする目的で——その目的のかぎりでとり結ぶ関係」（二四一・4）を基礎にした集団形成のこと。

自主的なコミュニケーションの発達　「自主的」は、他からの保護や干渉を受けず、自分の判断で独立して物事を行う様子。「コミュニケーション」communication〔英語〕は、人間が言葉・文字などの手段によって、互いに意思・感情・思考などを伝達し合うこと。このような「発達」は右の「自発的な集団形成」の基礎となるべきものである。

会議と討論の社会的基礎が成熟しない　「討論」は、特定の問題について何人かの人が意見をたたかわせること。「成熟」は、①果物・穀物などが熟すること、②人間の精神・身体が十分に成長し発達すること、③物事をなすに適当な時期になること。ここでは③。「自主的なコミュニケーション」がなければ「会議」や「討論」も形ばかりのものとなり、目的達成のためにもっともよい手段をさぐるといったその本来の機能も、十分に果たし得ない。

近代的組織　「近代社会を特徴づける社会学者のいわゆる機能集団——会社・政党・組合・教育団体など——の組織」（二四一・5）にほぼ同じ。

閉鎖《へいさ》的　外からのものを受け入れず、その介入を拒否するさま。

「部落《ぶらく》」　村落《そんらく》の一部をなす、比較的少数の家からなる地域的共同体。生産や生活をともにし、地縁的結びつきが強いので、そこでは人々の間で十分なコミュニケーションがなくとも、日常的には差し支えない。ここでは、近代的な組織や制度に、そのような部落的な性格をそのまま持ちこんだという意味で、かぎかっこがついている。

二四四ページ

「うち」のメンバーの意識と「うちらしく」の道徳　その組織に属していれば、メンバーはみな同じような考えを持っているはずだという意識や、異なった意見を持つものを排除するのは当然だとする道徳。同質できわめて排他的な組織の特質である。また、一家の中でのような「身内《みうち》意識」と「波風をたてない道徳」ともとらえることができる。「道徳」とは、社会秩序を守るために各人が守るべきだとされる行動の規範。

大手《おおで》をふって　人に気がねや遠慮をしないで堂々と物事が行われることの形容。

武士《ぶし》　平安中期以降台頭した、武芸をおさめ軍事にたずさわった人。江戸時代では、士・農・工・商の一番上の身分とされた。

町人《ちょうにん》　江戸時代、都市に住んだ商人・職人のこと。身分的には、士・農・工・商の下の部分、工・商にあたるが、当時の都市文化の中心的担い手となった。

作法《さほう》　①礼にかなった立ち居振る舞いのしかた、②物事を行う方法、やり方。ここでは②。

あかの他人　まったく縁もゆかりもない人。

「する」価値の浸潤《しんじゅん》の程度はさまざま　「浸潤」は、①液体が次第にしみこむこと、②ある思想・勢力などが次第にゆきわたること。ここでは②。集団ごとに、目的活動を優先する「する」価値が行き渡った組織と、逆に今だに「である」価値がまさっている組織とがあり、その度合いもさまざまだということ。「である」価値が優越している組織は、ときには組織の「自己目的化」、すなわちその集団の存続自体が目的になってしまうという逆転した現象も起こりやすい。

同じ人間が「場所柄」に応じていろいろにふるまい方を使い分けなければならなくなります　「場所柄」は、その場所にふさわしい様子。「ふるまい方」は、行動・動作のしかた。ある集団に属したり、そのメンバーとつき合ったりするときに、その集団が「する」価値が優越しているか、「である」価値が優越しているかによって、態度や言動をいちいち変えなければならないことをこう言っている。

行動様式　「ふるまい方」に同じ。行動・動作のしかた。

ゴッタ返し　たいへん混雑すること。ここでは、性格の異なったさまざまな集団が、秩序なく存在して混乱していることをさす。

ノイローゼ症状《しょうじょう》　教科書脚注参照。心理的原因で精神や身体機能の障害が起きている状態。**類**神経症。ここでは、「場所柄」によって言動・態度を変えなければならない精神的緊張をこう言っている。

呈《てい》する　ある状態を表す。

漱石《そうせき》　漱石はこの「ノイローゼ症状」を「神経衰弱《しんけいすいじゃく》」ということばで表している。たとえば、「現代日本の開化」という文では、「現代日本が置かれたる特殊の状況によって、我々の開化が機械的に変化を余儀なくされるためにただ上皮《うわかわ》を滑っていき、また滑るまいと思ってふんばるために神経衰弱になるとすれば、どうも日本人は気の毒と言わんか憐《あわ》れと言わんか、誠に言語道断の窮状に陥ったものであります。」とある。

やっかい　面倒なこと。

さほど　それほどには。

とめどない　かぎりない。きりがない。「とめど」は、止めるべきところ。

効用《こうよう》と能率原理《のうりつげんり》　「効用」はききめ。「能率」は仕事のはかどり。すぐききめがあることや仕事のはかどりを第一と考える考え。最も安直なプラグマチズム（実用主義）である。プラグマチズムは近代資本主義の思考原理の一つであるが、これも安直にすぎれば、みずからをほろぼす危険さえ生じかねないのである。

消費文化　「消費」は使ってなくすこと。「生産」の対語。娯楽・スポーツ・芸能などが、その代表的なもの。衣・食・住の文化もそれである。

象徴《しょうちょう》　シンボル symbol の訳語。形をもたない抽象的な事物、思想などの観念内容を、それとは独立した意味を持つ実在的事物によって、具象的に表現すること。また、その表現に用いられたものを言う。

二四五ページ

家具の機能化　家具を置物、装飾としての面において重視するのではなく、もっぱら、使用される効用・活動能力の面からみて、そのような機能の面を中心にして改良・変化させてゆくこと。

享受《きょうじゅ》　受けること。味わい楽しむこと。

なじみの客　なんども泊まって知り合いになった客。馴染《なじ》んだ客。昔の遊郭《ゆうかく》では、一度目が「初会」、二度目が「裏」、三度以上通って親密になった客を、「なじみ客」「なじみ」と言った。

閑暇《かんか》　ひま。ひまがあること。

安息《あんそく》　静かに休むこと。

「レジャーをいかに使うか」というアンケート　レジャーは本来、遊んで楽しみ、働いた疲れをいやすためのものであった。それを「いかに使うか」検討するようになったのは、まさにレジャーというものの意味とあり方が逆転してしまったことを示している。

学芸　学問芸術。

とうとう　「滔々」と書く。①水がさかんに流れるさま。②よどみなく話すさま。③世の風潮が激しい勢いで一方に向かうさま。ここでは、③の使い方。

昇進　地位があがってゆくこと。

二四六ページ

自分について知ること、自分と社会との関係や自然との関係について、自覚をもつこと　「自分について知ること」とは、言いかえれば「自分と社会との関係や、（自分と）自然との関係について、自覚をもつこと」である。後者は前者を少しく説明したもの。「己れ自身を知れ」とは、哲学的な自己確立・自己形成の基本であって、自己確立はまた、社会のなかに対象化された自己、自然のなかに対象化された自己を自覚的に把握することによってなされる。

かけがえのない　かわりのない。「かけがえ」は、必要な時のために備えておく同じ種類のもの。予備。

教養のかけがえのない個体性　知識一般の集積としての教養ではなく、自己確立としての教養は、他のだれかのものをかわりにすることはできないような、他と区別され、独立した個性である。そこをここでは「かけがえのない個体性」と言っている。「教養」は、文化や芸術、知識など、人を豊かにするもの。

芸術や教養は「果実よりは花」なのであり　花と果実には深い内的なつながりがある。花はやがて果実となる。果実は食べることができる。だが、花の価値は、食用となる果実をやがて実らせるからではない。花の美しさそれ自体に価値がある。芸術や教養はそういう意味で「花」なのである、の意。

嗜好《しこう》　このみ。

「古典《こてん》」　過去の時代につくられ、長年月にわたる批判に耐えて伝えられ、現代でも文化的価値の高い学問・芸術上の作品。「　」は、強調のためと思われる。

「古典」というものがなぜ学問や芸術の世界で意味をもっているかということがまさにこの問題にかかわってきます　「この問題」とは、「芸術や教養は……そのもたらす結果よりもそれ自体に価値がある」ということ、をさしている。産業界ならば、生産に役立たないもの、こんにちの実用とは関係のなくなったものは無価値であり、ときには邪魔になる。古いものは大方、すたれてとりのぞかれてゆく。しかし、学問や芸術の世界では、すぐれたものは永遠にほろびることがない。古典としてますます輝きをましさえする。

源泉《げんせん》　水や温泉のわき出る源。物事が尽きることなくわき出る源。

二四七ページ

「先例《せんれい》」　以前にあった同類の例。後の同類の事の判断基準・手本となる例。

暗示《あんじ》　それとなしに知らせること。

政治はどこまでも「果実」によって判定されねばなりません　政治はどこまでも結果としてどんな成果があったかで、その価値評価がきまる、の意。

「無為《むい》」　為《な》す無《な》し。なにもしないこと。

「無能」　能力がない。なにもできないこと。

「無能」と連結されてもしかたのない言葉になっています　無能として扱われる、の意。「連結」は、結びつけて、一続きのものにすること。

寡作《かさく》　作品の数が少ないこと。

休止《きゅうし》　運動・進行・活動などを、一時休むこと。動きが一時止まること。

休止符　音符《おんぷ》の一種。楽曲の途中で、一時、音の連続をやめることを示すもの。

瞑想《めいそう》　目を閉じて静かに考えること。眼前の世界を離れてひたすら思いにふけること。

静閑《せいかん》　もの静かなこと。ここでは「清閑《せいかん》」（世俗のわずらわしさから離れて、ひとり静かにあること）の方に近い意で使われている。

必ずしもそれを時代おくれの考え方とはいえない　たしかに、時代の趨勢《すうせい》とはちがっているし、いまの時代には入れられない考えだが、それは時代遅れの考え方とは言えない。時代の方が間違った方向に進みすぎているのかもしれないのである、の意。「必ずしも～ではない」は、それが絶対とは言えないの意。[用]

[例]必ずしも希望がないわけではない。

価値の蓄積　じっくりと考え、研究すること、それ自体を「価値」とみなし、その持続・反復を「価値の蓄積」と言ったのである。

現代のような「政治化」の時代　現代は、すべてのことが政治的な色彩を帯びやすく、また政治に結びつけられてゆく。政治が各方面にその支配をのばしてゆけば、政治の力をかりて解決をはかるべき領域もひろがる。こういう現代を、筆者は「政治化」の時代と言っているのである。

深く内に蓄えられたもの　「価値の蓄積」（二四七・12）を言い換えたもの。「休止」することにより「瞑想や静閑」の期間を持つことができる、その期間の精神的活動をさす。

二四八ページ

倒錯《とうさく》　逆になること。逆にすること。ひっくりかえること。ひっくりかえすこと。すぐあとの「――」以下の部分、「前者の否定しがたい意味をもつ……前者が居座っているという倒錯」までが、改めて説明した部分。よって、『「する」価値の倒錯」は「を再転倒する……」につながる。

前者の否定しがたい意味をもつ部面に後者がまん延《えん》し　「である」価値が大切な部面に、「する」価値がはびこり。「まん延」は「蔓延」。はびこりのびる（それは悪い状態を意味する）の意。

後者によって批判されるべきところに前者が居座っている　「する」価値によって批判されるべきところに、退陣すべき「である」価値が居直って座りつづけている。

倒錯を再転倒する　ひっくりかえっているものを、もう一度ひっくりかえす。つまり、もとにもどすこと、の意。

道がひらかれる　解決のきっかけが生まれる。可能性が生まれる。

文化の問題に移行すると、にわかに「保守的」になったのを怪しむ方があるならば　政治の問題を論ずるとき、「である」ことに安住せず、「する」ことの実践を強く説いていたのに、文化の問題を論ずることになると、急に、「する」ことの価値観のまん延を批判し、「ある」ことの論理の必要性を説くのは、「進歩的」な姿勢から「保守的」な姿勢へ転換したのではないか、と疑問に思う方があるならば。

現代日本の知的世界　こんにちの日本の学問・芸術、さらにはジャーナリズム、総じて文化創造にたずさわる分野の人々の世界をさしている、と思われる。

ラディカル（根底的）な精神的貴族主義がラディカルな民主主義と内面的に結びつく　学芸の世界では「である」ことの論理・価値を根底的に追求するものと、政治の世界での「する」ことの論理・価値の追求とを、その内面で結びつける。

診断《しんだん》　物事に欠陥があるかどうかを調べて判断すること。

❖発問の解説

(二三八ページ)

1 「荷やっかいな代物」だというのはなぜか。

解答例　「荷やっかい」は「荷厄介」と書き、負担になって面倒なこと、足手まといのことをいう。ここで「荷やっかいな代物」といっているのは、「近代社会の自由とか権利とかいうもの」(二三八・9)のこと。これらは「日々行使する」ことによって守られるものだから、「生活の惰性を好む者、……アームチェアから立ち上がるよりもそれに深々とよりかかっていたい気性の持ち主など」には、日々、自主的に行使しなければならないものなど、負担で面倒なものだろう、ということ。

(二三九ページ)

2 「相対的に」とあるが、それはなぜか。

解答例　「相対」とは、「絶対」の対義語で、ほかと比べてみて、初めてその存在が考えられること。自分は自由であると信じている人間と、自分が「とらわれている」と意識し、今より自由になろうと努力をする人間とを比べると、「とらわれている」と意識している人間の方が、絶対的に自由であるということはありえないが、相対的に自由といえる、ということ。

(二四〇ページ)

3 「二つの図式」とは何か。

解答例　「である」ことに基づく組織や価値判断と、「する」ことに基づく組織や価値判断。

(二四三ページ)

4 「セメント化」とはどのようなことか。

解答例　「セメント化」は、セメントの機能のように、物をこちこちに固めてしまうこと。固定化してしまう作用。

ここでは、「する」原理をたてまえとする組織が、その本来の機能を失って、硬直化してしまうことをいっている。その具体的な例は、すぐ後に書かれている。本来「近代的組織や制度」は自主的なコミュニケーションの場である会議と討論などによって支えられるべきところ、日本ではその社会的基礎が未成熟だったため、近代的組織や制度ができても、それがうまく機能しなかったということ。

(二四五ページ)

5 「大衆的な効果と卑近な『実用』の規準」とはどのようなものか。

解答例　「大衆的な効果」とは、世間の大勢の人に受け入れられるような効果。「卑近」は、ごくごく身近なこと。「規準」は、それによって行動することが求められるようなよりどころ。「卑近な『実用』の規準」とは、普段の生活で求められているようなこと。例えば、速く、安く、美しくなどがそれであろう。

ここでは、「学芸のあり方」に、このような「大衆的な効果と卑近な『実用』の規準が押しよせてきている」としている。「学芸」とは、学問と芸術のこと。学問は真理を探究するものであるし、芸術とは創造的活動であり、一般的な実利を追求するものとは質が違う。しかし、この分野にまでその価値基準が押しよせているというのだ。

（二四六ページ）

6 「この問題」とはどのようなことか。

解答例 「この」とは、「芸術や教養は『果実よりは花』なのであり、そのもたらす結果よりもそれ自体に価値がある」をさしている。「果実」とは、食べられる物を象徴していて、利益につながる。「花」は、ただ見て楽しむだけで、利益にはつながらない。これを具体的に説明すると、例えば、教養があるということは、その人に実利的な結果、――金もうけなど――という結果をもたらすことではない。しかし、その人自体に「かけがえのない個体性」、価値を付加することになる、ということ。このような「問題」が「『古典』というものがなぜ学問や芸術の世界で意味をもっているか」ということにつながるというのである。

❖構成・要旨

〈構成〉

小見出しに従って、全体を大きく七つの部分に分ける。

(1) （初め～二三八・12）「権利の上にねむる者」

① （初め～二三六・10）債権者であるという位置に安住していると、ついには債権を喪失するというロジックは、一民法の法理にとどまらぬ重大な意味があるのではないか。

② （二三六・11～二三八・1）①を日本国憲法に適用したもの。主権者であることに安住していると、ついには主権を失う。

③ （二三八・2～12）①をアメリカの社会学者のことばに適用したもの。自由は、自由になろうとすることによって、はじめて自由でありうる。

(2) （二三八・13～二四〇・16）近代社会における制度の考え方

① （二三八・13～二三九・5）自由であると信じている人間は、自由でないことが多いが、自由でないことを見つめている者はかえって自由になりうる。

② （二三九・6～11）①を民主主義という制度に及ぼしたもの。自由と同じように民主主義も、不断の民主化によって民主主義でありうる。

③ （二三九・12～二四〇・8）債権についてのロジックは近代社会の制度・モラル・「哲学」にまで広げられるが、この「である」から「する」への移行が近代にみられる。

④ （二四〇・9～16）「である」ことと「する」ことの二つの図式はさまざまの事柄を測定する基準となるばかりでなく、現代日本の問題を反省する手がかりにもなる。

(3)（二四一・1〜二四二・10） 業績本位という意味

①（二四一・1〜11） 「である」論理から「する」論理への移行は、社会過程の一つの側面で、近代社会の機能集団では、「すること」、つまり業績が価値を判定する。

②（二四一・12〜二四二・4） ①を会社の人間関係に当てはめると、仕事という側面に限定された関係になる。

③（二四二・5〜10） 「する」社会と「する」論理への移行は、一様ではなく、様々のヴァリエーションが生まれる。

(4)（二四二・11〜二四四・8） 日本の急激な「近代化」

①（二四二・11〜二四三・6） 福沢諭吉のことば。

②（二四三・7〜14） 福沢諭吉のことばには、「である」から「する」への変革の意味が表れているが、近代日本では「である」価値が根を張り、「する」組織がセメント化されてきた。

③（二四三・15〜二四四・8） 近代的組織や制度の中に「うち」の意識や道徳を通用させ、なおかつ集団によって「する」価値の度合いが多様なので、日本の近代人は、夏目漱石が見抜いたように、「ノイローゼ症状」を呈している。

(5)（二四四・9〜二四六・1） 「する」価値と「である」価値との倒錯

①（二四四・9〜12） やっかいなのは、「する」ことの価値に基づく検証が必要なところではそれが欠けていて、必要のない面に効用と能率原理が進展している。

②（二四四・13〜二四六・1） ①の具体例。それは大都市の消費文化においてはなはだしく、また学芸のあり方にもみられる。

(6)（二四六・2〜二四七・13） 学問や芸術における価値の意味

①（二四六・2〜13） アンドレ・シーグフリードが言うように、芸術や教養は、結果よりもそれ自体に価値がある。

②（二四六・14〜二四七・13） 政治や経済の活動と文化的な精神活動とは違い、文化的創造では価値の蓄積が大半である。

(7)（二四七・14〜終わり） 価値倒錯を再転倒するために

深く内に蓄えられたものを持って、文化の立場から政治への発言と行動がなされることが、「である」価値と「する」価値の倒錯を再転倒するためにも必要である。

〈要旨〉

「である」ことと「する」ことという二つの図式を想定することによって、日本の近代の精神構造を分析している。債権は行使することによって債権でありうるという一民法の法理を、社会制度・モラル・一般的価値基準へと広げ、さらに現代日本の問題に及ぼしている。日本の急激な近代化が両者のセメント化をもたらしたこと、「する」価値と「である」価値の倒錯がみられることを批判し、学問・芸術における価値を論じて、現代日本の知的世界への問題提起をしている。

❖構成・読解・言語活動の解説

〈構成〉

1　本文は七つの意味段落から構成されている。各段落の要旨を、それぞれの小見出しに注意してまとめなさい。

解説　「構成・要旨」参照。

2　「『である』こと」と「『する』こと」の意味はどのように対比されているか、論の展開に沿って整理しなさい。

解答例　一章ずつ整理してみよう。

・第一章―民法の「時効」「基本的人権」「自由」という例をひいて「である」ことと「する」ことの意味を紹介している。具体的には、それぞれの権利に安住して、「である」という状況からなんの行動も起こさないと、その権利はいつか失うことになる。権利を失わないためには、権利を行使する、つまり「する」という行為を行わなければならない。

・第二章―「民主主義」は、不断の民主化によって辛うじて民主主義でありうる。また「民主主義的思考」とは、定義や結論よりプロセスを重視することだといわれる。このように近代社会の制度やモラルは、「する」論理の上に立っている。近代精神のダイナミックスは、「である」ことから「する」ことに相対的な重点の移動によって生まれた。この二つの図式は、具体的な制度の民主化を測定する一つの基準となる。

・第三章―「である」論理から「する」論理への推移は、すべての領域に同じテンポで進行するのではなく、同じ近代社会といってもさまざまのヴァリエーションが生まれてくる。

・第四章―日本の急激な近代化によって、「する」原理をたてまえとする組織が生まれたが、その本質は「である」価値によってセメント化されている。そのため、人々はそれぞれの集団によってさまざまなふるまい方を使い分けなければならなくなった。

・第五章―「『する』こと」の価値に基づく検証が必要なところでは、それが欠けているのに、それほど必要でない。例えば、休日の過ごし方とか、学芸のあり方という面では、「する」価値がおどろくべき速度と規模で進展している。

・第六章―教養とか学問、芸術といったものは、「果実より花」、つまり「である」が価値基準なのであって、成果によってのみ判定させる政治や経済の制度と違い、前へ前へ進むとか、不断に忙しく働いているということより、価値の蓄積が何より大事である。

・第七章―現代においては、「である」価値が意味をもつ学問・芸術の分野に「する」価値がまん延し、「する」価値によって批判されるべき政治などの分野に、「である」価値がいすわっている。この倒錯を再転倒するためには、「である」価値によって蓄えられ、支えられた文化の立場から、政治への発言と行動が必要なのである。

〈読解〉

1　「一民法の法理にとどまらないきわめて重大な意味」（二三

六・9）とはどのようなことか、この段落全体を踏まえて説明しなさい。

解答例　「時効」の根拠である「権利の上に長くねむっている者は民法の保護に値しない」は、日本国憲法にある基本的人権にもそのままあてはまる根拠で、主権者である国民が、その権利を守る努力をしないでいると、あるとき主権者でなくなり、自らの自由を失う、ということ。

2　「民主主義も、不断の民主化によって辛うじて民主主義でありうる」（二三九・9）とはどのようなことか、説明しなさい。

解答例　民主主義は、人民が常日頃から実践（制度の自己目的化――物神化――を警戒し、制度の現実の働き方を絶えず監視し批判する）「する」ことによって、なんとか保つことのできるものであるということ。

3　「職能関係がそれだけ『身分』的になっている」（二四二・3）とはどのようなことか、「である」と「する」の語を用いて説明しなさい。

解答例　会社という組織は本来は「『する』こと」の原理に基づいているのだから、会社の中の上下関係は仕事という側面についてだけ存在するもののはずである。それが仕事以外の娯楽や家庭の交際にまでつきまとうのは、人間そのものの価値にまでその上下関係が拡大されていることで、「身分」的になっている、つまり「『である』こと」に基づく組織になっていると言える。

4　「それはとくに大都市の消費文化においてはなはだしい」（二四四・13）とあるが、何がどのように「はなはだしい」のか、本文の例に即して説明しなさい。

解説　「それ」とは、世界的に「する」価値のとめどない侵入が反省されようとしているような部面で、「する」価値の効用と能率原理がおどろくべき速度と規模で進展しているということ。そのような状態が大都市の消費文化では顕著だということ。具体的には、住居の機能や休日の過ごし方、学問芸術などの分野でもその傾向がある。

❖言語活動

1　自分たちの生活の中にある「である」価値と「する」価値について、具体例を挙げて話し合ってみよう。

解説　たとえば、地元の伝統工芸品について、それを支えている人が何代目であるとか、江戸時代から続いている家であるなどの価値は、「である」価値である。その伝統工芸品をつくるためにたえず技能を磨き、高い品質の作品を目指す、あるいは、常に新しい視点を入れて、現代に認められるような作品を作成するなどの工夫をしていたとすると、それが「する」価値となる。

それ以外にも、たとえば高校生「である」価値と、高校生を「する」価値の違いは何か、というような考え方をしてみても発見があるだろう。

2　夏目漱石「現代日本の開化」（一一一ページ）と読み比べ、二人の筆者の主張の共通点をまとめたうえで、それに対するあなたの考えを書いてみよう。

（解説）　夏目漱石の「現代日本の開化」では、長い鎖国の末、突然西洋の文化が日本に入ってきたという状況について述べている。その勢いは強烈で、この新しい波がどのようなものなのかもわからないままに、今までの文化を捨てて、新しい文化を受容しなければならなかった様子がわかる。しかも、西洋人が百年もかかって到達したものを、日本はわずかな時間で取り入れなければならなかったと書かれている。その結果、「吾人はこの驚くべき知識の収穫を誇り得ると同時に、一敗また起つあたわざるの神経衰弱にかかって」（一一六・5）とある。

「『である』ことと『する』こと」では、第四段落の「日本の急激な『近代化』」の中で、「伝統的な『身分』が急激に崩壊しながら、……続々とできる近代的組織や制度は、……『うち』のメンバーの意識と『うちらしく』の道徳が大手をふって通用します。しかも一歩『そと』に出れば、武士とか町人とかの『である』社会の作法はもはや通用しない」（二四三・15〜二四四・3）とあるように、市中の価値観の混乱が書かれている。また、「私たち日本人が『である』行動様式と『する』行動様式とのゴッタ返しのなかで多少ともノイローゼ症状を呈していることは、すでに明治末年に漱石がするどく見抜いていたところです。」（二四四・6）とある。

これらのことから両者の主張の共通点をまとめ、そこから考えてみよう。

第二部

第1章　多様性のほうへ

ピジンという生き方

管《すが》啓《けい》次《じ》郎《ろう》

❖学習の視点

1 「ピジン＝クレオル言語」の成り立ちを読み取ろう。
2 多文化社会でのピジン言語の例やメカニズムを読み取ろう。
3 言葉と「私」、言葉と「世界」や「歴史」との関係について、筆者の考えを捉えよう。

❖筆者解説

管　啓次郎（すが・けいじろう）。一九五八（昭和三三）年、愛媛県の生まれ。詩人。比較文学者。異文化コミュニケーション、翻訳文化を論じる。東京大学教養学部フランス文学科卒。ニューメキシコ大学修士号取得、ワシントン大学博士号（比較文学）取得。明治大学教授。二〇一一年、エッセイ『斜線の旅』で読売文学賞を受賞。二〇一一年の東日本大震災を機に、アンソロジー『ろうそくの炎がささやく言葉』を編集。朗読劇『銀河鉄道の夜』を制作した。著書に、『クレオール主義』（一九九一年・筑摩書房）、『野生哲学——アメリカ・インディアンに学ぶ』（二〇一一年・講談社現代新書）、『ホノルル、ブラジル』（二〇〇六年・インスクリプト）、詩集に『Agend'Ars』などがある。

❖出典解説

この文章は、『オムニフォン——〈世界の響き〉の詩学』（二〇〇五年・岩波書店刊）に収められており、本文は同書によった。

❖語句・表現の解説

二六〇ページ

迂回《うかい》　遠回りをする。［用例］工事現場を避けて迂回する。

二六一ページ

遠征　敵を討つため、あるいは試合の目的で遠方まで赴くこと。

たかが知れている　金額や量などの程度、値打ちがたいしたことはない。

雄弁　相手を説得する話術が巧みなこと。力強く堂々と弁舌を振るうこと。

ピジン言語　言語が異なる相手と交渉するうち、意思疎通を図るためにその場で自然に作られた言語。「ピジン pidgin」は、英語の「ビジネス business」が中国語風になったものといわれる。

クレオル言語　ピジン言語がその地域の言語に取り込まれ、後の世代に受け継がれて母語となった言語。「クレオル」は植民地生まれ、の意味。

搾取　しぼり取ること。資本家が労働者の利益を独占すること。

洗練　優雅で品格があること。[用例]デザインが洗練されている。

支配の末端でほころびはじめる　支配者と被支配者が直接接触し交渉する場面で、支配、被支配の関係が厳密ではなくなる。「末端」とは、一番端、組織の最下層。

混成　違うものが集まって一つになること。

二六二ページ

抑揚　歌や曲、人の話や朗読などの音声が、語句の切れ目や文末で高くなったり低くなったりする調子のこと。[同]イントネーション。

カイマナ・ヒラ　英語の「ダイアモンド・ヘッド」がハワイ語の音に変化した言葉。

輪郭　物の周囲を縁取る線。外形の線。

二六四ページ

ブルトン人　フランス語で Bretons。グレートブリテン島からフランスに移住し、主にブルターニュ地方に暮らすケルト系民族。

痕跡　かつてそこに何ごとかがあったことを示すあと。[用例]足跡やふんなど、この山にはクマがいる痕跡がある。

二六五ページ

反響　音などが何かにぶつかって返ってくること、影響。

名残《なご》る　気配が残ることという意味の「名残《なごり》」を動詞化したもの。筆者の造語。

いわれもない　理由がない。「いわれ」は由来。由緒。[用例]私が非難されるいわれはない。

遍歴　各地を巡り歩くこと。さまざまな場所で、多くの経験を積むこと。

❖発問の解説

(二六〇ページ)

1　「大きな迂回」とはどのようなことか。

[解答例]「旅」で出会った言葉から新たな可能性を感じて、一般的な人生のコースから外れて、長い期間を海外の旅に費やすという生き方をすること。

(二六一ページ)

2　「カタコト的精神」とは何か。

[解答例]外国語の言葉数が少なく文法も知らず、カタコトで

しか話せなくても、知る限りの言葉を総動員して、人の言葉や文を理解しようとし、自分でも使ってみようとする考え方。

3 「こんな逆転」とはどのようなことか。

解答例　圧倒的な暴力によって近代以降の世界を作ってきた「ヨーロッパ」の言語が、その支配の末端でアフリカやアメリカ先住民の言葉に飲みこまれ混成していき、言葉の力関係が逆転したということ。

（二六二ページ）

4 「ひとつの言語だけでは、世界を理解することはできない」とはどのようなことか。

解答例　世界中のどんな小さな土地でも、他人との交渉があるかぎり複数の言語が使われ、ひとつの安定した言語だけということはありえないので、世界を理解するにはいろいろな言語を理解する必要があるということ。

（二六四ページ）

5 「島宇宙」とはどのようなことか。

解答例　地理的には孤立した島に多種の言語が使われていて、多様な文化の宇宙のような世界を形づくっているということ。

（二六五ページ）

6 「希望のマストに宿る」とはどのようなことか。

解答例　他国の言語が入ることによって新しい交流が生まれ、言葉が世代を超えて定着することによって、新しい可能性が開かれる希望があるということ。

❖構成・要旨

〈構成〉

この文章は次の五つに分けることができる。

(1)（初め～二六〇・12）

言葉との出会いには、新たな可能性がある。カタコトの会話が、異邦の人々を笑顔にし、自分の不安を期待に変えるように、言葉は、純粋な可能性を開く。「旅」で出会う「言葉」に「新たな経験の可能性」を求めて、旅をつづけることになった。

(2)（二六一・1～17）

ぼくは、その場で利用可能な言葉を総動員して、人の言葉を理解しようとし、自分でも使おうと試みてきた。そんなカタコト的精神を肯定してくれたのは、大学で知った「ピジン＝クレオル言語」だった。異質な人々が交渉のために意志を伝え合おうと接触するうち生まれる、必要十分な「間に合わせ言葉」のピジン言語が、ある種の文法上の癖を共有する。それが定着し、洗練され、語彙をふやせば、クレオル段階に移行する。アフリカやアメリカ先住民の言語が、支配の末端で「ヨーロッパ」の言語を飲みこみ混成する逆転の現象である。

(3)（二六二・1～11）

ぼくの最大の転機は、一九八一年ホノルルで、本物の他文化社会とそこから生まれた島の英語との接触だった。アジア系住民、ハワイ先住民や太平洋の人々、世界中の観光客が話す島の英語が大好きになり、言語人類学を学ぶことになった。

(4)（二六二・12～二六五・5）
ひとつの言語だけでは、世界のどんなに小さな部分も理解できない。その土地で他人との交渉をくりかえせば、使われた言語はひとつの安定した言語のみではない。移住者の多い、地理的に孤立した島である小笠原諸島では、世界中の言語を母語とする移住者が、母語をフィルターにした特徴ある英語や日本語を使っている。人口の少ない島では、他国の言葉が世代を超えて残り、音の変化や新たな用法の発明などの言葉のメカニズムが、人々に新たな経験の可能性を開くこともあるだろう。

(5)（二六五・6～終わり）
同様に考えれば、「私」が世界を遍歴して交わした言葉の響きの集積が、私という人間とその生き方そのものである。そして、言葉の響き自体が「世界」や「歴史」の小さな証言となるのではないか。私自身の訛《なま》りで私の遍歴を証言し、世界の言語の響きに合流していこう。

〈要旨〉
「言葉」は、「新たな経験の可能性」を開く。異質な人々が日々の交渉のために生まれる「間に合わせ言葉」がピジン言語であるが、同様に、「私」が世界を遍歴して聞いた言葉の響きの集積、それ自体が「私」という存在である。

❖構成・読解・言語活動の解説

〈構成〉

1　本文を五つの段落に分けて、それぞれの内容を簡潔にまとめなさい。

解答例　「構成・要旨」参照。

・第一段落…ぼくは、「新たな経験の可能性」を開く。言葉との出会いを求めて、「旅」を続けてきた。

・第二段落…異質な人々が交渉のために意志を伝え合おうとして生まれる「間に合わせ言葉」がピジン言語であり、文法上の癖を共有して定着し、クレオル段階に移行する。それは、先住民の言語が支配者の言語を飲みこむ逆転の現象である。

・第三段落…ホノルルで多文化社会に生まれた言葉を初めて聞いた。明るく輪郭のはっきりした島の英語が大好きになり、言語人類学を学ぶことになった。ひとつの言語だけでは、世界のどんなに小さな部分も理解できない。他人との交渉があれば使われる言語はひとつではありえない。地理的に孤立した人口の少ない島では、他国の言葉が世代を超えて残る言葉のメカニズムが、人々に「新たな経験の可能性」を開くこともあろう。

・第四段落…「私」が世界を遍歴して聞いた言葉の響きの集積が、「私」という存在である。

2　筆者は二六三ページで社会言語学者ダニエル・ロングのことばを引用しているが、それはどのようなことを主張するためか、説明しなさい。

解答例　ひとつの言語だけでは、世界のどんなに小さな部分も理解することができない。雑多な人々の言葉の痕跡が島に残らないともかぎらないし、「私」が世界の遍歴で出会う言語の反響の小さな証言となるのではないかということを主張するため。

〈読解〉

1　「ピジン言語はクレオル段階に移行する」（二六一・13）とはどのようなことか、説明しなさい。

解答例　言葉が通じない異質な人々が、交渉のために意志を伝え合おうとして生まれた「間に合わせ言葉」である「ピジン言語」が、文法上の癖を共有して、その地に定着し洗練され、語彙をふやして母語のようになるということ。

解　説　教科書二六六ページ「キーワード　クレオール」を参考にしよう。

2　「ひとつの言語だけでは、世界のどんなに小さな部分も理解することができない」（二六二・14）とはどのようなことか、説明しなさい。

解答例　世界のどんな小さな土地にも、他者との交渉があれば、複数の言語が使われることがあるから、いろいろな言語を理解しなければ、その土地、ひいては世界を理解することはできないということ。

3　「私とは私がこれまでに耳をさらしたすべての音の集積にすぎない」（二六五・10）とはどのようなことか、説明しなさい。

解答例　私の使う言葉には、世界を遍歴して聞いた言葉の響きが残っているように、私という存在は、わたしが出会ったすべての言葉の集積から成り立っているということ。

解　説　「耳をさらした」とは、聞いたということ。「音」は、人々と交わした言葉の、その土地独特の響きのことである。世界各地で聞いた言葉の響きが、筆者の言葉ばかりか、その生き方のすべてに深く影響を与えていることを強調した表現。

〈言語活動〉

1　私たちが使っている日本語の中には、どのような他言語が痕跡として残っているか、調べて発表してみよう。

解答例　日本語は、和語・漢語・外来語・混種語の四つの語種（その語がもともとどこの言葉だったかという視点から分類した語の種類）に分けられる。

多言語の痕跡として残っているのは外来語と考えられるが、日本語では、古来中国から借用した語は、漢語に分類されて、外来語とは区別されている。アイヌ語や韓国朝鮮語、東南アジア諸言語などからの借用語もあるが、日本語で外来語と呼ばれるものは、一般には西欧由来の語をさす場合が多い。

中世末期から近世にかけて、キリシタン信仰とともに入ってきた外来語では、ポルトガル語に由来するものがある。

例「ボーブラ」（カボチャ）・「ビードロ」（ガラス）・「バテレン」（伴天連）・「クルス」（十字架）など。

また、ラテン語由来の語では、「オラショ」（祈り・祈祷文）などがある。

そのほか、西欧由来の外来語には、次のようなものがある。

・英語　焼き肉のハツ　hearts［ハーツ］　心臓
ポチ　spottie［スポッティー］　斑点
・オランダ語　ポン酢　pons［ポンス］　柑橘類の絞り汁
お転婆《てんば》　ontembaar［オンテンバール］　手に負えない
・ドイツ語　ボンベ　bombe［ボンベ］　ボンベ・爆弾
グミ　gummi［グミ］　ゴム・果汁入りのゼラチン菓子
・ロシア語　イクラ　икра［イクラ］　魚卵
セイウチ　сивуч［セヴチ］　とど

（外来語のうち、外国語の痕跡がわかりにくいものを挙げた。）

西欧由来の語以外では、以下のようなものがある。

・韓国朝鮮語由来の外来語では、九州・四国地方の方言で「チング」（友人）がある。
・伝統的な沖縄諸語（あるいは琉球語）と日本語諸方言との接触によって、ウチナーヤマトゥグチ（俗称）という言語変種が生まれた。
例「あの子は英語話シキレルヨ。」
・古来中国から借用した語に、漢語がある。また、そこから日本でつくられた和製漢語もある。各時代に漢字の中国音が繰り返し輸入されたので、その音が借用された時代によって、呉音・漢音・唐音（宋音）に分けられる。たとえば「南蛮《なんばん》」は、古代中国では「南方の異民族」を示す蔑称だったが、室町時代以降に、ジャワなどの東南アジア諸国や、日本に渡来するスペイン人やポルトガル人をさすようになって、そこから派生して、舶来品や渡来作物などにも用いられるようになった。
例「南蛮貿易」「南蛮漬け」「鴨南蛮」など。

そのほか、中国を経由して移入した経典のサンスクリット語（古代インド）などもある。

例「阿弥陀《あみだ》」「阿吽《あうん》（の呼吸）」「アバター」など。


「日本語学辞典」などで調べてみると、いろいろと発見があるだろう。

2　「旅」「言葉」「新たな経験の可能性」の三つの語句を用いて、六〇〇字以内で本文の内容をまとめてみよう。

解答例　「言葉」は、「旅」が、「新たな経験の可能性」を開く。言葉との出会いを求める「旅」が、ぼくのよろこび、挑戦だった。

ぼくは、利用可能な言葉を総動員して、人の言葉を理解しようと試みた。そんなカタコト的精神を肯定してくれたのが、大学で知った「ピジン＝クレオル言語」だ。異質な人々が交渉のために意志を伝え合おうとして生まれる、必要十分な「間に合わせ言葉」であるピジン言語が文法上の癖を共有し、その土地に定着し洗練され語彙をふやしてクレオル段階に移行する。先住民の言語が支配者の言語を飲みこむ逆転の現象である。

ホノルルで聞いた島の英語が、多文化社会に生まれた言葉との最初の接触だった。ひとつの言語だけでは、世界のどんなに小さな部分も理解することができない。どんな小さな土地でも他人との交渉があれば、使われる言語はひとつではないだろう。小笠原諸島など、移住者が多く地理的に孤立した人口の少ない島ではなおさらである。他国の言葉が世代を超えて残り、音が変わり用法が発明されるという言葉のメカニズムが、人々に「新たな経験の可能性」を開くこともあろう。

同様に、「私」が世界を遍歴して聞いた言葉の響きの集積が私という存在である。私の訛りをもって私を証言し、更には「世界」や「歴史」の証言として、世界の言語の響きに合流しよう。

「自然を守る」ということ

森《もり》岡《おか》正《まさ》博《ひろ》

❖学習の視点

1　自然に介入を始めて以来の人間と自然との関係を調べてみよう。

2　筆者が人間と自然の二項対立が「まぼろし」であるとする理由を二つの観点から読み取り、まとめてみよう。

3　自然と人間との共生はいかにすれば可能であるか、考えてみよう。

❖筆者解説

森岡正博（もりおか・まさひろ）　一九五八（昭和三三）年、高知県生まれ。哲学者。生と死を総合的に探求する生命学を提唱する。「草食系男子」などの流行語の発信者としても知られる。著書に『生命観を問いなおす　エコロジーから脳死まで』（一九九四年・筑摩書房）、『生命に何ができるか』（二〇〇一年・勁草書房）、『生命学をひらく　自分と向きあう「いのち」の思想』（二〇〇五年・トランスビュー）、『まんが哲学入門　生きるって何だろう?』（二〇一三年・講談社）など。

❖出典解説

この文章は『環境倫理学』（二〇〇九年・東京大学出版会）に収められており、本文は同書によった。

❖語句・表現の解説

二六七ページ

介入　他の者や第三者が割り込んで関係を持つこと。用例 内紛中の国に軍事介入をする。

おたがいがおたがいを必要とする　自然は人間によってみずからの姿を変え、人間は自然によって生活や生産に必要なものを得る。

生態系　ある地域に生息するすべての生物群集、およびそれらを取り巻く環境を包括したもの。

生物多様性　さまざまな動植物が生息しているようす。

二項対立　二つの概念（ここでは人間と自然）が対立の関係にあること。またそのように二分させる考え方。

「まぼろし」である　単なる思い込みであって、誤ったものである。

二六八ページ

手つかず　まだ人間の手が加わっていない、未開の状態である。

ワイルドな景観　野生的で自然のままの景観。

忍び込んでいる　明確に意識しないままに潜在的な思考の原動力になっている。

二六九ページ

恣意的　気ままで自分勝手なさま。

線引き　範囲を決めて区切ること。［用例］都市計画の線引きに頭を痛める。

手垢《てあか》にまみれている　自然の価値観は自然そのものによって決められるのではなく、常に人間によって決められる。

二七〇ページ

伐採　木などを切り倒すこと。

水のせせらぎ　浅瀬などから聞こえる水の流れる音。

癒やし　心をなぐさめる。

理性　本能や感性に惑わされずに、物事を冷静にとらえ、判断する能力。［対］感性。

「身体」に縛られて生きている　生命を維持したり、本能的な欲求を満たしたりする生命体としての活動をしなければ生きていくことはできない。

二七一ページ

束縛　制限を加えて行動の自由を奪うこと。［対］自由。［用例］複雑な規則でがんじがらめに束縛された生活に耐える。

嗜好《しこう》　主として飲食物などについて、あるものをとくに好み親しむこと。

睡眠欲　眠りたいという欲求。

二七二ページ

振り回される　自分の意思に反して動かされる。

共鳴　互いに刺激し合うこと。

枠づけられている　あらかじめ一定の範囲が決められている。

❖発問の解説

（二六七ページ）

1　「このこと」とはどのようなことか。

［解答例］人間と自然は、分離しているものではなく、むしろおたがいに依存し合っている面が大きいということ。

（二六八ページ）

2　「ある独特の判断」とはどのような判断か。

［解答例］自らの持つ、美的かどうかを基準にする価値判断。

（二七一ページ）

3　「それら」とは何をさすか。

［解答例］緑の木々やきれいな川のせせらぎなどの快適な生活

環境。

❖構成・要旨

〈構成〉

本文は内容から三つの段落に分けることができる。

(1)（初め〜二六八・1）…人間と自然は対立するものではない

環境倫理学では、「人間か、自然か」という対立にこだわっていたが、ここには自然と人間がダイナミックにかかわり合う姿が入っていない。生態学の視点では、自然は人間からの介入（例・ある生態系を消滅させる）に敏感に反応して、そのつどみずからをつくり変えていく。

(2)（二六八・2〜二六九・7）…「自然のために自然を守る」（保存）思想の否定

「保存」の立場にある人は、保存の対象を、恣意的に線引きし、「美的な価値判断」を基準にして、意図的に決定している。（例）国立公園の原生林、ヨセミテの景観、屋久島の杉などは自身が「尊い」と思うので保存の対象になる。土の砂漠、ヒルやゲジゲジの密生する熱帯の密林は「尊い」と思わないので保存の対象ではない。

(3)（二七〇・1〜終わり）…「人間のために自然を守る」（保全）思想の否定

人間の長期的利益になるように、自然をかしこく持続的に管理するという発想だが、ここでの「利益」とは、人間が身体（生命）を維持するために必要なもののことであって、それは身体内部の「内なる自然」が「外なる自然」を欲するからである。「利益」は、自然によって大枠が決められているものであり、自然とは無関係な人間の「利益」などは、最初から存在しないものである。

〈要旨〉

人間と自然は二項対立的に分離されているものではない。「自然のために自然を守る」という保存派は、手つかずの自然には内在的価値があると主張するが、それは彼ら自身による美的価値判断に基づくものでしかない。「人間のために自然を守る」という保全派は、人間の利益のために自然保護を目ざすが、人間の身体に刻み込まれた内なる自然は外の自然と共鳴するものであり、利益は最初から自然によって枠づけられたものである。

❖構成・読解・言語活動の解説

〈構成〉

1　本文を三つの意味段落に分け、それぞれに小見出しをつけなさい。

（解説）「構成」参照。

2　「彼らも人間と自然を対立させて考えている」（二七〇・6）とあるが、「彼ら」とはどのような人物像か。また、「彼らも」が示す他方の人物像はどのようなものか、それぞれ考えなさい。

（解答例）「彼ら」とは、自然を人間にとって長期的な利益に役立つようにうまく持続的に管理する「保全」の立場に立つ人物である。また他方は、自然は人間とは関わりのないところで、それ自体として貴重な価値があるとする「保存」の立場に立つ人物のことである。

〈読解〉

1　「人間と自然の二項対立」（二六七・13）とはどのようなことか、説明しなさい。

解答例　人間は自然を人間存在にとってただ一方的に利用するもの、あるいは人間存在を脅かすものとしての自然と対立し、共存できないものとする考え方。

2　「自然はつねに人間の価値観の手垢にまみれているのである」（二六九・7）とはどのようなことか、説明しなさい。

解答例　自然がそれ自体として価値を持つということはなく、常に人間の価値判断によって、価値のあるものかどうかが判断されるということ。

3　「ほかならぬ人間の『身体』の内部にある『内なる自然』」（二七一・6）とはどのようなものか、説明しなさい。

解答例　海や森林、草原で進化する間に、たえず海や陸上の生物を食料として取り込んできた人間が、身体の内側に外側の自然と同様のものを物質、機能、反応パターンなどとして組み込んでいるもの。

4　「人間の『身体』の内部にある『内なる自然』が、それらの『外なる自然』を欲するからである」（二七一・6）とあるが、筆者がそう考えるのはなぜか、説明しなさい。

解答例　人間の内なる自然は、外なる自然と共鳴することによって、アメニティを獲得することができるから。

5　「人間の『利益』は、自然によってすでに大枠が決められている」（二七二・6）とはどのようなことか、説明しなさい。

解答例　人間は理性と同様に身体を持つ以上、進化の過程や生活の必要上などからたえず自然を体内に取り込んでいる。そのために身体には「内なる自然」が刻み込まれ、それが「外なる自然」と共鳴して呼び起されることによって、個人の意思を離れて、必然的な行動が決定されるということ。そこから、人間の長期的な「利益」も、じつは最初から「自然」によって規定されているということ。

解説　ここでの「枠づけられる」「大枠が決められている」とは、「あらかじめ規定されている」、あるいは「必然的にそうせざるを得ない」という意味である。人間にとって住居や食べ物は身体を維持するためには絶対に必要なものであり、しかも人間は身体という容器によって生命を維持しているので、「自然を守る」ということは改めて目標や運動とするものではなく、自らが生きる手段を得るために本来的に規定されていることだと言うのである。

〈言語活動〉

1　自然保護の必要が叫ばれる一方で、その保護の仕方はどうあるべきかが現代社会の重要な課題になっている。関心のある事

例を一つ取り上げ、これからの自然保護のあり方について発表してみよう。

解説　例にあげられている熱帯雨林について取り上げてもよい。熱帯雨林には容積からみれば地球の植物の半分が生息し、生物種に関しては五〇〜八〇%が住むといわれる。近年、木材の輸出などを目的として、大規模な森林の伐採などを主原因とする熱帯雨林の減少傾向が顕著になり、世界中では毎年一五〇〇万ヘクタールが消滅しているといわれる。これによって、光合成をしている植物の減少、つまり二酸化炭素の増加による地球温暖化の進行、生物種の絶滅、洪水の増加、遺伝子資源や森林資源の減少、地球の砂漠化などさまざまな問題が指摘されている。このような状況にある熱帯雨林は、それを有している一国だけで守れるものではない。周辺の国はもちろん、世界的な規模でその地域を支えていく必要がある。ネットなどでどのような活動があるか、調べてみよう。また同時に、本文で述べられている大きな視点をもって、自然保護とは何かをとらえ直す必要がある。

2　自然と人間の関係について自分の考えをまとめ、発表してみよう。

解答例　人間は、尊大にも自然と離れて生きているように感じ、日ごろは自然の恩恵を直接感じることは少ないが、私自身は自然の中で生かされているという自覚を忘れないでいたい。そのためには、実際に自然と触れ合う機会を時間も回数も圧倒的に増やしたいと思う。また、現在の環境を、そのまま私の次の人や次の世代に残していく精神を持って日々を送りたい。人間は自然によって生かされている、また自然を生かすのも人間である、という考え方で生きていくことを自分に課したい。

虚《うつ》ろなまなざし

岡《おか》真《ま》理《り》

❖学習の視点

1 難民の少女の写真が異様な事件へと発展する過程を読み取る。
2 私たちが自分の感情を「それ」に投影する理由を考える。

❖筆者解説

岡真理（おか・まり）現代アラブ文学研究者。一九六〇（昭和三五）年、東京都の生まれ。東京外国語大学卒業。カイロ大学に留学。京都大学大学院教授。アフリカの女子の習慣などを研究。また、アラブ社会の女性が抱える問題についても考察を進めている。『記述／物語』（二〇〇〇年・岩波書店）などの著書が多数ある。

❖出典解説

この文章は、『彼女の「正しい」名前とは何か——第三世界フェミニズムの思想』（二〇〇〇年・青土社）に収められており、本文も同書によった。

❖語句・表現の解説

二七四ページ

難民《なんみん》　戦争や災害などが原因で住んでいた所を離れた人々。
飽食《ほうしょく》　飽きるほど十分に食べること。
茶の間にも届けられ　難民の幼い少女の写真が、「先進国」の人々のくつろぎの場にも届けられたということ。
釈明《しゃくめい》　非難などに対して自分の立場や事情を説明して、わかってもらおうとすること。
人道的　人が人として行うべき道。その行為が人道的かどうかに筆者が疑問を感じているので「　」でくくられている。

二七五ページ

欲望《よくぼう》**をあらわにする**　欲望をむき出しにしている。
猛禽《もうきん》　肉食で比較的大きく力の強い鳥。ワシやタカなど。
あってしかるべき　あるのが当たり前である。
私は私の苦痛を少女に投影《とうえい》**し、それに同一化して語り出す**　「私」が感じる苦痛を少女に投げかけて、筆者自身を少女に重ね合わせて語り出すということ。「投影」は、ものの見方などに、心の内面が影響を与えること。

二七六ページ

少女の恐怖を語る主体になりはしなかっただろう　少女に代わって、少女の恐怖を語ったりはしなかっただろうということ。

恣意《しい》的　ふと思いついたままの気ままな考えのようす。

類推　似かよっている点をもとに、他のものをおしはかること。

私たちには見えない　私たちの想像外にあるものは見えない。

元凶　悪いことの生じる大もとの原因。

加害性　人に害を加えるような性質。

至らしめる　行きつかせる。そういう状態にさせてしまう。

二七七ページ

ほかのさまざまな声の可能性　「それ」が本来もっている声は、さまざまな可能性があるということ。

抑圧　行動や考えなどを無理やりにおさえつけること。

南北構造を固定化する世界システム　発展途上国と先進国との経済格差を変えられないものとして固定化している世界のあり方。

私たち自身の姿がかき消されてしまう　私たち自身の加害性が都合よく消え失せてしまう。

通常見いだすはずのもの　ふだんなら「普遍的な子どものまなざし、いたずらっぽさを秘めた瞳《ひとみ》」を見いだすはずだということ。

普遍的　広く一般にゆきわたり、通用している様子。

焦点の定まらない　どこを見ているのかわからない。

虚ろ　しっかりせず、ぼんやりしているようす。

山積《さんせき》　問題や仕事などがたくさんたまること。

忘却《ぼうきゃく》　すっかり忘れてしまうこと。用例 忘却のかなた。

二七八ページ

詳細《しょうさい》　くわしく細かいこと。

行動する主体　自分の意思で行動しているようす。

語られるそれ　私たちを突如、アフリカの子どもたちに毛布を送ったり、お米を送ったりするというような、行動する主体へと駆りたてる「ヒューマニズム」と語られるもの。

はからずも　思いがけず。意外にも。

トラウマ　ここでは、難民の子どもの虚ろなまなざしの衝撃が強すぎて、精神的な外傷になってしまうということ。

私たちを主体化する――暴力的に　ここでの「主体化」は、「私たち」が少女に代わって主体となり、語ろうとすること。虚ろなまなざしに出会った私たちはそれがトラウマになって、虚ろなまなざしに同一化してそれを主体化するのだが、その主体化が暴力的だということ。

理不尽　理屈に合わない、むちゃなこと。

不相応《ふそうおう》　つり合わず、ふさわしくない様子。

老成《ろうせい》　大人びていること。

諦観《ていかん》　あきらめて超然とした態度でいること。

空虚　中に何もないこと。むなしいこと。

内実　内部の実際の事情。

二七九ページ

欠如《けつじょ》　あるべき事がらが欠けていて足りないこと。

位置づけることができるだろう　私たちは「それ」を私たちとの関係性のなかに位置づけることができるので、安心できる。

受け入れがたい　受け入れることができない。

位置を占《し》める　その位置にある。

幻影　実際はないのに、あるように感じるもの。

二八〇ページ

彼らのその、声なき声を受けて　「それ」がおそらく語るであろうと私たちが考えた「それ」の声を私たちが受けて、「それ」に代わって私たちが行動するということ。

主体化されるだろう　「それ」自身が主体化したのではなく、「それ」は私たちが主体化したものであり、「それ」は私たちになってしまうということ。

「それ」が「それ」でしかないことの耐えがたさ　「それ」を主体化しようとあれこれ努力してみても、やはり「それ」は「それ」でしかない。そのことが私たちには耐えがたいのである。

❖発問の解説

（二七四ページ）

1 「見る者に大きな衝撃を与えた」のはなぜか。

解答例　幼い難民の少女の背後で、少女が力尽きるのをねらっている一羽の黒い巨大な鷹《たか》の写真は、飽食している「先進国」の茶の間で見るには、あまりにも衝撃的だったから。

（二七五ページ）

2 「少女が、ただの『それ』でしかない」とはどのようなことか。

解答例　少女には、恐怖、苦痛、空腹、感情のいっさいがなくなっているかのようであり、私たちはその写真から少女の声を聴き取ることができない。そのため、少女は私たちにとって主体とはならず、ただの「それ」でしかないということ。

（二七六ページ）

3 「この一件」とは何か。

解答例　少女の写真が「先進国」の茶の間にも届けられ、カメラマンへの非難の大合唱が起き、カメラマンが自死した事件。

（二七八ページ）

4 「私たちを主体化する」とは具体的にどうすることか。

解説　「語句・表現の解説」参照。

（二七九ページ）

5 「意味づけられない空洞」とは具体的に何か。

解答例　写真の中の少女の意味の欠如したまなざし。

6 「幻影」とされるのはなぜか。

解答例　私たちが「それ」を主体化しようとしても、主体化したと思った「それ」は結局のところ、私たちの声を投影し、理解したかぎりの声でしかない。だから、どこまでいっても「それ」は「それ」でしかなく、幻影でしかないから。

❖構成・要旨

〈構成〉

一行空きによって全体を二段落とする。

(1)（初め〜二七七・6）

難民の幼い少女の写真は、大きな衝撃を与え、非難の大合唱によってカメラマンが自死するという事件に発展する。

私たちが少女の「それ」に投影するのは恣意的なものであり、自分の経験から類推し想像できるかぎりでの感情にすぎない。私たちが「それ」に声を投影することは、ほかのさまざまな声の可能性を抑圧してしまうことになる。

(2)（二七七・7〜終わり）

難民の子どものまなざしが、私たちが読みとり同一化できるいっさいの意味を欠いていることに、私たちは耐えがたさを感じる。そして「ヒューマニズム」に駆られるのだが、私たちは「ヒューマニズム」の内実をよく考えてみなければならない。私たちは少女の「それ」に主体の幻影を見ようとするのだが、「それ」を主体化したとたん、「それ」はどこにもいなくなる。

〈要旨〉

難民の少女の写真を撮ったカメラマンは人々の「人道的」非難を浴び、ついに自死するに至った。私たちは「それ」でしかない少女に自分の感情を恣意的に投影する。そのことが結果としてカメラマンを死に至らしめるほどの暴力性をもったのである。このように、私たちは「それ」が「それ」でしかないことに耐えがたさを感じ、「それ」をときには暴力的に「主体化」する。しかし、「それ」は、もうどこにもいなくなってしまう。なぜなら主体化されたはずの「それ」は、もともと幻影でしかないからである。

❖構成・読解・言語活動の解説

〈構成〉

1 「人々」が「カメラマンを一斉に非難しはじめた」（二七四・8）のはなぜか、本文の論理に従ってまとめなさい。

解答例　写真に写った少女がそれ自体では主体にならないので、少女に主体の幻影を見た人々は少女の声なき声を受けて行動したから。

解説　人々は「当然、そこにあってしかるべき恐怖が、私が感じる恐怖が、苦痛が、少女によって表明されていないこと」に耐えがたさを感じた。そして、人々は「私の苦痛を少女に投影し、それに同一化」することで「なぜ、助けてくれないの！　あなたなんか、人間じゃない」と語り出し、カメラマンを一斉に非難しはじめたのである。

2 「道に小さくうずくまる幼い難民の少女」（二七四・1）と、難民の子どもたちの「焦点の定まらない、虚ろなまなざし」（二七七・12）との共通点をまとめなさい。

解答例　恐怖や苦痛、諦観などの、当然あると私たちが思い、同一化できるような、いっさいの意味をもたないこと。

〈読解〉

1　本文中の次の表現の意味する内容を、それぞれ分かりやすく説明しなさい。

ⓐ「写真のなかの少女は、黒い、小さな塊にすぎない。」(二七五・4)

ⓑ「鍋でゆでられる蟹の、その目のように。」(二七八・14)

解答例　ⓐ写真のなかの少女は、背後にいる猛禽に対する恐怖もなく、苦痛や空腹もなく、もはや感情のいっさいがなくなってしまっているかのように見える。見る者が感じる感情が、写真のなかの少女によってまったく表明されていないので、写真のなかの少女は、黒い、小さな塊にすぎないのである。

ⓑ鍋でゆでられる蟹の目は、「意味をもたない、ぽっかり空いた空虚な穴」であり、その目は「私たちが読みとり、同一化することのできるような、いっさいの意味を欠いている」。「難民の子どもの虚ろなまなざし」がそのようだ、ということ。

2　「私たちは、少女が、私たちが感じているように感じていることを知って、安心したのではないか。」(二七六・3)とあるが、それはなぜか、説明しなさい。

解説　筆者は「もしも少女が、猛禽に対する恐怖の表情をいくらかでも表していたなら」私たちは安心したのではないかと考えている。写真に写っている少女には「恐怖も、苦痛も、空腹も、もはや感情のいっさいがなくなってしまっているかのよう」であり、物事を主体化しないと安心できない私たちには耐えがたいことなのだ。私たちは「そこにあってしかるべき恐怖が、私が感じる恐怖が、苦痛が、少女によって表明されていないこと」が耐えがたいので、自分が感じる「苦痛を少女に投影し、それに同一化して」、「――なぜ、助けてくれないの！あなたなんか、人間じゃない」と語り出す。だから「もしも少女が、猛禽に対する恐怖の表情をいくらかでも表していたなら」、私たちは「安心したのではないか」と推測できる。

3　「『それ』による私たちの暴力的な主体化の問題性」(二七六・16)とはどのようなことか、説明しなさい。

解答例　「それ」は、ここでは写真に写った「幼い難民の少女」をさす。「暴力的な主体化」とは、ただの「それ」でしかない写真のなかの少女に私たちが私の苦痛を投影して「それに同一化して語り出す」ときに、暴力的になることがあり、その暴力性は「人をときに死に至らしめるほどの、文字どおりの暴力性」をもつことがあるということを表している。本文に述べられているように、私たちの非難の大合唱が、カメラマンを死に至らしめたという事態からも「暴力的な主体化」の内容が読み取れる。「問題性」とは私たちの暴力性のみならず「私たちの声が『それ』の声となってしまうこと」によって、「ほかのさまざまな声の可能性を抑圧してしまうと同時に」、私たちを被害者に同一化させることで「もし、私たち自身が加害者であった場合」でも、「その加害性を都合よく隠蔽することにもなってしまう」という問題もあるということである。

4　「この少女は、もうどこにもいない」（二八〇・10）という表現はどのようなことを意味しているか、説明しなさい。

（解説）写真に写った幼い難民の少女からは「私が感じる恐怖が、苦痛が」表明されていないために、写真の少女は「ただ『それ』でしかないのである。つまり、「『それ』が決して主体――Subject――主語の位置を占めない」のだ。それは私たちにとって耐えがたく、受け入れがたいことなのである。だから私たちは「私の苦痛を少女に投影し、それに同一化して語り出す」のだ。私たちが少女の声なき声を聴き取ったときに、「それ」は私たちにとって主体化される。そして私たちは少女に代わって行動を始める。しかし、私たちが聴き取った声は少女の声ではなく、「私たちの声の投影」であり、私たちが理解したかぎりの声でしかないのである。私たちの行動は「『それ』自身を苦痛から解放するため」のものではなく、「私たち自身を、『それ』が『それ』でしかないことの耐えがたさから解放するため」のものかもしれない。だから、もともと主体化されるはずのない「それ」を私たちが主体化したと思ったときに「それ」は、もうどこにもいないということになるのである。だから、写真に写った「この少女は、もうどこにもいない」のだ。

〈言語活動〉

1　本文の要旨を二〇〇字以内でまとめてみよう。

（解説）「要旨」参照。

2　「この地球社会に山積した問題」（二七七・13）に向き合おうとするとき、どのようなことが必要か、本文の主旨を踏まえて話し合ってみよう。

（解説）山積した問題に私たちの声を投影して私たちが主体となるのではなく、問題は問題でしかないというような視点で、ありのままの実態を見つめることから始めることが必要なのだろう。そうすることで、私たちをその問題の耐えがたさから解放するのではなく、その問題を耐えがたさから解放するという、本来の目的に見合った行動が可能になるのではないか。

第2章　抽象から具体へ

物語と歴史のあいだ

野《の》家《え》啓《けい》一《いち》

❖学習の視点

1　「歴史」を記述するとはどういうことかを考える。
2　本文での引用や比喩表現に込められた筆者の意図を捉える。
3　筆者が「物語」と「歴史」の関係をどう捉えているかを理解する。

❖筆者解説

野家啓一（のえ・けいいち）哲学者。一九四九（昭和二四）年、宮城県生まれ。東北大学理学部物理学科卒業。東京大学大学院理学系研究科科学史課程中退。近代科学について、科学方法論の変遷などに焦点をあてて研究している。著書に『言語行為の現象学』（一九九三年・勁草書房）、『歴史を哲学する』（二〇一六年・岩波現代文庫）などがある。

❖出典解説

この文章は『物語の哲学』（二〇〇五年・岩波現代文庫）に収められており、本文は同書によった。

❖語句・表現の解説

二八二ページ

文献史料　歴史の研究や編纂に必要な筆録または印刷された文書。
駆使　自由自在に使いこなすこと。用例 もっている技術を駆使して優勝した。
解釈学　解釈の方法や理論を取り扱う学問。
太古　大むかし。
能《あた》う限り　できる限り。なし得る限り。
超人的　人間ばなれしていること。用例 彼女の超人的な活躍で、チームは優勝できた。

脈絡を欠いた　ものごとがつながらないこと。「脈絡」は、ものごとのつながりの意。

膨大　数や量が非常に大きいこと。

歴史叙述　歴史を順序立てて述べること。

喝破　正しくない説を打ち負かし、真理を説き明かすこと。

人口に膾炙《かいしゃ》する　広く世間の評判になる。「膾」はなます、「炙」はあぶりざかなのことで、どちらも人の口にするものであることに由来する。

二八三ページ

心をむなしくして　心をからっぽにして。

細大漏らさず　細かいものも大きなものも漏らすことなく全部。

なぞらえる　あるものをほかのものに見立てる。

氷結　水がこおって氷になること。

濾過《ろか》　液体の中にまじっているものをこして取り除くこと。ここでは重要度によって経験をより分けるというような意。

二八四ページ

一種の「解釈学的変形」を被った出来事である　思い出は過去の出来事のありのままの再現ではなく、ある種の解釈がなされていることを述べている。

些末《さまつ》　あまり重要ではない細かなこと。用例　些末な出来事にこだわる必要はない。

遠景に退いて　遠くの景色として意識のかなたに追いやられて。

おのずからなる　自然にそうなる。ひとりでにそうなる。

想起の力学が働いている　強烈な印象を刻みつけた出来事はクローズアップで大写しにされ、さほど印象に残らない些末な出来事は遠景に退いてフェイドアウトするということ。

転成　①転じて性質の違ったものになること。②ある品詞がほかの品詞に変わること。ここでは①の意。

甘美　①うっとりするほど快いこと。②舌がとろけるように味がよいこと。ここでは①の意。

個人的感懐　個人的に心に感じ思うこと。

間欠的　一定の時間をおいて起きたりやんだりするさま。

有機的連関　「有機的」は多くの部分が集まってあたかも有機体のように部分と全体が緊密に統一されているさまの意。「連関」はものごとが互いにつながり合うことの意。ここでは断片的で間欠的な思い出のようすを述べている。

因果　①原因と結果。②仏教用語で前世の悪業。③宿命として定まっていた不運。ここでは①の意。

起承転結　①漢詩一形式である絶句の組み立て方。②文章やものごとを組み立てる順序。ここでは②の意。

結構　ここでは建物や文章などの組み立ての意で用いられていて、「起承転結」の組み立てということ。

文様　器などに描かれた模様や図案。

構造化　全体を構成するものとなるさま。

共同化　二人以上の者が力を合わせるようす。

幾重　たくさん重なっていること。

変容　姿やようすや形が変わること。

（二八五ページ）

すでに「解釈」の産物なのである　文献史料を言語で記述する際には関心の遠近法が働き、記録に値する有意味な情報の取捨選択がなされているために、文献史料はありのままの過去を再現したものではなく、「解釈」されたものになっているということ。

関心の遠近法　記録に値する情報かどうかを言語によって記述する際に取捨選択しているということ。

取捨選択　ものごとを判断して必要なものを選ぶこと。用例　たくさんの情報を取捨選択して必要なものを記録する。

考古学的資料ですら「解釈」の汚染を免れてはいない　考古学的資料でさえ、「解釈」されているということ。「解釈」が加えられていることを「汚染」と表している。

雄弁に　よどみなくはっきりと語っているさま。

排除　取り除くこと。取りのけること。

紋様　「文様」と同意。

（二八六ページ）

「解釈」の鑿《のみ》が刻み込まれている　歴史の「史料」にも「解釈」が施されているということ。

古典的二分法　「二分法」は論理的区分の方法で、二つに分ける区分の方法。「古典的」と形容されていることから、この区分法は古さを感じさせることがわかる。

維持しがたい　古典的二分法を、そのままでは保つのは困難だということ。

不可分　別々のものとして考えることができないこと。

時間系列にしたがって　時間の順番にしたがって。

（二八七ページ）

物語行為によって語り出される事柄の外部に、「客観的事実」や「歴史の必然性」が存在しているわけではない　物語と「事実」や「歴史」は対立して存在しているのではなく、それらは一つにくくられるものだということ。

虚構　いかにも事実であるかのように、つくりごとをすること。

表裏一体　二つのものが切り離せない密接な関係にあること。

❖発問の解説

1　**「ありのままに描写することはできない」のはなぜか。**（二八二ページ）

解答例　歴史学者にできるのは、文献史料や考古学的資料を駆使して過去の出来事を「解釈学的に再構成」すること、すなわち「物語る」ことだけだから。

解説　筆者は歴史学者にできるのはどんなことだけだと述べているかを捉える。

2　**「このように」とはどのようなことか。**（二八五ページ）

解答例　歴史的事実は、ありのままの「客観的事実」と呼ぶよりも物語行為によって幾重にも媒介され、変容された「解釈学的事実」と呼ばれねばならないということ。

解説　直前に述べられていることへの反論が「このように」以下に示されている。

3（二八六ページ）

「解釈の解釈」とはどのようなことか。

解答例　歴史の「史料」はすでに解釈されたものなので、歴史叙述をする場合には、さらに解釈を加えざるをえないということ。

❖構成・要旨

〈構成〉

この文章は、次の四つに分けることができる。

(1)（初め～二八四・3）…解釈学的変形としての歴史叙述

歴史は過去の出来事を「解釈学的に再構成」すること、すなわち「物語る」ことしかできない。すべての歴史的出来事をありのままに描写することができる歴史学者がいたとしても、「物語」が欠落しているために「歴史叙述」とはならない。小林秀雄《こばやしひでお》は、このような歴史学者を「一種の動物にとどまる」と喝破した。小林秀雄は一滴の水が乾いた舌にしたたり落ちるその瞬間を捉えて、それを「歴史」と呼んだ。

(2)（二八四・4～15）…解釈学的事実としての歴史的事実

小林の思い入れに反して、「思い出」はそのままでは「歴史」に転成しない。「物語る」という言語行為を通じた思い出の構造化と共同化こそが、歴史的事実の成立条件である。歴史的事実は物語行為によって幾重にも媒介され、変容された「解釈学的事実」と呼ばれねばならない。

(3)（二八四・16～二八六・12）…「解釈の解釈」の行為としての歴史叙述

われわれが言語によって記述を行うとき、そこには関心の遠近法が働いており、記録に値する有意味な情報の取捨選択がなされている。その意味で文献史料はすでに一つの「物語」を語っている。考古学的資料ですら「解釈」の汚染を免れてはいない。歴史の「史料」もすでに「解釈」の鑿《のみ》が刻み込まれている。歴史叙述は「解釈の解釈」の行為とならざるをえない。その観点からすると、歴史叙述は「記述」であるよりは、むしろ「制作」に似ている。

(4)（二八六・13～終わり）…表裏一体である「歴史」と「物語」

歴史的出来事は歴史叙述から独立に論じることはできない。歴史的出来事は、物語行為によって語り出されることによってはじめて、歴史的事実としての身分を確立できる。「歴史」と「物語」とは対立するものではなく、両者は表裏一体のものである。

〈要旨〉

物語行為によって歴史的事実は成立するのであり、歴史的事実は「解釈学的事実」と呼ばれねばならない。「歴史」と「物語」

とは対立するものではなく、両者は表裏一体のものである。

❖構成・読解・言語活動の解説

〈構成〉

1 本文を四つの意味段落に分け、それぞれに小見出しをつけなさい。

解説 〈構成〉参照。

2 本文には、小林秀雄と川田順造、P・ヴェーヌの文章が引用されている。これらの引用はそれぞれどのようなことを説明するためのものか、簡潔にまとめなさい。

解答例 小林の文章における「記憶」と「思い出」との対比は、「理想的年代記」と「歴史叙述」との区別を際立たせる。思い出は「理想的年代記」のように過去の出来事のありのままの再現ではなく、「歴史叙述」であり、それは経験の遠近法による濾過と選別とを通じて一種の「解釈学的変形」を被った出来事である。そこにはおのずからなる想起の力学が働いている。しかし、小林の思い入れに反して、「思い出」はそのままでは「歴史」に転成することはできないということ。

小林秀雄の文章に対して筆者が賛同している点と反対している点をおさえる。

川田順造の文章は、土器の破片も人間の解釈を排除したものでなく、文様や図形に注意を払えば、土器と文字との史料としてのへだたりも連続したものだとわかるということ。これは、文献史料だけでなく考古学的資料も一つの「物語」を語っているのであり、「解釈」の汚染を免れないということを説明するために引用している。つまり、歴史の「史料」も過去の「客観的事実」そのものでなく、すでに「解釈」が刻み込まれているということ。

P・ヴェーヌの文章は、歴史叙述は小説と同じで、単純にし、組み立てたものだということを書いている。つまり、歴史叙述は「記述」であるより「制作」に似ていて、歴史的出来事と歴史叙述はそれぞれが独立しているのではないことを説明するために引用している。

〈読解〉

1 「その水滴は朝まだきの光に照り輝くこともあれば、夜の冷気に氷結することもあるであろう。」(二八三・12)とはどのようなことを表現したものか、説明しなさい。

解答例 巨大な記憶の集積から、さまざまな形でよみがえる思い出があるということ。そのときどきの状況によって、記憶が違う思い出として残ることがあるということ。

2 「あえかな文様」(二八四・10)とは、何がどのような状態であることを示したものか、説明しなさい。

解答例 断片的で間欠的な思い出が統一的な筋をもち、有機的連関を組織する脈絡を有している状態であること。しかしその状態は安定的ではない。

解説 「あえかな文様」を浮かび上がらせる前の状態の思

い出は「断片的であり、間欠的であり、そこには統一的な筋もなければ有機的連関を組織する脈絡も欠けている」という状態にあったのだ。「あえかな」は、かろうじて成立するイメージ。

3 「関心の遠近法」(二八五・4)とはどのようなことか、説明しなさい。

解答例 自分にとって関心があるものは取り上げ、ないものは捨てるか、小さく取り上げるというように、取捨選択していること。

4 「両者は表裏一体のもの」(二八七・7)とあるが、なぜそう言えるのか、説明しなさい。

解答例 「口承」や「伝承」が物語ることで歴史を伝えたように、過去は想起と不可分であり、「歴史」と「物語」とは対立するものではなく、両者は切り離せないものだから。

解説 「両者」が「歴史」と「物語」をさすことを捉え、「表裏一体」の意味を理解して判断する。

〈言語活動〉

1 「物語」と「歴史」が表裏一体のものであるという筆者の主張について自分の意見をまとめ、互いに話し合ってみよう。

解説 本文ではくり返し歴史的事実は客観的事実ではないということが書かれている。しかし一般的には「歴史」というのは客観性があるものだと思われているだろう。一方「物語」は、主観そのものだといってもいい。そのことを踏まえながら、特に「歴史」とは何かということについて考え、話し合ってみよう。

2 どんなものにもそれぞれの「歴史」がある。自分自身のことや家族のこと、地域、学校など、関心のある対象を選んで、書き方に注意しながらその「歴史」を書き、「物語」と「歴史」がどのように重なるかを確かめてみよう。

解説 本文の最後に「歴史」と「物語」とは、対立するものではなく、表裏一体のものと書かれている。そのことを頭に置き、まったくの虚構の物語を作成するのではなく、できるだけ忠実に思い出すことによって書いていこう。

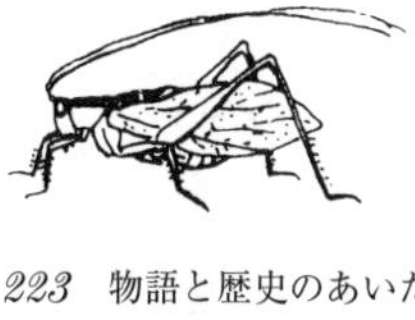

貨幣共同体

岩《いわ》井《い》克《かつ》人《ひと》

❖学習の視点

1　現代社会で流通している貨幣とはどういうものかを考える。
2　貨幣で商品を買うという行為について深く理解する。

❖筆者解説

岩井克人（いわい・かつひと）　経済学者。一九四七（昭和二二）年、東京都生まれ。東京大学経済学部卒業。東京大学名誉教授。現代資本主義社会についての考察を深めている。『ヴェニスの商人の資本論』で注目を浴びるようになった。著書に『経済学の宇宙』『資本主義から市民主義へ』『会社はだれのものか』などがある。

❖出典解説

この文章は、『貨幣論』（一九九三年・筑摩書房）に収められており、本文はその文庫版によった。

❖語句・表現の解説

二八九ページ

共同体　人間社会で、人々が利害関係からではなく、血縁や地域の関係によって結合している社会集団。
眼にも見えない電磁気的なパルス　貨幣の代用としてのキャッシュカードなどのこと。
ものの数にもはいらないモノ　硬貨や紙幣やキャッシュカードなどは、貨幣の役割がなければ、何の価値もないこと。
慣習　世の中で広く行われ、認められてきたしきたりやならわし。
情念　消すことのできない、強い愛憎などの感情。

二九〇ページ

血縁や地縁　「血縁」は、親子や兄弟のような血のつながり。「地縁」は、同じ土地に住むことによって生じる社会関係。
目的結社　特定の目的達成のために継続的な関係を結んだ団体。
営利企業　利益を得ることを目的とした企業。
定款　会社などの業務などに関する根本規則。

二九一ページ

略奪　暴力を用いて無理に奪い取ること。

慣習法　慣習に基づいて成立した法。慣習に法としての効力が認められたもの。

おたがいがおたがいの根拠となっている　貨幣が貨幣として使われることの根拠は貨幣共同体が存在していることであり、貨幣共同体が存在していることの根拠は、貨幣が貨幣として使われていることであるということ。

二九二ページ

連鎖　鎖のように連続してつながっていること。今ここにおける貨幣共同体の存在は、貨幣共同体が未来永劫にわたって存在しつづけるという期待で、鎖のようつながっていること。

無限の未来から宙づりにされている　未来永劫にわたって貨幣共同体が存在しつづけるという地に足の着いていないような期待によって、今の貨幣共同体が成り立っているということ。

呪術的　神霊の力を借りて超自然的な現象を起こさせようとするようす。まじない。

威信的　人をおそれさせるような強い力と、それによって人から信用を受けるさま。

刑罰的　罪を犯した者に罰を与えるさま。

始原　ものごとのはじめ。

自明　実際に試したり調べたりしなくてもわかっていること。

二九三ページ

転化　ほかの状態に変わること。変えること。

跳躍　跳びあがること。ここでは、着実に進めるのでなく、危険を冒してかけに出るような行動をとること。

茶化す　冗談あつかいにして、ひやかす。

流動性　とどまったり、かたまったりしないで、流れ動くさま。

崇めたてる　この上もなくとうといものとして敬う。

この素朴な日常経験　貨幣を手にもっている人間が、なんの苦労もなくそのひきとり手をさがせたという経験。

二九四ページ

超越論的な立場　貨幣共同体の存在をひとまず置いといて、より高いレベルで売ることと買うことを考えなおしてみる立場。

反転　ひっくりかえること。ひっくりかえすこと。

異邦人　ここでは貨幣共同体に関わりをもたないような人の意。

保蔵　貨幣によってなされる価値の貯蔵。

二九五ページ

貨幣共同体にとっての「異邦人」であるという可能性　眼の前で自分の欲しいモノを手にもっている人間が、貨幣共同体にとって関わりのない人間であり、そのモノを売ってくれない可能性。

原理的　根本の道理に照らし合わせて考えるさま。

排除　そこから取りのぞくこと。用例 困難を排除する。

無惨にも打ち砕いてしまう事態　「無惨」は残酷なさまの意。貨幣共同体にとって「異邦人」の存在は、貨幣を共有することによって形成される貨幣共同体を成り立たせなくしてしまう。

実体的　ものの内容、本体そのもの。貨幣そのものには「それが世にあるすべてのモノと直接に交換可能であるということを正当化」する性質はないということ。

二九六ページ

実証する　事実にもとづいて証明すること。ここでは、商品を買うという行為が、「じぶんの欲しいモノをいま手にもっている人間が貨幣共同体にとっての『異邦人』ではな」く、構成員であったことを証明する行為であるということ。

あらしめ　存在させ。

日常的な時間軸のうえでくりかえす　日常のなかで、貨幣で商品を買うという行為をくりかえすということ。

❖発問の解説

1　（二八九ページ）

「ものの数にもはいらないモノ」という語句の繰り返しにはどのような効果があるか。

解答例　貨幣として使用されている金属や紙、電磁気的なパルスといったものは、もしそれが貨幣でなければまったく価値がないものであることを読者に強く印象づける効果。

2　（二九〇ページ）

「逆である」とはどのようなことか。

解答例　ひとびとが貨幣共同体の構成員だから貨幣を使うのではなく、貨幣を貨幣として使うことを目的として、貨幣共同体の構成員になるのだということ。

3　（二九一ページ）

「伝統的な慣習や情念的な一体感」による共同体、「目的合理的にむすばれた契約」による共同体とは、それぞれどのようなものをさすか。

解答例　「伝統的な慣習や情念的な一体感」による共同体は、地域の青年団や、親族など、感情的な一体感による共同体をさし、「目的合理的にむすばれた契約」による共同体は、株式会社の社員など、目的にもとづいた契約によってむすばれた共同体をさす。

4　（二九四ページ）

「非対称性」とはこの場合どのようなことか。

解答例　貨幣をもつ買い手と、商品をもつ売り手とは対等な関係にあるのではなく、売ることは買うことよりもはるかに困難であるということ。

5　

「そのような自由」とは何か。

解答例　商品の売り手のように、どのようなばあいでも貨幣共同体にとっての「異邦人」となる自由。

6　（二九六ページ）

「命をすてる結果」とはどのようなことか。

解答例　貨幣を貨幣として受けいれない「異邦人」の出現によって貨幣が通用しなくなり、貨幣共同体が崩壊する結果。

❖構成・要旨

〈構成〉

この文章は、一行空きの部分によって、次の三つに分けることができる。

(1)（初め〜二九一・10）…貨幣共同体とは何か

同一の貨幣を共有することによってむすばれる人間の集団を「貨幣共同体」とよぶことにする。貨幣共同体には基礎がなく、利害の一致にもとづいて合理的に形成される社会的関係としての利益社会である。貨幣共同体の成立には契約や定款は存在せず、成立要件は構成員である人々が貨幣を貨幣として使うことのみである。

(2)（二九一・11〜二九四・1）…貨幣共同体の特徴

貨幣共同体は、実体性がないために、宙づり的な期待によってのみ支えられている。参加する人は手にしているモノを商品として売り、退出する人はモノを商品として買えばよい。ただし、売ることは買うことよりもはるかに困難である。

(3)（二九四・2〜終わり）…貨幣共同体における「異邦人」

売ることと買うことを超越論的な立場から見直すと、売買の非対称性はおおきく逆転する。売り手が異邦人になる可能性があるので、貨幣を手にもつ買い手はつねに「危機」にさらされている。貨幣で商品を買うことは、売り手が「異邦人」ではないことをそのたびごとに実証する行為である。

〈要旨〉

同一の貨幣を共有することによってむすばれる人間の集団を「貨幣共同体」とよぶ。ひとびとは貨幣を貨幣として使うことを目的として貨幣共同体の構成員になる。モノを商品として売ることで貨幣共同体に参加し、モノを商品として買うことで貨幣共同体から退出する。売ることは買うことよりもはるかに困難だ。しかし逆に、貨幣で商品を買うということは、じぶんの欲しいモノをいま手にもっている人間が貨幣共同体にとっての「異邦人」であって、貨幣を受けとってもらえないかもしれないという「危機」のなかにおかれている。つまり、貨幣で商品を買うということは、売り手が「異邦人」ではなかったということを、そのたびごとに実証する行為であり、歴史の始原のあの「奇跡」を、日常的にくりかえすことなのである。

❖構成・読解・言語活動の解説

〈構成〉

1　本文の三つの意味段落に分かれているが、それぞれに小見出しをつけなさい。

解答例　〈構成〉参照。

2　本文中の次の事柄は、「貨幣共同体」のどのような性質を表すために用いられているか、まとめなさい。

ⓐ循環論法（二九一・11）

ⓑ両者のあいだの非対称性（二九四・4）

解答例　ⓐ貨幣共同体では、貨幣が貨幣として使われることと貨幣共同体が貨幣共同体として存在していることは、おたがいがおたがいの根拠になっているという性質。

ⓑ貨幣共同体では、売ることと買うこととのあいだには大いなる違いがあり、売ることは買うことよりもはるかに困難であるという性質。

〈読解〉

1　「まさにすべてが期待の連鎖を通して無限の未来から宙づりにされている」（二九一・16）とはどのようなことか、説明しなさい。

解答例　貨幣が貨幣として未来永劫にわたって使われつづけることが期待され、貨幣共同体が貨幣共同体として未来永劫にわたって存在しつづけることが期待されているが、それは根拠のない期待であり、危なっかしいものであるということ。

2　「歴史の始原の『奇跡』」（二九二・11）とあるが、なぜ「奇跡」なのか、説明しなさい。

解答例　貨幣共同体には貨幣を貨幣として使っていること以外になんの実体性もなく、貨幣共同体が未来永劫にわたって存在しつづけるという期待のみで貨幣共同体が成立したことは「奇跡」としか言いようのないものだから。

3　「『異邦人』との出会い」（二九五・7）がなぜ「危機」（同・3）を生むのか、説明しなさい。

解答例　モノとしての貨幣には世にあるすべてのモノと直接に交換可能であるということを正当化しうるなんの実体的な性質もないために、出会った「異邦人」が貨幣を貨幣として受けいれてくれないかもしれず、そのことが貨幣共同体にとって存続の「危機」を招く可能性があるから。

〈言語活動〉

1　グローバル化した現代の世界経済では、通貨の「危機」がしばしば問題とされる。筆者の論旨を参考にしながら、その具体的な例を挙げて話し合ってみよう。

解説　通貨危機とは、通貨の暴落によりその国の経済が混乱状態に陥ることである。通貨危機は、世界における、その国に対する信用力の低下から生じる。海外の金融機関が投資を引き上げたり、外資系の企業が撤退するようになる。それが当該国の経済への不安感を強めることになり、通貨の売却が行われ、通貨危機という事態に至る。二〇〇一年のアルゼンチンの通貨危機、二〇〇九年のギリシア財政の悪化から発したユーロ危機などは記憶に新しい。本文の論旨に照らし合わせて考えると、通貨危機の当該国にとって、諸外国が貨幣共同体にとって「異邦人」であったことを示すものであり、当該国による貨幣の「命がけの跳躍」がまさに「命をすてる結果になってしまう」寸前の状態にあるということになる。

2　貨幣や財の交換にまつわる不思議な性質は、さまざまな説話や文学作品に描かれている。次の話の中で、それはどのように表現されているか調べ、その内容をレポートにまとめてみよう。

ⓐ日本の民話『わらしべ長者』
ⓑギリシア神話『ミダス王』
ⓒシェイクスピア『ベニスの商人』

解説　ⓐ『わらしべ長者』は、貧しい人が最初に持っていたワラを次々物々交換にしたことで、最後には大金持ちになったという民話である。等価交換を繰り返した結果として富がもたらされたことが興味深い。

ⓑ『ミダス王』は、触れるものすべてが黄金に変わるという願いを聞き入れられたミダス王が、食べ物や飲み水も黄金に変わり、自分の願いごとを呪ったという神話。富が破壊を招くという寓意に満ちた神話である。

ⓒ『ベニスの商人』は、金貸しに金を返せなければ自分の肉を一ポンド与えるという契約に合意した者が、商船が難破し財産を失い、金貸しと裁判で争うという話。貨幣の担保として自分の肉（命）が扱われていることが興味深い。

ぼくらの民主主義なんだぜ

高《たか》橋《はし》源《げん》一《いち》郎《ろう》

学習の視点

1 タイトルに込められた筆者のメッセージを読み取ろう。

2 台湾、フィンランド、日本の三つのエピソードや、引用の使い方、それぞれについての筆者の考えを捉えよう。

3 わたしたちの民主主義はどのようになっているのか、筆者の考えを捉えよう。

4 「正しい」民主主義とは何かを、改めて主体的に考えよう。

筆者解説

高橋源一郎（たかはし・げんいちろう）一九五一年、広島県の生まれ。小説家。文芸評論家。一九八一年、小説『さようなら、ギャングたち』で「群像」新人賞を受賞してデビュー。以降、小説と文芸評論の分野で活躍する。『優雅で感傷的な日本野球』で三島由紀夫賞、『日本文学盛衰史』で伊藤整賞を受賞。評論に『文学がこんなにわかっていいかしら』『一億三千万人のための小説教室』などがある。

出典解説

この文章は、『ぼくらの民主主義なんだぜ』（二〇一五年・朝日出版社）に収録されたもので、本文は同書によった。

語句・表現の解説

二九八ページ

民主主義 人民に由来する権力を人民が行使する政治形態。現代では、政治上だけでなく、広く一般に、人間の自由と平等を尊重する立場をいう。デモクラシー。

占拠 ある場所を占有し、他人が入り込むのを許さないこと。

金融サービス 銀行、クレジットカード、保険、会計、証券取引、投資ファンドなどの業務。

審議 提案を詳しく調べ、そのよしあしを決めるために討議すること。用例 法案を国会で審議する。

統制 全体が一つにまとまって行動すること。

感慨　物事に感じて心を動かすこと。用例アルバムをめくると、いろいろな感慨がわいてくる。

一部始終　成り行きの初めから終わりまで。用例事件の一部始終を詳述する。

二九九ページ

妥協　対立している事柄について、双方が譲り合って一致点を見いだし、穏やかに解決すること。

葛藤　心の中の相反する欲求や考え方のどちらを選択すべきか迷う状態。用例故郷に戻りたいが、戻りたくない気持ちもあり、葛藤が生じた。

固唾《かたず》をのむ　事の成り行きが非常に気になって、緊張する。用例チームの大接戦を固唾をのんで見守る。

三〇〇ページ

エピソード　小説や劇、事件などで、一見本筋とは関係のないように見える短くて興味深い話。

民意　人民の意思。国民の意見。用例国政に民意を反映させる。

直接民主主義　組織内の全員の意見を一人ずつ直接聞いて物事を決定する民主主義の方法。対間接民主主義。

シーン　劇・映画・小説などの場面。光景。

質問をぶつける　相手が答えにくい質問をあえてしてみる。

絶句　話の途中で言葉に詰まり、後が続かなくなること。用例隠し事をあばかれ、思わず絶句する。

三〇一ページ

誠実　真心がこもっていて、偽りがないこと。ここでは、フィンランド政府が国民に対して情報の公開を行ったこと。また、施設の責任者たちが、厳しい質問に対して、苦悩しながらも逃げずに答え続けたことなどに対して、誠実だと評価している。

横溢《おういつ》　あふれるほど盛んなこと。

疑義を呈する　それは違うのではないかと、疑問、反論を述べる。

そうなのだろうか　政治に参加することは、つまらぬことだろうか、いや、そうではあるまい、という反語表現。「そう」は「政治（に参加すること）は、苦しみばかりでつまらぬものだ」を指している。

固定　一定していて変化がないこと。対流動。

問いかける声　画面には映っていないが、CM制作者の声、あるいは視聴者の代弁者として設定された声。

自分を指さし「こっち！」　「民主主義はどっちにあるのか」という問いに対して、自分の側、自分自身にあると答えたもの。

原理　事物や事象がよりどころとする根本法則。基本法則。

三〇二ページ

垣間見える　ちらっと見える。様子の一端がうかがえる。用例丁重な言葉遣いにその人の人柄が垣間見える。

思想家　社会や人生などについての思想を持ち、発表することで、人々に影響を与えている人。

未完の　まだ完全には出来上がっていないこと。用例作家の死によって、その小説は未完に終わった。

❖発問の解説

1　「葛藤とためらいの気分」とは、どのような気分か。

（二九九ページ）

解答例　魅力的な妥協案を受け入れて撤退するべきか、占拠し続けるべきかを決められずに、次の行動がとれないでいる気分。

解説　立法院を占拠した数百人の学生たちの疲労が限界に達した頃に、魅力的な妥協案が提示され、撤退するかどうかの決断を迫られたという状況を捉える。

2　「直接民主主義」の対義語は何か。

（三〇〇ページ）

解答例　間接民主主義。

解説　間接民主主義とは、ここでは、運動の意思決定を、学生たちが選んだ幹部だけで行うこと。直接民主主義は、組織全員の意見を一人一人聞いて決定するのが原則で、小規模の組織で有効だ。間接民主主義は、組織内で選ばれた代表者たちが話し合って決定する。

3　「常識」とはここではどのようなことか。

（三〇一ページ）

解答例　政治（に参加すること）は、苦しみばかりでつまらぬものだという固定された先入観。

解説　筆者がここで使っている括弧付きの「常識」は、一種の偏見、つまり、かたよった見方・考え方という意味に近い。常識とは、経験や見聞の集積から成ることが多いが、「政治（に参加すること）は、苦しみばかりでつまらぬ」という経験が積み重なって、そういう「常識（偏見）」が生じたのであって、筆者は、その後考え方が変われば修正が可能なものとして「常識」を捉えている。

❖構成・要旨

〈構成〉

この文章は、次の四つに分けることができる。

(1)　（初め〜三〇〇・11）

二〇一四年に、台湾の立法院が数百の学生によって占拠された。妥協案を受け入れるかどうか、学生たちの間に葛藤が生じた時、ある学生が「幹部だけで決めるのは納得できません」と発言した。リーダーは丸一日かけて学生たちの意見を個別に訊いて回り、結局撤退を表明したが、前日の学生は、撤退には反対だが、自分の意見を聞いてくれたことには感謝すると述べた。この小さなエピソードの中に、民主主義の本質がある。「民主主義とは、意見が通らなかった少数派が、それでも、『ありがとう』と言うことのできるシステム」であり、ここには直接民主主義が実現されていた。

(2)　（三〇〇・12〜三〇一・4）

フィンランドの原発からの廃棄物処理施設を撮影した映画では、原発反対派の監督の厳しい質問に対して、施設の責任者たちが、逃げることなく答え続けようとしていた。フィンランド政府が、反対派の質問を容認し、「すべて」を見せることをためらわなかったから撮れたシーンである。このような政府の誠実な対応に存在していたのが民主主義ならば、わたしたちの国には、まだ民主主義は存在していない。

(3)　(三〇一・5〜15)

日本の学生たちが「特定秘密保護法」に反対するデモを計画し、CM動画を制作した。楽しさとユーモアにあふれたものだったが、それを見て、「デモは『楽しみ』ですか。」と疑義を呈する人がいた。わたしたちの中で、政治参加に対するイメージや「民主主義」の「常識」が固定してしまっていないだろうか。CMの最後で女の子が、「民主主義どっち?」という声に対して、自分を指さし、「こっち!」と答える。民主主義とは自分自身のものであることを表現している。

(4)　(三〇一・16〜終わり)

ルソーの『社会契約論』には、民意は意見の違いが多ければ多いほど、その真の姿を現せるという不思議な記述がある。わたしたちは、「正しい」民主主義を一度も持ったことなどないのかもしれない。民主主義とは、一度も完成したことのない「未完のプロジェクト」なのだろうか。

〈要旨〉

反対者や少数者を排除せずに大切にするのが民主主義の本質といえるが、それには完成形はないのかもしれない。民主主義をぼくら自身のものとして主体的に見つめ、さまざまな意見を出し合うことによって、「正しい」民主主義は実現できるのだろう。

❖構成・読解・言語活動の解説

〈構成〉

1　本文の内容を、台湾・フィンランド・日本のエピソードに分けてまとめなさい。

解答例　台湾…立法院が数百の学生によって占拠された時、撤退に際してリーダーは丸一日かけて学生たちの意見を個別に訊いて回った。「民主主義とは、意見が通らなかった少数派が、それでも、『ありがとう』と言うことのできるシステム」であり、ここには直接民主主義が実現されていた。

フィンランド…原発からの廃棄物処理施設を取材した映画の撮影では、フィンランド政府が、「すべて」を見せることをためらわなかった。このような政府の誠実な対応に存在していたのが民主主義ならば、日本には、まだ民主主義は存在していない。

日本…学生たちがデモを計画しCM動画を制作したが、楽しさとユーモアにあふれた内容に疑義を呈する人がいた。私たちの中で、政治参加や「民主主義」についての「常識」が固定してしまっていないだろうか。

解　説　エピソードのあらましと、それについての筆者の考えをまとめる。

〈読解〉

1　筆者は「民主主義の本質」（三〇〇・3）をどのようなものと考えているか、説明しなさい。

解答例　意見が通らなかった少数派が、「ありがとう。」と言うことのできるシステム。

2　「そこに存在していたものが民主主義だとするなら、わたしたちの国には、まだ民主主義は存在していない」（三〇一・3）とはどのようなことか、説明しなさい。

解答例　「そこ」とは、ファンランドの原発からの廃棄物処理施設において、反原発派の監督が、施設の責任者にどんな厳しい質問をぶつけても、彼らが逃げることなく答え続けようとしたことを可能にし、その様子を映画化することを邪魔しなかったフィンランド政府の透明性に積極的な方針のこと。現在の日本では、国論を二分するような決定事項についても、その決定がどのような議論を経て決定されたか、どのような理由があってそのように決定されたかということについて、文書が黒塗りにされたりして国民に公表されないことが多い。また国民の疑問に答えることが不十分である。それでは国民が政府の決定について判断することはできない。そのような透明性のない政府の方針について、「民主主義は存在していない」と言っている。

3　「不思議な記述」（三〇一・16）とあるが、なぜ「不思議」なのか、説明しなさい。

解答例　ルソーの記述は、意見の違いが多ければ多いほど、民主主義は真の姿を現すというもの。けれども、意見の違いが多いと、民意によってなにかを決定することが難しくなる。決定することが難しくなる方が、民主主義の真の姿が現れるというのは、逆説的で「不思議」だというのである。

4　なぜ、民主主義は「未完のプロジェクト」（三〇二・5）と言えるのか、説明しなさい。

解答例　民主主義は「民意」によって物事を決定するシステムだが、その民意とは、意見の違いが多ければ多いほど真の姿を表すことができるものとするならば、現在はそのような民意を尊重した民主主義は実現できていないから。

〈言語活動〉

1　クラスで意見を集め、何かを決めていくときに、どのような手順で話し合いを進めているだろうか。自分たちの活動を振り返って、その手順を図にしてみよう。また、その図を元に、話し合いや議論をよりよいものにするにはどうすべきか、考えてみよう。

解答例　次ページの図参照。

1 課題
今、僕らが地域に対してできること。
2 グループディスカッション
・ブレーンストーミング
（他人の案を否定しない）
・提案を絞り込む。
3 クラスの全体会議。
・類似の案の確認。
・目的に合っているか。
・実現性の検討。
4 結論を出す。
・結論が出た後も部分的に生かせる案、少数意見になどについてもう一度検討する。
5 決定

解説　一人一人が意見を述べる場面、少数意見をすくいあげる場面を進行過程に設定して、十分に目配りし、最終決定に持っていくことが大切。

2　個人が社会に対して自身の意見を訴える際にはどのようなことに気をつけなければならないか、自分の考えをまとめ、四〇〇字以内で書いてみよう。

解答例　わたしは通学路沿いの荒川土手の清掃ボランティアに参加しているが、インターネットで地域の環境美化を訴えたいと考えている。しかし、ウェブサイトを開いたり、ブログを公開したりすることは、個人間のやりとりであるラインやメールと違って、不特定多数の相手に情報を発信するという行為である。ましてや個人的な日記などではない。画面の向こうには多くの未知の人たちがいることを常に意識することが大切だと思う。まず、発信したいことを具体的に決め、必要な項目を確認する。うっかりして不正確な情報を掲載したり、差別的な言葉を使ったりしてはならない。また、電話番号や住所、顔の見える画像などの個人情報は掲載しないなど、いろいろ注意するべきことは多い。社会に発信することで、多くの人にわたしたちの活動を知ってもらうために、情報を公開することの責任を考えたい。

解説　社会に対して意見を発信するには、具体的にどのような手段があるか、実際に発信するときに注意すべきことは何かなどをメモに書き出してまとめよう。特に、自分と意見や立場が違う人への配慮は忘れないようにする。

第3章　可視化する力

つながりと秩序

北《きた》田《だ》暁《あき》大《ひろ》

❖学習の視点

1　ルーマンの概念などを参考にして、コミュニケーションの現状を考える。

2　つながりの社会性、秩序の社会性、第三の領域などの意味を捉え、それらにケータイが及ぼした意義を読み取る。

3　ケータイが作り出した過剰な儀礼空間について考えてみよう。

❖筆者解説

北田暁大（きただ・あきひろ）　一九七一（昭和四六）年、神奈川県生まれ。社会学者。専門は理論社会学、メディア史。著書に『広告の誕生――近代メディア文化の歴史社会学』（二〇〇〇年・岩波書店）、『責任と正義――リベラリズムの居場所』（二〇〇三年・勁草書房）、『嗤《わら》う日本の「ナショナリズム」』（二〇〇五年・日本放送出版協会）など。

❖出典解説

この文章は『広告都市・東京――その誕生と死』（二〇〇二年・廣済堂出版）の増補版に収められており、本文は同書によった。

❖語句・表現の解説

三〇六ページ

不可分の統一体　分けることができないほど密接な関係にあり、一つのまとまりとして認識されるもの。

皮肉　遠まわしに非難したり批評したりする意地の悪い言い方。あてこすり。

字義どおり　文字（とくに漢字）の表す意味のとおり。ここでは、Aは皮肉の意味を込めて「天才」と発言しているが、Bは「天才」ということばの意味をそのまま受け取り、喜ぶことになる。

総体　全体。すべて。

三〇七ページ

行為が接続されていく　話し手の発言に対して、聞き手は正しく受け止めるか誤解するかに関わらず、何らかの反応を示せば、そこでコミュニケーションとしてつながっていく。

コミュニケーションに携わる人びと　話し手と聞き手。ただしそれぞれ単数とは限らない。

認知的負担　相手の言うこと、または聞き手の捉え方について、自分なりの解釈をしたり、誤解の修正を求めたりすることにかけるエネルギー。

目下《もっか》　目の前の今。現在。

連接　つながりを続けること。

黙殺　相手の話や行動を無視すること。

整序　物事を秩序だてて、ととのえること。

隠蔽　おおい隠すこと。用例 自らの犯罪行為について隠蔽工作をする。

三〇八ページ

至上課題　最も重要な課題。

生産労働や教育がなされる場　会社や学校のこと。

労働力の再生産が期待される私的領域　家庭（自宅）のこと。

第三の領域　会社・学校でもなく、自宅でもない場所。後述のように移動中の交通機関など。

過剰なものとならざるをえない　かつてに比べて、「第三の領域」で過ごす時間は飛躍的に拡大した。

相容《あいい》れない　思想・意見・利害などがともに成り立たない。たがいに認めようとしない。

偶然に場を共有する　路上ですれ違う人や、電車に乗り合わせる人や、雑踏をともに歩く人など、無数の人々と「場を共有」することになる。

三〇九ページ

克服する　努力して難しいことや苦しいことに打ち勝つ。用例 病気を克服して社会復帰を果たした。

儀礼的無関心を内面化した人びと　儀礼的無関心をすっかり身につけ、それが日常の習慣となった人びと。

共在する他者との危険な接続　都市空間ならではの危険。安易なコミュニケーションは危険を招く可能性がある。「共在」は、同じ空間にいること。

変節　時流などに合わせて従来の態度・行動や主義・主張などを変えること。

空白の時空　公的領域でもなく、私的領域でもない第三の領域における、コミュニケーションから解放させる時間と場所。

ことごとく　例外なく全て。用例 初めのもくろみはことごとく失敗した。

三一〇ページ

潜在的　表面にあらわれず、内部にかくれひそんでいるようす。対 顕在的。

避難場所としての性格を失っていく　ケータイがつながる限り、会社からも家庭からも離れることができない。
遍在　どこにでも存在すること。対偏在。
増幅　いっそう拡大させること。
肥大　大きくなること。
そのユートピア性を奪い去る　〈空白の時空〉は避難場所として最適であったが、接続不安の発生により、逆に不安な場所と化すことになる。
充足　満ち足りること。ここでは、メールで相手に何らかの用件を伝えるのではなく、メールをすること自体で満足すること。
つながりの社会性を顕在化させるメディア　他者とのつながり（コミュニケーション）を図る媒体であること。
メタ・メッセージが伝達される　儀礼的無関心とは逆の行為である。

三一一ページ

苛酷な社会性がそこに立ち現れている　ムラ社会的な馴れ合いにはない、接続を拒否されるかもしれないという不安と戦わなければならない現実が発生している。
きわめて〈社会的〉な場　第三の領域であったはずの場が社会的な場に変貌してしまったという皮肉を込めている。
磁場　磁力の働いている空間。影響力が強く及ぶ場。

❖発問の解説

1　**「コミュニケーションそのものは成立している」のはなぜか。（三〇六ページ）**

解答例　コミュニケーションとは、意図やメッセージが交換されることではなく、なんらかの形で行為が接続することであり、この場合、たとえ誤解であっても、情報を発信した人の発言・行為が、受け手の行為に接続されているから。

2　**「つながりの社会性」と「秩序の社会性」とはどのようなことか。（三〇八ページ）**

解答例　「つながりの社会性」とは、ある行為が、誤解されようが、ともかくも別の行為（理解）へと接続されコミュニケーションが生成するということ。「秩序の社会性」とは、誤解の可能性を低める共同的ルール（状況の枠組み）にもとづいて行為を調整するということ。

❖構成・要旨

〈構成〉
本文は段落と段落の間が一行空きになっているところが二か所あることから三つの段落に分けることができる。
(1)（初め～三〇八・6）…つながりの社会性と秩序の社会性
コミュニケーションに関する二つの社会性概念
a つながりの社会性…誤解されるか否かを問わず、ともかく

別の行為に接続されることで生成するコミュニケーション。（接続が至上課題）

b秩序の社会性…誤解を避け、共同的ルールにもとづいて行為を調整する。

(2)（三〇八・7〜三〇九・9）…ユートピアとして機能していた第三の領域

第三の領域とは、公的領域（学校・会社）、私的領域（家庭・地域社会）に収まりきらない都市の領域である。儀礼的無関心は、第三の領域においてコミュニケーションをしないという意思表示をすること。ここでは、新聞や雑誌などを読んで他者と接続しない時間をやり過ごす。第三の領域は、社会的役割やコミュニケーションへの圧力から逃れるユートピアとして機能していた。

(3)（三〇九・10〜終わり）…ケータイによる過剰な儀礼空間の出現

ケータイは、秩序の社会性を第三の領域にまで広げただけではない。「見られているかもしれない」不安と同時に「見られていないかもしれない」という接続不安を引き起こした。その特徴的なものはコンサマトリー（自己充足）である。ここではメタ・メッセージが伝達され、「つながりのためのつながり」が求められ、〈空白の時空〉であるはずの第三の領域を過剰なまでに社会化した空間へと変容させた。

〈要旨〉

ルーマンの定義するコミュニケーション概念から、つながりの社会性と秩序の社会性を抽出できる。ケータイ以前は、第三領域では秩序の社会性から解放され、儀礼的無関心を内面化していた。ケータイはこうした社会のありようを変節させ、第三領域として機能していた空白の時空は潜在的秩序の社会になったが、さらにコンサマトリーな行為様式によってつながりのためのつながりを求めるという、過剰な儀礼空間へと変化してしまった。

❖構成・読解・言語活動の解説

〈構成〉

1　本文は三つの意味段落に分かれているが、それぞれに小見出しをつけなさい。

解説　〈構成〉参照。

2　「第三の領域」（三〇八・12）として、具体的にはどのような場所や状況が考えられるか。また「ケータイ」によって「第三の領域」はどのように変化したか、整理しなさい。

解答例　第三の領域とは、交通機関を使った（あるいは歩いて）移動中の空間。また、駅や病院の待合室などで、本来は特に何もすることがなく待っている空間など。

第三の領域の変化…ケータイ出現前は、小説や雑誌などのマス・メディアを消費することで時間をやり過ごしていた。ケータイ出現によって、当初は仕事場や家庭とつながるという、束縛を受ける場所になった。しかしやがて、電話もメールもこなくなるのではないかという不安にかられ、四六時中メタ・メッセージの交換をモニタリングしなければならない強迫感にさいなまれる、きわめて〈社会的〉な場へと変貌した。

〈読解〉

1 「ルーマンが言うところのコミュニケーション」（三〇六・9）とはどのようなものか、説明しなさい。

解答例 コミュニケーションとは、①情報の提示（選択）、②その情報の伝達の様式の選択、③受け手が①と②における差異を読み取って理解する（特定の理解を選択）の三つの選択プロセスの総体であるとするもの。

2 「社会システムは……コミュニケーションの本質的な困難を〈隠蔽〉する」（三〇七・11）のはなぜか、説明しなさい。

解答例 コミュニケーションはほぼ宿命的に誤解の可能性を含んでいるが、あまりに誤解ばかりだとコミュニケーションに携わる人びとの認知的負担が増大してしまうから。

3 「〈空白の時空〉」が「奇妙に居心地のいい」（三〇九・10）ものであったのはなぜか。説明しなさい。

解答例 他との接続を断ち切ることで、社会的役割やコミュニケーションの圧力からたとえ一時的であるにせよ、解放される場所だったから。

4 「秩序の社会性以上に苛酷な社会性がそこに立ち現れている」（三一一・7）とはどのようなことか、説明しなさい。

解答例 「秩序の社会性」とは、「ムラ社会的な馴れ合い」のこと。それ以上に苛酷な、接続を拒否されるかもしれないという不安と戦わなければならない現実が発生しているということ。

5 「第三領域」が「過剰に社会化された空間」（三一二・3）であるとはどのようなことか、わかりやすく説明しなさい。

解答例 必要以上に、自分が社会とのつながりを確認せずにはいられない場所。

解説 儀礼的無関心とは対極をなすもので、ひたすら「つながりの社会性」にのみ強迫された人々が、自分の意志に関わらず接続を続けずにはいられない社会が生み出されてしまったのである。

〈言語活動〉

1 「ケータイの」普及による「『見られているかもしれない』不安」（三一〇・3）と、「『見られていないかもしれない』という接続不安」（同・6）とは、どのような場合に発生するのか。自分の体験を元に具体的にまとめてみよう。

解答例 「見られているかもしれない」不安…これまで、人々は仕事場や家庭からの避難場所として第三領域を利用してきたが、ケータイの普及によって、その第三領域にもケータイはつながるので、常に仕事や家庭から完全に離れることができず、つながっている、つまり見られているという意識を捨てることができなくなった。具体的には、友達から夜にＬＩＮＥの連絡が来た時に、すぐに返信をしなければならないという気持ちになる。

「見られていないかもしれない」という接続不安…ケータイの電話やメールを通じて、自分とコミュニケーションをとろうとする人がいなくなってしまう、つまり社会とのつながりが失われてしまうのではないかと感じるようになった。具体的には、家でも友達のLINEをチェックして返信しなければ、仲間から外れてしまって、コミュニケーションがとれなくなるのではないかと感じてしまう。

2　携帯端末の普及による功罪を、筆者の論旨に従ってまとめてみよう。

解説　「功罪」の「功」の方はあまり書かれていない。「罪」の方は、**「構成・要旨」**を参考にしてまとめよう。

解説　・携帯端末の普及による功罪の「功」…公的領域と私的領域とに収まりきらない都市の第三の領域で、儀礼的無関心を内面化した人びとに、携帯端末はこの〈空白の時空〉の時間と空間を踏み越えて、潜在的な秩序の社会として再編成させた。

・携帯端末の普及による功罪の「罪」…都市の第三の領域で、〈空白の時空〉は避難場所としての性格を失っていき、「見られているかもしれない」不安を増幅するだけでなく、「見られていないかもしれない」という接続不安を引き起こし、〈空白の時空〉からユーとビア性を奪い去った。

真実の百面相

大森《おおもり》荘蔵《しょうぞう》

❖学習の視点

1　論文特有の抽象的な思考を表現する言葉を理解し、使い方を身につける。
2　真実に対する筆者の見方を理解し、それについて自分なりの考察をしてみる。

❖筆者解説

大森荘蔵（おおもり・しょうぞう）　哲学者。一九二一（大正一〇）年、岡山県に生まれる。東京大学理学部物理学科、文学部哲学科卒業。東京大学名誉教授。世界と意識を一元論的構図のもとに見て、心身の問題を科学理論を根底として考察し、独自の哲学大系を築く。編著書に『言語・知覚・世界』『論理学のすすめ』『物と心』『新視覚新論』『音を視《み》る、時を聴く』などがある。一九九七（平成九）年、没。

❖出典解説

「真実の百面相」は、「流れとよどみ」のタイトルで、「朝日ジャーナル」に約三か月半連載されたエッセイの一つで、一九七六年に発表された。これにほか六編を加えて、『流れとよどみ』（一九八一年・産業図書刊）にまとめられ、本書は同書によった。

❖語句・表現の解説

三一四ページ

百面相　①顔の表情をいろいろに変えること。また、その顔。②いろいろの顔つきをしてみせる芸。ここでは①。
岩場　岩石が露出した場所。
七色変化《へんげ》の紫陽花《あじさい》　「紫陽花」はユキノシタ科の落葉灌木。六、七月頃花をつけるが、花の色が白から紫、ピンクのように変化する。「七色変化」は、様々に変化すること。
帯留め　着物の帯が解けるのを防ぐために、紐先に金具のついているもの。あるいは、金具そのもの。金具には、サンゴや象牙、宝石などの細工ものが付いていることもある。
複製　美術品などを原作通りに再現すること、あるいはした物。ここでは、音を再現すること。

二三五ページ

真実とは貧しく偏頗《へんぱ》なものではなく豊かな百面相なのである　筆者は、しばしば言われる「真実はひとつしかない」という考え方に対して反対の考えを提出している。真実が、さまざまな様相を持っていることを、「豊かな百面相」と表現している。
偏頗　かたよって不公平なこと。
えてして　とかくその傾向があること。**用例** 逆境に育った人は、えてして物事を悲観的に考えがちだ。
ことを一面相で整理したがる　物事の一つの面しか見ないで処理したがる。
品定め　批評して優劣を決めること。
評言　批評のことば。**類** 評語。
生地の正体　ここでは、人の本当の姿。

二三六ページ

斑《まだら》模様の振舞い方　状況や相手によって振舞い方がさまざまに変わることを「斑模様」と呼んでいる。
親切一色や陽気一色　ただひたすらに親切なだけの人物や、ただひたすらに陽気なだけの人物の意味。「……一色」は、何かが、ただ一つの傾向で占められていること。
云々《うんぬん》する　あれこれ口に出して言う。**用例** 効果を云々する。
千変万化　いろいろさまざまに変化すること。
行動様式　行動の仕方。
織りなす　織って、模様や絵を作り出すこと。ここではさまざまな要素が絡み合って、一人の人間の人柄になっていること。
パターン　類型。図形。
涙をのんで　残念な気持ちをこらえて。
大盤振舞い　盛大なごちそう。本来は「椀飯《おうばん》振舞」で、昔、正月初めに親類を呼んで宴会を催したこと。
涙ぐましい　けなげで、思わず涙が出るほどだ。
おごり好き　人にごちそうするのが好きなこと。また、その人。
統計的推測の間違い　ある事実から推測して、統計的な判断をすることが「統計的推測」で、その判断の誤りの意味。ここでは、人間には「状況や相手次第で千変万化する行動様式」があるのに、そのうちのある一つの行動を見て、普段もそうだと思い込むこと。
衆生済度　「しゅじょうさいど」と読む。仏語。仏が生きとし生けるものを迷いの苦しみから救って、悟りの境地へ導くこと。
本元　本当のもと。
聖《しょう》観音　ふつうに言う「観音」のこと。宝冠中に阿弥陀の化仏をつけ、蓮華を持つ。「聖観世音」と

も言う。

正真正銘　間違いなくほんとうであること。

三一七ページ

否応なく　いいも悪いもなく。

水深ゼロメートル　「水深」は水の深さ。それがゼロということは、水面に浮かんでいる状態。ここでは、「人の真実」が表面からむき出しにさらされていることを、こう表現した。

特権的　特別の権利を持つかのように、他を差し置いて。

いびつ　①小判型。楕円形。②形状が整わず、ゆがんでいるさま。ここでは②の意味。

真偽の別もない　真偽の違いもない。

至極　この上なく。

世界観　世界とはこのようなもので、その中で人はこう生きるものだという、世界や人生に対する見方。

発端　物事の始まり。糸口。

これ（14行目）　前の分の「この一見無邪気で至極当然な考え方」を指す。具体的には、夕暮れの山道で石を人影と見誤った錯覚か幻影は、自分の心や意識の中にだけあったものだ、とする考え方。

十人十色　好みや考えが人によって違うこと。

三一八ページ

人間レンズや人間フィルム　人間の体の中で、物を見たり映したり判断したりする器官を「レンズ」「フィルム」にたとえたもの。

幻影　まぼろし。

映写幕　映画やスライドなどを映し出すための幕。

大脳生理学　大脳の働きを研究する学問。「大脳」は、脳髄の一部。人間の精神作用をつかさどる器官。

精神病理学　精神的症状を記述・分類し、その仕組み、経過を明らかにする学問。精神医学の一部をなす。

ベース　基礎。土台。

まごうことない　間違いない。[用例]わたしに起きたこの幸運は、まごうことなき天の恩寵だ。

遠目　遠方から見ること。

反転図形　一つの図形で、二通りにまとまる可能性を持ち、それらが交替して現れるもの。教科書の挿絵のウサギとアヒル以外にも、盃と顔の反転図形で「ルビンの盃」という図もある。

「藪《やぶ》の中」　芥川龍之介《あくたがわりゅうのすけ》の一九二一年作の短編小説。ある事件についての当事者同士の証言が、互いに食い違っていることをモチーフにしている。

当事者　直接その事件に関係する人。

常態　ふつうの状態。[類]実態。

三一九ページ

それにもせよ　それにしても。

虚妄　事実ではないこと。うそいつわり。

一刻の面相を永続する堅固な面相だと思いこんだ　ただひととき

あらわれた顔を、永久的に続く動かない顔だと思いこんだ。
金ばなれがいい　出すべきものに惜しまずにお金を出すこと。
致命的な結果を引きおこす　取り返しのつかないようなとんでもないことをおこす。「致命的」は、命にかかわる様子。命取り。
安穏　安らかに穏やかなこと。無事。
誤導　誤って指導すること。

（三二〇ページ）

きわめて動物的でありまたきわめて文化的でもある分類　「動物的」とは、われわれの命の安全を基準としている分類、「文化的」は、われわれの生活の安全を基準としている点から言う分類。
客観的世界とその主観的世界像の剝離《はくり》の幻影に陥ってしまう　たとえば、岩を人間と見た場合、それが見た人間の誤りで、客観的な真実とは別にあるのだとすると、そこにその人間の主観的世界像と客観的世界（と思われるもの）とが別なものであるという幻影に陥ってしまうというのである。
剝離　はがれて離れること。
われわれは世界とはじかに接触できず　われわれ人間が、自分の見ている世界とは別に正しい客観的世界があると考えることは、自ら世界とじかに触れていることを否定することになるということ。

❖発問の解説

（三一六ページ）

1　「斑模様の振舞い方」とはどのようなものか。

解答例　状況によって、相手によって、一人の人間が親切に振舞ったり、不親切に振舞ったり、嘘をついたりつかなかったり、陽気になったりむっつりしたりするもの。

（三一七ページ）

2　「百面相の真実」とはどのようなことか。

解答例　人の真実の姿は一つではなく、さまざまな面を持っている。表面にあらわれた断片を集めて取りまとめたものが、さまざまな面を持った人の真実の姿であるということ。

3　「危険な世界観」とはどのようなものか。

解答例　自分で見た物が実は錯覚か幻影であると思い、それはただ自分の心の中だけにあったもので、客観的な真実は別にあるのだと考えるような世界の捉え方。このような世界の捉え方は、自ら世界とじかに触れていることを否定する危険につながる。

（三一八ページ）

4　「この比喩」とはどのようなものか。

解答例　本物の世界（客観的世界）と、人間の十人十色の写し（主観的世界像）というものがあるというもの。つまり、人間のレンズやフィルムがゆがんでいれば、実物でない幻影が生じ、その世界は真実の世界とへだてられたものであるというもの。

❖構成・要旨

〈構成〉

本文は内容のうえから、四段落に分けられる。

(1)（初め～三一五・7）

物の色や音には、ただ一つの本当の色、本当の音というものは存在しない。真実は一つという貧しく偏頗なものではなく、豊かな百面相なのだ。

(2)（三一五・8～三一七・2）

人間の真実の姿もただ一つではなく、状況や相手次第でさまざまな形であらわれる。その断片を集めて取りまとめたら、人の百面相の真実ができあがる。

(3)（三一七・3～三一八・16）

世界の姿もただ一つではなく、無限に変化する姿すべてが真実である。本物と写しの関係ではない。客観的世界と主観的世界像という図柄で世界を捉えると、真実の世界からはへだてられる。

(4)（三一九・1～終わり）

遠目に岩を人影と見誤るような場合の誤りは、その一刻そこにあらわれたものを永続する堅固な面相だと思いこんだ誤りだ。しかし、真実に対しての誤りではない。生活の安穏の目印として「正しい」か「誤り」かという世界上の分類であり、動物的、文化的分類である。それを真実と虚妄の分類とすると、われわれは世界とはじかに接触できず、ガラス戸越しにしか世界を眺められないといった虚妄にはまる。

〈要旨〉

真実とは、誰の目にも同じに見えるただ一つのものではなく、さまざまな変化の姿をとってあらわれる。身近な具体例を通して、「一面相」的な見方・考え方を排して、「百面相」をとらえることが真実に迫る道であることを解いている。

❖構成・読解・言語活動の解説

〈構成〉

1 「カメレオン」（三一四・1）や「着物の生地」（同・6）などの具体例は、どのようなことを述べるために挙げられているか、説明しなさい。

解答例　カメレオンはその場その場で色を変える。また、着物の生地は、昼と夜、窓辺と部屋の隅、見る人の眼の具合など、さまざまな条件で色を変える。つまり、物の色や音には、ただ一つの本当の色、本当の音というものは存在しない。真実は一つという貧しく偏頗なものではなく、豊かな百面相なのだということを述べるために挙げた具体例である。

2 「世界の姿もまた百面相であらわれる。」（三一七・3）とはどのようなことか、このあとの例を参考にして説明しなさい。

解答例　小石一つでも、それを見る角度や距離、お天気具合やまわりの事物によって、無限に変化する。その中の一つが真実であって、ほかがにせ物ということはない。また、夕暮れに、前方に人影が見えて、それが近寄ると奇妙な形の岩という場合も、人影に見えたのはただ自分の意識の中にだけあったことというのも違う。同じ一つの世界が人さまざまに映じるというのは当然で、人影が見方とき真実はそこにあったのである。このように、世界の姿もまたそのように百面相であらわれるということ。

〈読解〉

1　「人はえてしてことを一面相で整理したがる」（三一五・8）のはなぜか、その理由を説明しなさい。

解答例　人には「本当の人柄」というものがあるというように、唯一の真実というものがあると思いこんでいるから。

2　「統計的推測の間違い」（三一六・9）とはどのようなことか、説明しなさい。

解答例　おごり好きのように見えた人物を、普段もおごり好きだと思いこんだとしても、それはその人の人柄を見誤ったわけではなく、たまたまその時そのような状態に接したということである。つまり、その時にそのような状態だったというのは間違いではなく、普段もそのような人なのだと思いこんだのが間違いだったということ。

3　「人の真実は水深ゼロメートルにある。」（三一七・2）とはどのようなことか、説明しなさい。

解答例　「人の真実」が表面からむき出しにさらされていること。

解説　本当の人柄は、どこか奥深くにかくされているのではなく、表出されているものだということ。

4　「真実に対しての誤り」（三一九・14）と「真実の中での『誤り』」（同）とはそれぞれどのようなことか、説明しなさい。

解答例　「真実に対しての誤り」とは、遠目に見えた人影のことを「この世界に実在しない虚妄の姿を見たという意味での『誤り』」とする、真実のあり方そのものについての「誤り」。一方、「真実の中での『誤り』」は、岩が永続する堅固な面相だと思いこむような、ある物事が備える真実の表れ方の一つだけを永続する面相だと思いこむような誤りである。

解説　「真実の中での『誤り』」とは、さまざまな姿であらわれる真実、すなわち「真実の百面相」の中で、「われわれの命の安全と生活の安穏の目印になる面相を『正しい』とし、われわれを誤導しやすい面相を『誤り』とする」ような、「生活上の分類」としての「誤り」のこと。真実と虚偽の分類による「誤り」ではなく、生活上の目安として考えられるもので、それもまた真実の諸相の一つなのである。それを論理の筋道をわかりやすくするために、あえて「誤り」と呼んだので、「　」を付けている。

〈言語活動〉

1　「『誤り』」（三一九・1）と「虚妄」（同・2）はどう違うの

か、筆者の論旨に従ってまとめてみよう。

解答例　ここの「誤り」とは、遠目に人影を見て、その人影が永続する堅固な面相だと思いこんだことが「誤り」である。「虚妄」とは、見た人影がこの世界に実在しない姿であるということ。

解説　ここでの遠目に見えた人影は、実在しない姿ではない。「たしかに一刻そこにあらわれた」（三一九・3）のである。

2　「コップの中に水が入っている様子」を、「コップ」と「水」ということばは使わずに書き表してみよう。そして書いた内容を互いに見せ合い、感じたことを二〇〇字程度でまとめてみよう。

解説　たとえば、「透明なガラスの飲む容器に、透明な液体が入っていて、手に持って揺らすと液体の表面が波立つ。」のように書ける。工夫してみよう。

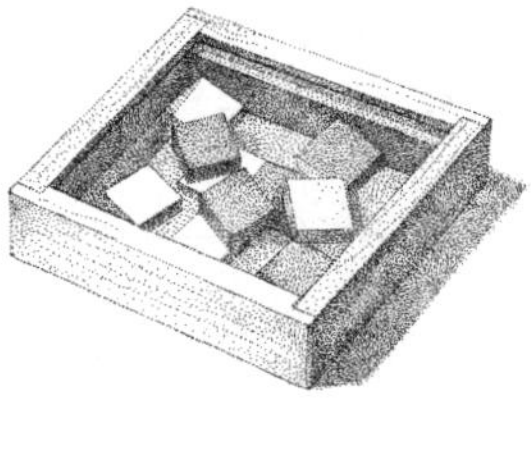

死の恐怖について

エリザベス・キューブラー＝ロス

❖学習の視点

1　目の前で起こっている具体的な出来事を直視し、抽象的な思考へと昇華させたとき、どのような本質が見えてくるのだろうか、考える。

2　死の恐怖という人間の根源に迫る思考をたどる。

❖筆者解説

エリザベス・キューブラー＝ロス（Elizabeth Kübler-Ross）　アメリカの精神科医。一九二六―二〇〇四年。スイス・チューリヒ生まれ。チューリヒ大学で学位取得後、渡米。ニューヨークのマンハッタン州立病院、コロラド大学病院などを経て、一九六五年にシカゴ大学ビリングズ病院で「死とその過程」に関するセミナーを始める。一九六九年出版の『死ぬ瞬間』により国際的に有名になる。著書に『人生は廻る輪のように』『死、それは成長の最終段階―続　死ぬ瞬間』『「死ぬ瞬間」をめぐる質疑応答』などがある。

鈴木　晶（すずき・しょう）　舞踊評論家・翻訳家。一九五二年、東京生まれ。東京大学大学院博士課程満期退学。法政大学名誉教授。専門は精神分析学思想史と舞踊史。著書に『フロイト　精神の考古学者』『踊る世紀』『バレエ誕生』など、訳書にエーリッヒ・フロム『愛するということ』、ピーター・ゲイ『フロイト』、シェング・スヘイエン『ディアギレフ　芸術に捧げた生涯』などがある。

❖出典解説

この文章は、一九六九年刊行の『死ぬ瞬間』に収められており、本文はその新訳版によっている。

❖語句・表現の解説

三三ページ

死に瀕《ひん》している　死に近づいている。

ヨーロッパのある国　筆者はスイスのチューリヒに生まれ、チューリヒ大学に進学している。

三二三ページ

埋葬　死体・遺骨を土の中に埋めること。

三二四ページ

代償　本人に代わりつぐなうこと、他人へ与えた損害に金品や労力でつぐなうこと、目的のために犠牲にしたり失ったりするもの、欲求などが満たされないときに代わりのもので欲求を見たそうとすること、の意だが、ここでは、子どもを悲しみの場に参加させないつぐないとして物を与えることをさしている。

三二五ページ

精神的外傷　精神にそれ以降影響を与え続ける原因となる、心理的ショック。トラウマ。

尊厳　とうとく、おごそかで、侵しがたいこと。

三二六ページ

婉曲　言い回しが露骨でなく、遠回しであるさま。穏やかでかどが立たないよう言うさま。

家庭医　ホームドクター。開業医など、身近で日頃から家族全員の健康相談を受け、日常的な医療を受け持つ医師。かかりつけ医。

死はますます孤独で非個人的なものになりつつある　孤独なのに、非個人的、つまり個人的なものではないものになっているということ。患者を「物のように扱」(三二八・15)う、「看護師、オーダーリー（看護助手）、インターン（実習医）、レジデント（住み込み研修医）、採血係、心電図技師など」(同・11) に囲まれているので個人的ではないが、患者は慣れ親しんだわが家から離れ、孤独なのである。

三二七ページ

序の口　物事が始まったばかりのところ。

三二八ページ

善意めかした能率主義と大騒ぎ　善意に見せかけた、仕事を早く終えるためのやり方と大騒ぎ。患者を助けるためという善意に見せかけた、急ぎ大騒ぎで行われる処置は、能率主義のために急いでいるだけだと非難している。「めかした」は、見せかけた、の意味。「能率主義」は、一定時間内にできる仕事の割合を重視する考え方のこと。

焦点　人々の注意や関心の集まる点。物事の最も重要な点。

三二九ページ

莫大《ばくだい》　数量や程度が非常に大きいさま。

好機　チャンス。物事するのによい機会。

自己防衛メカニズム　治療者が患者から受ける不安から身を守るために、患者を人間として扱わず機械に関心を寄せていることをさしている。患者を人間として扱わない病院の様子を批判的に書いているが、治療者もまた人間であり、人間が死を恐れるために行われる行為なのではないかと、治療者の側の事情もくみ取ろうとしている。

重篤　病気の状態が非常に重いこと。

三三〇ページ

全能　何でもできること。完全無欠の能力。

人間は死ぬものだということ　筆者は、このことを知り、死を受け入れることが、死の恐怖や悲しみから人を救うと考えている。

患者の要求　苦痛を和らげてほしいという要求だと考えられる。

❖発問の解説

1　「そのおかげ」とはどのようなことか。（三三二ページ）

解答例　科学がそれほど発展しておらず、近代科学技術がやっと医学に応用され始めたばかりで半世紀前と変わらない国で育ったこと。

解説　前の二行の内容をさしている。半世紀前と変わらない生活を送っている国に筆者が育ったことで、「短期間のうちに人類が進化する一部を見る機会に恵まれた」のである。

2　「『旧式な』慣習」とはどのようなものか。（三三三ページ）

解答例　死にかけた人が自分の家で、家族や友人、近隣の人びとに囲まれながら生きを引き取り、家にそのまま安置され、死者のための「仮眠室」や、死体防腐処理、死に化粧もなく、醜くなければ顔を隠すことをせず、伝染病でなければ死者を家から運び出さないもの。

解説　ここまでに述べられた筆者の子どものころの話と、直前の「その国では今でも……運び出される」の内容をまとめる。どちらも現代的ではない死に対する慣習である。

3　「婉曲法」を用いるのはなぜか。（三三六ページ）

解答例　死の過程が以前よりつらいものになったから。

解説　「死に対して『婉曲法』を用いる」とは、「冷静に知を直視するのを避ける」（三三六・11）ことである。その「理由はいろいろある」が、「今日、死の過程がいろいろな意味で以前よりつらいものになったということ」（三三六・12）が重要だとあるので、これが第一の理由である。

4　「そうした問題」とはどのようなものか。

解答例　死に瀕している患者本人に、そのことを伝えるかどうかで家族が激しい議論をすること。

解説　次の文に「家庭医ならば患者の誕生から死までを知っており、家族一人ひとりの長所や短所も知っているのだから」とある。このことが理由となって起きない問題は「患者に真実を告げるべきかどうかをめぐって、長々と激しい議論をする」ことである。「真実」とは「死に瀕して」いることである。ガンの告知などでよく問題になることである。

5　「それ」とは何をさすか。（三三九ページ）

解答例　治療のため、医療関係者が人間としての患者を無視すること。

解説　直前に「人間としての彼には誰も目を向けようとしない」とある。それは、「善意めかした能率主義」（三二八・1）のために、「患者は、病気が重くなると、しばしば意見を言う権利のない人間のように扱」（同・7）われて、患者の意見は聞かれず、周りには患者を「物のように扱」（同・15）う医療者が大勢いて大騒ぎをするからである。能率的に治療をするために、患者を人間として扱わないことに「異義を唱えたとしても、すぐに黙らされること」（三二九・7）になるのである。

❖構成・要旨

〈構成〉
本文は内容のうえから、三段落に分けられる。

(1)（初め〜三二四・10）
以前は死んでいく患者は家族に囲まれながら家で最期を迎えるものだった。それは死を受け入れていることの証拠であり、家族は患者にとって鎮静剤や点滴よりも、喜ばしいものを与えることができる。子どもも死についての会話や議論、恐怖の仲間に入れてもらえれば、悲しくてもひとりぼっちではないと思えるし、責任を分担し、共に悲しむことで慰めが得られる。そのことで心の準備ができ、死も人生の一部だと学べることは、子どもの成長・成熟にとって貴重な経験となる。

(2)（三二四・11〜三二六・10）
現代では対照的に、死をタブー視し、子どもを除け者にする。子どもがもつ死についての質問や疑問にちゃんと答えずごまかすことで、未解決の悲しみを抱えたままの子どもは、人の死を謎にみちた恐ろしい出来事と見なすようになる。現代は科学や人間についての知識が増え、よりよい方法、手段で死の準備ができるようになったかもしれないが、人が自分の家で安らかに尊厳をもって死ぬことはできなくなった。科学が発展すればするほど死の現実を恐れ、認めようとしなくなる。婉曲的に死を表現し、子どもを死から遠ざけ、患者にも病状の告知をするかどうかで悩むようになる。

(3)（三二六・11〜終わり）
冷静に死を直視しなくなった理由の一つは、死の過程が孤独で非人間的になり、いろいろな意味で以前よりつらいものになったからである。死の過程が孤独で非人間的になったのは、患者が緊急救命室に急送されるからだ。そこでは能率主義のために患者を人間として扱わず、物のように扱う大勢の人に囲まれる。患者を物のように扱い、機械や身体の機能に関心を集中させるのも、人が死を怖がるために起きる、治療する側の自己防衛メカニズムといえるかもしれない。しかし、人間は全能ではなく、限界や失敗があり、死ぬものだということを患者の苦しむ顔を見て思い出すことは重要なことだ。現代の医療は患者の感情的苦痛を大きくしている。患者の要求は変わっていないが、それを満たす私たちの能力が変わったからだ。

〈要旨〉

以前は死んでいく患者は家族に囲まれながら家で最期を迎えるものだった。それは死を受け入れていることの証拠であり、家族は患者にとって鎮静剤や点滴よりも、患者の喜ぶものを与えることができる。子どもも死を身近に感じることで、共に悲しむことで慰めが得られ、心の準備ができ、死も人生の一部だと学べる。現代では対照的に、死をタブー視し、子どもを除け者にする。子どもがもつ死についての質問や疑問にちゃんと答えず、ごまかすことで、未解決の悲しみを抱えたままの子どもは、人の死を謎にみちた恐ろしい出来事と見なすようになる。現代は科学や人間についての知識が増え、よりよい方法、手段で死の準備ができるようになったかもしれないが、人が自分の家で安らかに尊厳をもって死ぬことはできなくなった。科学が発展すればするほど死の現実を恐れ、認めようとしなくなる。患者の要求は何世紀も前から変わっていないのに、それを満たす私たちの能力が変わったために、現代の医療は以前よりも患者の感情的苦痛を大きくしている。それは、患者が緊急救命室に急送され、能率主義のために患者を人間として扱わず、物のように扱う大勢の人に囲まれるようになったからである。患者を物のように扱い、機械や身体の機能に関心を集中させるのも、人が死を怖がるために起きる、治療者の自己防衛メカニズムといえるかもしれない。だが、人間は全能ではなく、限界や失敗があり、死ぬものだということを患者の苦しむ顔を見て思い出すことは重要なことではないだろうか。

❖構成・読解・言語活動の解説

1　「農夫の死」（三二二・9）のエピソードを用いて筆者はどのようなことを伝えようとしているのか、説明しなさい。

解答例　家で家族や友人らに囲まれて迎える死は、現代の病院で迎える死と違い、患者は人間として扱われ、患者も家族も死を受け入れるのを助けるものであること。

解　説　「農夫の死」のエピソードは、「『旧式な』慣習」（三二三・11）であり、「こうした慣習は死を受け入れていることの証拠」「死んでいく患者が死を受け入れるのを助けるだけでなく、その家族が愛する者の死を受け入れる助けにもなる」（同・11）とある。このことを伝えるために用いられている。

2　「死はますます孤独で非個人的なものになりつつある」（三二六・16）とあるが、それはなぜか。以前と比較しながら説明しなさい。

解答例　以前は家で親しい人に囲まれて死を迎えるものだったが、現代は死に瀕すると家から救急救命室へ運ばれ、そこでは患者の意思は無視され、患者を人間ではなく物のように扱う大勢の人に囲まれるものになったから。

解　説　直後に「それは患者が、慣れ親しんだわが家から運び出され、緊急救命室に急送されるから」とある。緊急救命室では、「慌ただしく動き回るたくさんの看護師、オーダーリー（看護助手）、インターン（実習医）、レジデント（住み込み研修医）、採血係、心電図技師などに取り囲まれる」（三二八・

11）。そして「患者は少しずつ、だが確実に、物のように扱われはじめる」（同・14）。死に瀕したとき、多くの人に囲まれて個人的ではない状態になりながらも、患者の人間としての尊厳はないがしろにされ、患者は孤独を感じる。これが現代の死である。以前の死は「農夫の死」のエピソードにあるように、自宅で親しい人に囲まれて、自分のことを理解してくれている人たちが自分にとってよいことを施しながら迎える、個人的な人間関係の中に存在したものだった。このことを対比的になるようにまとめる。

〈読解〉

1 「粗末な代償」（三二四・16）と筆者が言うのはなぜか、その理由を説明しなさい。

解答例　子どもにプレゼントを与えることは、子どもが悲しみの場に参加できないことの代わりには全くならないから。

解説　この「粗末な代償」は母親が死んだ場合に「お母さんは長い旅に出たんだよ」とごまかされ、「子どもが悲しみの場に参加できないこと」の代わりに「プレゼントを与える」ことをさしている。このプレゼントが「粗末な代償」なのは、「子どもが悲しみの場に参加できないこと」の代わりにはまったくならないものだから「粗末な」なのである。

2 「機械化され、個人の人格を無視した医療は、じつは治療する側の自己防衛メカニズムなのではなかろうか」（三二九・11）とはどのようなことか、説明しなさい。

解答例　死は恐ろしく不快なものなので、一人の人間の苦しんでいる顔ではなく機械に集中することで死から目を逸らし、死を認めまいとする必死の試みであること。

解説　直後に「つまり、このような医療は、末期患者あるいは重篤患者が治療する側に与える不安に対処し、軽減するための独特の方法」とある。「末期患者あるいは重篤患者が治療する側に与える不安」とは「死はとても恐ろしく不快なもの」（三二九・15）であることから受ける不安である。この不安を軽減するために、患者という「人間の苦しんでいる顔」（同・17）から目を逸らし、数値を追う機械に集中し、「差し迫った死を認めまいとする私たちの必死の試み」（同・14）を「自己防衛メカニズム」と呼んでいる。

3 「感情的苦痛がより大きくなったことは確かである」（三三〇・6）のはなぜか、説明しなさい。

解答例　自宅で自分をよく知る人に対応されながら迎える死は鎮静剤や麻酔のように肉体的苦痛を取り除くことはできなくとも感情的苦痛を和らげることはできていたのに、現代は病院で人間として扱われない状態でいる患者は、慣れた場所で親しい人からの人間としての配慮を受けられなくなっているので、感情的苦痛が大きくなっているといえるから。

解説　「農夫の死」のように、自宅で家族と迎える最期は、鎮静剤や麻酔といった肉体的苦痛を取り除く薬はないが、自分をよく理解する家族から好物を与えられることができる。そのことは、「忍耐と家族と好きな食べ物が点滴液の代わりになりうることも事実」（三二四・3）といえ、感情的には患者の苦痛を和らげる。現代の、自宅ではなく病院で迎える死は、自分を理解する人ではなく自分を物のように扱う人に囲まれたものである。薬によって肉体的苦痛は軽減されるかもしれないが、人間としての尊厳もなく、自分の意思も無視され、それにより感情的苦痛は大きくなっていると考えられるのである。

4 「変ったのは、それを満たす私たちの能力のほう」（三三〇・7）とあるが、どのように変化したのか、説明しなさい。

解答例 科学の発展により、よりよい方法、手段で死の準備ができるようになったが、死の過程は孤独で非人間的なものになり、ますます死の現実を恐れ、認められないものとなり、個人的に患者を看取ることができなくなった。

解説 「患者の苦痛、それも肉体的苦痛ではなく感情的苦痛がより大きくなったことは確かである」（三三〇・5）とある。これは、私たちの感情的苦痛を和らげる能力が下がったということである。患者の感情的苦痛を和らげる能力というのは、患者とともに自宅で、患者にとってうれしいことを施し、患者とともに悲しみ、死を受け入れる能力である。これが「農夫の死」のエピソードから読み取れる、私たちが以前持っていた患者の感情的苦痛を和らげる能力である。この能力が下がったのは、死は病院で機械と医療者に囲まれたものになったからだ。それは科学が発達したからなのだが、科学が発達し、死が病院で迎える孤独で非人間的なものとなることで、「私たちはますます死の現実を恐れ、認めようとしなく」（三二六・2）なった。科学の発展は「自分自身も家族も、よりよい方法、手段で死の準備ができるようになったかもしれない」（三二五・15）が死の恐怖は増し、患者の感情的苦痛を和らげる能力は下がっていったのである。

〈言語活動〉

1 「私たちは人間性を失ったのだろうか、それとも、人間性を増したのだろうか？」（三三〇・4）とあるが、「人間性」とはどのようなものかを考えながら、自分の答えをまとめてみよう。

解説 「人間性」とは、人間らしさ、人間としての本性、という意味。死を以前より受け入れにくくなり、目を背けようとし、患者を人間として扱わなくなってしまうのは、人間性を失ったためなのか、それとも人間性を増したからなのか、という問いである。患者を人間として扱わないというのは一見、人間性を失ったと思えるが、しかしそれは死を恐れるあまりに行われる行為なので、死を恐れることは人間らしさでもあるといえる。現代において、「農夫の死」のように、死にゆく家族を病院に行かせず、家で死ぬに任せて看取ることができるだろうか。死を受け入れられず、助ける方法はないかと医者にすがるのもまた人間らしいといえるだろう。家族の死を、助けるための行動をせずに受け入れることは人間らしいといえるのだろうか。病院で高度な治療が受けられる現代を前提に、現代の私たちは以前の人たちに比べ人間性を失ったのか、増したのか、自分なりに考えてまとめよう。

2　人はどのような形で死を迎えるのがよいと考えられるか、本文を参考にしながらまとめてみよう。

解説　本文では死を迎えるのが自宅か病院かの対立で描かれているが、どの段階では自宅で、どの段階では病院で、というように使い分けることもできるだろう。自分が死ぬときに後悔の少ない迎え方を考えてみよう。自分の死はまだ現実味がないかもしれないが、家族や親しい人が死を迎えたときに、自分はどのような場所でどのような立場でいたら悲しみを乗り越えることができるだろうかと想像するのもよい。死を受け入れるということは、死にゆく人だけではなく、残される人にとっても重要なことである。双方によい迎え方を考えてみよう。

第4章　語りと世界

ことばへの問い

熊野《くまの》純彦《すみひこ》

❖学習の視点

1　ことばの本質について理解する。
2　哲学的思考に親しみ、世界についての理解を深める。

❖筆者解説

熊野純彦（くまの・すみひこ）　倫理学者・哲学史家。一九五八（昭和三三）年、神奈川県生まれ。東京大学大学院人文科学研究科博士課程単位取得満期退学。カントなどドイツ・フランスの倫理学・哲学について研究を深めている。著書に『レヴィナス　移ろいゆくものへの視線』などがある。

❖出典解説

この文章は、廣松渉《ひろまつわたる》著『もの・こと・ことば』（二〇〇七年・ちくま学芸文庫）に「解説」として収められている。

❖語句・表現の解説

三三二ページ

ことばの鋭利なはたらき　「鋭利」は刃物などが鋭くて、良く切れるようす。ここでは、ことばがひとを深く傷つけるようす。

なにほどかは　どれくらいかは。どれほどかは。

刻々と　時間が次第に経過していくようす。

三三三ページ

かたくなに　素直に人の言うことを受け入れない頑固なようす。ここでは、石や岩が「口を閉ざし」て沈黙しているようす。

そのかぎりでは　そういう意味では。その範囲では。

交響　響き合うこと。

三三四ページ

不断　たえまなく続くこと。

疑う余地がない　疑うことができない。確実である。

分節化された言語　言語を意味や音に注目して分解して捉えることを「分節化」と呼ぶ。ここでは、世界を切り分けるための言語。世界を理解するための言語というような意。

もどかしい　思うようにいかず、いらいらする。

疼《うず》き　何かしたくてじっとしていられないこと。

およそ　だいたい。おしなべて。まったく。

三三五ページ

大鉈《おおなた》　刃が厚くて幅の広い刃物。ここでは、言語が世界を切り分ける粗《あら》っぽいようすをたとえている。

三三六ページ

肌理《きめ》が粗い　感情をかたどる語が粗っぽいようす。

明晰《めいせき》　明らかではっきりしていること。

はらんで　中に含んで。内包して。

❖発問の解説

（三三二ページ）

1　「ことばはまた、ときにひどく無力である。」と言えるのはなぜか。

解答例　ことばで自然の偉大さや神秘さ、美しさなどを表現しつくすことはできないから。

（三三四ページ）

2　「ことばによる分節」とはどのようなことか。

解答例　ことばによって世界を切りとり、世界をわかりやすくすること。

（三三五ページ）

3　「そうしたことがら」とは何をさすか。

解答例　ことばにすることももどかしいような心の動き、いいようもないせつなさ、ことばにならない心の疼き。あるいは、ことばも表現もおよそ尽きはてて、ついに押しだまり、口を閉ざしてしまうような瞬間を、言語をもたない動物やことばの習得が不十分な子どもが想像すること。

❖構成・要旨

〈構成〉

この文章は、次の四つに分けることができる。

(1)（初め〜三三二・11）…ことばの力と無力さ

ことばはひとを傷つけるような鋭利なはたらきをすることがあるが、一方でひどく無力でもある。

(2)・(3)（三三二・12〜三三五・13）《(2)（三三二・12〜三三四・2）、(3)（三三四・3〜三三五・13）》…ことばが状況や感情を存在させる

ことばの存在しない世界でも、風景は人類が登場する前も存在し、人類が死滅しても変わらず存在しつづけるだろう。しかし、ことばの存在しない世界においては、初夏の木々は「みずみずしく」葉を伸ばすことはなく、葉が擦れあう「ざわめき」も存在しない。それが可能なのは、言語によってあらかじめ彩

られた世界においてのことである。ことばにならない思い、ことばにすれば嘘《うそ》になるような感情もまた、本当にことばによる分節のそのかなたにあるのだろうか。分節化された言語をもたない幼児たちは、「もどかしい」「いいようもない」といったものを感じているのだろうか。言語にならない思いや感情は、ことばの「あと」に生まれるものである。言語のなかで生きていく過程で、既存・既習のことばでは表現できない無数のものごとに突きあたったとき、ことばにはならない思いを感じるのである。

(4)（三三五・14〜終わり）…ことばはすべてに先立つ

　言語以前のことがらは、ことばによってはじめて発見されるのだ。言語こそが、「いっさい」が立ちあらわれる「可能性」を準備する。

〈要旨〉

　思いや感情はことばのかなたにあるのではなく、ことばの「あと」に生まれる。言語以前のことがらは、ことばによってはじめて発見されるのであり、言語が「いっさい」が立ちあらわれる「可能性」を準備するのだ。

❖構成・読解・言語活動の解説

〈構成〉

1　「ことばが存在しない世界、人間が存在しない風景、手つかずの自然といったもの」（三三二・12）とはどのようなものか。また、それに対する筆者の考えをまとめなさい。

解答例　地上に人類が登場する以前から存在していた世界というようなもの。筆者は、それらの世界はすべてあらかじめことばが存在する世界においてのことであり、すでに人間によって棲《す》みつかれた世界の内部にあってのことと考えている。

2　「とてもことばにはならない思い、言語的な表現にうつしがたい、けれども確実に存在する感情といったものを考えてみる」（三三四・3）ことで導かれる考えをまとめなさい。

解答例　ことばにならない思いが先にあるのではなく、ひとは言語を生きていったその果てに、「ことばにはならない」無数のものごとに突きあたる。ひとの経験にある言語以前のことがらは、ことばによってこそはじめて「発見」される。言語が一定の境界を設定したときに、その境界の外部にあるものが同時につくりだされる。

〈読解〉

1　次の指示語はそれぞれ何をさすか、説明しなさい。

ⓐそうなのだろうか。（三三三・8）

ⓑむしろこう考えるべきではないだろうか。（三三五・3）

ⓒそうであるとするならば、（三三五・14）

解答例　ⓐ自然の様相や変化は、地上に人類が登場してことばによって世界を切りとりはじめる前から存在し、ことばを使用するすべての存在者が死滅するそのあとにも、変わらず存在しつづけるだろうということ。

ⓑ言語にならない思い、ことばにうつしがたい感情といったものは、むしろ、ことばの「あと」に生まれてくるということ。

ⓒひとは言語を手にし、言語のなかで生き、言語の内部に封じこめられて、言語そのものに棲みつき、言語を生きていったその果てに、ときに避けがたく、「ことばにならない」無数のものごとに突きあたると思われるということ。

2　「みずみずしく」（三三三・8）、「沈黙」（同・9）、「かたくなに」（同）、「ざわめき」（同・10）に括弧が付されている理由を説明しなさい。

解答例　これらは、あらかじめことばが存在する世界においての自然の様相を表しているという考えから括弧を付していると考えられる。

3　「ことばの網目からは、あまりに多くの微細な差異が抜けおちて、こぼれ落ちてしまう。」（三三五・6）とはどのようなことか、説明しなさい。

解答例　ことばはごつごつと粗っぽい大鉈のようなもので世界を切りわけるために、微妙に異なっている感情は、ことばの網目からこぼれ落ちてしまい、その感情が表現されないままになってしまうということ。

4　「言語こそが……いっさいが立ちあらわれる『可能性』を準備する」（三三六・4）とはどのようなことか、説明しなさい。

解答例　言語は、この世界のあらゆるものの前提であり、事実や様態、感情などのすべての基礎であり、なにごとも言語によって出現してくるという「可能性」のもとになるということ。

〈言語活動〉

1　好きな詩や小説の一節、歌詞を挙げて、それがどのように思いを言語化しているか、互いに発表しよう。

解説　本文中では、「ひとの経験にあって『ことばにならない』とされるもの、言語以前のことがらは、ことばによってこそはじめて『発見』される」（三三五・14）とある。好きな詩や文にひかれるのも、そこに自分のことばにならない思いが言語化されているように感じたからかもしれない。そのような視点で考えてみよう。

2　本文と長田弘「アイオワの玉葱」（一二ページ）や若林幹夫「地図の想像力」（四九ページ）とを読み比べて、言語と現実に対する考え方について共通する部分をまとめてみよう。

解答例　「アイオワの玉葱」では、言葉というものが、まだ何物でもない現実を、自分達がかかわり、了解する形に切りぬいたものであると述べられている。「地図の想像力」では、社会に属する人々にとっての世界は、その言語が世界をどのように分節化しているかということに強く規定されていると述べられている。「ことばへの問い」でも、言葉というものが、世界を理解できる形に切りわけたものとして扱われており、言葉の性質についての認識が共通すると言える。

物語としての自己

野《の》口《ぐち》裕《ゆう》二《じ》

❖学習の視点

1　「自己物語」がどのように組織化されるのかを読み取る。

2　「支配的な物語」とは何かを理解し、それがわたしたちをどのように制約するのかを捉える。

3　筆者の述べていることをふまえて、自分自身の「自己物語」を考え、語ってみる。

❖筆者解説

野口裕二（のぐち・ゆうじ）　社会学者。一九五五（昭和三〇）年、千葉県の生まれ。医療や教育、カウンセリングなどの現場に介入して実践を行う臨床社会学・医療社会学の立場から、依存症や精神障害の研究を行う。野口が提言する、病者・被支援者自身の「ナラティブ（物語・語り）」を手掛かりとしてさまざまな現象に迫る「ナラティブ・アプローチ」は、社会学や文化人類学における新たな研究方法として、医療や社会福祉の現場での新たな実践方法として、分野を越えて注目を集めている。

❖出典解説

この文章は『物語としてのケア——ナラティブ・アプローチの世界へ』（二〇〇二年・医学書院）に収められており、本文は同書によった。

❖語句・表現の解説

二三八ページ

物語　筆者の専門である臨床社会学などで使われる「ナラティブ」を翻訳した語。「ナラティブ」という語は、「語る」という行為と「語られたもの」という行為の産物の両方を含意する。日本語にはこの両方を含む語がないため、「語る」という行為を表すときには「語り」、「語られたもの」という意味を表すときには「物語」と訳される。この場合の「物語」は、「竹取物語」などのように文学的な筋を持つ「お話」のことではなく、複数の出来事や思いをつなぎ合わせて結末に向かう話を広く表している。

現実組織化作用　「組織化」とは、まとまりのない物や人を、一つの体系のもとにまとめること。物語のもつこの作用については三三八・9〜三三九・6で説明されている。

現実制約作用　「制約」とは、条件を付けて、行動や言論などを自由にさせないこと。物語のもつこの作用については三三九・7〜三四〇・17で説明されている。

三三九ページ

自己物語　セルフ・ナラティブ。臨床社会学などで用いられる語で、自分が生まれてから今までどのように生きてきたのか、という物語のこと。

文明開化　人間の知識や技術が進み、世の中が開けること。

立身出世　世の中に出て高い地位につき、有名になること。

刻苦勉励　大変な苦労をして、勉強や仕事に励むこと。

神国日本　日本を「神の国」と捉える考え方。日本を他国よりも優れた国であるとする思想の拠り所となった。

鼓舞　はげまし、元気づけること。昔、出陣などの際に、鼓を打って舞を舞うなどして勢いをつけたことによる。

三四〇ページ

「物語」がそれぞれの「語り」に深く影響している　ある時代背景の中で生まれ、ひとびとに浸透している「物語」が、個々の人間が語ることにも影響を及ぼしている、ということ。

定型　決まった型。一定の型。用例 定型にとらわれない、自由なアイデアを求める。

支配的な物語　ひとびとに広く浸透し、定型化した状態の物語のこと。臨床社会学などで用いられる語で「ドミナント・ストーリー」とも言われる。筆者はこの「支配的な物語」について、ある状況を支配している物語であり、その状況において自明の前提とされ、疑うことのできないものでもある、と説明している（『ナラティヴ・アプローチ』野口裕二編　勁草書房）。「支配的な物語」と、それを疑い始めたときに現れる新たな物語「オルタナティブ・ストーリー（代わりの物語）」は、ナラティブ・アプローチの重要な概念の一つである。

取捨選択　悪いものや不要なものを捨てて、よいものや必要なものを選びとること。

挫折　事業や計画などが途中でだめになること。また、そのために気力がなくなること。用例 資金不足で、事業が挫折した。

悲運　悲しい運命。不幸な運命。同音異義語の「非運・否運」は運が悪いという意味だが、それに対して「悲運」は悲しい運命のことをいう。

三四一ページ

常識的な自己のとらえ方とも、通常の心理学における自己概念とも大きく異なって　「自己」についてはさまざまなとらえ方があるが、通常何らかの同一性・統一性を持った存在として捉えられる。また、「自己概念」とは、自分自身がどんな人間であるかについて持っている考えのこと。看護・福祉の分野や臨床心理学などでは、自分の性格や身体的特徴、能力、価値などについての認知を指し、これは比較的変化しにくいものであるとされる。このような〝同一性を持ち変化しにくい〟という自己のとらえ方と、「語り直されるたびに変形される」（三四一・3）という筆者の自己の捉え方とは「大きく異な」るものである。

三四二ページ

輪郭 ものの形を表す線。物事の大体の様子。

更新 いままでのものから新しいものに改めること。また、改まること。用例 短距離走の世界記録が更新された。

三四三ページ

二分法 ある特性を持っているかいないかで二つに分類する方法。ここでは「ほんとうの自分／ほんとうでない自分（偽りの自分）」と分類するやり方のこと。

三四四ページ

存立 存在し、成り立っていくこと。

❖発問の解説

（三三九ページ）

1 「それ」とは何をさすか。

解答例 自己物語の組織化。

（三四〇ページ）

2 「参照させられている」とあるが、ここで筆者が受動体を用いているのはなぜか。

解答例 自分では参照するつもりではなくても、自然に参照し、影響されるということ。

（三四一ページ）

3 「これ」とは何をさすか。

解答例 自己を誰かに語ることによって、自己が変形すること。

（三四二ページ）

4 「そのような理解」とはどのようなことか。

解答例 自分の語りとそれに対する相手の語りとのやりとりによって表現されたり変形されたりする自己は表面的な部分で、その奥には確固として変わらない自分の核のようなもの、「本当の自分」がいるという理解。

（三四三ページ）

5 「語りのなかに存在する」とはどのようなことか。

解答例 自己を語るという行為によってかたちづくられるものであるということ。

（三四四ページ）

6 「大きな意味をもっている」のはなぜか。

解答例 自分をどのように語るか、どのような言葉を使って語るか自体が、自己をかたちづくっているから。

❖構成・要旨

〈構成〉

この文章は四つの意味段落に分かれる。

(1)（初め〜三三九・6）…自己物語の特徴・物語の結末となる現在

自分が経験したさまざまな出来事や思いは、語られることで整理され関連づけられて自己物語となり、「自己」は一定のまとまりと一貫性をもつ。この自己物語の一貫性は、「現在」が物語の結末になるように組織化されることで得られる。

(2)（三三九・7〜三四〇・17）…自己物語の特徴・支配的な物語

わたしたちは、自分で物語をつくり出すとともに物語に制約される。たとえば明治時代の日本という時代背景は「立身出世」や「刻苦勉励」などの物語を生んだ。そうした定型的で「支配的な物語」を下敷きにして、自己物語は語られる。

(3)（三四一・1〜三四二・8）…自己を語る言葉・さまざまな自分

通常、自己は確固とした構造をもっているものとイメージされるが、実は語るたびに変形されるものである。自分を語ることとそれに対する相手の語りのやりとりのなかで、「自己」は姿を現し、変形され、更新される。

(4)（三四二・9〜終わり）…自己を語る言葉・ほんとうの自分

「ほんとうの自分」という、自分の核と思われる部分さえ、実は語りのなか以外には存在しない。このように自己を語る際の言葉や言い回しは、自己の存立に大きな意味をもっている。自分をどのように語るか、どのような言葉を使って語るか自体が、自己をかたちづくっていく。

〈要旨〉

自分が経験した出来事や思いは、語られることで自己物語となり、「自己」は一定のまとまりと一貫性をもつ。この自己物語は「現在」が物語の結末となるように組織化されることで一貫性を得、「支配的な物語」に制約されつつ語られる。このように、自己とは通常イメージされるような確固とした構造をもつものではなく、語りによって形成され、変形するものだ。よって、自己を語る言葉は、自己の存立に大きな意味を持っている。（一九六字）

❖構成・読解・言語活動の解説

〈構成〉

1　本文は四つの意味段落に分けられているが、それぞれに小見出しをつけ、その内容を要約しなさい。

解説　〈構成〉を参照。

〈読解〉

1　「自己物語の組織化」（三三九・2）とはどのようなことか、説明しなさい。

解答例　これまでに自分が経験した出来事や思いが、「現在」を説明するようなかたちで配列されて、一貫性をもったひとつの物語ができあがること。

2　「われわれの人生は、なんらかの『物語』によって正当化され、鼓舞され、そして、制約されながら展開している」（三三九・15）のはなぜか。その理由を説明しなさい。

解答例　われわれの人生は、ひとびとに浸透している定型的で「支配的な物語」を下敷きにして組み立てられていて、その物語が現実の見え方を方向付け、制約するから。

3　「自分を語ることが、そのひとの輪郭をかたちづくっていく」（三四一・16）とはどのようなことか。説明しなさい。

解答例　自分について語ることによって、そのひとの自己（自分によって把握された自分自身）がどのようなものかが明らかになるように変化するということ。

4　「『ほんとうの自分』という言葉が、『ほんとうの自分が見つからない』という不満や不安をつくり出してしまう」（三四三・17）のはなぜか。その理由を説明しなさい。

解答例　「ほんとうの自分」という言葉によって、「ほんとうの自分を探すべきだ」「ほんとうの自分を見つけることは大切だ」などという「支配的な物語」が生まれ、それに現実の見え方が方向付けられ制約された結果、「ほんとうの自分が見つからない」ことは不幸な状態だと認識されてしまうから。

〈言語活動〉

1　野家啓一「物語と歴史のあいだ」（二八二ページ）と本文の主張とを読み比べ、人が歴史や自分のアイデンティティを形成する時に「物語」がどのような役割を果たすか、四〇〇字以内でまとめてみよう。

解　説　「物語と歴史のあいだ」では、歴史叙述は、史料を一定の物語の文脈の中に再配置することによってつくられる。客観的事実とか歴史の必然性があるわけではないという。一方「物語としての自己」では、自己のアイデンティティは、現在の自分を物語の結末にして組織化され、その時代などの現実の支配的な物語によって方向付けられるという。つまり両者とも、事実のよって形成されているのではなく、「物語」が大きな役割を果たしているといえる。この観点からまとめてみよう。

2　「日本の近代化は、『立身出世』や『刻苦勉励』という物語を生きた人々によって支えられ達成されたといえる」（三三九・12）とあるが、明治時代の若者の葛藤を描いた作品として知られる「舞姫」（森鷗外《もりおうがい》）を読み、その登場人物たちが作品の中でどのような「物語」を生きているか、本文の論旨を踏まえて感想をまとめてみよう。

解　説　次のようなことばから「舞姫」の主人公豊太郎が、当時日本で神童として期待された「支配的な物語」が推測できる。「洋行して一課の事務を取り調べよとの命を受け、我が家を成さむも、我が家を興さむも、今ぞと思ふ心の勇み立ちて……ベルリンの都に来ぬ」「余は父の遺言を守り、母の教へに従ひ、……ただ所動的、器械的の人物になりて……。」これ以外にどのような「物語」が描かれているか、豊太郎以外の人物についても探して、感想を書こう。

ポピュリズムとは何か

森《もり》本《もと》あんり

❖学習の視点

1　現代の民主主義において、ポピュリズムにはどのような特徴や危険性があるのかを知る。
2　ポピュリズムの構造を捉える。

❖筆者解説

森本あんり（もりもと・あんり）　神学者。一九五六（昭和三一）年、神奈川県生まれ。国際基督教大学入学後に大学教会で洗礼を受ける。東京神学大学大学院で修士号（神学）を取得。牧師となり愛媛県松山市の教会へ赴任。その後アメリカのプリンストン神学大学院へ留学しPh.D.（博士号）を取得。国際基督教大学で大学牧師を務めた後、同大教授を経て同大名誉教授。現在は東京女子大学学長。専門は神学・宗教学・アメリカ研究。宗教的な視点から、アメリカの政治問題などの分析をする。『反知性主義――アメリカが生んだ「熱病」の正体』『宗教国家アメリカのふしぎな論理』『キリスト教でたどるアメリカ史』『不寛容論――アメリカが生んだ「共存」の哲学』など。

❖出典解説

この文章は、『異端の時代――正統のかたちを求めて』（二〇一八年・岩波新書）に収められている。

❖語句・表現の解説

三四六ページ

右　ここでは、保守的な思想の傾向があることをさす。対左。
左　ここでは、急進的な思考の傾向があることをさす。
進歩派　現在の不具合を改善し、新しくよりよいものを追求する思想。
国粋主義者　自国の文化などが他国よりも優れているとして、それを守り発展させようと主張する人。
包摂　ある範囲内につつみ込むこと。
融通無碍《ゆうずうむげ》　考え方や行動にとらわれるところがなく、自由なこと。

三四七ページ

体現者　身をもって実現した人。

僭称　自分の身分を超えた称号を勝手に名乗ること。

忖度　他人の心をおしはかり、相手に配慮すること。

一つの社会に複数の中心を置いて権力を分散　日本の三権分立などの制度をさす。

多元　物事を成立させる要素や根源が複数あること。対義語は「一元」。

三四八ページ

梃子《てこ》にした　ある大きな目的を達成するための、比較的小さくても強い手段を使った。「梃子」は、棒の途中に置いた支点を中心に棒が自由に回転し、小さな力を大きな力に、小さな動きを大きな動きに変える仕組みのことで、転じて、ある大きな目的を達成するための、比較的小さくても強い手段、を意味する。

虜《とりこ》　あることに心を奪われていることを意味するので、ここでは、腐敗した権力構造をよしとしていることをさす。

既得権益　国、地域、組織などが、法的根拠に基づいて以前から得ている権利と利益。

権威　他者を服従させることのできるほどの威力。

封殺　相手の言行を無理に押さえつけること。

露わにした　はっきりとむき出しにした。

三四九ページ

排外主義　外国の思想や文化、外国人などを嫌い退けようとする考え方のことだか、ここではポピュリストたちを支持しない人を退ける考え方をさす。

三五〇ページ

同根　根が同じであること。ポピュリズムのもつ熱情と、宗教的な熱情は人びとの同じ思いの現れであることをさす。

興隆　勢いが盛んになり、栄えること。

二元論　異なる二つの原理で、あらゆるものを説明しようとする考え。

付与　つけ加えて与えること。授けること。

正統　ここでは、その時代や社会において、最も妥当とされる思想や立場のこと。「正統性」とかぎかっこでくくり、本当は最も妥当とされる思想や立場ではないが、そう思い込めるものであることを示している。

堪能　十分満足すること。

三五一ページ

排他的　自分の仲間以外の者を退け受け入れない傾向のあること。

その統治は道徳的な闘争ではなく、統治者への反対も不道徳ではない　ポピュリストが「投票による過半数を握った時点で、彼らは全国民の代表者となり、民主主義の正統性をまとった善の体現者であることになる。すると、これに反対する者は、すべて不道徳で腐敗した既存勢力であり、国民の敵と見なされるようになる」（三四七・3）とすることを否定している。

このことを忘却して部分が全体を僭称するとき、正統性は内側か

ら蝕《むしば》まれる　「部分が全体を僭称するとき、暴走を制御するはずの内部規範は無力化され、排外主義が人びとを支配するようになる」（三四九・5）と同義。選挙で選ばれたとしても全体の代表であり、反対勢力はすべて敵だということではないのに、それを忘れると排外主義となり、選挙で選ばれたという正統性も失われていくということ。

❖発問の解説

1（三四六ページ）

「この点」とは何をさすか。

解答例　ポピュリズムにはさまざまな考え方の人がいて、どのような定義をしても、それらさまざまな考え方の人を一つの定義のもとに包摂することはできない点。

解説　前の二行の内容をまとめる。

2（三四七ページ）

「同じ理屈」とはどのようなことか。

解答例　ポピュリズムには全体的な将来構想はなく、その時点でその社会がもつ特定の政治的アジェンダに限定した語りかけの言説だけがあること。

解説　「ポピュリズムはそのような全体的な将来構想をもたない。あるのはただ、『雇用』『移民』『テロ』など、その時点でその社会がもつ特定の政治的アジェンダに限定した語りかけの言説である」（三四六・8）とある、ポピュリズムについての説明をさしている。だからポピュリズムは「理解することが難しい」（同・13）し、「社会を分断する結果になる」（三四七・1）のである。

3（三四八ページ）

「どちらも」とは何と何をさすか。

解答例　ポピュリズムと反知性主義。

解説　ここではポピュリズムが話題となっており、ポピュリズムは「常識的な抑制や均衡に対する」（三四八・3）反発を表現するが、それは「反知性主義と一体になって」（同）行われるという文脈なので、ポピュリズムと反知性主義をさして「どちらも」といっている。

4（三五〇ページ）

「この点」とはどのようなことか。

解答例　宗教が弱体化した現代の、社会的な不正義の是正を求める人びとの情熱を排出できるものであること。

解説　直前の「既成宗教が弱体化して人びとの発言を集約する機能をもたなくなった今日、その情熱の排出に代替的な手段を与えている」点が「この点」の直接さしている内容である。ここでの「人びとの発言」とは「社会的な不正義の是正を求める人びと」（三五〇・1）の発言である。これらの内容をまとめる。

❖構成・要旨

〈構成〉

本文は一行空きによって、四段落に分けられる。

(1)（初め〜三四六・13）

ポピュリズムにはさまざまな考えの人がいて、定義することは難しい。むしろ、一つの定義のもとに包摂したり、理解したりすることが難しいのがポピュリズムの特徴である。ポピュリズムはイデオロギー的な理念がなく、全体的な将来構想がない。不特定イデオロギーに仮託するが、結びつきに方向性や一貫性はなく、融通無碍である。

(2)（三四七・1〜三四八・2）

ポピュリストは特定の政治的アジェンダに賛成か反対かで有権者を二分し、社会を分断する。成熟した民主的な社会では人びとの価値観は多様であるのに、選挙に勝てば全体を僭称し、国民の代表となり、反対する者をすべて不道徳で腐敗した既存勢力で国民の敵とみなす。権力の分散は多元主義が培ってきた知恵だが、ポピュリストはそれを嫌う。

(3)（三四八・3〜三四九・11）

権力の分散に対する反発は反知性主義と一体になって表現される。ポピュリストは既得権益を持たないアマチュアであることを強調し、既成の権力や体制派エリートに対する大衆の反感を利用する。ポピュリストは権力を掌握すると、有権者をすべて自己の同調者に算入する。ポピュリストという部分が全体を僭称するとき、権力の暴走を制御するはずの内部規範は無力化され、排外主義が人びとを支配する。

(4)（三四九・12〜終わり）

かつては社会的な不正義の是正を求める人びとの情熱の排出手段であった宗教が弱体化し、その代替手段としてポピュリズムと反知性主義がある。ポピュリズムの善悪二元論も宗教的である。善悪二元論は、日頃の不満や怒りをそこに集約させてぶつけられるので、市井の人びとにも歓迎される。ポピュリズムは一般市民に「正統性」の意識を抱かせ、それを堪能させる。しかし、民主主義は本来いくつもの要素で構成されており、多数決はそのうちの一つにすぎず、より大きな多数者を代弁できない。つまり多数者も全体ではなく部分であり、投票で選ばれた統治者も全国民の排他的な代弁者ではない。よって統治者による統治は道徳的な闘争ではなく、統治者への反対も不道徳ではない。これを忘れると、正統性は権力の内側から崩れる。

〈要旨〉

一つの定義のもとに包摂したり、理解したりすることが難しいのがポピュリズムの特徴である。ポピュリズム全体的な将来構想がなく、不特定イデオロギーに仮託するが、結びつきに方向性や一貫性はなく、融通無碍である。ポピュリストは二元論で有権者を二分し、社会を分断する。成熟した民主的な社会では人びとの価値観は多様であるのに、選挙に勝つと有権者をすべて自己の同調者に算入し、全体を僭称し、国民の代表となり、反対する者をすべて不道徳で腐敗した既存勢力で国民の敵とみなす。権力の分散は多元主義が培ってきた知恵だが、これに対する反発は反知性主義と一体になって表現される。権力の暴走を制御するはずの内部規範は無力化され、排外主義が人びとを支配する。このポピュリズムの蔓延は、宗教の弱体化と関係がある。かつては社会的な不正義の是正を求める人びとの情熱の排出手段であった宗教が弱体化し、その代替手段としてポピュリズムと反知性主義があるのだ。ポピュリズムの善悪二元論も宗教的である。善悪二元論は、日頃の不満や怒りをそこに集約させてぶつけられるので、市井の人びとにも歓迎される。ポピュリズムは一般市民に「正統性」の意識を抱かせ、それを堪能させる。しかし、民主主義は本来いくつもの要素で構成されており、多数決はそのうちの一つにすぎない。多数者も全体ではなく部分であり、投票で選ばれた統治者も全国民の代弁者ではない。統治は道徳的な闘争ではなく、統治者への反対も不道徳ではない。だがポピュリストが権力を握ると全体を僭称し反対者を不道徳だと退けるので、正統性は権力の内側から崩れる。

❖構成・読解・言語活動の解説

〈構成〉

1 本文は四つの意味段落に分かれているが、それぞれに小見出しをつけ、その内容を要約しなさい。

解答例 第一段落「ポピュリズムの定義の難しさ」、第二段落「ポピュリストの全体の僭称」、第三段落「ポピュリズムの反知性主義・権威主義」、第四段落「ポピュリズムの蔓延の理由」

解説 要約は「構成・要旨」参照。それぞれの段落の主題、キーセンテンスを探し、それを小見出しの形に整える。

〈読解〉

1 「『ポピュリズム』を定義するのは難しい」（三四六・1）のはなぜか、説明しなさい。

解答例 ポピュリズムにはさまざまな考え方の人がいて、どのような定義をしても、それらさまざまな考え方の人を一つの定義のもとに包摂することはできないから。

解説 直後の文に「できないから」と理由が書かれている。

2 ポピュリズムが「社会を分断する結果になる」（三四七・1）のはなぜか、説明しなさい。

解答例 ポピュリズムは全体的な将来構想をもたず、社会に多元的な価値が存在することを認めず、特定の政治的アジェンダに対する賛成か反対かで有権者を二分するから。

解説 「社会を分断する」というのは、人びとを分けて対立させてしまうことをさす。「特定の狭い政治的アジェンダに対する賛成か反対かで有権者を二分」（三四七・2）するようなことである。「有権者を二分」するのは「ポピュリストは社会に多元的な価値が存在することを認めない」（同・1）からである。また、「ポピュリズムの蔓延が社会を分断する結果になるのも、同じ理屈」とあり、「同じ理屈」とは「ポピュリズムには全体的な将来構想はなく、その時点でその社会がもつ特定の政治的アジェンダに限定した語りかけの言説だけがあること」（「発問の解説」2参照）をさす。将来構想がなく、多元的な価値を認めず、特定の政治的アジェンダに賛成か反対かだけで有権者を二分するから、ポピュリズムの蔓延は社会を分断するのである。

3 「部分が全体を僭称する」（三四九・5）とはどのようなことか、説明しなさい。

解答例　成熟した民主的な社会では人びとの価値観は多様だが、現代の投票制度ではその多様さを反映できないので、統治者が投票によって選ばれたとしても、選ばれた人は全体の中のある部分から支持されているだけなのに、ポピュリストは全国民の代表者として自分を全体だと名乗ること。

解説　「ポピュリストは、たとえぎりぎりの過半数であっても、ひとたび権力を掌握すると、あとは有権者をすべて『サイレント・マジョリティ』と見なして自己の同調者に算入する。そうすると、自分は国民の声を代弁する存在となる」（三四八・16）とあり、これが「ポピュリストに共通の手段」（三四九・4）であり、「部分が全体を僭称する」ことである。よってこの「部分」とは、政権の座に就いたポピュリストとその支持者をさし、「全体」とは国民全体をさす。選挙では選ばれたかもしれないが、「成熟した民主的な社会にあっては、人びとの価値観は多様であり得る……現代の投票制度は、そこまできめ細かく民意を問うようにはできていない」（三四七・10〜14）し、「民主主義という概念は、本来いくつもの要素で構成されている。多数決原理はそのうちの一つにすぎず……『多数者』といえどもやはり全体ではなく部分である」（三五一・2〜4）ので、選挙で選ばれても全体ではないのに、ポピュリストは自分を全体の代表であると名乗ることを「部分が全体を僭称する」といっている。

4 「なぜ良識ある普通の市民が、いともたやすくポピュリズムの波にさらわれてしまうのか。」（三四九・13）とあるが、筆者はこの疑問に対してどのように答えているか、説明しなさい。

解答例　ポピュリズムの善悪二元論的な世界理解は、日頃抱いている不満や怒りをそこに集約させてぶつけることで、市民は自分にも意義ある主体的な世界参加の道が開かれていることを実感し、匿名のままに正統性意識を堪能することができるから。

解説　「市井の人びともこれを歓迎する」（三五〇・13）とあり、「市井の人びと」は「普通の市民」で、「これ」はポピュリズムの善悪二元論をさす。普通の市民がポピュリズムの善悪二元論を歓迎するので、ポピュリズムの波にさらわれてしまうということである。なぜ普通の市民が善悪二元論を歓迎するかというと、「日頃抱いている不満や怒りを……そこに集約させてぶつけることができ」（同・13）、善悪二元論に不満や怒りをぶつけることで「一般市民に『正統性』の意識を抱かせ、それを堪能する機会を与えている」（同・16）からである。「一般市民」は普通の市民、市井の人びとと同義。ポピュリズムの善悪二元論に日頃の不満や怒りをぶつけることで、正統性を堪能することができるから、という内容を含めてまとめる。

〈言語活動〉

1　賛成か反対かに大きく分かれて社会的議論が行った「政治的アジェンダ」にはどのようなものがあるだろうか。図書館の本や新聞、インターネット上のニュースなど、多様なメディアを用いて調べよう。

解説　「どうしたらよいか」「どのようにすべきか」という問題ではなく、あるテーマについて賛成か反対か、続行か中止かというように二択の答えとなる政治的アジェンダを探す。また多くの人が賛成または反対となるものではなく、なるべく両方の意見が見られるものを探してみよう。本文にある「雇用」「移民」「テロ」に関するものを探してもいいだろう。

2　1で調べたアジェンダについて、賛成・反対それぞれの立場からどのような主張がされていたかレポートにまとめ、互いに発表し合ってみよう。

解説　新聞では賛成派、反対派と異なる意見が並べられている記事もあるが、本では基本的に筆者の意見が述べられているので、反対意見については薄くなる。一つの政治的アジェンダについて、複数のメディアで意見を探してまとめるようにしよう。

第5章「当たり前」を疑う

思考の誕生

蓮《はす》實《み》重《しげ》彦《ひこ》

❖学習の視点

1　真の「思考」とはどのような瞬間に生まれるのかを知る。
2　自明視されていることに揺さぶりをかける、筆者の論理を追う。

❖筆者解説

蓮實重彦（はすみ・しげひこ）　文芸・映画評論家・フランス文学者。一九三六年、東京都生まれ。東京大学卒業後、パリ大学大学院で博士号を取得。東京大学教授を経て、東京大学総長。映画雑誌「リュミエール」の創刊編集長も務める。専攻は表象文化論。フランスの現代思想の紹介、文芸・映画批評で知られ、小説の執筆も行う。著書に『夏目漱石論』『凡庸な芸術家の肖像――マクシム・デュ・カン論』『監督　小津安二郎』『映画はいかにして死ぬか　横断的映画史の試み』『言葉はどこからやってくるのか』『見るレッスン――映画史特別講義』『ショットとは何か』『ジョン・フォード論』、小説『陥没地帯』『伯爵夫人』などがあり、文学賞受賞例も多数。

❖出典解説

この文章は、『齟齬の誘惑』（一九九九年・東京大学出版会）に収められ、本文もこれによった。

❖語句・表現の解説

三五四ページ

無闇　結果や是非を考えずに行動すること、またそのさま。
推奨　優れている点を挙げ、人にすすめること。
兆候　物事の起こるきざし、前触れ。
帰結　最終的にある結果や結論に落ち着くこと、またその結果や結論。

三五五ページ

その知性は、到底教育にふさわしいものとはいえない　筆者は「そもそも、教育とは『他人とともに考えること』の実践としてあるはず」（三五六・7）と考えているので、「自分で考えること」を「自分で考えた」結果、重要だと結論づけることを厳しく非難している。

趨勢《すうせい》　ある方向に動く勢い。社会などの全体の流れ。

にわかには反論しがたい　すぐには反論することができない。すぐに反論しにくい。

萌芽　ここでは、新しい物事の起こるきざしのこと。

三五六ページ

問題なのは、そうした「他人」たちが、充分に「他人」として意識されがたい風土が蔓延《まんえん》しがちなところ　ここでは「教育」について述べているので、現代の教育現場の風土についての指摘である。最後の段落にも「あなたの在学中に」とあることからも、学生に向けて教育現場でのことを述べていることがわかる。

希薄　ここでは、ある要素が少ないこと。

「自分で考えること」の重要さという指摘は、そうしたところに生まれる抽象的な思考にほかなりません　「そうしたところ」については「発問の解説**2**」参照。他人を他人としてではなく、自己の内面を投影するものとして考えていると、本来の「他人とともに考える」ことはできないので、「自分で考えること」が重要だと考えられてしまうのである。

統御　全体をまとめ、支配すること。自分の思う通りに扱うこと。

三五七ページ

思考の誕生　「たやすくはイメージとして内面化しがたい存在」である「他人」に「触れることで、『自分』」が「変化」する過程で「自分の考え」が形成されることを「思考の誕生」と定義している。「思考」とは、自分とは違う他者に触れることで自分が変化したときに起きる考えのことだというのである。

三五八ページ

あなたの知性は、その希薄さと残酷さへの感性をはぐくむため費やされねばなりません　思考の誕生に立ち会うことは、希薄な体験であるので、貴重で残酷な体験といえるが、知性はその思考の誕生に立ち会う感性をはぐくむために使われなければならない、ということ。つまり、知性は、「たやすくはイメージとして内面化しがたい存在」に触れて変化する感性、あるいはそのときの「自分」の変化を感じ取る感性をはぐくむためのものだということ。

❖発問の解説

（三五五ページ）

1　**「まぎれもない事実」と言えるのはなぜか。**

解答例　人間は社会的で歴史的な存在なので多くの思考の蓄積があり、それを踏まえず自分ひとりで考えたことが、多くの思考の蓄積よりも意味ある思考になることはないから。

解説 「まぎれもない事実」とは「『自分ひとりで考え』たことのなど『たかが知れている』」ことをさす。次の文に「人間が社会的かつ歴史的な存在である以上、それは当然」とある。「社会的かつ歴史的な存在」というのは、歴史上の人物も含めて他者と関わる存在ということである。歴史上の人物の発明品を現代の生活の中で使うことも、歴史上の人物との関わりといえる。多くの他者と関わる存在ということは、多くの思考と関わるということである。それをしないで「自分ひとりで考え」ることは、多くの思考と関わって考えたことよりも「たかが知れている」程度の思考にしかならないのは、まぎれもない事実といえるのである。

(三五六ページ)

2 「そうしたところ」とはどのようなことか。

解答例 「他人」たちが、充分に「他人」として意識されがたい風土が蔓延し、たがいに自己の内面のイメージを投影しあうこと、「他人」の「他人性」を希薄にすることが、「他人」を理解することだと考えられていること。

解説 筆者は「自分で考えること」に否定的であることを踏まえ「問題なのは」(三五六・9)に着目し、それ以降の「『他人』たちが、充分に『他人』として意識されがたい風土が蔓延」「たがいに自己の内面のイメージを投影しあうこと、『他人』の『他人性』を希薄にすることが、『他人』を理解することだと考えられてしまう」をまとめる。

(三五七ページ)

3 「新鮮な驚き」とはどのようなことか。

解答例 たやすくはイメージとして内面化しがたい存在に触れることによって「自分」が変化する過程で形成される「自分の考え」。

解説 「新鮮な驚きとして、『自分の考え』が形成される」とあるので、「新鮮な驚き」=新たに形成された「自分の考え」である。いつ形成されるのかというと、「たやすくはイメージとして内面化しがたい」「存在に触れることで」起きる「自分」の「変化の過程」(三五七・10〜12)でである。

❖構成・要旨

〈構成〉

本文は内容のうえから、三段落に分けられる。

(1) (初め〜三五五・6)

「自分で考えること」の重要さが教育の場で指摘されているが、この指摘は「自分で考え」たことの帰結としてなされているのではない抽象的なものだが、それでも「自分で考えること」の重要さを指摘する人が多いことは危険な兆候だ。

(2) (三五五・7〜三五六・13)

教育とは「他人とともに考えること」の実践である。だが、現代の教育現場では「他人」を互いに自己の内面のイメージを投影しあい、「他人」の「他人性」を希薄にすることが「他人」を理解することだと考えられてしまっているために、「自分で考えること」の重要さを指摘するという抽象的な思考が生まれている。

(3)　（三五六・14〜三五七・14）

本当に「自分ひとりで考え」れば、「自分で考え」たことなどたかが知れていることに気がつくはずだ。学問の体系と歴史は「他人が考えたこと」の総体であり、それに触れずに形成された思考など取るに足りない。それは日常生活についても同じで「自分で考えること」のほとんどは「他人が考えた」ことのくりかえしである。だから「他人とともに考えること」が重要なのである。「他人とともに考える」というのは、たやすくはイメージとして内面化しがたい「他人」に触れ、「自分」が変化する過程で新鮮な驚きとして「自分の考え」が形成されることである。これが思考の誕生だ。

(4)　（三五七・15〜終わり）

思考の誕生はきわめて具体的な体験である。知性は、思考の誕生に立ち会う感性をはぐくむために使われるべきだ。

〈要旨〉

「自分で考えること」の重要さが教育の場で指摘されているが、教育とは「他人とともに考えること」の実践である。だが、現代の教育現場では「他人」を互いに自己の内面のイメージを投影しあい、「他人」の「他人性」を希薄にすることが「他人」を理解することだと考えられてしまっているために、「自分で考えること」の重要さを指摘するという抽象的な思考が生まれている。本当に「自分ひとりで考え」れば、「自分で考え」たことなどたかが知れていることに気がつくはずだ。学問の体系と歴史は「他人が考えたこと」の総体であり、それに触れずに形成された思考など取るに足りない。それは日常生活についても同じで「自分で考えること」のほとんどは「他人が考えた」ことのくりかえしである。だから「他人とともに考えること」が重要なのである。「他人とともに考える」というのは、たやすくはイメージとして内面化しがたい「他人」に触れ、「自分」が変化する過程で新鮮な驚きとして「自分の考え」が形成されることである。これが思考の誕生だ。思考の誕生はきわめて具体的な体験である。知性は、思考の誕生に立ち会う感性をはぐくむために使われるべきだ。

❖構成・読解・言語活動の解説

〈構成〉

1　筆者が「『自分で考えること』の重要さ」（三五四・1）を指摘することに否定的なのはなぜか、本文の流れに従って整理してまとめなさい。

解答例　「自分で考えること」の重要さの指摘は「自分で考え」た結果ではない。「自分ひとりで考え」たことなどたかが知れているのにそのような指摘がなされるのは、「他人」の「他人性」を希薄にすることが「他人」を理解することだと考えられているからである。しかし、「自分ひとりで考え」たことが貧しいことに、「自分ひとりで考え」れば自覚する。だから重要なのは、たやすくはイメージとして内面化しがたい他人とともに考えることである。そのような他人に触れることで「自分」が変化するときに、思考が誕生するからだ。

解説 「構成・要旨」を参考に、筆者の考えをまとめる。

〈読解〉

1 「この種の指摘は、抽象的なものにとどまらざるをえません」（三五四・11）とあるが、「抽象的」とはここではどのようなことか、説明しなさい。

解答例 他人とともに考えるという具体的な体験を通して指摘しているのではなく、あたりに流通する言葉を機械的に反復して主張しているにすぎないということ。

解説 同じ文の初めに「だから」とある。その前の部分は「『自分ひとりで考え』たことの帰結としてそう宣言しているわけではありません。多くの場合、まったく『自分で考えること』などせず、あたりに流通する言葉を機械的に反復してみたにすぎない」とある。このことが「この種の指摘は、抽象的なものにとどまらざるをえ」ない理由である。

2 「あくまで抽象的な言説でしかないことを指摘すればそれですむ」（三五五・11）とはどのようなことか、説明しなさい。

解答例 「自分で考えること」を擁護する意見は、具体的な体験を通して誕生した思考に基づいたものではなく、抽象的な言説であることを指摘すれば充分であるということ。

解説 「自分で考えること」の重要さへの反論として「抽象的な言説でしかないことを指摘すればそれですむ」ということなので、なぜ抽象的といえるのかを含めてまとめる。

3 「そうした『他人』たちが、充分に『他人』として意識されがたい風土が蔓延しがち」（三五六・9）とはどのようなことか、説明しなさい。

解答例 自分とは異質な他人に対して、他人がどう思っているかをたがいに自己の内面のイメージを投影しあうこと、他人性を希薄にすることが、「他人」を理解することだと考えられている風土があるということ。

4 「あなたの知性は、その希薄さと残酷さへの感性をはぐくむために費やされねばなりません。」（三五八・1）とあるが、「希薄さ」「残酷さ」とはここではどのようなことか、説明しなさい。

解答例 「希薄さ」とは、「自分」とは異質な存在である「他人」との遭遇は、めったにない体験であるということ。「残酷さ」とは、自分の「思考」の枠組みやあり方が否定され、変化せざるをえない状態になるということ。

解説 「思考の誕生とは…希薄な体験」（三五七・15〜17）、「思考の誕生に立ち会うことは、貴重で、残酷な体験」（同・17）とあるので、「希薄さ」「残酷さ」とは思考の誕生に立ち会う体験をさしている。思考の誕生とは「たやすくはイメージとして内面化しがたい……『自分の考え』が形成される」（同・10）こととあるので、このことも含めてまとめる。

〈言語活動〉

1　この文章は「思考の誕生」と題されているが、「思考」とはどのようなものなのか、筆者の考えを踏まえた上で自分の意見を文章にまとめ、発表してみよう。

（解説）筆者の考えは「構成・要旨」〈読解〉などからわかるように、「たやすくはイメージとして内面化しがたい存在」に「触れることで、『自分』はきまって変化せざるを得ない。その変化の過程で、『自分』自身には属することのない新鮮な驚きとして『自分の考え』が形成される」とあるときのこの「自分の考え」が「思考」だというものである。このことについて、自分はどう思うのかまとめてみよう。

筆者のいう思考の誕生の体験があれば、そのことを書いて筆者の意見に納得できる理由とするのもよい。あるいは、筆者のいう「思考」ではないものでも「思考」と呼べるものがあると考えるなら、どのようなものが「思考」なのか、抽象的にならないように自分の考えを書いてみよう。

絵画の二十世紀

前田英樹《まえだひでき》

❖学習の視点

1　写真の出現によって、絵画はどう変化したのかを読み取る。
2　その変化によって、絵画は何を失ったのかを理解する。
3　絵画の本来の在り方と、現代における課題を読み取る。

❖筆者解説

前田英樹（まえだ・ひでき）　一九五一（昭和二六）年、大阪府生まれ。フランス思想研究者。当初、ソシュール（スイスの言語学者で、近代言語学の父と言われる）の研究者だったが、その後映画、文芸、絵画など幅広く論じるようになる。著書に『小津安二郎の家　持続と浸透』（一九九三年・書肆山田）、『独学の精神』（二〇〇九年・筑摩書房）、『信徒内村鑑三　人と思考の軌跡』（二〇一一年・河出書房新社）、『ベルクソン哲学の遺言』（二〇一三年・岩波書店）などがある。

❖出典解説

この文章は『絵画の二十世紀 マチスからジャコメッティまで』（二〇〇四年・日本放送出版協会）に収められており、本文は同書によった。

❖語句・表現の解説

三六〇ページ

身も蓋もない　味気ない。
一種の世界性があった　世界のどの地域でも受け入れられた。
残酷に映し出される　すべてがそのままうつされる。「残酷」は、他に苦しみを与える様子。
狼狽《ろうばい》　あわてふためくこと。落ち着きをなくすこと。
絵画もどき　絵画に似ているが絵画そのものとは性格を異にする。「〜もどき」には、「〜には及ばない」という否定的見解が込められることが多い。

三六一ページ

メディアとしての絵画　人物の肖像などやある風景などを「ありのまま」に伝えたり保存したりする役割としての絵画。

ここで面白いことが起こってくる　物を正確に描かないとして印象派を非難していた当のアカデミズムが、写真の出現とともに変質していったことをさす。

嘲弄　ばかにしてからかうこと。

抹殺　存在を完全に否認すること。用例 事実を歴史から抹殺する。

かつがれる　利用される。

前衛　芸術面で革新的な活動をすること。

写真機の眼《め》を通して変質していた　写真が普及するにつれて、写真を意識して大きく変化していった。

写真が人類の視覚に入り込む　カメラにより写真の撮影が始まる。

みな独特の静止のなかにある　「晩鐘」の人物も、「落ち穂拾い」の人物も、絵画的に時間の展開を凝縮された画面に描かれている。時間の凝縮は絵画だけに可能なものであって、写真はその瞬間の時間を切り取るに過ぎないことを示唆する。

三六二ページ

凝縮　趣旨や内容などを一点に集中させること。

デッサン　絵画や彫刻を製作するために、描こうとするものの形をおおまかに描写すること。下絵。素描。類 スケッチ。

三六三ページ

同じ作業の持続を生きる　見る者が、農婦たちと、落ち穂拾いの作業を継続して行っているかのように感じる。

その動作よりもはるかに長いリズムを作り出す　実際の動作よりもはるかに長くそれが続いているように感じさせる。

姿態　ある姿勢をとったり動いたりしている姿。

落ち穂拾いの動作を凝縮して　落ち穂拾いの動作のなかに絵画に描かれる人物たちの生きる時間を凝集している。

そのリズムが持つ永遠の持続に一致していくように見える　色彩のリズムが永遠であるように、絵の中の人物の姿態も永遠に持続するかのように見える。

地の糧　地面に落ちた麦の穂。

写真以後の視覚に侵入された画家たち　アカデミズムの画家たちが、写真的視覚を強く意識したために、写真が一瞬に「切断」したような絵を描きはじめること。

三六四ページ

個性ある意識の持続　直後の「任意の切断」と対照される。

この素朴な質問に答えることは、なかなか難しい　難しいとしながらも、次の理由を挙げている。リアリスト（アカデミスト）たちは、写真的な視覚に引きつけられたのであって、写真そのものではない。よって絵画的リアリズムは維持しようとした。

絵画的リアリズム　絵画において、対象を自由に構成したうえで現実投射を精確に表現すること。

精確　精密で正確なこと。用例 対象を精確に分析した実験報告。
体得　経験などを通して、完全に理解して身につけること。

三六五ページ

中枢　中心となる、もっとも大事なところ。対 末梢。
写真機という中枢神経を持たない知覚装置　大事な部分かそうでない部分かを区別することなく、すべてを平均的・網羅的に写すカメラの機能を言う。
この像が奇妙に見えないわけはない　「視覚の無意識」（三六五・6）によって、通常は見過ごしている極度の瞬間性、驚くべき切断面を見せつけられるから。
親和感　二つ以上のものがうまくなじみ、親しむ感じ。ここでは鏡に映った自分の像と、それを視覚する自分の感覚がよくなじんで、まさに自分の姿はこれであると実感すること。
抜き去りがたい　捨てることができない。否定できない。

三六六ページ

物に〈そっくり〉な平面像についての画家の根本観念　写真が明らかにした視覚の無意識を過剰に意識して、写真が〈そっくり〉であると感じたところから、絵画の伝統的リアリズムは混乱し、崩壊しはじめた。

三六七ページ

崩壊　くずれこわれること。用例 建物の崩壊。幕府が崩壊する。
信仰　特定の対象を絶対の存在であると信じて疑わないこと。
そうした農婦を生むものへの信仰　落ち穂拾いをする農婦たちを生む、自然や農業という仕事に従事し続けてきた人々への深い愛情と信頼の気持ち。
〜やまない　どこまでも〜する。〜せずにはいられない。

三六八ページ

絵というものを描く動機　ラスコーの壁画は、馬、牛、山羊《やぎ》、鹿などの動物や自然に対する崇拝と信仰の気持ちを込めているということ。また、自らの生活の中に浸透しているものであり、〈在るもの〉として接触している。
崇拝　すぐれた人や威力ある自然などを心の底からあこがれ尊敬すること。類 崇敬。
絵画は写真ではない　絵画が写真を意識して、それに対抗することとは無意味である。

❖発問の解説

（三六一ページ）
1　「この観念」とはどのような考えか。
解答例　絵画は、画家の印象によって誇張や変形や強調をせずに、そのものをはっきりと正確に描くべきだという考え。

（三六二ページ）
2　「それ」とは何か。
解答例　落ち穂拾いの農婦たちが画面上で小さく動いているように見えること。

（二六五ページ）

3「視覚の無意識」とはどのようなことか。

解答例　極度の瞬間性や、驚くべき切断面など、見ていながらそれと気付かないもの。見ているけれども意識できていない領域のこと。

解説　これ以降同様の表現が繰り返されているので、文章全体をもとに考える。写真が視覚の無意識を捉えたことに、画家たちは幻惑され、絵画の混乱や崩壊が発生したのである。

4「写真の奇妙さ、あるいは残酷さ」とはどのようなことか。

解答例　視覚の無意識を解明して具現化する写真は、身体の極度の瞬間性・切断面を見る者に示し、それは鏡で自分の姿を見るときのように、自分の意図通りに動き変化する自己の像とはかけ離れているので奇妙に感じるということ。しかしそれは肉眼では見たことのないものを見せると同時に、見たくないものを見せてくるというもの。

❖構成・要旨

〈構成〉

本文は内容から五つの段落に分けることができる。

(1)（初め〜二六一・13）…写真の出現と絵画

一九世紀半ばに現れた写真は日本でも急速に広まったが、その捉える姿は、肉眼の印象とは異なり、人々の注意を引きつけた。アカデミズムの画家たちは印象派を非難したが、彼ら自身もまた写真の出現によって変質していった。

(2)（二六一・14〜二六三・13）…ミレーの「落ち穂拾い」

ミレーは時代的に写真の影響を受けない画家だが、「落ち穂拾い」には、画面上の農婦の動作の時間的展開が凝縮され、見る人は自身の身体の動きを感じ、色彩のリズムと結合して永遠の持続と一致するように見える。

(3)（二六三・14〜二六四・8）…写真の視覚に侵入された画家

アカデミストの絵は表情の細部を描くが、それは人物が生きて凝集している時間の流れを表現するものではない。

(4)（二六四・9〜二六七・1）…絵画の混乱

画家たちは、目で見た像より写真は〈そっくり〉であり、視覚の無意識によって捉えられないものがあるので、それを描く必要があると感じたが、それは絵画における伝統的リアリズムの混乱と崩壊をひきおこした。

(5)（二六七・2〜終わり）…絵画と写真の相違

写真は世界を一瞬に切断したものだが、絵画は、対象に対して、単に視覚だけではなく、絵の外に在るものへの強い信頼を根拠とする凝縮がある。それは対象への愛情と信仰であり、画家はそこに注意・労力・経験など、自己の時間のすべてを溶け込ませる。

〈要旨〉

十九世紀に写真が生まれて以来、とくにリアリズムの画家たちは、視覚の無意識のために肉眼では見えないシャッター的切断画面を見せる写真的視覚に影響され、写真を超える現実投射の絵画を描くことに尽力しはじめた。その結果、かつてミレーが獲得したような、対象への強い信頼と愛情、信仰による凝縮力を持つことなく、対象として〈在るもの〉との接触も欠いて、絵画という行為そのものの実在を見失うことになってしまった。

❖構成・読解・言語活動の解説

〈構成〉

1　本文の五つの意味段落に分かれているが、それぞれに小見出しをつけなさい。

解説　〈構成〉参照。

2　「写真」の出現が絵画に与えた変化を、本文に沿って整理しなさい。

解答例　写真の出現は、印象派だけでなく、アカデミズムを支持する画家たちにも大きな影響を与えた。

画家たちは、肉眼が捉えることのない表情の細部を描き出す写真における感情や意思の切断面を知らされる。しかしそれでも絵画的リアリズムの危機を痛感することなく、写真が示す現実投射の精確さを体得すれば、絵画は写真を超える幻想の域まで達すると考えた。

だが、いったん写真を見て生活の中に取り込んでしまった画家たちは、肉眼を超えた視覚の無意識に惹かれ、そこに現れる像こそが対象にそっくりのものであると思い、肉眼に見えないそっくりな像を描く必要があると感じ始め、伝統的リアリズムを崩壊させていった。

それにより写真以前の、絵画の持つ対象の動作の時間的展開を凝縮し、絵の外にある信頼や愛情、信仰を、根底的に失うことになってしまった。

〈読解〉

1　「動く人を見るとは、その人と共に動いている自分を、自分の身体を感じていることではないか。」（三六三・4）とはどのようなことか、説明しなさい。

解答例　動く人を見ると、実際には動かなくとも、その人の動作の時間的展開を精神のレベルで追体験し、共に動いているような自分を感じるということ。

2　「写真的視覚に侵入されたこうしたリアリストたちは、なぜ写真を撮らず、絵を描いてきたのだろう。」（三六四・9）とあるが、その理由を説明しなさい。

解答例　リアリズムの画家たちは、写真を見て、視覚の無意識に気づかされはしたものの、写真そのものに引きつけられたわけではない。そこでは、肉眼が不正確で不徹底のものであることを自覚したが、絵画的リアリズムの危機まで感じているわけではなかった。そこで、写真的視覚に対抗して、現実投射を精確に体得し、写真を超えた幻想の域にまで達しようと考えて、絵を描き続けてきたから。

3　「絵の外に在るものへの強い信頼」（三六七・4）とは何か、説明しなさい。

解答例　絵の対象に対する愛情と、その対象を生み出すものへの信仰の心。

4　「絵画には、その行為が達すべき実在《レアリテ》があり、その行為に要する注意や労力や経験や、要するに画家の時間のすべてが溶け込んでいる。」（三六八・8）とはどのようなことか、説明しなさい。

解答例　絵画は、写真と異なって〈在るもの〉との接触を通して作製するものである。シャッターのように一瞬のうちに場面を切断して表現するのではなく、作品作製の時間や、そのレベルに到達するまでの画家としてのすべての時間が込められたものであるということ。

〈言語活動〉

1　本文の要旨を二〇〇字以内でまとめてみよう。

解説　〈要旨〉参照。

2　「写真」と「絵画」という二つの表現方法について、自分の関心のある方を選び、具体的な作品を取り上げながら、その表現技法の長所と短所をレポートにまとめよう。そして、自分とは異なる表現方法についてレポートした人と、互いに説明し合おう。

解説　本文中で取り上げられている「写真」は、芸術としての写真ではなく、現実を精確に写し取るものとしての写真である。しかし、表現方法としての写真はまた違う要素があるので、それについてまとめてもいいだろう。たとえば、津軽の人々を撮り続けた小島一郎の写真は、まさにミレーが描いた絵画と共通する「絵画的な凝縮」が感じられる。実際の作品などに触れて、考えてみよう。

日本文化私観

坂《さか》口《ぐち》安《あん》吾《ご》

❖学習の視点

1　具体例の内容を読み取り、筆者がその例によって述べようとしたことを理解する。

2　文化についての、筆者の独自の見解を理解する。

3　文章全体の要旨を捉え、文化について自分の考えを構築する。

❖筆者解説

坂口安吾（さかぐち・あんご）　小説家。一九〇六（明治三九）―一九五五（昭和三〇）年、新潟県生まれ。代用教員を退職後、東洋大学文学部印度哲学倫理学科卒業。歴史小説、推理小説まで多岐にわたる執筆活動をした。特に、終戦直後の一九四六年に発表した『堕落論』は、人々に衝撃を与えた。無頼派と呼ばれた作家の一人。小説に『風と光と二十の私と』、『桜の森の満開の下』、『信長』などがある。

❖出典解説

この文章は、本文は「坂口安吾全集」第三巻（一九九九年・筑摩書房）によった。

❖語句・表現の解説

三七〇ページ

全くうんざりした　半年の間毎日トンカツを食い続けて、本当に嫌になったということ。

大概　だいたい。おおよそ。

獄舎　囚人を入れておく建物。

堂々と翼を張って　獄舎の十字にひろがった形が鳥の翼のように見えるということ。

刑務所然としており　刑務所そのままであるようす。接尾語の「然」は「……らしい」「……のような」の意を添える。

威圧的　おどして相手をおさえつけるようなようす。

懐かしいような気持ちである　刑務所以外の何物でも有り得ない

構えの刑務所に筆者が心を惹かれていることを表している。

三七一ページ

これに似た他の経験　刑務所の建物に美しさを感じたのと同様に、筆者が建物に心を惹かれた経験。

終夜運転　一晩中の運転。夜通しの運転。

突然遠い旅に来たような気持ちになる　佃島の風情が漁村の感じで、川向うにある銀座とはたいぶ印象が異なること。

同人　①同一の人。②同じ志を持つ人。仲間。ここでは②の意。

三七二ページ

変哲もない　特に変わっているところがない。用例何の変哲もない毎日。

美的考慮　美を考えに含めているようす。

異観　珍しい光景。

頭抜《ずぬ》けて　なみはずれて。とびぬけて。

たあいもない　①とりとめない。②張り合いがない。③幼稚だ。ここでは③の意。一般的には「たわいもない」で使われる。

この工場は僕の胸に食い入り　筆者がドライアイスの工場に惹かれていることを表している。

郷愁　①故郷を思って懐かしむこと。②過ぎ去った日々などへの懐かしい思い。ここでは①②を合わせたような意。

強いて　ことさらに。無理やりに。用例強いて言う必要はない。

直接心に突き当たり、はらわたに食い込んでくるものではない　法隆寺や平等院の美しさが、じかに心に飛び込んできて、心に深く食い込んで来るものではないことを表している。

どこかしら物足りなさを補わなければ、納得することが出来ない　法隆寺や平等院に対して感じる物足りなさを補わなければ、その美しさを承知することが出来ないということ。筆者はこのこと「直接突き当たり、補う何物もなく、僕の心をすぐ郷愁へ導いて行く力があった」、「小菅刑務所とドライアイスの工場」とを対比している。

三七三ページ

尖端《せんたん》　①物のいちばん先の部分。②物のとがった先。③時代や流行の先頭。ここでは①の意。

謙虚　自分を偉いと思っているような態度を取らず、控えめなこと。

飽かず　飽きないで。用例妹は飽かず読書を続けた。

鋼鉄　かたくて頑丈な鉄。類はがね。

それ自身に似る外には、他の何物にも似ていない形　小菅刑務所とドライアイスの工場と軍艦との形が、他の何物にも似ておらず、その名で呼ぶしかない形をしているということ。

三七四ページ

遠慮なく歪《ゆが》められ　手加減をすることなく、曲げられること。

旧来　昔からそうであること。用例旧来のやり方に従う。

必要のやむべからざる生成　小菅刑務所とドライアイスの工場と軍艦が、その必要性によって形が出来上がっているということ。

美を意識して成された所　美というものを意識してつくられた所。

やむべからざる必要にのみ応じて　どうしても書かなければならないという必要にのみ応じて。

実質からの要求　どうしても書かなければならないという本当の要求。

美的とか詩的という立場　美しいようなようすとか詩らしいようすという立場。筆者は、この立場を「実質からの要求を外れ」たものとして批判している。

三七五ページ

あらゆる芸術の大道　あらゆる芸術の正しい道。

汝《なんじ》　「おまえ」の古い文学的な言い方。

やみがたいところの汝自らの宝石であるか、どうか　自分の命と引き換えにしても表現せずにはいられないほど書こうとしていることが、自分にとって宝石のようなものであるか、どうか。

疾走　速く走ること。用例 百メートルを疾走した。

応じ切れないギゴチなさ　百メートルを走る二流選手の動きには、必要に応じ切れないぎごちなさがあるということ。

専ら　その方面にばかり集中するということ。

投擲《とうてき》**の方へ廻**《まわ》**され**　「投擲」は、砲丸投げ・槍投げ・円盤投げ・ハンマー投げの競技のこと。「ふとった重い男」は投擲競技をさせられたということ。

フィールド　陸上競技場で、トラック（競走路）の内側の部分のこと。

ハンマー　陸上競技のハンマー投げに使う用具。取ってのついたピアノ線の先に鉄の球をつけたもの。

美しさのための美しさは素直でなく　美しさを目的とした美しさは素直な欲求に基づいたものではないということ。

空虚なものは、その真実のものによって人を打つことは決してなく　本当のものではないものは空虚なものであり、それが有する「真実」なものに人が心を揺り動かされることは決してない。

詮ずるところ　「要するに」「結局」の古い言い方。

光輝　①ひかり。輝き。②ほまれ。ここでは②の意。

三七六ページ

落日　沈みかかった太陽。

累々たる　重なり合うようす。続々と続くようす。

我々の実際の生活が魂を下ろしている　我々の日常の生活が行われているということ。ここでの「魂を下ろしている」は、「根を下ろしている」と同義。

海には鋼鉄が走り　鋼鉄でできた船が航海しているということ。

高架線　地上高くかけわたされた線路。

安直なバラックを模倣して得々としても　手軽な粗末な建物をまねて得意そうにしても、ということ。

猿まね　自分の考えではなく、うわべだけ他人のまねをすること。

羞《は》**じる**　「恥じる」と同義。

❖発問の解説

（三七〇ページ）

1 「その美しさ」は、どのようなものか。

解答例　小菅刑務所には一か所の美的装飾というものがなく、どこから見ても刑務所然としていて、刑務所以外の何物でも有り得ない構えであるもの。

（三七二ページ）

2 「この工場の緊密な質量感」とはどのようなものか。

解答例　一切の美的考慮というものがなく、ただ必要に応じた設備だけで一つの建築が成り立ち、町屋の中で見ると、魁偉であり、異観であるが、頭抜けて美しいことが分かるもの。

（三七三ページ）

3 「その美しさの正体」とは何か。

解答例　小菅刑務所とドライアイスの工場と軍艦は、美しくするために加工した美しさが一切なく、ただ必要なもののみが、必要な場所に置かれて、不要なる物はすべて除かれ、必要のみが要求する独自の形が出来上がっているところに、この三つのものの美しさの正体がある。

解　説　小菅刑務所とドライアイスの工場と軍艦に共通する美しさの正体を読み取る。

（三七四ページ）

4 「文学が、全く、それと同じこと」とあるが、どのような点で「同じ」なのか。

解答例　小菅刑務所とドライアイスの工場と軍艦とが、「ただ必要なもののみが、必要な場所に置かれ」ていることで独自の形が出来上がっているのと同様に、筆者の仕事である文学も、美を意識して成された所からは美は生まれてこなくて、ただ「必要」という「『やむべからざる実質』がもとめた所の独自の形態が、美を生む」という点。

解　説　三つのことと文学との共通点を読み取る。

（三七五ページ）

5 「法隆寺も平等院も焼けてしまって一向に困らぬ」のはなぜか。

解答例　筆者は、法隆寺や平等院から美しさのための美しさを感じ、素直ではなく空虚なものだと考えている。空虚なものは、その真実のものによって人を打つことは決してないので、結局は有っても無くても構わない代物であると筆者は考えているから。

解　説　筆者が法隆寺や平等院に空虚さを感じていることを読み取る。

（三七六ページ）

6 「猿まねにも、独創と同一の優越がある」と言えるのはなぜか。

解答例　猿まねであっても、それが真に必要であるならば、そこに真実の生活があれば、必ずそこにも真の美が生まれるので、独創と同じことになるから。

解説「それが真に必要ならば、必ずそこにも真の美が生まれる」に着目する。

❖構成・要旨

〈構成〉

この文章は、次の五つに分けることができる。

(1)（初め〜三七一・2）…小菅刑務所

大建築物である小菅刑務所には一か所の美的装飾というものもなく、どこから見ても刑務所以外の何物でも有り得ない構えである。しかし、その美しさに心を惹かれた。

(2)（三七一・3〜三七二・10）…ドライアイスの工場

ドライアイスの工場に奇妙に心を惹かれた。工場には一切の美的考慮というものがなく、ただ必要に応じた設備だけで一つの建築が成り立っている。工場は胸に食い入り、遥か郷愁につづいていく大らかな美しさがあった。

(3)（三七二・11〜三七四・11）…三つのものの美しさの正体

軍艦の美しさは筆者の魂をゆりうごかし、小菅刑務所とドライアイスの工場と軍艦との三つのものを一にして、その美しさの正体を思いだした。それは、ただ必要なもののみが必要な場所に置かれて、必要のみが要求する独自の形が出来上がっているということである。すべては、ただ必要ということであり、そしてここに何物にも似ない三つのものが出来上がったのだ。

(4)（三七四・12〜三七五・6）…文学の美しさ

自分の仕事である文学の美しさも、三つの美しさと同様だと考える。ただ、やむべからざる必要にのみ応じて、書きつくさなければならない。終始一貫ただ「必要」のみであり、それが散文の精神であり、小説の真骨頂である。問題は、汝の書こうとしたことが、真に必要なことかということだ。そして、それが要求に応じて「汝の独自なる手により、不要なる物を取り去り、真に適切に表現されているかどうか、ということ」である。

(5)（三七五・7〜終わり）…我が民族の光輝ある文化や伝統

オウエンスの美しさと二流選手の動きには、美しさとギゴチなさの相違がある。百メートルの選手はスマートの身体でなければならぬと極まっていたが、見たところのスマートだけでは、真に美なる物とはなり得ない。すべては実質の問題だ。本当の物ではないものは空虚なものであり、それは有っても無くても構わない代物である。その代物をこわしても我が民族の文化や伝統は決して亡《ほろ》びはしない。西洋のものを模倣しても、我々の文化は健康であり、我々の伝統も健康である。真に生活する限り、猿まねを羞じることはない。それが真実の生活である限り、猿まねにも独創と同じ優越がある。

〈要旨〉

必要なもののみが要求する、何物にも似ない独自の形が美しさである。どうしても書かなければならないという必要から成された独自の形態が文学の美を生む。われわれの実際の生活が魂を下ろしているところ、真実の生活があるところには、必ず真の美が生まれる。

❖構成・読解・言語活動の解説

〈構成〉

1　「小菅刑務所とドライアイスの工場」（三七二・11）の共通点を「必要」「郷愁」「生活」の三つの観点からまとめなさい。

解答例　「必要」…ただ必要なもののみが、必要な場所に置かれていて、ただ必要なもののみが要求する独自の形が出来上がっていると言える。

「郷愁」…法隆寺や平等院のように歴史的なことを念頭に入れて何か納得しなければならないような美しさとは違って、直接突き当たり、補う何物もなく、筆者の心をすぐ郷愁へ導いていく力があった。

「生活」…われわれの実際の生活魂を下ろしていて、そこに真実の生活があるので、真の美が生まれていると言える。

解説　「生活」の観点については、文章の最後の方に着目すると読み取れる。

2　「小菅刑務所」（三七〇・5）「ドライアイスの工場」（三七一・14）「駆逐艦」（三七三・4）と、「法隆寺だの平等院の美しさ」（三七二・13）とはどのように違うのか、説明しなさい。

解答例　法隆寺や平等院の美しさは直接心に突き当たり、はらわたに食い込んでくるものではなく、何か納得しなければならないような美しさであり、物足りなさを補わなければ納得することが出来ない。しかし、小菅刑務所・ドライアイスの工場・駆逐艦の三つのものは、美しくするために加工した美しさが一切なく、すべては、ただ、必要ということで生成されていて、何物にも似ない三つのものが出来上がっているという違いがある。

解説　法隆寺や平等院に対する筆者の見解は、三七二ページから読み取れる。また、三つのものに対する筆者の見解は、三七三〜三七四ページから読み取れる。

〈読解〉

1　次の表現が表している内容について、整理しなさい。

ⓐ「たわいもない細工物」（三七五・1）

ⓑ「宝石」（三七五・4）

ⓒ「我々の文化は健康だ」（三七六・5）

解説　ⓐ文学においては「終始一貫ただ『必要』のみ」という実質がもとめた所の独自の形態が、美を生むのだが、その「実質からの要求を外れ」たものは、たとえ「美的とか詩的という立場に立って一本の柱を立て」（三七四・17）たとしても、それは美とは関係のない幼稚な細工物になることを表している。

ⓑ「汝の生命と引き換えにしても、それを表現せずにはやみがたい」（三七五・3）ものを「宝石」と表している。つまり、その「やみがたい」ものは「宝石」にたとえられるほど、価値のあるものだということである。

Ⓒ「我々の実際の生活が魂を下ろしている限り」(三七六・2)は、「我々の生活は健康」だと筆者は考えており、そうであるならば、我々の生活の延長上にあると言える「我々の文化は健康だ」と断言できる。

解説　それぞれの表現の前後を読み、表現の内容を深く理解する。

2　「郷愁」(三七二・9)とはここではどのようなものか、説明しなさい。

解答例　必要のみが要求する独自の形ができあがっている美しさに、心惹かれる思い。

解説　一切の美的考慮というものがなく、ただ必要に応じた設備だけで一つの建築が成り立っているものに、筆者は「懐かしいような気持ち」(三七〇・13)を感じ、「結局、どこかしら、その美しさで僕の心を惹いているのだ」(同)と述べている。このことから、筆者が感じる「郷愁」とは、美しさに心を惹かれるもののことだと考えられる。

「郷愁」が使われている他の部分にも着目して判断するとよい。

3　「そのほかのどのような旧来の観念も、この必要のやむべからざる生成をはばむ力とは成り得なかった。」(三七四・7)のはなぜか、説明しなさい。

解答例　三つの建物は、「必要のみが要求する」(三七三・16)ことに従って、出来上がっていて、「どのような旧来の観念」を持ってしても、その必要によって生成してくる力をはばむことはできなかったから。

解説　「すべては、ただ、必要ということだ」(三七四・6)に着目する。

4　「散文の精神」(三七五・1)「小説の真骨頂」(同・2)とはどのような所に存在するか、説明しなさい。

解答例　どうしても書かねばならぬこと、書く必要のあることであるという、やむべからざる実質がもとめた所の独自の形態が、美を生むという所に、散文の精神、小説の真骨頂が存在する。

解説　三七四ページから、筆者が文学に対してどのような立場に身を置いているかに着目して判断する。

5　「我が民族の光輝ある文化や伝統は、そのことによって決して亡びはしない」(三七五・17)とあるが、それはなぜか、説明しなさい。

解答例　我々の実際の生活が魂を下ろしている限りは、我々の生活は健康であり、それは我々の文化も伝統も健康であることを意味するので、たとえ法隆寺や平等院をとりこわして停車場をつくっても、文化や伝統は決して亡びたりはしないから。

解説　文化や伝統は、我々の生活の上に成り立つものであり、我々の生活が健康であれば、文化や伝統は決して亡びないという筆者の論理を押さえる。

〈言語活動〉

1　筆者の「美」に対する考えを踏まえた上で、それに対する賛否の立場を明確にしながら、自身の「美」に対する考えを四〇〇字以内で書いてみよう。

解答例　私は筆者の考えには、部分的に反対です。なぜなら、筆者が美しさを認めている、刑務所・ドライアイス工場・軍艦というものは、もともと、美しさを目的として建てられたものではなく、そこに美を見出して、美について論じるのは論理の飛躍だと思うからです。やはり美は美を目的としたものについて論じるべきではないかと思います。法隆寺も平等院も焼けてしまって一向に困らぬと一刀両断にするのは、暴論だと思います。筆者は困らなくても、日本の文化や伝統について考察を深めるためには、非常に困ると思います。しかし、ただ「必要」のみが文学の美を生むという意見には賛成です。必要のないようなことをだらだらと書いている文学作品は、読む必要はないと思うからです。もしかしたら、筆者は、文学について述べることを主眼にして、そこから内容をふくらませるうちに、過激とも言えるような文化論に発展してしまったのではないでしょうか。

解説　右の例は、筆者の考えにやや反論したものだが、全面的に賛成という立場に立ってもよいだろう。

第6章 「近代」を再読する

主義は広大なるべき事

福《ふく》沢《ざわ》諭《ゆ》吉《きち》

❖学習の視点

1 分断・対立の無用を明晰な文章で説いた、明治を代表する啓蒙思想家の新聞論説文を読む。

2 漢文訓読体に備わる明快さの秘密に迫る。

❖筆者解説

福沢諭吉（ふくざわ・ゆきち） 思想家・評論家・教育家。一八三五〜一九〇一年。大阪藩（現在の大阪府）生まれ。豊前中津藩（大分県中津市）の下級武士の子として、大阪にある中津藩蔵屋敷で生まれる。二歳のときに父親を亡くすと中津に戻り、内職をして貧しい家計を支えた。一四歳で塾へ通い始め、一九歳で長崎に出て蘭学と砲術を学び、その後、大阪の蘭学者で医師の緒方洪庵の適塾で学ぶ。二三歳に江戸で蘭学塾を開くが、横浜で外国人の多くが英語を使い、オランダ語が通じないことに衝撃を受け、英語を独学で学ぶ。二五歳のときに幕府の遣米使節に志願し渡米。その後も幕府の使節として欧米を視察する。三三歳のときに蘭学塾を江戸の築地から芝（現在の港区）に移し、当時の年号にちなんで「慶應義塾」と名付ける。三七歳で「天は人の上に人をつくらず、人の下に人をつくらず」で始まる『学問のすすめ』を刊行。学問の大切さを説いた本書はベストセラーとなる。他の著書に『西洋事情』『文明論之概略』『福翁百話』『女大学評論・新女大学』などがある。

❖出典解説

この文章は、『福沢諭吉全集』第八巻（岩波書店）に収められている。

❖語句・表現の解説

三七八ページ

行路　行く道。進む道。

仮令《たと》ひ　もし。たとえ。

譬《たと》へば　例えば、と同じ。

去迚《さりとて》　そうだからといって。

千緒万端　数多くの雑多な事柄。

三七九ページ

極端のみ独り寒熱の名を専らにするものに非《あら》ざれば　極端だけが寒熱と呼ばれるものではなければ。

仁者　思いやりを身につけた人。

仁不仁の論は立つべからざる　仁不仁のどちらかという論は成立しない。

況《いわ》んや己に異なる者に於《お》いてをや　まして自分と違う意見のある者こそ。意見の違う者の話こそ、一部を聞いてよい悪いを判断するのはよくないということ。

勉《つと》めて　なるべく努力をして。

包羅　包み容れること。

容《い》れ　受け入れ。認めて。

三八〇ページ

毫《ごう》も　ちっとも。少しも。

遽《にわか》に　急に。

錯雑無主義　まとまりのなく、主義を持っていないこと。

緊要　非常に重要であること。

漸《ようや》くにして然らざるものもあらん　しだいに自分の主義に反しないものもあるだろう。

動《やや》もすれば　とにかくある状況になりやすいさま。どうかすると。

蓋《けだ》し　確信をもって推定する意。確かに。思うに。

血気壮　血気盛ん。

文思　ここでは、学問の徳と思慮のこと。

能《あた》はずして　できなくて。

局処　一部分。

眼《め》を遮られ　目を奪われ。意識をそこだけに向けて。

三八一ページ

徒《いたずら》に　行動や存在が無益なさま。役に立たないさま。

奸《かん》　よこしまで、悪賢いこと。

畢竟《ひっきょう》　結局。最終的な結論として。

推考　物事の道理や事情を推測し、考えること。

怯懦《きょうだ》　いくじがないこと。気が弱く臆病なこと。

人の天稟《てんぴん》怯勇の別あり　人は生まれつき、臆病な人と勇気ある人とある。「天稟」は生まれつき。「怯勇」は恐れることと勇気あること。

波濤《はとう》　大波。

千軍万馬　多くの兵と軍馬。

文士　文筆業の人。作家。

輿論《よろん》　世間一般の考え。ある社会的問題についての、多数の人の議論による意見。世論。

その処分は必ずこれを兵略に訴ふる者多し　武人は軍事で事を解決しようとする者が多い。

三八二ページ

以上所期の説果たして事実に違ふことなくんば　ここまで述べたことが事実であれば。

身にも守らんとする　自分の身をもってその主義を守ろうとする。

衆主義の容るべきものを容れざるべからず　多くの主義のうち、受け入れるものを受け入れるべきだ。

取らざる所　望まないところ。

❖発問の解説

（三七八ページ）

1 「その仁や、不仁より見て仁なるのみ。その不仁や、仁より見て不仁なるのみ」と言えるのはなぜか。

解答例　道には仁と不仁があるとはいえ、人の行いはどちらか両極に分けられるものではないから。

解説　冒頭の「道二つ、仁と不仁とのみとは、事物の極端を挙げたるものなれども、人間の行路は必ずしも二様に止まらず。仮令ひその大体の方向は二様なるも、大体すでに定まる上は、この一方の極端より他の一方の極端に至るまでのその間には幾様にも行路はあるべき」とある。仁と不仁はそれぞれ極端で、人の行いはその間にたくさんある段階の中のどれかにあてはまり、どちらかの極端のものであることはないと述べている。よって、仁といっても極端の不仁よりは仁より、不仁とはいっても極端の仁よりは不仁よりの行いであるだけなのである。

（三七九ページ）

2 「されば」とはどのようなことをさすか。

解答例　人の行いは仁から不仁までの両極の間に多くの段階があること。

解説　「人間世界は至りて広大なる」と続いている。「人間の行路」は仁と不仁の「一方の極端より他の一方の極端に至るまでのその間には幾様にも行路はある」ので、人間世界は広大だといっているのである。

（三八一ページ）

3 「人生怯懦の心は不知より生ず」とはどのようなことか。

解答例　人は知らないものに対して臆病になるということ。

❖構成・要旨

〈構成〉

本文は四つの形式段落で分けられている。

(1)（初め～三七九・6）

道には仁と不仁の二つがあるというが、人の行いはその極端にあるのではなく、間にあるさまざまな段階の中のどれかにある。

(2)（三七九・7～三八〇・9）

人間世界は広大で論説も広い。他人の意見の一部を聞いて是非を判断できない。議論をするときには広く意見のあることを受け入れるべきだ。ただ自分の思うところの極端の一点は守らなければならない。その一点に向けて、大体の方向が似ているものを友とし、反するものを敵とするだけだ。

(3)（三八〇・10～三八二・4）

若かったり学問の思想が乏しかったりすると、議論の敵味方を作ることが多く、世の平安を妨げる。若者は血気盛んである。また、学問の心掛けがなく文思に乏しい者は、社会の大勢を推考できず局処で判断して失敗する。人は知らないものを恐れ臆病になるものである。学問をせず物を知らないと、恐れなくてもよいものを恐れ失敗してしまうのだ。

(4)（三八二・5～終わり）

自分の主義をもち、人を導き自分もその主義を守ろうとするならば、その主義の範囲は広大にしておかなければならない。安易に敵味方を作って争い、社会の平安を妨げることを私は望まない。

〈要旨〉

道には仁と不仁の二つがあるが、人の行いはその間にあるさまざまな段階の中のどれかにある。よって人間世界は広大で論説も広く、他人の意見の一部を聞いて是非を判断できないものなので、議論をするときには広く意見のあることを受け入れるべきだ。ただ自分の思うところの極端の一点は守らなければならない。その一点に向けて、大体の方向が似ているものを友とし、反するものを敵とすればよい。若者は血気盛んで、学問の心掛けがなく文思に乏しい者は、物を知らないために恐れなくてもよいものを恐れ、社会の大勢を推考できず局処で判断して失敗する。このように、若者や学問の思想が乏しい者は世の平安を妨げる。自分の主義をもち、人を導き自分もその主義を守ろうとするならば、その主義の範囲は広大にして、学問をして恐れなくてもよいものを恐れることをやめ、多くのものを受け入れられるようにならなければならない。安易に敵味方を作って争い、社会の平安を妨げることを私は望まない。

❖構成・読解・言語活動の解説

〈構成〉

1　本文の四つの形式段落に小見出しをつけ、各段落の果たしている役割を説明した上で、筆者の主張を要約しなさい。

解答例　第一段落「両極の仁と不仁」…人の行いがさまざまであることを述べ、第二段階の「人間世界は至りて広大なる」ことの根拠となっている。第二段落「最後の極端を守る」…第一段落を受け、人間世界は広大なので物事を見るときにも広大な視点が必要だが、最後の極端は守るべきだと論を展開している。第三段落「不知による恐れと罪」…転じて学問をしないことによる不都合を挙げ、学問の重要性を説いている。第四段落「主義は広大なるべき」…第一～三段落をまとめ、主義を広くもつために学問をすべきことを主張している。

解説　要約は「構成・要旨」参照。四段落で起承転結の構成になっていることに注意してそれぞれの小見出し、役割をまとめる。

2　論旨を読者にわかりやすくするために筆者はどのような工夫を行っているか。具体例とともに挙げなさい。

解答例　・「譬へば寒熱の両極、沸騰点と氷点と二様に定まるも、その間に冷温の度は幾様にもあるべきがごとし」（三七八・4）、「論説の広きは土地の広きがごとく」（三七九・7）など、たとえを用いている。

・「仁を行ふこともあらん、不仁を犯すこともあらん」（三七八・11）、「その仁や、不仁より見て仁なるのみ。その不仁や、仁より見て不仁なるのみ」（同・12）、「天下古今の人皆仁者ならざるはなく又不仁者ならざるはなく」（三七九・5）など、対立する事柄を対句的に繰り返して強調している。

・「世間年少き輩……議論上に敵見方を作ること多く」（三八〇・10）・「年少ければ……敵を得ることも容易なれば味方を得ることもまた容易なり」（同・11〜13）など、同じ内容を繰り返して強調している。

〈読解〉

1　「仁不仁の論」（三七九・6）とはどのようなことか、説明しなさい。

解答例　あることや人に対して、仁か不仁かきっちりと定めること。

2　「議論の主義を定める」（三七九・16）際に何が必要だと筆者は述べているか、説明しなさい。

解答例　その主義に含めるものを広くとり、他の議論をいれると同時に、最後の極端の一点は動かさずに守ること。

解説　後に続く同じ文に、必要なことが書かれている。一つは「勉めてその主義の包羅する所を広くして他の議論を容れ」ること、もう一つは「最後の極端に至りて一点の動かすべからざるものを守ること」である。

3　「何れも皆当局者の知不知より生ずる所の怯勇と言ふべきものなり」（三八二・3）とあるが、この一文によって筆者は読者に何を訴えようとしているのか、説明しなさい。

解答例　知らないことに対して恐れ、知っていることに対しては勇敢に立ち向かうことができるのだから、学問をして多くの物事を知るようになること。

4　「血気の壮年」「不文なる老人」（三八二・7）にはどのような傾向があると筆者は述べているか。それぞれ説明しなさい。

解答例　「血気の壮年」は感触が力強く、人の片言を聞いてたちまち是非の判断を下し、怒ることも喜ぶことも、敵を得ることも味方を得ることも簡単にする。

「不文なる老人」は事の局処に気がいって社会の大勢を推考することができず、怒らなくていいことに怒り、恐れなくていいことに恐れる。

解説　「血気の壮年」は「血気壮にして感触の力強く、人の片言を聞きて忽ち是非の判断を下し、怒ることも易く喜ぶこともまた易くして、敵を得ることも容易なれば味方を得ることもまた容易なり」（三八〇・12）とあるのでこの部分をまとめる。

「不文なる老人」は「老成と称する人物にても、学問の心掛けなくして文思に乏しき者」（同・14）と同じで「社会の大勢を道理上に視察すること能はずして事の局処に眼を遮られ、怒るべからざるを怒り恐るべからざるを恐る」（同・15）とその傾向が述べられているので、これをまとめる。

〈言語活動〉

1　筆者・福沢諭吉について調べてみよう。

解説　インターネットや人物辞典などで福沢諭吉について調べ、その著作などを読んでみるのもよいだろう。インターネットでは、「コトバンク」に複数の事典・辞典の情報が載っている。一万円札の肖像画になっていることや彼の開いた塾が後の慶應義塾大学となっていることなど、現代への影響もまとめるとよい。

2　本文に使われていることばや表現でなじみのないものについて、意味や使い方を調べよう。

解説　意味は「語句・表現の解説」参照。挙げられていることば以外にも気になるものがあれば調べてみよう。一般的な国語辞典では載っていない場合もあるので、図書館などで収録語の多い辞書を探して調べよう。使い方も調べ、例文も作ってみよう。

3　本文が書かれた時代や、本文が掲載された新聞「時事新報」を筆者が創刊したいきさつについて調べてみよう。

解説　本文は『福沢諭吉全集』第八巻に収められているが、初出がいつか、『福沢諭吉全集』などで調べよう。『時事新報』については『福沢諭吉全集』やインターネット、事典、福沢諭吉関連の本などで調べよう。創刊時だけではなく、廃刊までを追い、現代に残した影響などについても考えてみよう。

自由の説――「東洋自由新聞」第一号社説

中江《なかえ》兆民《ちょうみん》

❖学習の視点

1　明治一四年三月、民権運動の高まりの中で創刊された「東洋自由新聞」について知る。

2　主筆・中江兆民の描く「自由」とは何かを読み取る。

❖筆者解説

中江兆民（なかえ・ちょうみん）　自由民権思想家。一八四七～一九〇一年。土佐藩（現在の高知県）生まれ。蘭学を学んでいたが、一七歳のときに土佐藩留学生として長崎へ派遣されフランス学を学び、その後江戸で学ぶ。駐日フランス公使の通訳も務める。二三歳のときに岩倉使節団とともにフランスへ留学。自由民権運動について学ぶ。帰国後、仏学塾を開き、元老院書記官を経て、明治一四年三月一八日、フランス留学中に交流のあった西園寺《さいおんじ》公《きん》望《もち》らと「東洋自由新聞」を創刊、主筆となる。新聞は同年四月三〇日付けまで発行された。フランス流の自由民権論を唱え、自由民権運動の理論的指導者となる。明治二〇年に藩閥政府の横暴を非難し、保安条例により二年間の東京追放処分を受ける。その後第一回衆議院議員選挙に当選したが翌年辞職した。著書に『三酔人経綸問答』『一年有半』、ルソー『民約論』の訳書『民約訳解』などがある。

❖出典解説

この文章は、『中江兆民評論集』第八巻（岩波書店）に収められている。

❖語句・表現の解説　三八四ページ

発兌《はつだ》　書籍や新聞などを発行すること。

講求　物事を深く調べ、求めること。充分に研究をすること。

報効　功を立て、恩にむくいること。

尋常　普通。通常。

紙上に記載する事件の首《はじ》めにおいて次を逐《お》ふて我が儕《せい》の所見を叙

述し、以つてあまねく可否を江湖の君子に問はん　新聞紙上にはまず事件について述べ、その次に自分たちの考えを述べ、それについて広くよいか悪いか、世間の君子である読者に問おう。
君民共治　君主と、人民の代表者である議会が、共同で国の政務にあたること。君民同治。
能《よ》く尽くす所にあらず　やりきることはできない。
累《かさ》ねて　重ねて。つみかさねて。
端を啓《ひら》く　事を新たに始める。端を開く。
心神　こころ。精神。

三八五ページ

古昔羅馬《こせきローマ》　古代ローマ帝国。紀元前八世紀頃にラテン人が建国した都市国家。

三八六ページ

士君子　学問、人格の両方が優れた人。徳の高い人。
この称　リベルテーの呼称。
以為《おもえ》らく　思っていることには。考えるには。
天然に得る所の惰性に従ふてその真を保つことを得る　自由は天然に得ているもので、そのままにしておくことで保たれる。
意けだし　考え思うに。
奴隷囚虜の属に別たんと欲する　奴隷や捕虜の類いとは別の違ったものだとする。
心思　考え。こころ。思い。
完然　完全。
内に省みて疚《やま》しからず　自分を反省してやましいところがなく。
縮《なお》き　ちぢこまること。
俯仰《ふぎょう》　うつむくことと、あおぎ見ること。見回すこと。
これを外にしては政府教門の箝制《かんせい》する所とならず　自由は外に対しては政府のきまりが束縛するようなことはせず。自由とはいっても好き勝手して社会に迷惑をかけるものではないことをいっている。
これを内にしては五欲六悪の妨碍《ぼうがい》する所とならず　自由は自分の内に対しては、欲や煩悩が妨害するものではなく。自由にしていても欲や煩悩のままに動くわけではないことをいっている。
轆々《ろくろく》として　車が走って音を立てているように。
馳騖《ちぶ》するを得る所はこれに馳騖し　駆け回って働くところはさらに自由になり。
撓《たわ》まざる　曲がらない。
根基　根底。根元。
涵養《かんよう》　無理せずゆっくり養い育てること。
自らその処する所以《ゆえん》の者、及びその他人とともにする所以の者皆この中にあり　自分で行うこと、及び他人とともに行うことはすべて行為の自由の対象だ。
その目を挙ぐ　行為の自由の例を挙げる。
文物　学問・芸術・法律など、文化に関するもの。
盛否　盛んなことと、そうでないこと。

三八七ページ

少差異　少しの違い。

慷慨《こうがい》　世間や社会のよくない点を怒り嘆くこと。

新紙の設くる所以なり　自由が全ての人に同じように与えられていないことを怒り嘆き悲しんだことが、東洋自由新聞を発刊しようとした理由だ、ということ。

恃《たの》**み**　あてにして。

遽《にわ》**かに**　ここでは、ちょっと、の意。

迫りて　近寄って。

索然　心がひかれず興ざめするさま。

かつて観《み》**るべき者あることなきがごとし**　これまで観ようとする人がいない。自由のない人は思う人もいないような魅力のない植物と同じで生気がなく、のびのびと生きられない、ということ。

馥郁《ふくいん》　よい香りがあたりにただようさま。

自由の人におけるその貴ぶべきことけだしかくのごとし　自由が人にとってどれだけ大切なものか、まさしく、人がこのように色も香りもよく活力ある植物のように生きるために必要なものだということだ。

❖発問の解説

（三八六ページ）

1　「この物」とは何をさすか。

解答例　心神の自由（リベルテーモラル）。

解説　この段落は「リベルテーモラル」（心神の自由）について述べている。前の文の「ここ」も心神の自由をさしており、筆者がいちばん大切にしているものもこの心神の自由であるという文である。

（三八七ページ）

2　「これ」とは何をさすか。

解答例　暗い穴の中で育った花や、盆栽の木のこと。

解説　前の文で自由のない人は「窖養の花、盆栽の樹」のようなもので、「観るべき者あることなきがごとし」だと述べており、それに対し、自由な「山花野草」は「窖養の花、盆栽の樹」とは違って「香り馥郁としてその色蓊鬱たり」だという文脈なので「これ」は「窖養の花、盆栽の樹」をさしている。

❖構成・要旨

〈構成〉

本文は内容のうえから、四段落に分けられる。

(1)（初め〜三八四・9）

東洋自由新聞は真理を求め、国家のためとする目的で創刊した。君民共治、地方分権、経済、教育などさまざまなことを記事にするが、まずは社名ともなっている「自由」について述べる。

(2)（三八四・10〜三八六・3）

自由とは、リベルテーモラル（心神の自由）とリベルテーポリチック（行為の自由）の二つのことである。

(3)（三八六・4～16）

リベルテーモラルは心神が他の束縛を受けず自由であるということだが、それは道義に即して生きることで育つものだ。自分に恥じなく生きることであり、人に元から備わっているもので、行為の自由より先にあり、最も大切なものである。リベルテーポリチックは行為の自由で、自分の行為や他人とともにする行為はすべて自由である。

(4)（三八六・17～終わり）

心神の自由は文物やどんな人かの違いにより多少差異はあるが、時代や場所によらず変わらずあるものである。しかし、行為の自由は時代や場所により大きな違いがある。心神の自由も行為の自由もともにあるべきものだ。自由がすべての人が得られていないためにこの新聞を創刊した。自由のない人は生気のない植物のようだが、人は自然の植物のように自由で活力ある存在であるべきだ。

〈要旨〉

東洋自由新聞の社名にある「自由」とは、リベルテーモラル（心神の自由）とリベルテーポリチック（行為の自由）の二つのことである。リベルテーモラルは心神が他の束縛を受けず自由であるということだが、それは道義に即して生きることで育つものだ。自分に恥じなく生きることであり、人に元から備わっているもので、行為の自由より先にあり、最も大切なものである。リベルテーポリチックは行為の自由で、自分の行為や他人とともにする行為はすべて自由である。心神の自由は時代や場所によらずほぼ変わらずあるものだが、行為の自由は時代や場所により大きな違いがある。しかし心神の自由も行為の自由もともにあるべきものだ。自由のない人は生気のない植物のようだが、人は自然の植物のように自由で活力ある存在であるべきだ。自由がすべての人に得られていないために、自由を求め、真理を研究し、国家に寄与するためにこの新聞を創刊した。

❖構成・読解・言語活動の解説

〈構成〉

1　本文の各形式段落に小見出しをつけなさい。

解答例　第一段落「東洋自由新聞について」、第二段階「自由の意味」、第三段落「自由は天然に得るもの」、第四段落「リベルテーモラルとは」、第五段落「リベルテーポリチックとは」、第六段落「自由の必要性」

解説　ここでは意味段落でなく、形式段落について問われていることに注意する。「構成・要旨」を参考にそれぞれのキーワードをまとめる。

2　本文における、「リベルテーモラル」と「リベルテーポリチック」の特徴と、両者の関係を説明しなさい。

解答例　リベルテーモラルは精神心思が他の束縛を受けない

ことだが、道義に即して生きることで育つもの。自分に恥じずに生きることで、社会の迷惑になったり自分の欲にもおぼれたりすることでもない。人に元から備わっており、人生の行為はここから出発する。最も大切にすべきもの。

リベルテーポリチックは行為の自由で、自分の行為や他人との行為に束縛を受けないこと。リベルテーモラルは元から人に備わっているもので、そこから人の行為は生まれるが、リベルテーポリチックは時代や場所により制限されることがあり、得られていない人もいる。

解説　形式段落の四、五段落にそれぞれ説明されているので、その内容をまとめる。リベルテーモラルが先にあり、それによって起きる行為が許されることがリベルテーポリチックであるという関係を押さえる。

〈読解〉

1　「請ふ先づひろく自由の本義を説き、しかる後二者の自由に及ばむ。」（三八四・11）を、わかりやすく現代語訳しなさい。

解答例　まず自由とは何かを説明し、その後にリベルテーモラルとリベルテーポリチックの二つの自由について説明したい。

2　「けだし……尚ほなるはなし」（三八六・11）を、わかりやすく現代語訳しなさい。

解答例　思うにわたしくしが本当に最も心に留めてゆっくり育てるべきなのは、リベルテーモラルであり、それより大切なものはない。

解説　「語句・表現の解釈」参照。「吾人」＝わたくしにとってリベルテーモラルが大切だとしているが、人にとって最も大切なのはリベルテーモラルであるという意味で書いている。

3　「心思の自由は天地を極め古今を窮めて一毫増損なき者なり。」（三八六・17）とはどのようなことか、説明しなさい。

解答例　心に思うことの自由はどんな場所でも、今も昔も、少しも違わずにあるものであるということ。

解説　「天地を極め」は、どんな場所でも、「古今を窮め」は、どんなときも、今も昔も、「一毫増損なき者」は、少しも変わらないもの、という意味。心思の自由はどこでもいつでも変わらずあるもの、ということ。

4　「ああ心思の自由なり行為の自由なりこれ豈に少差異あるべけんや」（三八七・2）とあるが、そのように訴えるのはなぜか。筆者の思いを説明しなさい。

解答例　筆者は心思の自由は元から人に備わっており、人を堕落させるものではなくむしろ自分に恥じない生き方をさせるもので、この自由から人生のさまざまな行為が生まれる、人が最も大切にすべきものだと考えているので、人はみなこの自由を享受すべきだと考えている。また行動の自由も、なければ人として生き生きと生きていけないので、必要だと考えている。どちらの自由も人にとって大切なものなので、全ての人に差がなく享受されなければならないと考えているから、少しの差異もあってはいけないと述べている。

解説 「豈に少差異あるべけんや」は、どうして少しでも差異があっていいだろうか、いやよくない、という意味。心思の自由も行為の自由も、差異なく全ての人が享受されるべきだと述べている。それは、筆者がどちらの自由も人にとって大切なものだと考えているからである。どう大切なのか、本文の内容をまとめながら答える。

〈言語活動〉

1　筆者・中江兆民について調べてみよう。

解説 「コトバンク」などのインターネットや人物辞典などで中江兆民について調べ、その著作などを読んでみるのもよいだろう。中江兆民の指導した自由民権運動がどのような運動だったか、日本の歴史の中の位置付けなども調べてみよう。

2　本文に使われていることばや表現でなじみのないものについて、意味や使い方を調べよう。

解説 意味は「語句・表現の解説」参照。図書館などで収録語の多い辞書を使って調べよう。使い方も調べ、例文も作ってみよう。

3　本文で述べられている「自由」のあり方と、自分が考えていた「自由」との違いや共通点を考えてみよう。また、現代においては、「自由」をめぐってどのようなことが問題となり、どのような議論がなされているか、調べてみよう。

解説 本文で述べられている「自由」について、特徴的なのは、形式段落の四段落目「第一、リベルテーモラルとは」で始まっている心思の自由についての部分だろう。「語句・表現の解説」〈構成〉などを参考に筆者の考えをまとめよう。それとは別に自分がこれまで考えていた「自由」とはどんなものかを書き出し、筆者の考える「自由」と比べよう。現代の「自由」をめぐる問題については、ニュースなどで、個人の考えや行動が制限されていることはないか探してみよう。あるいは、検索ワードを工夫し、インターネットで調べてみるのもよい。図書館でも同様に検索ワードを工夫して蔵書検索し、なるべく出版年の新しい本から問題や自由についての議論を探そう。

何のための「自由」か

仲《なか》正《まさ》昌《まさ》樹《き》

❖学習の視点

1　論の展開に注意して筆者の説明を読み取る。
2　キーワードを捉えて、文章の要旨をつかむ。
3　「アーキテクチャー」が持つ意味をつかみ、私たちの自由のあり方を考える。
4　筆者の主張を踏まえて、自分の考えを持つ。

❖筆者解説

仲正昌樹（なかまさ・まさき）政治思想家。一九六三（昭和三八）年、広島県生まれ。東京大学大学院総合文化研究科地域文化研究専攻ドイツ科博士課程修了。サブカルチャーなどの若者文化や若年層が置かれた状況についての考察など、現代日本の若者の問題についての発言も多い。著書に『「不自由」論――「何でも自己決定」の限界』『「みんな」のバカ！――無責任になる構造』『いまを生きるための思想キーワード』などがある。

❖出典解説

この文章は、『なぜ「自由」は不自由なのか――現代リベラリズム講義』（二〇〇九年・朝日新聞出版）に収められており、本文は同書によった。

❖語句・表現の解説

三八九ページ

総和　ばらばらな数量を全部合わせたもの。
功利主義　多くの人の利益と幸福とを求めることが、人生・社会の最大の目的であるとする思想的立場。
計量化　物の量として計測できるようにすること。

三九〇ページ

矯正　普通の正しい状態に改め、直すこと。用例 歯並びを矯正するために金属の器具を装着する。
最大多数の最大幸福　最大多数の人が、個人の幸福の総和として認める最大の幸福。

三九一ページ

本末転倒　大切なことと、つまらないこととが反対になること。
用例 コストカットのために従業員の安全を犠牲にするのは本末転倒だ。

策定　計画を十分に練って決めること。

包括的　ひっくるめて一つにするようす。

論壇　意見や思想を発表し論ずる場。

三九二ページ

遵法　法律や規則に従い、固く守ること。

三九四ページ

可視的　目で見ることができるようす。

論調　議論の立て方や進め方についての調子・傾向。

❖発問の解説

（三九〇ページ）

1 「この考え方」とはどのような考え方か。

解答例 計量化された「快楽」の計算に基づいて合理的な統治を行うことが可能であり、かつそうした統治を追求すべき、という立場をとる功利主義の考え方。

2 「〝正常な欲望〟」とはどのような欲望か。

解答例 国家が全体の目標として追求する「最大多数の最大幸福」と一致する幸福を得ようとする欲望。

（三九二ページ）

3 「アーキテクチャー的な規制」とはどのような規制か。

解答例 人々が社会的に望ましくない行動を取るのを技術的に不可能にする環境をつくって、行動そのものを規制すること。

（三九四ページ）

4 「私たちの欲望を完全にコントロール」するとはどのようなことか。

解答例 超アーキテクチャーを開発し、私たちの内なる欲望に無意識レベルで働きかけ、最初から〝悪いこと〟を望まず、〝最大多数の幸福に適ったこと＝善いこと〟だけ欲望するように誘導すること。

❖構成・要旨

〈構成〉

この文章は、次の三つに分けることができる（(1)を二つに分けて、全体を四段落と考えることもできる）。

(1)（初め〜三九一・8）…ベンサムの功利主義

ベンサムの「功利主義」は、計量化された「快楽」の計算に基づき合理的な統治を行うもので、国家が人々の「幸福の状態」を定義することをも意味し、諸個人の「自由意志」と衝突することになる。功利主義的な考え方は、福祉や公共事業など特定の公共政策の策定に際して応用されることは多いが、一つの国家の包括的な統治原理として採用されはしなかった。

(2)（三九一・9〜三九二・14）…「アーキテクチャー」という

考え方

「アーキテクチャー」とは、人々が社会的に望ましくない行動を取るのを技術的に不可能にする環境の「設計」を意味する。個人の「自由意志」という意識とは関係なく、物理的環境だけを制御するアーキテクチャーでは、言語を介する人間的な面倒くささが省かれ、統制する側／統制される側双方にとって、エネルギーを節約し不快感を減らせる可能性がある。

(3)（三九二・15～終わり）…超アーキテクチャーと「幸福」と「自由」

〝最大多数の幸福に適《かな》ったこと＝善いこと〟だけを欲望するように誘導できる超アーキテクチャーが開発され、プログラム化された〝快適さ〟を〝自然〟だと感じる人ばかりになれば、管理している／管理されている、支配／被支配、自由／従属といった、現在の〝私たち〟の「自由」感覚を支えている境界線が相対化されていくはずだ。〝みんなの幸福〟を、合理的に設計しようとする超功利主義的な方向に流れていかないとも限らない。

〈要旨〉

功利主義的な考え方は国家の統治原理として採用されなかった。個人の「自由意志」とは無関係に物理的環境だけを制御するアーキテクチャーは言語を介さず、統制する側／統制される側双方にとって不快感を減らせる可能性がある。超アーキテクチャーが開発され、プログラム化された〝快適さ〟を〝自然〟だと感じる人ばかりになれば、〝私たち〟の「自由」感覚を支えている境界線が相対化されていくはずだ。〝みんなの幸福〟を、合理的に設計しようとする超功利主義的な方向に流れていかないとも限らない。

❖構成・読解・言語活動の解説

〈構成〉

1　本文を四つの意味段落に分け、それぞれに小見出しを付けなさい。

解説　「構成・要旨」を参照する。

2　「アーキテクチャー」の利点と問題点を説明しなさい。

解答例　「アーキテクチャー」の利点…「法」による規制とは違って、言語を介しないで人々の行動を制御するので、効率が良く、統制する側と統制される側双方にとって、エネルギーを節約し、不快感を減らせる可能性がある。
「アーキテクチャー」の問題点…気付かないうちに管理されていたことに気付けば、不快感を覚え、抵抗する人が出てくる。また、〝悪いことができない環境〟に慣れると、抵抗感が薄れていき、〝悪いこと〟は最初から無理なことだと感じるようになり、更に内なる欲望に無意識レベルで働きかけられ、〝善いこと〟だけを欲望するように誘導される。

〈読解〉

1　「パノプティコン化された社会」（三九〇・13）とはどのような社会か、説明しなさい。

解答例　国家が人々にとっての「幸福の状態」を定義し、それを各人が抱く欲望と一致させるように矯正策を講じる。一方、人々には自分の行動を自発的に規律するように仕向け、それを社会統制の方法として一般化する社会。

2　「現実に存在する一つの国家の包括的な統治原理として採用されることはなかった」（三九一・7）とあるが、それはなぜか、説明しなさい。

解答例　パノプティコンのような監視・統制装置を社会全体にはりめぐらそうとすれば、それに抵抗を覚える人たちに強引な、暴力を伴うような措置をとらなければならなくなる。そうなると、快楽より不快の総量が上回って、本末転倒になる可能性があるから。

3　「現在の〝私たち〟の『自由』感覚を支えている境界線が相対化されていく」（三九四・1）とはどのようなことか、説明しなさい。

解答例　管理と被管理、支配と被支配、自由と従属といった区別が明確でなくなり、幸福であるためには自由が不可欠という社会的な合意の意識・基準が曖昧になっていくこと。

解説　前問との関連で考える。「自由」を基準とする私たちの「幸福観」が揺らいでくるということである。

4　「『何のための自由か?』という問い」が「アクチュアルな意味を持つことになるかもしれない」（三九四・10）とあるが、なぜそう言えるのか、説明しなさい。

解答例　自分の生き方を自分で決めるという自由が、幸福に生きるためには不可欠なものであるという前提が疑われ始め、自分の生き方を自分で決めることを放棄して、〝みんなの幸福〟を合理的に設計しようという方向に流れれば、自由は何のためにあるのかという問いが現実のものとして意味を持つようになるから。

解説　「各人が自らの生き方を自分だけで決定するのは無理」（三九四・7）という風潮が高まり、「『幸福に生きる』には『自由』が不可欠だ」（三八九・5）という考え方が揺らいできた場合には、「〝みんなの幸福〟を、合理的に設計しようとする超功利主義的な方向に流れていかないとも限ら」（三九四・9）ず、そうなれば「自由」が無意味なものになりかねないと考えられるのである。

〈言語活動〉

1　私たちはさまざまな場面で選択をしているが、それは私たちの「自由意志」によるものか、話し合ってみよう。

解説　自由に選択しているように見えて、実際は〝選ばされている〟のではないかという問題提示である。選択の前提となる「基準」の段階で、私たちはマスメディアであるとか身の回りのコミュニティであるとかの影響を受ける。一歩踏み込んで考えれば、完全なる自由意志による選択という行為そのものが疑われていると考えることもできるだろう。

2　「幸福」と「自由」の関係について、自分の考えを四〇〇字

程度でまとめてみよう。

解説 〈読解〉の4で捉えたことを踏まえて考える。「幸福」に「自由」が欠かせないのなら、「自由」でない状態は「不幸」ということであるが、「自由」であることは自分で決めなければいけないということでもあり、それを「苦痛」と感じる人には、自由であることは必ずしも幸福に結びつかない。これは、「『自己責任論』批判の議論」（三九四・6）に結び付けて考えることができる。そうであれば、むしろ、人に決めてしまってもらったほうが、自分は苦痛を感じずに済み、「幸福」であると考えられる場合もあるかもしれない。これは、〈言語活動〉の1で考えたことにも通じることである。〃みんなの幸福〃を知らず知らずのうちに選ばされているのかもしれない。そう考えると「幸福」と「自由」の関係は、単純に結び付けられるものではないと判断できる。場合によっては、「自由」であることは「不幸」と結びつくこともあると考えられる。そのような観点を持つことも、考えをまとめる手がかりになるだろう。

第7章　記号がつくる世界

ものとこと

木《き》村《むら》敏《びん》

❖学習の視点

1　論説文を読み、その内容を正確に読みとるようにする。

2　日常の言葉をつきつめていくことによって、新たな視点を獲得するおもしろさを味わう。

3　この文章によって獲得した新たな視点で、自分の身近な日常を検証し、筆者の論を確認してみる。

❖筆者解説

木村敏（きむら・びん）　精神病理学者。一九三一（昭和六）年、現在の韓国慶尚南道《キヨンサンナムド》生まれ。京都大学医学部卒業後、ミュンヘン大学精神科に留学する。ハイデルベルヒ大学客員講師、名古屋市立大学教授、京都大学教授を経て、河合文化教育研究所主任研究員となる。比較文化精神医学の領域で、特に注目されている。著作に、『自覚の精神病理』『異常の構造』などがある。

❖出典解説

この文章は『時間と自己』（一九八二年・中公新書）に収められており、本文も同書によった。

❖語句・表現の解説

三九八ページ

そこには真空というものがある　ここでいう「もの」は、実在する「物」だけでなく、「……というもの」として表現できるもののすべてを指している。すぐ後に出てくる「ライターではないもの」も同様。

三九九ページ

趣旨《しゅし》　①何のためにそのことをするかという目的やねらい。②文章や詩で、いおうとしていることがら。ここでは②。

想念《そうねん》　瞬間瞬間に、ふと心に浮かんではまた消えていく考え。

私の内部空間を占有する　あるものを思い浮かべている、意識にのぼらせている状態を、こういっている。「占有」は、所有すること。

原理的に見えないということではない　そのもの自身の根本的理由から見えないというのではない。

「見る」という言いかたが許される　本当に目で見るのではないので、厳密にいえば「見る」というのとは違う。けれど映像のように頭の中に描いてみせることが「見る」と似ているので、「許される」といっている。

ものとものあいだに距離がなければならない　ここでいう「距離」は、物理的なものと精神的なものとの両方についていっている。

四〇〇ページ

対象　認識や意志などの意識作用が向けられる当のもの。

客観　①主観の認識および行動の対象となるもの。②主観の作用とは独立に存在すると考えられたもの。ここでは①。類客体。

ものはすべて客観であり、客観はすべてものである　ここでの「もの」は、一般的な物ではなく、「……というもの」といえるすべての「もの」をさしている。「……というもの」という時、外部の眼《め》であろうが内部の眼であろうが、とにかく眼がそのものを見ているのであり、そのように見られているものが「客観」なのである。

われわれはその景色と一体になっている　「われわれ」の心が、景色を対象物としてとらえられず、物理的には距離があるのに、精神的には距離がとれないでいる状態。

主観　認識・行為・評価などを行う、意識をもつ自我。類主体。対客観。

そのような瞬間には、われわれの外部にも内部にもものはない　「そのような瞬間」とは、強い感動や陶酔感を味わっている瞬間のこと。その時は、主観と客観は分かれていない。見ている自分を意識していないし、見ている対象についても「見ている」という意識はない。また、感動しているとか、陶酔しているという自覚さえない。

主観がわれに返ると　見ている自分を自覚する状態になると。

余韻《よいん》として味わう　「余韻」は、鐘をついたあとなどに残る響き。終わったあとまで残るいい感じ。感動しているその時には分からなかったことが、時間をおき、距離ができて、認識できるようになった状態をいっている。

ものを客観的に見ること　対象の普遍的事実を知覚すること。

金科玉条《きんかぎょくじょう》　金玉の科条（法律）の意味で、最も大切にして守らなければならない法律または規則。

本領《ほんりょう》　本来、専門とする領域。

学一般　学問一般。

四〇一ページ

ことは、すべてきわめて不安定な性格を帯びている　すぐあとに「客観的に固定することができない」とあるが、たとえば「私がここにいるということ」の場合を考えてみよう。もしこのことを思い浮かべようとするなら、自分がいすにすわっている姿というものが思い浮かべられるかもしれない。しかしこれは、ことではなくものである。「ここにいるという私」というものである。「……ということ」は、もののように形が思い描ける性質のものではない。

高次元《こうじげん》　「次元」は、空間の広がり方の度合を表す。一次元は直線、二次元は平面、三次元は空間を表す。「私と景色」は、この三次元にあるのだが、「こと」はさらにその上の次元の出来事のようだといっている。しかしここでも「のようでもある」といっているので、そうだと断定しているわけではない。それほどつかみどころのないことなのである。

所在　ここでは、存在するところ。

四〇二ページ

様相《ようそう》　ありさま。状態。

命題　一つの判断の内容を、整った言葉で表したもの。

自分がそこに立ち会っているという事実を消去している　ものは、見ている人間との関係によって成り立っているのではなく、それ自体が動かしがたいものとして存在している。そのことを、自己という立場から考えると、ことでなくものとしてとらえるということは、自己を無関係のところに置いておける、つまり「自分がそこに立ち会っているという事実を消去している」ことになる。

四〇三ページ

それをなんらかの形で経験している主観なり自己なりというものがなかったならば、……リンゴが木から落ちるということは叙述されえない　わたしたちは、「リンゴの落下」を見ることができても、「落ちる」ということを見ることはできない。それは、だれかがそれを体験して初めて述べられる言葉である。もし、だれも「リンゴが木から落ちる」ということを体験しなかったと仮定してみて、この言葉を読んでみると、なんとも収まりの悪い言葉に思えるだろう。一方、「木から落ちるリンゴ」は、そのものだけで完結していて、体験した者がいないと仮定しても、不安定な印象はない。「叙述」は、順を追って事情や考えなどを書きしるすこと。

共生《きょうせい》　①ともに生活すること。②別種の生物が、互いに利益を得て共同生活をする状態。ここでは②。

詩がふつうの文章と本質的に違っている点は、……ものについての情報の伝達を目的とはせず、ことの世界を鮮明に表現しようとしているという点である　このことは、現実に詩を読んで確かめるとよくわかる。たとえば、宮沢賢治の「永訣の朝」の「わたくしはまがつたてつぽうだまのやうに／このくらいみぞれのなかに飛びだした」という一節には、「わたくし」が外に飛びだしたという情報のほかに、死に行く妹のために何かをしたいという「わたくし」の切羽詰まった思いが表現されている。次に出てくる芭蕉の「古池や」の句も、詩をさらに短くした俳句という表現手段のために、ものとことの共生関係の効用が特に活用されている例だといえる。

四〇四ページ

この俳句が語っていることを、これとは別のことばを用いて説明しようとしても、それは恐らく不可能だろう　ここで述べられていることは、「古池や」の句が芸術的に完成されているために他の言葉に置きかえることができないということではない。前に「ことは、どうしてもものように客観的に固定することができない」とあったように、すべてを明確に説明できるようなたぐいのことではないというのだ。

不可避　避けることができない。

純粋なことの世界が、俳句の音声と重なった沈黙の声として、われわれの間近ではっきりと聞きとれるのである　「沈黙の声として……聞きとれる」というのは、もちろん比喩である。この句を読んだ人間が、芭蕉が体験し、感じたことを、自らも体験したように感じとれることをこう表現している。

四〇五ページ

言語芸術　言葉を表現手段とした芸術。

表現素材　表現するための材料。絵画なら、キャンバス・絵の具・額縁のほかに、そこに描かれている題材や色そのものも表現素材である。そのすべての総合したものから、ことの世界が現れる。

即《そく》する　ぴったりとつく。

合致《がっち》　ぴったりあうこと。類 一致。

ことはものに現れ、ものはことを表し、ものからことが読みとれる　この一文が、この文章の結論である。その意味は、「ことば」のような実際の表現素材に当てはめて考えると分かりやすい。「現れ」と「表し」は、それぞれ意味の違いに合わせて漢字を使い分けている。

❖発問の解説

1 「ライターではないものによって占められている」とはどのようなことか。（三九八ページ）

解答例　ペンや原稿用紙や空気など、別のものによって占められているということ。

2 「内部空間のもの」とはどのようなものか。（三九九ページ）

解答例　頭の中に思い浮かべ、意識にのぼらせているもの。

3 「私がタバコを吸いたいと思っていて、ライターが見当たらない」という状態は、なぜ「もの」ではなくて「こと」なのか。（四〇一ページ）

解答例　タバコを吸いたいと思い、ライターをさがしている「私」という主観があるから。

4 「この種の不安定さ」とはどのようなことか。

解答例　もののように客観的に固定することができず、「わたし」とそのことのどちらの側で起こっていることでもなくて、もっと高次元での出来事のようでもあること。

（四〇四ページ）

5 **「報告文」とは、ここではどのような文をさすか。**

解答例 古い池に蛙が飛び込んだ水の音

（四〇五ページ）

6 **「もの的な表現素材を通じてこと的な世界を開いている」とはどのようなことか。**

解答例 俳句や詩であれば言葉、絵画であれば色や線、音楽であれば音やリズムというような素材を使いながら、その総合によって、それ以上の世界が感じとれるようにしているということ。

❖構成・要旨

〈構成〉

全体を三つの段落に分けられる。

(1)（初め～四〇〇・13）…ものについて

ものはわれわれの世界空間を満たしている。ものはすべて客観であり、客観はすべてものである。

(2)（四〇〇・14～四〇三・6）…ことについて

客観的に見ることをやめると、ことの世界が立ち現れる。しかしこのことは、不安定な性格を帯びていて、私たちの意識はそうした不安定さを好まない。ものとことのあいだには、決定的な差異がある。

(3)（四〇三・7～終わり）…ものとこととの共生関係

ものとことは、芸術の分野などで共生関係にある。さらに表現行為のすべてについても同じことが言える。

〈要旨〉

われわれの外部の世界も内部空間も、客観であるものによって満たされている。しかし一方、われわれが世界を客親的に見ることをやめるなら、ことの世界が現れる。ことは、客観と主観の内側、あるいはあいだにあり、色も形も大きさもなく、場所も指定できない不安定な性格を帯びている。そして、ものとことは一種の共生関係にあり、そこから芸術作品だけでなく、人間の表現行為のすべてが生まれている。

❖構成・読解・言語活動の解説

〈構成〉

1 「主観」（四〇〇・5）と「客観」（同・1）という語句について、その意味を調べなさい。

解説 「語句・表現の解説」を参照する。

2 本文は三つの意味段落に分かれているが、それぞれの内容を要約しなさい。

解説 〈構成〉参照。

〈読解〉

1 「ものはすべて客観であり、客観はすべてものである。」（四〇〇・2）と言えるのはなぜか、説明しなさい。

解説　「語句・表現の解説」参照。

2　筆者は「ものとことのあいだにある決定的な差異」（四〇二・4）はどこにあると考えているか、説明しなさい。

解答例　「もの」は見ている人の主観に関わりなく客観的なものであるが、「こと」は経験している主観によって叙述される。

3　ことばについて、筆者は「ものとこととのあいだに一種の共生関係がある」（四〇三・8）と述べているが、それはどのようなことか、説明しなさい。

解答例　ことばは一種のものであるが、それを用いてことの世界を表現しているということ。

4　「古池や蛙飛び込む水の音」（四〇三・13）の例を用いて、「もの」を通して立ち上がる「こと」の世界を説明しなさい。

解説　芭蕉のこの句に描写されているのは、「古い池に蛙が飛び込んだ水の音」というだけであって、なんの情感もない「もの」の世界である。けれども、ここに描かれているのは、これだけではなく、芭蕉の心の中に生じたこと、音と芭蕉とのあいだに生じたことの世界である。つまり、ことばで説明しきれない世界を、もので表現したのである。

〈言語活動〉

1　本文の主張を支えている根拠となる事例や考え方についてまとめよう。

解説　筆者の机の上のライター、原稿用紙に書くという作業、景色を美しいと味わう、リンゴが木から落ちる、芭蕉の俳句などが取り上げられている。「語句・表現の解説」を参照しながら、それぞれについてまとめよう。

2　好きな俳句や詩を選んで、そこにどのような「もの」と「こと」の「共生関係」（四〇三・8）があるか、考えてみよう。

解説　「詩がことばというものを用い、……ものについての情報の伝達を目的とはせず、ことの世界を鮮明に表現しようとしている」（四〇三・10〜12）ということを頭に置いて考えてみよう。

「病気」の向こう側

田《た》中《なか》祐《ゆ》理《り》子《こ》

❖学習の視点

1　レーウェンフックが顕微鏡で微生物を発見したことから、科学史はどのような発展を遂げたかを読み取る。
2　自然科学の歴史はどのようなものだったかを知る。
3　パストゥールとコッホによって生物学研究がどのように変化し、「病気」というものがどうとらえられるようになったかを知る。
4　ユクスキュルの「環世界」を思い出すことから、今日の私たちは「世界」（「環境」あるいは「外界」）とどのように向き合えばいいのかを考える。

❖筆者解説

田中祐理子（たなか・ゆりこ）　哲学者・科学史家。一九七三（昭和四八）年、埼玉県生まれ。東京大学大学院総合文化研究科博士課程取得。研究分野は科学認識論、近現代科学史。神戸大学大学院国際文化学研究科准教授。二〇世紀の医学・生命科学を中心に、科学の歴史を研究し、人間の認識とはなにかという哲学の問いに取り組んでいる。著書に「科学と表象―『病原菌』の歴史」（名古屋大学出版会刊）がある。

❖出典解説

この文章は、『病む、生きる、身体の歴史――近代病理学の哲学』（二〇一九年・青土社刊）に収められており、本文は同書によった。

❖語句・表現の解説　四〇七ページ

微生物　顕微鏡で見られる微小生物の総称。個体が微小で、肉眼では明瞭に識別できない生物の一般用語。

一七世紀の新しい自然研究の中心地・オランダ　一七世紀はオランダの世紀と言われるほど、オランダは繁栄した。アジアにも進出して香辛料利権を独占した。造船業でもヨーロッパ随一となり、一六七〇年代当時で、船の保有数もイギリス・フランス・ポルトガル・スペインの合計よりも多かった。

四〇八ページ

原虫　原生動物と同意語。動物界の最も下等な動物門の動物群。一個の細胞から出来、ほとんどが顕微鏡的な大きさ。一個の細胞の中ですべての生活機能が行われている。単細胞であるため単純な生物と考えられやすいが、最新の研究では、構造がきわめて精巧であることが明らかにされつつある。

細菌　大きさは一μ前後で、ＤＮＡとＲＮＡの両方持っている。細菌は自己分裂をしながら毒素を出して細胞を破壊する。大腸菌・サルモネラ・コレラ、結核菌、赤痢菌・破傷風菌などがそれである。それらの細菌には、細胞膜を破壊できる抗生物質が有効とされる。一方、有用な細菌に乳酸菌があるが、乳酸菌という名称は細菌の生物学的な分類ではなく、性質に対して名づけられたものである。発酵によって糖類から多量の乳酸を産生し、悪臭の原因になる腐敗物質を作らないものが、一般に乳酸菌と呼ばれる。

誤認　間違って認識すること。

人間が生身で知覚する「世界」　人間の五感でとらえることのできる世界。顕微鏡などの機器を使わずにとらえた世界。

一八世紀のヨーロッパでは「生命の起源」という問いにつながりながら　それまでは、人間が生身で知覚することのできる範囲で「世界」をとらえ、その範囲内で「生命の起源」というものを考えていた。ところが、顕微鏡で見た世界には、未知の「生きもの」がいることがわかり、新しい「問い」が生まれることになった。

四〇九ページ

病原体　寄生対象となる生物（宿主）に寄生して、病気の原因となる病原性微生物。

にわかには理解しがたい　すぐには理解できない。人間にとって病気を引き起こす病原体を特定し、その働きを止めることは重要な課題のはずなので、微生物という新たな知識を得られたのに、そのことが病原体に繋がらなかったのかが、現代の私たちには理解できないということ。

伝染病　病原となる微生物が生物の体内に侵入して増殖して、他にも広まっていく病気。

執拗《しつよう》　「しつこい」の意の漢語的表現。いつまでもつきまとわれて、不快に感じる様子。

中世の「黒死病」の体験　「黒死病」は、一四世紀中頃から流行したペストの俗称。死者の皮膚が黒ずんで見えたところから名前が付いた。一三三〇年代に中央アジアのイシク・クリ湖で発生したペストが最初と言われている。それが黒海沿岸に達して、コンスタンティノープル・ジェノヴァ・マルセイユをへてイギリス・北欧に及んだ。全ヨーロッパの三分の一が死亡したと言われる。当時の医学では病理学的知識が乏しかったが、衛生と隔離はかなりの成果をあげた。それにより三分の二が助かったとも考えられる。この黒死病の影響によって、さまざまな見解があるが、農民離村，農業労働者の不足と賃金の高騰をもたらし，領主直営地の解体と小作地化を促し、社会の大変化が生じたと言われている。

蔓延　伝染病などの良くないものが、とめどもなく広がること。

本態　本来の姿。

四二〇ページ

歯垢《しこう》　歯の表面に付いている汚れかす。

四二一ページ

歯周病　歯のまわりにある歯周組織に起こる疾患の総称。

推奨する　それを使うように人に勧めること。

病理学　病気の発生原因や機能、経過などを系統的に調べ、その本来の姿を究明する学問。

四二二ページ

二人の科学者のそれぞれの特性　「この二人」というのは、パストゥールとコッホ。この二人は、「物理学からスタートした化学者」と「動物実験に精通した医師」という特性があった。

原子　化学的な方法ではそれ以上分割できない物質の最小単位。

領野　領域。範囲。

学知　物事を学んで理解すること。

日常的な形象　日々の日常レベルにおける感覚によってとらえられたものが形になったもの。

いったん科学的想像力を引き戻すような作業　急成長を遂げていた科学の中で、まだ「生物」という領野は人間の経験的な水準にあった。病理学を形成するためには、「無生物」の領野を中心とした思考方法を日常的な形象の水準まで引き戻す作業が必要だったということ。

臨床　実際に病人を診察し、治療すること。

生活環　生物の個体が発生し、次世代の個体が発生を開始するまでのサイクル。生物の生活史を、環状に表現したもの。

特異的関係　はっきり他とちがっている関係。ここでは、細菌の生活環と、種々の感染症との関係のこと。つまり、はっきりと両者が関係しているということ。

「物質」の領野での変容にかかわる知識と、「生きているもの」の領野で経験される現象とを結ぶ技術が、「病原体」という存在を科学的思考のなかに定着させるために、そこで決定的な役割を果たした　「物質」の領野、つまり一八世紀から一九世紀に急成長を遂げた「無生物」の領野から自然の運動と現象の総体を解明する学知と、「生きているもの」の領野で経験される現象、つまり人間が経験的になじんできた「生物」の現象とを結ぶ技術が、「病原体」を科学的思考のなかに定着させるために役割を発揮したということ。

四二三ページ

因果関係　ある事実と他の事実との間にある原因と結果の関係。ここでは、「納得の仕方に影響を与えるための方法」とあるので、科学的な方法で証明される因果関係。

細菌の染色　一八八四年、デンマークのグラムによって開発された細菌の染色法に、グラム染色がある。
純粋培養　生物の一種類だけを分離し、他の種類を混入させない状態で培養すること。
体得する　十分に納得、理解して、自分のものにすること。
退行　進歩した状態からより、以前の、未熟な状態へ戻ること。
「想像的」　ここでは、事実とは違ったことを思い描くという否定的な意味で使っている。現実的ではないという意味。
博物学　自然界の動物、植物、鉱物などの形状、性質、分布などを分類することを目的とする学問。

四一四ページ

もう一つの重要な物質的対象　細菌のこと。
分子　物質の化学的性質を備えた最小単位。原子の結合によってできている。
接合　つなぎ合わせること。
盲点　うっかりして見落とす点。気づかない点。
凝縮　ここでは、一点に集中すること。

四一五ページ

このダニの「生」の姿は、人間による空間と時間の認識を相対化する根源的な「異質性」のモデルだと言えるだろう　ダニにとっての世界は、ユクスキュルによって記述されているように、全身で光を感じ、温度と酪酸の臭いに反応し、動物に飛びつくことで成立している。一方人間は、五感によって世界を認識しているため、ダニの世界とは根本的違う。そのため、ダニの世界を知るということが、人間の空間と時間の認識とは何かをはっきりさせることになるということ。
固有　そのものだけが持っているもの。
この世界は、しかし私たちに現れるその姿においては、「私たちにとっての世界」でしかない　人間が認識できるこの世界は、人間にとっての世界でしかなく、ほかの生き物にとっては、別の姿があるということ。
阻害　妨げること。

四一六ページ

「魔法の弾丸」　一つの病原体による一つの病気を直す、一つの特効薬のこと。
「人間の環世界」と「世界」との同一視　人間が認識し、理解した世界と、「世界」は同じであると人間が考えること。細菌の環世界は人間の環世界とは別であるということ。

❖発問の解説

（四〇八ページ）

1　**「なにか」とは何のことをさしているか。**

解答例　顕微鏡で見た「砂粒より一〇〇〇倍も小さい生きもの」。実際には、顕微鏡で見た小さめの微生物、細菌。

2　**「区別していた」のはなぜか。**

解答例　自分の体を使って動いていたため。

（四一一ページ）

3 「この状況」とはどのような状況か。

解答例　レーウェンフックの「健康論」が医学理論それ自体に影響を与えず、当時の医学者たちがレーウェンフックの「小さな生きもの」に注目して新しい病理学を構想するということも起こらない状況。つまり、レーウェンフックの微生物との出会いが、「病原体」との出会いにつながらなかった状況。

（四一二ページ）

4 「根本的な転換」とはどのようなことか。

解答例　「無生物」の領野を中心とした思考方法から、「日常的な形象」の水準まで科学的想像力を引き戻す作業が必要だったこと。

解　説　同じ生物という領野だけでは進まなかったものが、原子の運動を追究する物理学と、原子の性質と物質の構成を追究する化学という、「生命」とは分離した「無生物」の領野から、自然の運動と現象の総体を解明する学知を得て、「病原体」を「細菌」という「生きもの」に結びつける病理学が形成されたということ。

（四一三ページ）

5 どのような「努力」か。

解答例　パストゥールとコッホが、物事のとらえ方や、因果関係の納得の仕方に影響を与えるための方法に関して、顕微鏡の使い方や、証明実験の仕方に大変な工夫を凝らしたこと。また特にコッホが、顕微鏡の改良、顕微鏡写真術の開発、細菌の染色、純粋培養の技法など、生物学研究の現場の基本的な光景を作り出したという努力。

❖構成・要旨

〈構成〉

本文は一行空きによって、四段落に分けられる。

(1)（初め～四〇九・4）

レーウェンフックは、顕微鏡で微生物を観察した。それは「細菌」の姿の最初の観察と考えられる。このことは、同時代の自然哲学者たちにとって、「自然」や「世界」の意味を揺るがす大きな意味を持っていた。人間の身体的な感覚ではとらえられないが存在する世界への意識は、一八世紀のヨーロッパでは「生命の起源」という問いにつながり、自然哲学研究が「自然科学的研究」へと質を変えていく原動力になった。これ以降、人間が理解するべき世界のありようと、人間がとるべき方法を本質的に変えていくこととなった。

(2)（四〇九・5～四一一・11）

人類史にとって微生物との出会いは、「病原体」との出会いとイコールではなかった。レーウェンフックの「健康論」は、当時の医学理論に影響を与えるとまではいかず、医学者たちがレーウェンフックの「小さな生きもの」に注目して新しい病理学を構想するということも起こらず、ヨーロッパの一七世紀、一八世紀は進行した。

(3)（四一一・12〜四一三・12）

一八七〇年代の終わりに、パストゥールとコッホが、「細菌が伝染病の原因である。」と証明することに成功した。パストゥールは物理学からスタートした化学者で、コッホは動物実験に精通した医師であったことは興味深い。「病原体」を「細菌」という「生きもの」に結びつける病理学を形成するためには、「無生物」の領野を中心とした思考方法から、「生物」という経験的に古くから馴染んだ「日常的な形象」の水準まで科学的想像力を引き戻す作業が必要だった。パストゥールは「ワクチン」の概念を確立させ、コッホは「コッホの三原則」で細菌の生活環と感染症との特異的関係を結んでみせた。つまり「物質」の領野での変容にかかわる知識と、「生きているもの」の領野で経験される現象とを結ぶ技術が、「病原体」を科学的思考のなかに定着させるために決定的な役割を果たした。パストゥールとコッホは、証明実験の仕方など、物事のとらえ方や因果関係の納得の仕方に影響を与えるための方法について大変な工夫を凝らした。特にコッホは、純粋培養の技法など、今日まで続く生物学研究の現場の基本的光景を作り出した。

(4)（四一三・13〜終わり）

今日の私たち自身の思考法や論理についても、考え直してみる。十九世紀半ば、進化論的思考が、遺伝子という生物学史にとって重要な物質的対象を獲得し、生命を探求する眼は分子のレベルの領野へと跳躍する。そして、二〇世紀の生物学と物理学、化学の新たな接合が生じたその後に私たちの視覚や思考は位置している。生命をどうとらえるべきかという問いの設定も大きく動いてきたが、それも一世紀ほどの若い知識である。そこには不確定性や盲点の潜む空間が残っているかもしれない。その空間を思考する手掛かりに、ユクスキュルの「環世界論」がある。彼は、それぞれの生物に対して現象する「環世界」があるのだと論じた。これは、私たちに現れる世界は、「私たちにとっての世界」でしかないという視点を教える。だとすれば、「細菌」のありようもまた「私たちにとっての世界」にのみ成立する理解だ。生きているものは、変わっていき、ときにまったく別のものであるかのように姿を変えていく。「病気」の向こう側には、まったく別の「生きているもの」の世界があるのかもしれず、このような世界に対して、決して容易に「理解した」と言うことはできない。

〈要旨〉

一七世紀、レーウェンフックは顕微鏡で微生物を観察した。このことは、一八世紀のヨーロッパでは「生命の起源」という問いにつながり、自然哲学研究が「自然科学的研究」へと質を変えていく原動力になった。しかし、人類史にとって微生物との出会いは、「病原体」との出会いとイコールではなく、ヨーロッパの一七世紀、一八世紀は進行した。一八七〇年代の終わりに、パストゥールとコッホが、「細菌が伝染病の原因である。」と証明することに成功し、証明実験の仕方など、物事のとらえ方や因果関係の納得の仕方に影響を与えるための方法について大変な工夫を凝らした。また、コッホは、純粋培養の技法など、今日まで続く生物学研究の現場の基本的光景を作り出した。二〇世紀の生物学と物理学、化学の新たな接合が生じたその後に、今日の私たちの視覚や思考は位置している。生命をどうとらえるべきかという問いには不確定性や盲点の潜む空間が残っているかもしれない。その空間を思考する手掛かりに、ユクスキュルの「環世界論」がある。私たちに現れる世界は、「私たちにとっての世界」でしかない。だとすれば、「細菌」のありようもまた「私たちにとっての世界」にのみ成立する理解だ。生きているものは、変わっていき、ときにまったく別のものであるかのように姿を変えていく。「病気」の向こう側には、まったく別の「生きているもの」の世界があるのかもしれず、このような世界に対して、決して容易に「理解した」と言うことはできない。

❖構成・読解・言語活動の解説

〈構成〉

1　次の区分に沿って、ヨーロッパにおける「微生物」「遺伝子」「病気」に関する本文の記述を整理しなさい。

ⓐ一六七四～七五年　ⓑ十七～十八世紀
ⓒ一八七〇年代の終わり頃　ⓓ十九世紀半ば
ⓔ二十世紀～現在

解答例　ⓐ一六七四～七五年―オランダのレーウェンフックが顕微鏡で観察した、水中の「砂粒より一〇〇〇倍も小さい生きもの」たちの姿を記述した。それは、科学史研究の上で、微生物についての観察の最も古い記録だった。

ⓑ十七～十八世紀―微生物と「病気」とを結びつけて考えてみようとはしなかった。

ⓒ一八七〇年代の終わり頃―パストゥールとコッホが、「細菌が伝染病の原因である。」と証明することに成功する。特にコッホは、細菌を純粋培養することで、細菌が一個の「生」である事実と、別の動物の体に発生している「病気」とを、連続する論理として思考のなかで結びつけた。

ⓓ十九世紀半ば―進化論的思考が、遺伝子という生物学史にとって重要な物質的対象を獲得し、生命を探求するための眼は分子のレベルの領野へと跳躍した。

ⓔ二十世紀～現在―生命をどうとらえるべきかという問いの設定それ自体も大きく動いてきた。「一つの病気」に「一つの病原体」があり、対応する「一つの特効薬」があるという夢は、「人間の環世界」と「世界」との同一視であった。私たちにとっての「病気」の向こう側には、まったく別の「生きているもの」の世界があるのかもしれず、「世界」に対して容易に「理解した」と言うことはできない。

2　ユクスキュルの「環世界論」（四一四・11）についてまとめなさい。

解答例　一九世紀後半から二〇世紀前半を生きたユクスキュルは、同生物ごとの感覚器官の違い、栄養、身体構造の違いを踏まえて、それぞれの生物に対して現象する「作用空間」「触空間」「視覚空間」の統合としての「環世界」があると論じた。特に細やかに記述された「ダニ」の「生」の姿は、人間による空間と時間の認識を相対化する根源的な「異質性」のモデルだと言える。ユクスキュルの議論が今日も重要であり続けるのは、人間にとっての「世界」もまた、他の生物の「世界」とただ相並ぶべきものであることを強調した点によってである。彼は「この環境はわれわれに固有の人間の環世界にほかならない。」と書いた。私たちが「環境」あるいは「外界」と呼んでいるこの世界は、私たちに現れる姿においては、「私たちにとっての世界」でしかないと、ユクスキュルの視点は教える。

〈読解〉

1　「そのような存在がここで発見されたことは、……大きな意味を持っていた」（四〇八・10）のはなぜか、理由を説明しなさい。

解答例　自然哲学者たちは、人間が長い時間をかけて自分たちの「目に見える」世界について獲得してきた知識から「自然」や「世界」をとらえていた。ところが、人間の身体的な感覚だけではとらえられない、しかし顕微鏡で観察し、確かに存在しているものと考えられる世界への意識は、「生命の起源」という問いにつながりながら、自然哲学研究が次第に「自然科学的研究」へと質を変えていく原動力となった。それは、人間が理解する世界のありようと、そのために人間がとるべき方法を、本質的に変えていくこととなったから。

2　「微生物との出会いは、『病原体』との出会いとイコールではない」（四〇九・5）とあるが、その理由を筆者はどのように理解しているか、説明しなさい。

解答例　本当のところはわからないが、「病原体」という考えと「伝染病」を結ぶ発想が「正解」として展開されることにはならなかった。それは、一八世紀から一九世紀に物理学と化学が、「無生物」の領野から自然の運動と現象の総体を解明する学知として急成長を遂げ、そのような渦中にあって「病原体」を「細菌」という「生きもの」に結びつける病理学を形成するためには、根本的な転換がなくてはならなかったからである。つまり、「無生物」の領野を中心とした思考方法から、「生物」という経験的に馴染んできた「日常的な形象」の水準まで科学的想像力を引き戻すような作業が必要だったはずだからという理由である。

3　「科学的想像力を引き戻す」（四一二・12）とはどのようなことか、説明しなさい。

解答例　原子の運動を追究する物理学、原子の性質と物質の構成を追究する化学という急成長を遂げた「無生物」の領野を中心とした思考方法を、人間が経験的に古くから馴染んできた「生物」という「日常的な形象」の水準まで戻すこと。

4 「ある世界を見ているとき、別の世界を見ることは私たちにとって難しい。」（四一五・16）のはなぜか、「環世界」という言葉を使って説明しなさい。

解答例 私たち人間にとっての世界は、人間固有の「環世界」であり、私たちが「環境」とか「外界」と呼んでいるこの世界は、「私たちにとっての世界」でしかなく、他の生物の「世界」ではないから。

〈言語活動〉

1 さまざまな分野の歴史を調べて、発見や発明などによって物の見方が変わった事例を探してみよう。

解説 探す方法としては、過去のノーベル賞を受賞した研究を調べてみてもいい。あるいは、この「論理国語」の教科書に載っている評論のうち、気になったテーマをもっと掘り下げて調べてみる方法もある。また、「歴史」とあるのだから、歴史的に見て、社会を大きく変えた発明などから考えてもいい。たとえば、「蒸気機関」「電気」「自動車」などがどのように社会を変え、物の見方を変えたかを調べてみても面白い。

2 本文を参考に「学問」や「知識」について意見をまとめてみよう。

解説 「本文を参考に」とあるのだから、まず本文から読み取れることで、「学問」や「知識」がどのように世界に対する見方を変えてきたか、社会を変えてきたかを考えてみよう。また、少し本文を離れて、普段から「学問」や「知識」について感じていること、考えていることをまとめてみてもいい。

過剰性と稀少性《きしょうせい》

佐《さ》伯《えき》啓《けい》思《し》

❖学習の視点

1　資本主義はどのような原理で人に経済成長を強制するのかを考える。

2　貨幣と欲望の考察を通して思考力を鍛える。

❖筆者解説

佐伯啓思（さえき・けいし）　経済学者。一九四九年、奈良県生まれ。東京大学院で博士課程単位取得。京都大学名誉教授。京都大学こころの未来研究センター特任教授。共生文明学、現代文明論現代社会論、社会思想史が研究テーマ。現代社会を文明論的観点から捉え、政治、経済の分野を中心に広く評論活動を行っている。著書に『自由とは何か』『日本という「価値」』『現代文明論講座ニヒリズムをめぐる京大生との対話』『西欧近代を問い直す』『20世紀とは何だったのか』などがある。

❖出典解説

この文章は、『経済学の犯罪』（二〇一二年・講談社現代新書）に収められ、本文は同書によった。

❖語句・表現の解説

四一八ページ

貴重な貝殻や石片、あるいは貴金属や貴重品　どれも生活の必需品とはいえず、有用ではないものである。それが貨幣として使われていた。

極限　限度ぎりぎりのところ。

一方の極限に「ゼロ・シンボル」（純粋な記号表現）としての貨幣がある。その近くに、ポトラッチのような社会的な名誉や威信と深く結びついた貴重品があり、さらには宗教的意味を帯びた生《いけ》贄《にえ》や供え物がある。……貨幣を頂点とする極限へと接近するにつれ「過剰性の原理」が支配し、生活の基本物資へと接近するにつれ「有用性の原理」が支配するであろう　この部分は、次のように図で表すことができる。

貨幣
ポトラッチのような社会的な名誉や威信と結びついた貴重品
宗教的意味を帯びた生け贄・供え物
・
・
・
衣食住に関わる生活の基本物資
食糧

過剰性の原理↔有用性の原理

四一九ページ

稀少　少なく、珍しいこと。非常にまれなこと。

経済現象とは「稀少な資源の配分に関わる現象」だというあの「稀少性」　経済学とは、稀少な資源を社会がいかに利用するかを研究する学問だといわれている。人の欲望を満たすために、労働や原材料、資本、土地といった有限な資源を利用し、何をどのようにつくるか、その成果を誰に分配するかを考えるのが、経済学である。

優越　他よりも優れていること。他より大きな権限を持っていること。

威信　威厳と人からの信用。

競覇　覇権を競うこと。ポトラッチは競覇的贈与の一種。

四二〇ページ

競合　きそいあうこと。

四二一ページ

合理的人間　論理にかなっているかどうかを重視する人間。

四二二ページ

代補　補足するために追加され、とって代わること。

虚栄　実質が伴っていないうわべだけの栄誉。

四二三ページ

有閑階級　財産があって労働をしなくてよく、ひまな時間を社交や娯楽に使っている階級。

奢侈《しゃし》品《ひん》　度を過ぎて贅沢な品。身分不相応に金を費やした品。

四二四ページ

あらかじめ財宝やきらびやかな衣装や豪邸やらに対する欲望があって、そこに稀少なものとしての貴重品があるのではなく　人は財宝やきらびやかな衣装や豪邸をほしがるが、本当に心からそれがほしいのではない。他人がほしがることで、社会的な価値がついていて、多くの人がほしがることで稀少になったから、自分もまたそれをほしがるのである、ということ。

四二五ページ

階層　社会的、経済的地位がほぼ同程度の人々の集団。職業、収入、学歴、年齢などが基準となる。

動因　ある出来事が引き起こされる直接の原因。

まず人間の象徴作用のなかから「過剰性」が生み出される……よりいっそうの「貨幣」が必要となる　ここまでの論を端的にまとめた文。

四二六ページ

かくて人は経済成長へと強制される　過剰性が模倣的競争を生み、それにより貨幣が必要とされ、そのことによって稀少性が生み出され、貴重なものがますます稀少となり、稀少なものを得たいという欲望を満たすためにさらに貨幣が必要となるので、より多くの貨幣を得るために国民経済の量的規模が長期にわたって拡大するよう強制されるということ。より多くの貨幣を手に入れるには、国の経済が成長する必要があるのである。「経済成長」とは、国民経済の量的規模が長期にわたって拡大すること。一般に、国民総生産の増加率で表される。「強制される」から、個人の力の及ばない力でその方向に人はかりたてられていることがわかる。

❖発問の解説

1 **「それ」とは何をさすか。**
（四一八ページ）

解答例　生活の中において有用性という経済原理に服さないこと。

解説　「それ」の前にある二文のうち、二文目の「貨幣が……貴重品であった理由」は「それを可能としたのは」の「それ」に置き換えて不自然なので、一文目の「生活の中において有用性という経済原理に服さない」ことをさしているとわかる。

2 **「距離」とは何をさすか。**
（四二〇ページ）

解答例　対象の手に入りにくさ。

解説　「『欲望』は距離によって生み出される」は「対象との間に障害があり、距離ができるからこそ、その対象に対する『欲望』が発生する」（四二〇・12）とほぼ同じ内容なので、「距離」は対象との間に障害があること、つまり手に入りにくさをさしているとわかる。

3 **「『他者の欲望』を代入する」とはどのようなことか。**
（四二二ページ）

解答例　欲望はあるが何を欲しているか自分でもわからないので、他者の欲望をまねし、他者の欲しがるものを自分も欲しがるということ。

解説　「われわれは、確かに『何か』を欲望する。だけれども、それが何かは確かにはわかっていない。だからこそ『他者の欲望』を模倣しようとする」（四二二・15）の内容を「『他者の欲望』を代入する」と言い換えていることを読み取る。

4 **「これ」とはどのようなことをさすか。**

解答例　欲望を模倣し合うことで、社会的な名誉や地位や虚栄をめぐる競合的なゴールのない無限の競争を生み出すこと。

解説　直接的には「模倣的競争（エミュレーション）」を

さしているが、「どのようなこと」を説明しなければならないので、模倣的競争とはどのようなことかをまとめる。

（四二四ページ）

5 「『稀少性』は、『過剰性の原理』のなかでこそ生み出されているのはなぜか。」

解答例 はじめから稀少なものがあるのではなく、相互模倣によって生み出される過剰な記号への欲望により、社会的な名誉や地位や虚栄といった価値と結びついた稀少なものが生まれ、稀少性が生まれるから。

解説 「過剰性の原理」とは「生活の中において有用性という経済原理に服さない」（四一八・1）「過剰な記号」（同・4）に価値を見いだすことである。「過剰な記号」に価値が見いだされるのは「地位や名誉や虚栄といった相互模倣の社会的価値が形成」（四二四・11）されるからである。相互模倣により価値を見いだされた「過剰な記号」が貴重品となり、稀少なものとなり、稀少性の概念が生まれるということなので、このことをまとめる。

❖構成・要旨

〈構成〉

本文は内容のうえから、六段落に分けられる。

(1)（初め〜四一九・4）

一方の極限に過剰性の原理があり、他方の極限には有用性の原理がある。では稀少性の原理とは何だろうか。「稀少性」とは「見せかけ」であるので、「稀少性の原理」とは何か、という問題は見せかけの問題である。

(2)（四一九・5〜四二〇・5）

社会的な地位や威信をめぐる競争であるポトラッチの原理は現代の文明においても支配している。地位や威信といった社会的財を得ることは類いまれなものであり、類いまれなものを求めて、欲望は相互に模倣しあう。

(3)（四二〇・6〜四二一・9）

欲望は距離によって生み出されるが、相互模倣する欲望はいっそうの距離を生み出す。そもそも欲望の対象は確かなものではないので、他者の欲望を模倣する。欲望の模倣は社会的な名誉や地位や虚栄をめぐる、ゴールのない無限の競争を自動的に生み出す模倣的競争をもたらす。

(4)（四二一・10〜四二四・6）

生活の必要や個人の事情によってどうしても必要とされる欲求と、社会的な次元を持ち相互模倣によって生み出される欲望は区別できる。欲求は有用性の原理に、欲望は過剰性の原理に対応している。

(5)（四二四・7〜四二五・13）

相互模倣の社会的財を求める欲望が強まれば、財貨は稀少となる。過剰性の原理のなかで稀少性が生まれるのだ。稀少な財貨を得るには貨幣が必要となり、貨幣は欲望の対象との距離を測るものとなるが、同時に距離を生み出す。より多くの貨幣が必要な欲望の対象ほど距離が遠くなり、欲望も強度になる。

(6)（四二五・14〜終わり）

象徴作用から生まれた過剰性がポトラッチの原理で、これが模倣的競争を生む。模倣的競争はいっそうの貨幣を必要とし、貨幣によって距離ができると稀少性が生まれる。過剰性の原理が稀少性の原理をもたらす。貴重なものがますます稀少となり欲望が膨らみ、そのためより多くの貨幣が必要になる。このため人は経済成長へと強制される。

〈要旨〉

一方の極限に過剰性の原理があり、他方の極限には有用性の原理がある。生活の必要や個人の事情によってどうしても必要とされる欲求と、社会的な次元を持ち相互模倣によって生み出される欲望は区別できる。欲求は有用性の原理に、欲望は過剰性の原理に対応している。欲望の対象は確かなものではないので、他者の欲望を模倣する。欲望の模倣は社会的な名誉や地位や虚栄をめぐる、ゴールのない無限の競争を自動的に生み出す模倣的競争をもたらす。相互模倣の社会的財を求める欲望が強まれば、財貨は稀少となる。ここで、過剰性の原理のなかで稀少性が生まれる。稀少な財貨を得るには貨幣が必要となり、貨幣は欲望の対象との距離を測るものとなるが、同時に距離を生み出す。より多くの貨幣が必要な欲望の対象ほど距離が遠くなり、欲望も強度になる。このため人は経済成長へと強制される。

❖構成・読解・言語活動の解説

〈構成〉

1　本文中で筆者が対比させて論じている次のものについて、それぞれ整理しなさい。

ⓐ「過剰性の原理」（四一八・12）と「有用性の原理」（同・13）

ⓑ「競争」（四二二・8）と「模倣的競争」（同・9）

ⓒ「欲求」（四二四・1）と「欲望」（同・2）

解答例　ⓐ「過剰性の原理」とは、生活の中において有用性という経済原理に服さないが価値があるとされるものを支配する原理で、極限には純粋な記号表現としての貨幣があるもので、「有用性の原理」とは、人間の生存を維持するための必要不可欠な生活の基本物資を支配する原理で、極限には食糧などがあるもの。

ⓑ「競争」はあるゴールがあって、そのゴールに向けてそれぞれがそれぞれのやり方で順位を競うもので、「模倣的競争」は相互的模倣のゴールなき無限の競争を自動的に生み出すもの。

ⓒ「欲求」は生活の必要や個人の事情によってどうしても必要とされる対象へ向けられる感情で、「欲望」は相互模倣によって生み出される稀少な対象へ向けられる感情。

解説　ⓐ四一八・1〜13の内容をそれぞれ「過剰性の原理」と「有用性の原理」に分けてまとめる。

ⓑ「あるゴールがあって、そのゴールに向けてそれぞれがそれ

ぞれのやり方で順位を競う競争（コンペティション）ではなく、相互模倣がゴールなき無限の競争を自動的に生み出してしまう模倣的競争（エミュレーション）」（四二二・7）とある。

ⓒ「生活の必要や個人の事情によってどうしても必要とされる『欲求（necessity）』と、社会的な次元を持ち、相互模倣によって生み出される『欲望（desire）』」（四二三・16）とある。

〈読解〉

1 「過剰な記号」（四一八・4）とはどのようなことか、説明しなさい。

解答例 生活の中において有用性がないのに、価値あるものとして扱われる記号ということ。

解説 貨幣や貝殻、石片、貴金属には有用性という価値はない。いわば使えないものであるが、価値あるものの記号という実態に対して過剰な価値を見いだされたものである。有用性はないが、価値があるとされているということをまとめる。

2 「経済的な取引に関わる財貨」（四一八・5）の「グレード付け」とあるが、どのような「グレード付け」か。「過剰性の原理」と「有用性の原理」ということばを用いて説明しなさい。

解答例 過剰性の原理に支配されている財貨を、有用性の原理に支配されている生活の基本物資のうちのどれにあてはまるのか、価値を定めること。

解説 「グレード付け」とはここでは財貨の価値を定めることである。どのように定めるのかというと、有用性の原理に支配された生活の基本物資の価値に対応させて定めるのである。貨幣によって食糧が得られたりすることがそれにあたる。財貨は過剰性の原理に支配されていることを含めてまとめる。

3 「欲望そのものが社会的に形成される」（四二〇・8）とはどのようなことか、説明しなさい。

解答例 欲望は他人と相互に模倣しあって生まれるということ。

解説 社会的とは人との集団の中にあることをいう。「欲望は相互に模倣しあう」（四二〇・4）から、社会的に形成されるものといえるのである。

4 「それ自体が象徴作用における『過剰性』の表現になっている」（四二二・14）とはどのようなことか、「それ」のさす内容を明らかにしながら説明しなさい。

解答例 高価な真珠のネックレスやブランドもののバッグといった特定の財が、社会的名誉や地位や虚栄を象徴する記号となっているということ。

解説 前に「特定の財が社会的な名誉を与え、虚栄心を満足させるということではなく」とある。「特定の財」は「高価な真珠のネックレス」「ブランドもののバッグ」（四二二・11、12）が具体例として挙げられている。これらのネックレスやバッグを得ることが目的なのではなく、それは社会的な名誉や虚栄を象徴する、過剰性の原理に支配された記号であるというのである。

5 「『貨幣』こそがこの『距離』を生み出す」（四二五・4）とはどのようなことか、説明しなさい。

解答例 模倣的な欲望によって他者と同様のものを手に入れたいのなら、より多くの貨幣を手にしなければならないので、貨幣によって距離が生み出されるということ。

解説 直後の段落に「模倣的な欲望によって他者と同様のものを手に入れたいのなら、より多くの貨幣を手にしなければならない」とある。より多くの貨幣を手にしなければならないということは、貨幣が欲望の対象になっているということである。貨幣に対し欲望が生まれ、貨幣への距離が生まれるということ。

〈言語活動〉

1 現代社会における「相互模倣的な欲望」（四二〇・14）にはどのようなものがあるか、具体例を挙げながら話し合ってみよう。

解説 「相互模倣的な欲望」は社会的な名誉や地位、虚栄を示す「社会的財」への欲望である。具体的にはコルセットが挙げられている。それは「お互いに、力や地位や富などを表象する記号としての贅沢品、奢侈品」（四二三・5）である。現代社会ではどのようなものを持っていると社会的な地位や富を表せるか考える。実際に自分がほしいと思っているものから考えるのもよいだろう。

2 資本主義についての書籍を一冊読んで、その内容をレポートにまとめて発表してみよう。

解説 資本主義については、新書など比較的簡単に読める書籍も多数あるので探してみよう。書籍の内容をまとめ、読んで自分なりに考えたことも加えてレポートにまとめよう。

第8章　よみがえる問い

記憶の満天

西《にし》谷《たに》修《おさむ》

❖学習の視点

1　比喩の内容を捉えながら筆者の主張を読み取る。
2　私たちが星空に何を見ているのかを理解する。
3　論理の展開をおさえて、筆者の考えを理解する。

❖筆者解説

西谷　修（にしたに・おさむ）哲学者。一九五〇（昭和二五）年、愛知県生まれ。東京大学法学部卒業。バタイユ、ブランショなどに影響を受け、多岐にわたる現代の問題について考察を深めている。著書に『戦争論』（一九九八年・講談社学術文庫）、『私たちはどんな世界を生きているか』（二〇二〇年・講談社現代新書）、『〝ニューノーマルな世界〟の哲学講義』（二〇二〇年・アルタープレス）などがある。

❖出典解説

この文章は『理性の探求』（二〇〇九年・岩波書店刊）に収められており、本文は同書によった。

❖語句・表現の解説

四二八ページ

満天　空いちめん。用例 満天の星空。
只中《ただなか》　①真ん中。中心。②真っ最中。真っ盛り。ここは①の意。
茫漠《ぼうばく》**たる**　広くてとりとめのないようす。
それだけの空間だと思って眺めている　満天を彩る星々が上空の空間に広がっているだけだと思って眺めている。
隔たり　人間と星々との距離。
桁違い《けたちが》　①数の位どりが違うこと。②ものごとの程度や価値がひどく違うこと。ここは両方を合わせたような意。

換算　ある単位の数量を、他の単位の数量に計算しかえること。
用例　円をドルに換算する。
画《かく》する　ものごとにはっきりと区切りをつける。
空間の隔たりを計るはずの単位が、その空間を〈見る〉ことの速度に置き換えられる　空間の隔たりを計る距離を表す単位が、光が届くのにかかる時間、それも年数で数える単位に置き換えられるということ。

四二九ページ

そう表現される距離　何億光年と表現される距離。
それだけの〈時空〉を隔てた　それだけの距離と時間を隔てた。
見えているのは〈現在〉ではなく〈過去〉なのだ　われわれが見ている星の姿は現在の星の姿ではなく、過去の星の姿だということ。
一様《いちよう》の　いずれも同じであるようす。
到来　やってくる、届くという意だが、ここでは星の光が地球上のこの一点に届くという意。用例　野球の試合で我がチームに好機が到来した。
現出　あらわれ出ること。あらわれ出すこと。
夜の海に輝くホタルイカの群れのように　夜空に輝くたくさんの星を「ホタルイカの群れ」にたとえている。
現前　「現前」は、今、目の前にあること。われわれが目にしている星の姿は、その星の過去の姿であるということ。

四三〇ページ

宇宙そのものの内的な意識だ　星空を見るわれわれを、宇宙の内部にある意識にたとえている。
無頓着　気にかけないさま。平気なさま。
想起　過ぎ去ったことを思い出すこと。
拡散　ひろがり散ること。
生成変化　ものが形あるものに変化すること。宇宙のありようを表している。
反照　あるものごとが影響を及ぼすこと。
純粋　素朴で飾り気のないようす。宇宙が何も想起せず、生成変化するだけであるようすを表している。
そんな装置であるかのようだ　宇宙に比べれば小さな人間の意識だが、その感覚（視覚）に宇宙の生成変化を映し出し、散乱展開する時空の様相をその場に〈過去〉として発現させ、〈記憶〉として浮かび上がらせる、宇宙のなかに挿し込まれた鏡のような装置であるかのようだということ。
無辺際の宇宙の〈記憶〉の劇場　「無辺際」は広大で果てしのないこと。夜空に広がる星空をたとえている。

四三一ページ

闇はまぶたの役割を無効にする　闇の中では、まぶたを開いても閉じても闇なので、まぶたの役割がなくなるということ。
外界の現実を見ることと、夢を見ることとにはほとんど区別がなくなる　闇の中ではまぶたはあってもなくても見えるものは変わらなくなるので外界の現実を見ているのか、夢を見ているのか区別ができなくなるということ。

地球すら存在しない時代の数十億年前の光景　数十億光年離れたところにある星の光が地球に届いているのだが、その星の光が発せられたときには、地球はまだ存在していなかったということ。

格別　格段。とりわけ。特別。

視界　一定の位置から見通しのきく範囲。用例 山中で霧が晴れて視界が開ける。

「見える」ものにはひとはとりあえず安心する　見えることで対象を把握でき、自分の位置を定めることができるので安心するということ。

定位できない　位置を定めることができない。

掃討《そうとう》　敵などをすっかり撃ち払うこと。ここでは、対象を把握し、自分を定位するために闇に光を投げかけて明るくし、闇をすっかりなくすこと。

啓蒙《けいもう》　無知な者に正しい知識を与え、関心を抱かせて導くこと。ここでは自分の能力の実現のために闇を掃討することを「啓蒙」と述べている。

四三二ページ

宇宙に届くことはけっしてない　昼間空を見上げるときには、青空というシェルターに遮られるので、視界は宇宙には届かないということ。

乱反射　物体の表面に光を当てると各方面に反射散乱する現象。

真っ暗な夜には視界はない　真っ暗な夜は闇の世界なので視界がきかない。直前の「太陽は目をくらまし」と対になる表現である。

このシェルターの内だけを領界としてその外を無視することである　「視野が開ける」ということは、青空の内だけを視野が届く範囲として、その外の宇宙を無視することだということ。

全知　完全無欠の知恵。

全能　できないことが何もないこと。

成層圏　対流圏の上で気温がほぼ一定の地上約一〇キロメートル以上の大気圏。

自閉する　自分だけの世界に閉じ込もる。人間の意識が成り立つためには、成層圏のなかに自閉することが条件になるということ。

四三三ページ

布置《ふち》　それぞれ適当な場所に並べること。「〈時間〉の布置である」とは、夜の闇を通して浮かび上がる星空には、その星が光を発した時間が布置されているということ。

似姿《にすがた》　実物に似せて作った像や絵。カシオペアやアンドロメダは実際の姿ではなく、「星を見ている」と思っているわれわれが星の〈時間〉の布置に合わせて作った像や絵であるということ。

対峙《たいじ》　①高い山などが向かい合ってそびえること。②対立している両方が向かい合ったまま動かないこと。ここでは②の意で、星空にオリオンとサソリが向かい合っているように見えるということ。

幻視　実際には存在しないものが存在するかのように見えること。夜空を見るときに、ひとは現実を見ているのではなく、そこに投影されたイメージのようなものを見ているということ。

触知　物に触れることでその存在を認識すること。「観測」するときに、レンズを通して集まる光の痕跡をたどることを表している。

肉眼　望遠鏡や眼鏡などを用いないで直接見ること。

四三四ページ

時間の痕跡の収集　望遠鏡の役目がかつての役割のように〈見る〉ことの補助ではなく、何光年も離れた星を観測することになっており、それらの星を観測することは時間が経過した跡を収集することだということ。

転轍機《てんてつき》　ここでは、宇宙の生成変化を情報へと転換する役割を果たす装置というような意。

❖発問の解説

(四二九ページ)

1　「それだけ昔の姿」とはどのようなことか。

解答例　われわれがいま目にするのは、星々の現在の姿ではなく、その星が光を発した当時の昔の姿だということ。

解説　われわれは〈時空〉を隔てた星々の姿を見ているのである。

(四三〇ページ)

2　「反照する意識」とは何か。

解答例　純粋な出来事として宇宙は広がるが、何も想起しない宇宙を代行するものとして、その感覚〈視覚〉に宇宙の生成変化を映し出し、散乱展開する時空の様相をその場に〈過去〉として発現させ、〈記憶〉として浮かび上がらせる意識。

解説　何も想起しない宇宙を代行するかのような、人間の意識である。

(四三二ページ)

3　「自分が定位できない」とはどのようなことか。

解答例　世界の中の自分の位置を把握できないということ。

解説　「人間を世界のパースペクティブのなかにおく」ことで、「『見える』ものにはひとはとりあえず安心する」ということから、「定位」とは世界の中の自分の位置だと判断できる。

(四三三ページ)

4　「それ」とは何か。

解答例　ひとは「見ている」と思っているが、実は「見て」いるのではなく、幻視の世界に入らせるものである、夜の闇を通して浮かび上がる〈時間〉の布置。

解説　「実は『見て』いるのではない」ものは何かをおさえる。

❖構成・要旨

〈構成〉

この文章は、次の五つに分けることができる。

(1)（初め〜四二九・11）…〈時空〉を隔てた星々の姿

われわれが夜空を眺めるときに目にするのは、星々の〈現在〉の姿ではなく、星々の昔の姿である。見えている星々は距離も方角もばらばらで、とほうもなく隔たったところから、あたかも地球上のこの一点に到来する〈過去〉の姿である。

(2)（四二九・12〜四三〇・15）…夜空に広がる宇宙そのものと意識

夜空を〈見る〉ことのうちに広がるのは、宇宙そのものの〈記憶〉だとは言えないか。星空を見るわれわれは、宇宙そのものの内的な意識、あるいは宇宙に代わって意識する、宇宙の代理人のようなものだ。われわれは視覚に宇宙の生成変化を映し出し、時空の様相をその場に〈過去〉として発現させ、〈記憶〉として浮かび上がらせる。

(3)（四三〇・16〜四三一・17）…「夢の舞台」としての夜空

夜空にはありもしない星々の過去の姿が、満天を飾るかのように広がっており、「夢の舞台」となっている。夜空の広がりは〈現在〉の空間ではなく、闇という見えない〈時間〉の海である。「見えない」ことは自分が定位できないというたいへんな事態である。だから人間は闇を避け、光を投げかけて闇を掃討しようとしてきた。

(4)（四三二・1〜17）…〈見る〉ことの限界

しかし、〈見る〉ことは限定された能力でしかない。その〈見る〉働きは、宇宙空間のなかでどこまで役に立つのだろうか。宇宙の〈闇〉に作用しているのは〈時間〉であり、その〈時間〉は見ることができない。

(5)（四三三・1〜終わり）…観測によって時間を触知する

夜を「見る」とき、ひとは幻視の世界に入っていて、実は「見て」いるのではない。あえて「見よう」とするにはレンズを通して集まる光の痕跡をたどる「観測」が必要になる。観測によって触知された闇の広がりは、光の移動のうちにたどった時間の影である。いまの望遠鏡の役目は時間の痕跡の収集であり、宇宙の生成変化を情報へと転換する転轍機《てんてつき》として〈闇〉を触知している。

〈要旨〉

〈見る〉というのは不思議なことだ。夜空を眺めると、そこには広大な宇宙が広がっているが、見えているのは〈過去〉の星々の姿である。夜空を〈見る〉ことのうちに広がるのは、宇宙そのものの〈記憶〉である。〈見る〉働きは宇宙空間のなかでどこまで役に立つのだろうか。宇宙の〈闇〉に作用しているのは〈時間〉であり、その〈時間〉は見ることができない。現代の望遠鏡は時間の痕跡を収集するのが役割であり、宇宙の生成変化を情報へと転換する転轍機として〈闇〉を触知している。

❖構成・読解・言語活動の解説

〈構成〉

1 本文を五つの意味段落に分け、それぞれの内容をまとめなさい。

解答例 「構成・要旨」参照。

〈読解〉

1 「〈見る〉ことの速度」（四二八・11）とはどのようなことか、説明しなさい。

解答例 見えている星までの距離が光の速度を基準に時間に換算されて計られて表されているということ。

解説 「〈見る〉ことの速度」とは、その星までの距離を示す光年で表されるものである。

2 「満天に広がる〈記憶〉。」（四二九・16）とはどのようなことか、説明しなさい。

解答例 夜空に輝く星々のようすが現在の星々のようすではなく、過去の星々のようすを現前させていて、それがあたかも記憶を見せているかのようであること。

解説 満天に広がる星の姿は過去のものであり、それを〈記憶〉と表している。

3 「宇宙の代理人」（四三〇・7）とあるが、そう言えるのはなぜか、説明しなさい。

解答例 宇宙の内部に見る者がいるとき、宇宙の〈記憶〉ははじめてそこに浮かび上がるので、みずからの記憶などには無頓着な宇宙に代わって、宇宙の〈記憶〉を意識するわれわれは宇宙の代理人といえるから。

解説 宇宙は「みずからの記憶などには無頓着」であることをおさえ、われわれが宇宙の代理として記憶することを捉える。

4 「人間を世界のパースペクティブのなかにおく」（四三一・13）とはどのようなことか、説明しなさい。

解答例 見ることによって、世界の外にある視点（主観）から、客観として世界を眺める状況におくということ。

5 「ひとはすでに幻視の世界に入っている」（四三三・4）とはどのようなことか、説明しなさい。

解答例 夜空を見るときに、ひとは現実を見ているのではなく、そこに投影されたイメージを見ているということ。

解説 ひとは、夜空にカシオペアやアンドロメダの似姿などを見るが、それは夜空の〈時間〉の布置を見ているのであって現実の星の姿ではない。

〈言語活動〉

1 「〈時間〉の海」（四三一・9）という比喩が持つ効果についてまとめてみよう。

解答例 抽象的な概念を、感覚的に理解できるようにする効果がある。

解説 「海」ということばによって、大量のものが目の前に広がっているというイメージが生まれる。

2　「ハッブル宇宙望遠鏡（四三四・3）によって撮影された写真を集め、それがどのように見えるか、そこから何を感じたかを話し合ってみよう。

解説　ハッブル宇宙望遠鏡で撮影された写真は、ネットなどで見ることができ、色鮮やかで印象的なものが多い。けれども、ハッブル宇宙望遠鏡の写真は元々は白黒で、元素が出す光を色に割り当てて合成している。電波望遠鏡などのデータも色に置き換えて、とてもきれいな天体写真になっているので、科学的根拠があるが、実際に肉眼で見るものとは大分違うということに注意しよう。

3　「見えるもの」と「見えないもの」をテーマに自分の考えをまとめ、四〇〇字以内で書いてみよう。

解説　本文中に「夜を『見る』とき、ひとはすでに幻視の世界に入っているのであって、実は『見て』いるのではないのだ」（四三三・4）とある。そこから考えると、「見えるもの」というのも、見えていると思っていても実は見えていないものも入るだろう。「自分の考え」なので、筆者の意見と違っていいので、書いてみよう。

戦争と平和についての観察

中《なか》井《い》久《ひさ》夫《お》

❖学習の視点

1 筆者の冷静な「観察」を辿《たど》って論の展開を捉える。
2 文章の構成を捉え、要旨をつかむ。
3 人はいつ、どのようにして戦争に直面するのかを捉える。
4 「戦争」と「平和」に関する筆者の認識を理解する。

❖筆者解説

中井久夫（なかい・ひさお）精神科医。一九三四（昭和九）年、奈良県生まれ。京都大学医学部医学科卒業。医学博士。専門は統合失調症の治療法研究。近年は、阪神淡路大震災の被災者のメンタルケアに当たったことを契機に、ＰＴＳＤ（心的外傷後ストレス障害）の研究を進めている。二〇一三年、文化功労者に選ばれる。著書に『中井久夫著作集』『災害がほんとうに襲った時 阪神淡路大震災50日間の記録』『「昭和」を送る』などがある。

❖出典解説

この文章は、『樹《き》をみつめて』（二〇〇六年・みすず書房刊）に収められており、本文は同書によった。

❖語句・表現の解説

四三七ページ

寄与 他のものの役に立つこと。類貢献。
収斂《しゅうれん》 一か所に集まること。用例幾つかの伏線がクライマックスへと収斂させていく。
美学 ある特定の物事や行動の様式などに見出《みいだ》される美的な価値。

四三八ページ

不首尾 したことの結果が思わしくないこと。対上首尾。
因子《いんし》 ある物事を起こすことになる要素。
弛緩《しかん》 だらしなくなること。
隠蔽《いんぺい》 覆い隠すこと。類秘匿。隠匿。対暴露。
専売 国家が行政上の目的で特定の商品の生産・販売を独占する

こと。

抵当　借金をするとき、それが返せなくなった場合には自由に処分してよいという約束で、借り手が貸し手に提供するもの。かた。［類］担保。

帳尻《ちょうじり》を合わせる　収支の最終的計算を合わせる。比喩的に、物事の最終的な決着を過不足ないようにする。［用例］結局、最後は自腹を切って帳尻を合わせた。

四三九ページ

酸鼻《さんび》　むごたらしく、いたましいこと。

菊水の幟《のぼり》　「菊水」は紋所の一つで、水の流れの上に菊の花を浮かせた形。その紋所をあしらった幟。太平洋戦争中に出撃の際に菊水の紋所をあしらった幟が立てられた。

修羅場《しゅらば》　戦争や闘争の行われる血なまぐさい悲惨な場所。

四四〇ページ

術策　はかりごと。たくらみ。［類］策略。策謀。

自己収束性　自分で物事のおさまりをつけることのできる性質。

有為転変《ういてんぺん》　物事が激しく移り変わること。［用例］昭和の時代は有為転変の時代であったと言えよう。

四四一ページ

強迫的　無理に要求するようす。

ほしいまま　望むに任せるようす。思うまま。［類］随意。

葛藤　ここでは、互いにゆずらず、からみ合って対立すること。

四四二ページ

珠玉《しゅぎょく》　すぐれているもの、美しいものなどのたとえ。

小康《しょうこう》　物事の悪い状態がしばらくおさまること。

陳腐化《ちんぷか》　ありふれていて新味のとぼしいものになってしまうこと。

四四三ページ

棚卸し　他人の欠点をかぞえあげていろいろ批評すること。

人性　人間が本来持っている性質。

慢性　社会に現れた病的な現象が日常的になること。［用例］幹線道路につながるこの道は、慢性の渋滞に悩まされている。

空疎《くうそ》　なかみが貧弱なこと。［類］空虚。

棺を覆うて事定まる　死んで棺に入れられふたをされてから初めてその人の行った業績の価値が決まる。［用例］棺を覆うて事定まるというから、彼を評価するのはまだ早い。

四四四ページ

末梢的《まっしょうてき》　些細なことであるようす。

扇動　感情に訴えてあることを行うようにそそのかすこと。

❖発問の解説

（四三七ページ）

1　「選択肢のない社会」とはどのような社会か。

［解答例］　自分の生き方が自由に選べない社会。指導者の指示に従うことしか認められない社会。

（四四一ページ）

2 「そのしわよせの場」とはどのようなことか。

解答例 平和状態を維持するための負のエントロピーを生み出すために必要な、無秩序という高いエントロピーの排泄の場であったこと。

「帝国主義の植民地、社会主義国の収容所群島、スラム、多くの差別」（四四一・11）が、社会の平和状態を維持するために必要とされたのである。

（四四四ページ）

3 「この欠落」とはどのようなことか。

解答例 指導者に、戦争とはどういうものか、そうして、どのようにして終結させるか、その得失は何であるかを考える能力も経験もないこと。

❖構成・要旨

〈構成〉

この文章は、次の四つに分けることができる。

(1)（初め～四三六・7）…私の「観察」

人類はなぜ戦争するのか、なぜ平和は永続しないのか。戦争の現実の切れ端を知る者として、自分の考えを「観察」として提出する。

(2)（四三六・8～四四〇・9）…戦争についての観察

戦争は有限期間の「過程」だ。指導者の性格と力量が美化され、カリスマ性を帯び、民衆は自己と指導者との同一視を行う。指導者の責任は単純化される一方で、指導者が要求する苦痛、欠乏、不平等などは民衆が受容し忍耐するべきものとしての倫理性を帯びてくる。人々は道徳的になり、兵士という雇用や兵器の需要が生まれ経済界が活性化する。戦争の酸鼻は見えにくく、非常な不公平を生む。戦争とはエントロピーの大きい（無秩序性の高い）状態であって自己収束性がない。

(3)（四四〇・10～四四四・1）…平和についての観察

平和は無際限に続く有為転変の「状態」だ。平和は負のエントロピーを注入して秩序を立て直し続けなければならない。そのための膨大なエネルギーは目に映りにくく、平和が続くと「平和ボケ」と蔑視される。家庭も社会も世間も国家も、全体の様相は複雑化、不明瞭化し、見通しが利かなくなる。問題があげつらわれ、指導者は批判され嘲笑の的にされがちで、浅薄な目には戦争はカッコよく平和はダサイと見える。

(4)（四四四・2～終わり）…戦争の始まり

戦争を知らない指導層では、戦争への心理的抵抗が低下する。国境線の些細な対立が重大な不正、侮辱、軽視とされ「ばかにするな」「なめるな」の大合唱となる。そして、ある日、人は戦争に直面する。

〈要旨〉

戦争は有限期間の「過程」だ。指導者はカリスマ性を帯び、民衆は自己と指導者との同一視を行う。戦争とはエントロピーの大きい（無秩序性の高い）状態であって自己収束性がない。平和は無際限に続く有為転変の「状態」だ。指導者は批判・嘲笑されがちで、浅薄な目には戦争はカッコよく平和はダサイと見える。戦争を知らない指導層では、戦争への心理的抵抗が低下し、「ばかにするな」「なめるな」の声の果てに人は戦争に直面する。

❖構成・読解・言語活動の解説

〈構成〉

1　本文を四つの意味段落に分け、それぞれに小見出しをつけなさい。

解説　「構成・要旨」を参照する。

2　「戦争と平和というが、両者は対称的概念ではない」（四三六・8）とはどのようなことか、説明しなさい。

解説　「戦争」は「過程」であり、「平和」は「状態」である。また、「戦争」については、第二段落に書かれている。「平和」については、第三段落に書かれている。それらを「構成・要旨」などを参考にしてまとめ、対称的概念ではないことを確かめよう。

〈読解〉

1　「戦争の語りは叙事詩的になりうる。」（四三七・3）とあるが、それはなぜか、説明しなさい。

解答例　有限期間の「過程」である戦争は、始まりと終わりがあり、問題は単純化されて勝敗という一点に収斂してゆくので物語として語りやすく、戦闘は英雄的な行動として美化することが可能であるから。

解説　「叙事詩」は脚注にあるように、「神話や英雄の事跡などを物語のように叙述する」ものである。つまり、戦争は「英雄物語」として語りやすいということである。段落の内容をまとめる。

2　「戦争」中には、人々は「表面的には道徳的となり、社会は平和時に比べて改善されたかにみえる」（四三八・8）とあるが、それはなぜか、説明しなさい。

解答例　戦争中の社会では、指導層が、生き延びた人が死者に対して抱く後ろめたさという民衆の「生存者罪悪感」という心理に訴え、戦争がうまくいかないのは指導者の責任ではなく、自分たちの努力が足りないからだと民衆自らが責任を感じるようにさせる結果、意識や行動が道徳的になるから。

解説　直前に「したがって」とあるので、前の段落の内容から解答をまとめる。直前の段落は「兵士」の心理についてなので、その前の段落の内容をまとめる。指導層が「生存者罪悪感」という心理を利用して民衆の意識や行動を操作するからである。

3　「しなやかでゆらぎのある秩序」（四四一・16）とはどのようなものか、説明しなさい。

解答例　全体主義的な秩序が「硬直的であって、自己維持制が弱」いのと対照的に、平和維持の努力は、まずは画一的に決められた秩序ではなく、そのときどきで変更が可能な、その社会に生きる人間によって考え、営まれるような秩序。

4 「語り継ぐことのできる戦争体験もあるが、語り継げないものもある」(四四二・14)とはどのようなことか、具体例を挙げて説明しなさい。

解答例 「忠臣蔵」のような「崇高な犠牲的行為」や、ダンテの『神曲・地獄篇』のような酸鼻を語るような戦争体験は、単純化と極端化と物語化がなされていて、語り継ぐべき価値が低いということ。

解説 「語り継げない」とは、語り継ぐ意味や価値がないということである。それは、「単純化と極端化と物語化」(四四二・17)がなされていて、真実から離れてしまっているからである。

5 「『反戦』はただちに平和の構築にならない。」(四四三・2)とあるが、それはなぜか、説明しなさい。

解答例 反戦が消極的で個人的な「自分抜きでやってくれ」という戦争忌避の段階にとどまっている場合には、積極的に平和を構築しようという行動にはつながらないから。

解説 「西ドイツの若者の冷戦下のスローガン」(四四三・1)の例から考える。真剣な平和希求は、「自分抜きでやってくれ」(同・2)という戦争を忌避する反戦の態度に変わりやすく、消極的で個人的なものに留まってしまい、そこから一歩進んで積極的に平和を構築しようという行動には発展していかないからである。

〈言語活動〉

1 本文の要旨を二〇〇字以内でまとめなさい。

解説 「構成・要旨」参照。

2 「そして、ある日、人は戦争に直面する。」(四四四・10)に込められた、筆者の思いを考え、二〇〇字以内でまとめなさい。

解説 この表現は、ある日、気がつくと、平和な日常から戦争へと変わっていた、ということである。その意味するところは、平和な状態に退屈さを感じるようになると、戦争へと導くような強い国家像への誘惑に安易に駆られ、取り返しのつかない事態になってしまっているものだ、ということである。国境線の対立の例に見られるように、「ばかにするな」「なめるな」という大合唱の果てに「戦争」が立ち現われてくるのである。そして、民衆は、戦争に直面するまで、自分たちの意識や行動が戦争につながるものであると気がつかない、という筆者からの警告の意味も込められているのであろう。

〈付録〉

●同訓異字

あやまる
選択を□る　誤
非礼を□る　謝

あらい
目が□い布　粗
波が□い　荒

あらわす
ことばで□す　表
書物を□す　著
姿を□す　現

あわせる
色を□わせる　合
複数の案を□せて考える　併

いたむ
リンゴが□む　傷
腰が□む　痛
故人を□む　悼

おかす
過ちを□す　犯
危険を□す　冒
領土を□す　侵

おさえる
要点を□さえる　押
出費を□える　抑

おさめる
勝利を□める　収
国を□める　治
税金を□める　納
学問を□める　修

おどる
バレエを□る　踊
心が□る　躍

かえりみる
自らを□みる　省
過去を□みる　顧

かげ
□も形もない　影
木の□で涼む　陰

きく
薬が□く　効
音楽を□く　聴
電車の音を□く　聞
鼻が□く　利

こたえる
問題に□える　答
期待に□える　応

さく
布を□く　裂
時間を□く　割

さわる
手で□る　触
気に□る　障

しぼる
乳を□る　搾
雑巾を□る　絞

しめる
ドアを□める　閉
首を□める　絞
ネジを□める　締

すすめる
転地を□める　勧
彼を□める　薦
時計を□める　進

たえる
任に□える　堪
血統が□える　絶
風雪に□える　耐

たずねる
道を□ねる　尋
友人の家を□ねる　訪

つかう
道具を□う　使
気を□う　遣

つつしむ
ことばを□む　慎
□んで聞く　謹

つとめる
議長を□める　務
会社に□める　勤
解決に□める　努

はかる
合理化を□る　図
審議会に□る　諮
悪事を□る　謀

ふえる
財産が□える　殖
人数が□える　増